北方新金融研究院
NORTHERN FINANCE INSTITUTE

致力于新金融领域的政策研究，服务京津冀协同发展国家战略，为天津金融创新运营示范区建设献计献策

新金融书系
NEW FINANCE BOOKS

生态银行
Eco-Native Bank
——敏捷进化实践

赵志宏◎著

中国金融出版社

责任编辑:张 铁
责任校对:李俊英
责任印制:陈晓川

图书在版编目(CIP)数据

生态银行——敏捷进化实践/赵志宏著. —北京:中国金融出版社,2021.9

(新金融书系)

ISBN 978-7-5220-1335-0

Ⅰ.①生… Ⅱ.①赵… Ⅲ.①生态经济—商业银行—研究—中国 Ⅳ.①F832.33

中国版本图书馆 CIP 数据核字(2021)第 190996 号

生态银行——敏捷进化实践
SHENGTAI YINHANG: MINJIE JINHUA SHIJIAN

出版
发行 中国金融出版社

社址 北京市丰台区益泽路 2 号
市场开发部 (010)66024766,63805472,63439533(传真)
网上书店 www.cfph.cn
       (010)66024766,63372837(传真)
读者服务部 (010)66070833,62568380
邮编 100071
经销 新华书店
印刷 北京市松源印刷有限公司
尺寸 170 毫米×230 毫米
印张 22.25
字数 330 千
版次 2021 年 10 月第 1 版
印次 2021 年 10 月第 1 次印刷
定价 69.00 元
ISBN 978-7-5220-1335-0
如出现印装错误本社负责调换 联系电话 (010)63263947

新金融书系
NEW FINANCE BOOKS

  北方新金融研究院由中国金融四十人论坛发起，与天津市人民政府战略合作，致力于新金融领域的政策研究，为天津金融创新运营示范区建设献计献策，并服务于京津冀协同发展国家战略。

  北方新金融研究院以建设独立、专业、开放的现代化智库为目标，积极开展高层次、有实效的研讨活动，努力提供一流的研究产品。自2016年3月成立以来，北方新金融研究院已经举办多场闭门研讨会、宏观政策解读内部交流会、"金融支持实体经济"系列座谈会和国际交流活动，形成《NFI要报》、《NFI决策参考》等系列成果多期，为天津市相关决策部门提供了重要参考。

  北方新金融研究院设立的北方新金融研究院"新金融书系"，专注于京津冀协同发展、金融支持实体经济以及新型金融业态、融资租赁等新金融领域，并基于研究和研讨成果，出版系列图书，力图打造兼具理论、实践与政策价值的权威书系品牌。

  "新金融书系"由中国金融四十人论坛旗下上海新金融研究院（SFI）发起，立足于创新的理念、前瞻的视角，追踪新金融发展足迹，探索金融发展新趋势，求解金融发展新问题。论坛旗下的北京大学数字金融研究中心、北方新金融研究院、金融城相继创设新金融书系，丰富了"新金融书系"的品牌内涵。

  "中国金融四十人论坛"是中国最具影响力的非官方、非营利性金融专业智库平台，专注于经济金融领域的政策研究与交流。论坛正式成员由40位40岁上下的金融精锐组成。论坛致力于以前瞻视野和探索精神，夯实中国金融学术基础，研究金融领域前沿课题，推动中国金融业改革与发展。

  自2009年以来，"中国金融四十人论坛书系"及旗下"新金融书系"和"浦山书系"已出版150余本专著。凭借深入、严谨、前沿的研究成果，该书系在金融业内积累了良好口碑，并形成了广泛的影响力。

打造敏捷自进化的生态银行

（代　序）

> 一本书必须是能劈开我心中冰封大海的利斧。
>
> ——卡夫卡

　　我在三十四年的商业银行职业生涯中亲历了银行业发展的许多变化，但最大的变化莫过于当下发生的。一方面，数字化使商业环境演化成"你中有我、我中有你"的复杂生态，分布式商业模式成为开放社会的标签，缺乏客户体验特色的同质化经营难以为继，商业银行必须回答如何在分布式商业模式下实现内部自洽及与生态环境融洽相处。另一方面，大国博弈以及新冠肺炎疫情冲击，使全球供应链的可持续性受到考验，在"黑天鹅"和"灰犀牛"事件频发环境下，金融监管日趋严格，银行风险源头治理能力和内生免疫力有待进一步提升。站在国家"十四五"战略开局新的历史起点，许多银行家都在思考，敏捷银行转型如何实践？我和我的同事——渤海银行股份有限公司行长屈宏志先生也曾经讨论过这个话题，这本书的写作就肇始于对这个问题的复盘和反思，并根据他的建议撰写的。英国剧作家切斯特顿说，开放的社会就像"张开的口"，当它合下来的时候一定要咬住某种"坚实的东西"。我和同事们认为，这种"坚实的东西"就是"生态银行"。

生态银行的释疑

　　在业界，有一种"以促进生物和生态事业发展为目的而经营信贷业务的银行"，也被称为"生态银行"，这是基于从事某种绿色金融实践的定义；抽象于生态环境学，我们站在更高阶视角提出的"生态银行"（Eco-Native Bank）是以有条不紊的内部迭代构筑自进化能力，以"数、智、云"的比较优势敏捷赋能合作伙伴，以无缝衔接的分布式协作融合打造生态系统，围绕用户全方位需求实现无感、泛在、浸润式服务的"金融+"机构。

商业领域是以合作和共赢为发展趋势的。从外部环境来看，"生态"是整个商业模式的大势所趋，银行也是这趋势之中的一部分。当银行以自身优势融入或主导了生态圈，就带有了生态银行的色彩。生态银行是渤海银行董事长李伏安先生提出的"最佳体验现代财资管家"在数字化时代的实现路径，是当前银行实现敏捷的最佳模式，也是分布式商业、分布式金融发展趋势在当前阶段的主要实践方式。

对照生态银行的定义，本书在梳理当前供给侧和需求侧宏微观背景的基础上，创造性地尝试以生态银行范式对金融中介理论进行创新，分析了以云原生为基础的中台建设、智能工作流、智能数据人等能力的提升路径，打造内部微服务与组件化的即插即用，助力生态银行实现内部的敏捷自进化；分析了在数字化、智能技术、云技术等的比较优势驱动下，通过聚焦生态、共生共赢、专业赋能、无感泛在、智慧引擎等具体实施路径，强化银行对生态伙伴的赋能复用，协同融合共建生态体系，打造生态级产品服务体系，全周期满足生态用户需求，全链路提升生态用户体验，与生态伙伴协同打造不断进化迭代的生态系统。在供给端，依托智慧化客户画像和数据沉淀，动态把握对公对私客户实际需求，设计更加多样化、定制化的产品，为客户在风险偏好、投资市场、期限收益方面提供个性化的服务。商业银行构建或参与生态系统平台，并非自己提供非金融商品服务，而是与供应商合作伙伴按各自持牌经营范围，在客户消费旅程和企业价值链条中有机协同，提供嵌入式产品服务。

物竞天择，适者生存，银行业亦是如此。生态银行最重要的特征就是敏捷自进化，打造敏捷自进化的生态银行已不再是一种选择，而是新时代商业银行实现转型突破的一种必然。银行作为生态系统的个体，需立足于持牌金融机构的先天DNA，同时积极向数字原生企业学习，将数据和技术融入组织和流程中，建立"机器+人"的仿生运营模式；把银行打造成为仿生组织，从而像生物个体一样自我识别、自我发展、自我恢复和进化，适应生态银行复杂环境变化并得以发展和完善。总体而言，生态银行的构建是基于畅通内循环、打通外循环的国家战略推动，数字化、智慧化、云技术的前沿拉动，实体经济和客户服务需求的特色驱动，依靠数据素养和智能数据人的赋能使动，以分布式智能协同激活生态银行服务微循环。对"生态银行"内涵的深层次理解，笔者将会在后文中与读者进一步探讨。

数字化转型为生态银行"廓清迷雾"

关于数字化有一个梗，"I really miss the old days when we were smarter than our phones"（我真的很怀念那些我们比自己的手机要聪明的旧时光）。现在的手机普遍都是智能手机，应用功能上也非常智能。事实上，也就是十年左右的时间，智能手机已在全球普及；不难想象我们当下讨论的那些机器学习中的热点话题，在不远的将来很可能成为高中生的选修课。

如前所述，"十四五"规划提出坚持创新驱动发展，其中一个重要抓手就是通过数字化、智能化手段激活产品服务微循环，以此促进畅通内循环和打通外循环。敏捷自进化的数字化转型是商业银行服务实体经济的"新基建"，是实现战略转型的关键推动力，为生态银行转型"廓清迷雾"。中国银保监会正在推进银行业保险业数字化转型工作，强调要坚持开放共享，建立开放的价值生态，提高金融的生态连接能力和价值链集成能力，促进金融与经济社会各领域开放共赢、合作共享。本书正是深入贯彻这一理念的理论实践探索。

随着零售业务模式逐渐从B2C转向C2B，对公业务模式从B2B转向B4B，商业银行的关注点也会从过去的"我有什么，你要不要"转变为"客户想要什么，我们就提供什么"。所以在技术不断演化的今天，商业银行需要将产品和服务进一步差异化、个性化、定制化，而这背后的支撑就是生态经济环境数字化、智能化。充分利用数字技术和仿真模拟，在零售业务领域深入分析客户行为习惯、风险偏好、收入成长空间，针对养老、消费、教育、财富传承、税务筹划等多元化的客户需求，完善标签体系，动态描绘客户画像；在对公业务领域，依托生态圈，以核心生态伙伴为点、供应链为线，产业体系为面，形成集团客户画像森林，并结合企业生命周期进行动态调整，打造实时相册，实现定制化产品的敏捷开发。以数字化转型为先导，商业银行应加快探索生态银行能力建设，加速对生态伙伴的金融科技赋能，敏捷自进化地通过多元化技术模式，构建多场景、多渠道的在线客户运营体系，将利用人工智能、生物识别、大数据等技术，为客户提供针对性、特色化的服务。

实时智能工作流为生态银行"披荆斩棘"

笔者曾经听到两个电话销售之间的对话，甲问乙："你觉得人工智能会让我们失去工作吗？"乙一脸疲惫且生无可恋地回答："我真的希望如此！"这段对话的梗在于，人们宁可选择失业，也不屑去进行低附加值的、重复的、枯燥的劳动，用人工智能来做这些工作是社会的发展趋势。在商业机构数字化转型过程中，需要通过"自建生态和共建生态"双管齐下的形式，建立好像杠铃一样的生态和智能服务合作伙伴的协作机制。在此过程中，需要应对以下四个方面的挑战。

一是平台化、生态化的挑战。如何通过共建生态，基于中台智能分析，实时动态感知和响应客户在消费生态全旅程的最佳体验需求。

二是安全和风险的挑战。如何通过实时智能工作流的方式，激活流程微循环的实时感知和响应，同步提升客户服务和风控的质量效率。

三是资源和能力的挑战。如何通过培养更多的科技人才跟上技术和市场发展的步伐，使得所提供的产品服务移动界面能够根据目标客户消费旅程或生产经营流程而适时展开并进行参与式交互。

四是决策者面对的挑战。如何具备顺应时势、拥抱变化的视野和胸怀，同时主动运用科技和计量方法降低决策风险，并进行战略解码和执行校准。

应对上述挑战，商业银行需要善于运用具有指数级发展潜力的技术，构建端到端的实时智能工作流。例如，智能化信贷准入要达到的效果是线上化和去人工化，客户在线发起申请，远程传递相关资料，最大程度减少手工录入，使用OCR技术对扫描文档进行文字识别，使用NLP技术对识别结果进行结构化处理和语义分析。结合内外部数据，银行对所提供信息进行自动化交叉核验，识别造假与欺诈等风险。如果风险点和风险等级没有触发预设的转人工条件，则自动将数据传输至授信评分模型，计算客户评分。评分模型可以基于大数据的随机森林、XGBoost等为主模型，结合专家或挡板规则模型进行调整或拦截。模型得分高于准入预设值，则予以准入。

敏捷自进化为生态银行"固本培元"

万物皆变，唯变不变。在"AI+"时代，客户的需求比电影《信条》更具技术含量，比《盗梦空间》还要烧脑。在技术创新和业务迭代升级的数字化转型过程中，生态银行的建设需要重点关注以下三个方面。

一是促进业务和IT更加融合，运用具有指数级发展潜力的技术和算法，共同赋能发展。通过业务和IT敏捷团队，共同构建包括SOE（参与交互型系统，system of engagement）、SOR（产品服务型系统，system of record）、SOI（智能洞察型系统，system of insight）在内的SOX（面向未来的多维系统架构），形成"乐高积木式"的企业级能力组合，用标准化、组件化、参数化的"零部件、元器件"实现产品服务的灵活配置，从而改变过去非模块化的"意大利面"模式，让差异化、个性化、定制化更易实现。生态系统中链接的企业组织关系呈现复式结构，组织和组织之间相互交叉、融合和覆盖，企业成为一个个功能模块，可在产业链平台上自由组合，企业的各个职能也将被打散，变成一个个敏捷模块单元，被嵌入或链接；员工与部门关系也由原来的强归属转变为彼此嵌入与链接的共生关系，自我驱动，彼此赋能，不断激发出创新活力。

二是使科技能力适应云原生时代。随着分布式战争的到来，一盘散沙式的战斗机、舰艇和陆地移动装备已经无法打赢混合多云环境下的分布式战争。军事战斗需要在海上和偏远地区运用作战云和战术云功能及认知智能。而运用与企业级业务组件紧密衔接的微服务、容器治理等云原生技术，可以把"乐高积木式"的IT架构进行拆分和重组，以便更加敏捷地响应差异化需求。就像航空母舰战斗群，能够运用作战云和战术云通信工具，以及建立在其基础上的实时智能工作流，实时智能链接各种航空和水面战斗群，迅速部署和实施战术组合动作。通过云原生中台实现前台需求的系统镜像，打造企业神经中枢，形成"机器+人"仿生运营模式，实现基于客户画像的个性化、场景化价值交付模式，提供客户旅程最佳体验财资管家服务。

三是确保合理、安全地使用数据。例如，自2018年5月25日《欧盟一般数据保护条例》（GDPR）生效之后，2021年4月21日，欧盟颁布最新《AI监管草案》，全面禁止大规模监控和利用人工智能技术的社会信用体系，对特定领域的"高风险"应用进行严格限制。2021年监管政策频频出台：1月11日，中国人民银行发布《征信业务管理办法（征求意见稿）》；4月26日，《个人信息保护法（草案）》提请全国人大常委会二次审议；6月10日，第十三届全国人民代表大会常务委员会第二十九次会议通过《中华人民共和国数据安全法》，自2021年9月1日起施行；2021年7月4日，滴滴出行APP因涉嫌严重违法违规收集使用个人信息被下架；2021年7月初，人民银行征信管理局给网络平台机构下发通知，要求网络平台实现个人信息与金融机构的全面"断直连"。商业银行的数字化转型需要与数据隐私保护相衔接，充分运用分布式商业模式、联邦学习、多方安全计算技术，处理好数据隐私保护、算法、算力的分布式协作，实现生态合作共赢。

从长远的眼光来看，未来会有一些领先企业逐步进化成持特定业务牌照的科技公司。人才是第一要素，为了更好地迎接金融服务的未来，商业银行应提前布局"智能数据人"培训体系，专门培养初级、中级、高级数据分析师，以及培育数据科学家。基于数字孪生环境下的模型工厂，银行要将分布式思想灵活运用到技术和业务之中，打通实体空间和虚拟空间，打通内部空间和外部空间，使得各部门运用数字化语言交流、银客参与式互动，实现科技与业务的充分融合，成为敏捷自进化、与生态伙伴协同迭代的生态银行。

本书由三个部分组成。第一篇"未来已来　路在何方"，从新时代商业银行的需求侧和供给侧出发，阐述生态银行的缘起和因果，构建内部"乐高银行"和外部生态伙伴"5E"融合的框架体系，聚焦客户群体属性、特征、消费习惯、金融产品和服务需求的动态变化，以生态银行范式对金融中介理论进行创新，关注新发展格局下的绿色金融与"绿天鹅"风险防范，于变局中开新局。第二篇"欲善其事　先利其器"，考察了技术变革的大背景，分析了在云原生的生态时代，商业银行如何通过中台建设、流程智能化、智能数据人及安全体系建设，实现内部自洽，形成生态银行的敏捷自进化能力。第三篇"千里之行　始于足下"，致力于构建"Bank the World"的整体业务模式，从实践的角度分别对"5E"案例进行解析，力求全面分析商业银行从传统业务模式向生态开放模式的转型路径，实现由"服务"客户到"浸润"生态的转变。

　　本书在笔者近期发表的文章、演讲和授课的内容的基础上形成。笔者提出构思，进行写作，并带领渤海银行一些青年专家学者和学生共同研究讨论。参与本书课题组的成员有李庆刚、赵含章（Hannah Zhao）、揣洪生、李玏、李吉东、刘程旭、周峰、李本靖、胡博、项慧玲、费清等。

　　古代兵法《六韬》有云：勿以三军重而轻敌，勿以独见而违众，勿以辩说为必然。本书是笔者结合自身工作实际，与同事们经过多轮交流讨论后的思想火花，仅为一家之言，期望抛砖引玉，为同行继续探讨生态银行的发展提供相关思路。由于水平有限、时间仓促，书中或有种种疏漏，还望读者谅解。

　　昨天已经成过去，明天尚未到来，所以今天就是一份礼物。对于银行而言，实现生态银行转型需要久久为功、纵横捭阖，难以毕其功于一役，要积极把握新时代脉搏，坚定战略选择，着力打造敏捷自进化，并与生态伙伴协同进化的生态银行，更加有力地服务实体经济和双循环、服务人民群众的美好生活。

赵志宏
2021 年 7 月于天津市河东区

目录

第一篇 未来已来 路在何方

第一章 从传统银行向生态银行的聚变 ·············· 3
第一节 商业银行的需求侧和供给侧 ·············· 4
"十四五"开局的广阔需求侧 ·············· 4
"意大利面银行"的脆弱供给侧 ·············· 6
第二节 什么是生态银行 ·············· 8
生态银行的内涵与外延 ·············· 8
敏捷自进化 ·············· 11
生态银行的"五个升级" ·············· 12
内部：自进化、云原生、智慧驱动的"乐高银行" ·············· 13
外部：与生态伙伴的"5E"融合 ·············· 14
第三节 生态银行的擘画 ·············· 15
一个案例 ·············· 15
云原生时代的微服务 ·············· 16
可拼搭、可插拔 ·············· 17
个性化、定制化 ·············· 18
生态体系的构建 ·············· 19

第二章 于变局中开新局——把握客群是商业银行逐鹿未来的逻辑必然 ... 22

第一节 从传统客群到新兴客群的迈进 ... 22
客群变迁展现"动态" ... 23
金融需求突出"增量""升级" ... 24
金融消费行为凸显"独特" ... 25
新兴客群涌现 ... 26

第二节 "小众"不小,"细分"有必要 ... 26
需求侧变化牵引供给侧发生变革 ... 27
以需求为核心的生态银行场景形态 ... 30
由面向"大众"转向深耕"小众"群体 ... 32
在细分领域打造自身特色 ... 33

第三节 生态由小及大,场景全面触达 ... 34
聚焦"小生态","垂直化+精细化+差别化"发展 ... 35
共筑"大生态","场景+平台+服务"互联叠加 ... 36

第三章 生态银行中介模式的嬗变 ... 39

第一节 谋变与进化 ... 39
谋变 ... 40
实践 ... 41
进化 ... 42

第二节 检验与底线 ... 43
检验 ... 43
底线 ... 45

第四章 防范"绿天鹅"风险——绿色金融的生态银行范式 ... 49

第一节 发展绿色金融之"道":防范"绿天鹅"风险 ... 49
"绿天鹅"的传导路径 ... 50

商业银行的"碳中和"范式转变 …… 52

第二节 发展绿色金融之"法"：宏观经济政策 …… 53

监管机构应对"绿天鹅"的"四维"痛点 …… 53

绿色金融的政策实践 …… 54

第三节 发展绿色金融之"术"：碳定价政策 …… 55

碳定价与碳市场的解构 …… 56

碳定价政策面临诸多挑战 …… 57

碳市场的中国路径 …… 57

第四节 发展绿色金融之"势"：生态银行 …… 58

推进绿色金融数字化建设 …… 59

聚焦生态，激活发展新引擎 …… 60

把握绿色金融发展趋势 …… 61

丰富绿色金融产品谱系 …… 62

加固"绿天鹅"风险防控底板 …… 64

第二篇 欲善其事 先利其器

第五章 时代变革引致的技术迭代 …… 69

第一节 智能技术的持续迭代 …… 70

ML Ops：银行推广 AI 的下一站 …… 70

让机器学习变得更加自动化：AutoML …… 72

让机器学习变得更加自动化：终身学习 …… 73

让机器学习变得更加自动化：元学习 …… 73

第二节 交互范式的持续迭代 …… 74

交互范式亟需突破 …… 74

"全真交互"技术储备逼近临界点 …… 75

"全真交互"将颠覆现有流量范式 …… 77

"全真交互"也是数字孪生趋势的体现 …… 77
第三节 商业模式的迭代：分布式 …… 79
　　分布式模式由来已久 …… 79
　　连工业4.0都指向分布式商业模式 …… 80
　　技术让分布式商业模式更普适 …… 81
　　区块链：分布式激励相容的参考框架 …… 83
　　物联网技术：推动云的分布式化 …… 85
第四节 商业银行全面风险管理技术的迭代 …… 87
　　从资本管理到价值创造再到生态赋能 …… 87
　　生态银行全面风险管理的5A智能风控 …… 89

第六章　云原生时代的企业级中台 …… 93
第一节 商业银行核心系统的分布式化要求云原生中台 …… 93
　　云原生的定义和发展 …… 93
　　微服务、云原生、分布式之间的关系 …… 96
　　构建商业银行云原生的分布式核心 …… 97
　　云原生中台是一种分布式的能力机制 …… 99
　　商业银行云原生中台的一体三面 …… 100
　　云原生中台将推动银行迈向"仿生组织" …… 101
第二节 云原生中台的技术机理 …… 102
　　云原生中台所包含的几种主要机制 …… 102
　　微服务，应该成为一个个独立的生命体 …… 103
　　API云市场，使能生态银行 …… 105
　　从DevOps到AIOps：商业银行的工业4.0 …… 107
　　拆中台？云原生中台无处可拆 …… 108
　　云原生中台机制建设的"三步走" …… 108
第三节 云原生中台的另两个截面：业务面及数据面 …… 110
　　商业银行的架构理想：生长与开放 …… 110

目　录

　　　企业级架构方法论及不足之处 ·· 111

　　　DDD 方法论及不足之处 ··· 113

　　　出路：DDD + 企业级架构方法论 ··· 115

　　　云原生中台的业务能力截面：业务中台 ································· 116

　　　云原生中台的数据能力截面：数据中台 ································· 117

　第四节　云原生中台加速智能流程自动化 ································· 118

　　　确保流程"远离"客户体验 ··· 118

　　　从流程银行到数据智能银行 ··· 119

　　　智能流程自动化（IPA） ··· 120

第七章　精益与流程智能化　　　　　　　　　　　　　124

第一节　摒弃"紧箍咒"奔向企业级发展之路 ························· 125

　　　战略能力顺应转型方向和高阶需求 ······································ 125

　　　从流程的本质出发认知自身能力 ··· 126

　　　"组件"高度内聚"企业级"业务能力 ································· 126

　　　营造"松箍"灵活发展空间 ··· 127

第二节　精益六西格玛打造流程 ·· 127

　　　承接战略方向 ·· 128

　　　关注"客户满意度" ··· 128

　　　从职能管理到流程管理 ··· 130

　　　精益智能管理服务流程 ··· 131

第三节　科技引领精营"现代"生态 ······································· 132

　　　流程搭建数字化 ·· 133

　　　先进科技赋能 ·· 134

　　　智能化诠释差异 ·· 135

第四节　精益智能流程缔造新生态 ··· 135

　　　国外商业银行实践：智能授信和反欺诈 ································· 136

　　　国内商业银行实践：数据探索和自动化审批 ························· 138

第五节 "深淘滩、低作堰"精益前行 …… 140
　　六西格玛精准识别问题 …… 141
　　问题导向融入精益六西格玛文化 …… 141
　　管理创新方法：MBF …… 142
　　以创新运营引领 …… 143

第六节 构建精益的智能化流程体系 …… 144
　　选择实践场景 …… 145
　　融入精益管理理念 …… 146
　　工作团队协同、融合、敏捷 …… 148
　　智能工作流以数据为依托 …… 148
　　授信审批流程的智能化再造 …… 149

第八章 数据素养和智能数据人 …… 151

第一节 认识数据 …… 151
　　数据的力量和困惑 …… 151
　　大数据不在"数据"也不在"大" …… 153
　　基于数据的量化分析方法 …… 154
　　无数据，不智能 …… 158
　　数据助力商业新范式 …… 162

第二节 数据素养 …… 164
　　什么是数据素养 …… 164
　　实现数字化时代最大潜能 …… 167
　　数据素养价值交付矩阵 …… 170
　　数据素养培养 …… 173

第三节 智能数据人 …… 177
　　什么是智能数据人 …… 177
　　智能数据人发展展望 …… 179

目　录

第九章　云原生时代及其生态安全 ················ 181
第一节　云原生时代的生态银行安全发展新趋势 ········ 182
新思维：从"独立抗风险"向"合作防风险"转变 ········ 182
新模式：从"内部场景"向"外部场景"延伸 ·········· 183
新格局：从"一棵大树"向"产业森林"发展 ·········· 183
第二节　云原生时代的生态银行安全生态新挑战 ········ 184
第三节　构建全方位安全体系，实现生态可信网络 ······· 188
规划全方位安全治理 ························· 188
加强全链条安全管理 ························· 191
落地智能化安全运营 ························· 192
实施全周期安全技术 ························· 193
创新全旅程安全验证 ························· 195

第三篇　千里之行　始于足下

第十章　聚焦生态：构建生态化的金融定制能力 ········· 199
第一节　生态银行机遇与挑战 ················· 200
第二节　生态转型的四步法 ·················· 202
从顶层开始聚焦生态 ························· 202
强化生态系统思维 ·························· 203
设定清晰的路线图和伙伴识别 ···················· 204
做好 IT 和数据铺垫 ························· 204
第三节　生态转型的关键能力 ················· 205
生态系统新时代的银行战略地图 ··················· 205
构建精益流程再造的业务中台 + 数字 AI 中台 ············ 210
重塑生态系统新时代的客户体验之旅 ················· 213

第十一章　共生共赢：生态伙伴间实现化学反应……………………217

第一节　生态伙伴合作的细分、蝶变………………………………217
第二节　生态银行与共享数据相辅相成……………………………220
共享数据将极大推进生态银行的演进………………………………220
生态银行将激发数据信用的生命力…………………………………221
生态银行将不断孵化"新企业"………………………………………221

第三节　生态全面开放，多维深度合作……………………………222
第四节　生态合作制胜关键因素……………………………………223
规模和标准……………………………………………………………223
独特资源禀赋…………………………………………………………224
行业深度理解…………………………………………………………225
生态合作深度和广度…………………………………………………226

第五节　生态合作面临的问题及应对策略…………………………228
生态协作，优势互补…………………………………………………228
创新模式，共赢共享…………………………………………………229
合规应用，履行责任…………………………………………………230

第十二章　专业赋能：金融力+科技力的全面输出……………………231

第一节　供给侧赋能突围：聚合核心能力，锁定打造"控制点"…231
聚合金融产品与服务能力……………………………………………232
一个进阶生态能力评估框架…………………………………………235
打造控制点，形成"护城河"竞争优势………………………………236

第二节　需求侧赋能聚焦：以客户和生态伙伴为中心……………238
主动融入并赋能产业龙头客户的战略转型…………………………241
金融服务+非金融赋能小微客户业务痛点…………………………244
赋能F端同业生态伙伴的短板和壁垒………………………………248
赋能C端的体验迭代和财富管理价值………………………………250
赋能客户的服务能力和支撑能力……………………………………252

目　　录

第三节　银行业务新格局：跨界赋能多端联动的开放生态

　　　　银行系统…………………………………………………… 256

　　案例一：商业银行与房地产集团生态共建，推进银企共同转型…… 257

　　案例二：由公用服务场景引流，拉动C端和B端获客活客 …… 260

　　案例三：把握智慧港口建设契机，积极注入金融动能…………… 264

第十三章　无感泛在：从用户到客户的"增长黑客" …………… 269

第一节　"增长黑客"发展方式 ……………………………………… 270

　　用户体验是抓手……………………………………………………… 270

　　渠道建设面向未来运营……………………………………………… 271

第二节　商业银行视角下的增长黑客方法论………………………… 271

　　跨部门合作的增长团队……………………………………………… 272

　　确定定位，提供"好产品"………………………………………… 272

　　确定增长杠杆和北极星指标………………………………………… 274

　　进入快节奏的试验循环……………………………………………… 275

第三节　明晰"流量"发展途径 ……………………………………… 276

　　互联网创新"流量"经营模式……………………………………… 276

　　数字化城市打造"流量"增长场景………………………………… 279

　　"金融科技＋数据生态"受到推崇………………………………… 280

　　"产城＋金融"提供解决方案……………………………………… 282

第四节　商业银行增长黑客初探：面向未来的手机银行框架……… 285

　　由客户运营到用户运营……………………………………………… 286

　　由千篇一律到千人千面……………………………………………… 287

　　由交易服务到全生态服务…………………………………………… 287

　　由自运营到共运营…………………………………………………… 288

　　由重运营到轻运营…………………………………………………… 288

第五节　商业银行增长黑客进阶：开放银行转型…………………… 289

　　研发投入是基础……………………………………………………… 290

多渠道推广 API ··· 290
　　　API 的统一运营管理 ··· 291
　　　提前布局开放 API 的新趋势 ··· 291

第十四章　智慧引擎：智能化的业务全流程支撑 ·················· 293
　第一节　客户洞察智慧引擎的实践 ·· 293
　　　智慧客户养成 ·· 294
　　　智慧客户画像 ·· 296
　第二节　风险管理智慧引擎的实践 ·· 300
　　　智慧风控 ·· 302
　　　智慧普惠 ·· 304
　第三节　智能决策引擎的实践 ··· 309
　　　智慧医疗 ·· 310
　　　智慧政策指引 ··· 312
　第四节　模型风险识别：跨越数字化的鸿沟 ······························ 313
　　　数据鸿沟 ·· 314
　　　挖掘工具鸿沟 ··· 315
　　　模型鸿沟 ·· 318

参考文献 ··· 321

后记：2005—2021 年中国银行业进化史剪影 ······························· 326

第一篇
未来已来　路在何方

2021年是"十四五"开局之年,"创新"是国家"十四五"规划的核心关键词,旨在深入推进以大数据、智能化为引领的创新驱动发展战略。随着人工智能、区块链、云计算、大数据、移动互联、物联网等新兴技术的更新迭代,数字经济蓬勃发展,特别是围绕"碳中和""碳达峰"的绿色金融及其背后的"绿天鹅"风险防范受到广泛关注,业界对商业银行转型之路的思考和实践不断深入。

通过多年的业内实践和分析研究,笔者与合作伙伴逐步探索出一条生态银行的转型发展之路,并在实践中不断丰富和完善。立足新发展阶段,贯彻新发展理念,迎接新发展格局,敏捷自进化并与生态伙伴协同进化的生态银行,是商业银行以前沿科技为支撑的最佳敏捷转型模式。

那么,什么是生态银行?怎样建设生态银行?从本篇开始,本书由表及里、由内及外、由自洽到融合,一步一步为读者抽丝剥茧。

第一章 从传统银行向生态银行的聚变

> 好雨知时节，当春乃发生。
> 随风潜入夜，润物细无声。
>
> ——杜甫《春夜喜雨》

生态系统，是一个环境科学名词，指在自然界一定的空间内，生物与环境构成的统一整体，在这个统一整体中，生物与环境之间相互影响、相互制约，不同物种间共生共赢、共进化，并在一定时期内处于相对稳定的动态平衡状态。延伸到金融领域，机构与生态伙伴基于比较优势形成集聚，推进相互之间的协作、融合、进化，实现金融生态环境的良性互动。

聚变，是一个物理科学名词，一般指核聚变。在极高的温度和压力下核外电子摆脱原子核的束缚，使得两个原子核能够互相吸引而碰撞到一起，发生原子核互相聚合作用，产生巨大的能量释放，目前科学家正在努力研究可控核聚变。从传统银行到生态银行的转变，正是基于外部环境作用和内部敏捷自进化，在与生态伙伴共生集聚、协同进化的过程中产生巨大合力，实现了商业银行这一传统行业的聚变。

服务国家战略、服务实体经济、服务美好生活，是新时代商业银行的应有之义。如何把商业银行的骨骼、心力、禀赋、动能、持续性与肌体的有机协调融合，需要商业银行充分洞察新时代的机遇与挑战，发挥商业银行的禀赋，内部基于云原生的敏捷自进化、中台数字化、流程智能化，外部聚焦生态、输出能力、无感泛在，与生态伙伴共生共赢，加快实现传统银行向生态银行的聚变，不断推进敏捷银行的实践。就像随风入夜的春雨那样，商业银行也将迎着"十四五"的春风，泛在、敏捷、无感地将金融与非金融服务"送往各行业,送入百姓家",滋润万物生长,"Bank the World"。

第一节　商业银行的需求侧和供给侧

> 不和于国,不可以出军;不和于军,不可以出阵;不和于阵,不可以进战;不和于战,不可以决胜。
> ——《吴子·图国第一》

党的十九届五中全会描绘了我国未来发展的宏伟蓝图,强调了"创新、协调、绿色、开放、共享"的新发展理念。在金融领域,党的十九届五中全会提出要"激发各类市场主体活力,完善宏观经济治理,建立现代财税金融体制"。在"十四五"规划中也提出,要构建金融有效支持实体经济的体制机制,提升金融科技水平,深化国有商业银行改革,增强金融普惠性,守住不发生系统性风险底线。面对易变性(Volatility)、不确定性(Uncertainty)、复杂性(Complexity)、模糊性(Ambiguity)交织的VUCA时代,经济、技术、生活、文化等各个领域的迭代变化节奏越来越快,商业银行的需求侧和供给侧充满了不可预知的机遇挑战,有"朱砂痣"也有"白月光",有"白天鹅"也有"黑天鹅",更有潜伏的"灰犀牛"蠢蠢欲动。

"十四五"开局的广阔需求侧

打造生态银行、实践敏捷银行,需要和于国家战略规划、和于经济发展方向、和于技术进步趋势、和于需求变化实际。对外部大环境的理解,是银行对自身禀赋把握、市场及客户需求洞察、差异化产品设计的基础。

"十四五"时期是我国在全面建成小康社会的基础上,开启全面建设社会主义现代化国家的新一个五年。当前发展内外部环境都发生着深刻变化,我国国民经济出现结构性变化,"双循环"新发展格局加速构建,新产业、新业态、新商业模式等新经济活动加速涌现，机遇千载难逢；与此同时，国际政治经济形势出现前所未有的变局，新冠肺炎疫情前景未明加剧了全球经济复苏的不确定性。显然，"十四五"期间商业银行的改革经营发展，起点之高、挑战之大、任务之重是前所未有的，面临的外部宏观环境复杂而又多变，机遇与挑战并存。

构建以国内大循环为主体、国内国际双循环相互促进的新发展格局。围绕供给侧结构性改革和需求侧管理，优化完善国内产业链集群和供应链。在内外部环境影响下，"十四五"时期我国将更加注重国内的产业链建设和供应链的内循环，解决部分产业对外依赖度过高的痛点，推动生产、流动、分配和消费等各个环节的高效运行，城市群建设、区域经济发展将成为产业链、供应链的重要汇集点。

消费需求迭代和消费习惯变迁产生深度影响。"十四五"时期消费对经济的推动作用更加突出，消费规模扩大、结构优化、习惯变迁，使服务性消费需求稳步提升，消费的全面升级将带来巨大的金融需求。同时，监管部门对互联网消费金融的强监管和"去杠杆"，诸多互联网消费金融产品将面临重大调整，金融市场秩序将回归到持牌经营、专业协作的轨道上，消费金融市场重新洗牌，竞争更加激烈。

新兴产业与碳中和为商业银行转型发展提供广阔空间。"十四五"时期，大量代表未来生活的新产业和新业态将快速发展，以数字经济为代表的数字产业将引导全社会实现数字化转型，碳中和、碳达峰目标为绿色金融发展创造出广阔的空间。一方面，新兴产业的出现为商业银行的业务发展带来了更多突破空间，拓宽了共建生态的合作机会。另一方面，新兴产业带来的要素需求也会为商业银行增加更多的客户资源，成为其新的利润拓展点。

金融科技创造崭新机遇。"十四五"期间，我国将在自主创新能力、突破"卡脖子"环节投入更多的政策支持和资源支持，商业银行在支持科技型企业发展上将具备更加充足能力，科技金融、投贷联动等业务将同步迎来重大突破，企业对商业银行综合化金融服务的需求将持续上升。同时，随着下一代IT科技能力和开发模式在商业银行的广泛应用，全面强化商业银行的数字分析和应用能力，建立数字化营销能力。

科技赋能商业模式创新加速。移动互联网、数字化技术、分布式技术、智能化技术等蓬勃发展，推动数字社会和数字经济新时代的到来，通过预设的透明规则进行组织管理、职能分工、价值交换、共同提供商品与服务并分享收益的分布式商业模式开始兴起。同时，商业创新平台（BIP）在IT行业激烈竞争中演化而来，助力企业在产业互联网的时代背景下，实现业务在线经营，实践万物互联，推进智能化驱动，探索快速商业创新，使企业向产业互联网公司转型。

城市更新与乡村振兴具备充分的发展潜力。当前，我国新型城镇化和乡村振兴持续推进，不断为经济发展注入新动能。商业银行在优化政府平台业务方面，可以进一步强化城市更新与金融服务对接，针对城市更新整体项目的前期规划、单元划定、前期服务、权益收购、供地、开发等全周期的不同阶段提供综合化解决方案。

"意大利面银行"的脆弱供给侧

当前，商业银行普遍面临着业务创新难、共建生态平台投入产出效率不高、转型速度跟不上市场竞争步伐的窘境，无法跟上日新月异的市场变化和需求升级。其中一个根本原因正是商业银行系统架构陈旧、内部体系庞杂，无法进行迅速的调整。这样的银行也被称为"意大利面银行"。

"意大利面银行"在过去若干年里建立了很多信息系统，这些信息系统有许多的链接、互动，依赖的信息集成关系和功能重叠，像一盘"意大利面"一样交织在一起，牵一发而动全身，甚至进行简单的梳理都需要大量的资源投入，例如建立以客户为中心的产品体系、落实数据标准、统一全行流水号、小额账户管理费唯一免征等。这些信息系统又是商业银行企业级信息化建设的支柱，即一家商业银行的核心系统，也是其基础设施的一部分，改变这种局面将会很困难。"意大利面银行"充斥着信息系统"孤岛"（Silos）——以产品为界的小"孤岛"、商业银行合并后尚未整合的系统，以及按部门组织边界搭建的传统核心架构。

第一章　从传统银行向生态银行的聚变

业务模式转型迟缓。近年来，虽然一些商业银行制定了较为清晰的发展愿景，但转型决心不足，执行力不够，缺乏对具体路径模式的深入思考，与实体经济发展实际需求有一定背离，特别是前一段时间，部分商业银行热衷于房地产业务，"垒大户"思维严重，产生了严重的路径依赖，客户经理营销能力退化，不能适应野外生存，武功荒废，在一定程度上使银行丧失了转型发展先机。

客户基础不够稳固。尽管很多商业银行正在推进科技赋能，积极与互联网开展平台合作，但客户基础还不稳固，流量和潜在用户如何能有效转化成客户是必须重点关注的问题。在线上，互联网平台的冲击正在从小额高频消费市场的长尾客户，蔓延至商业银行最为关注的高净值客户；在线下，部分网点职员不愿意去做商户、私行、代销、信用卡、普惠等一系列耗时耗力的拓客业务。

产品类别和体系脱钩需求。在实践中，除国有大型银行和部分头部股份制银行外，多数中小银行的产品不丰富、谱系未建立，综合解决方案尚未形成竞争力和市场影响，未能有效满足人民群众对金融服务的内在和外延需求。尽管一些商业银行做出了一些产品服务创新尝试，但品牌和市场影响力仍不足，产品谱系不够完善，综合化服务的合力并未形成。

外部渠道和内部协调机制疲弱。尽管商业银行持续加强线上线下渠道建设，但有效渠道触角仍不足，整体线上线下结合、渠道灵活转换、一致化体验能力有待提升。很多银行内部部门间的联动机制、协调配合能力仍不足。部分领先银行推动的项目组考核机制，其目的就是在一定程度上打破"竖井式"部门窠臼。

迎接新时代的机遇与挑战，全面贯彻新发展理念，商业银行需要加快向生态银行转型，整合生态资源服务生态用户，泛化商业银行的中介属性，向生态合作伙伴输出银行能力；集合生态资源，向生态合作伙伴、生态用户（客户的客户）提供金融或非金融综合服务；作为整合生态资源的银行，为实体经济提供差异化、个性化、定制化的生态银行服务。

第二节　什么是生态银行

> 上善若水，水善利万物而不争。
> 　　　　　　　　——老子《道德经》

生态源于适应、蝶变和共生。"适应"注重对当前环境的识别、应对和不断自进化；"蝶变"是破茧而出，突破自我、勇于争先；"共生"关注对生态参与者的认知、互动、共创价值。未来，商业银行的转型发展需要和于大局、立于生态、形于无感、落于实践。在内部，立足云原生时代，全面提升企业级中台、流程智能化、智能数据人等能力，打造敏捷自进化的"乐高银行"；在外部，围绕聚焦生态（Ecosystem）、共生共赢（Engaged）、专业赋能（Enable）、无感泛在（Everywhere）、智慧引擎（Electronic），与生态伙伴协同进化，构建有温度的"5E"生态系统。

生态银行的内涵与外延

生态银行（Eco-Native Bank）是以有条不紊的内部迭代构筑自进化能力，以"数、智、云"的比较优势敏捷赋能合作伙伴，以无缝衔接的分布式协作融合打造生态系统，围绕用户全方位需求实现无感、泛在、浸润式服务的"金融+"机构。

为适应新发展阶段加速变革的外部环境，生态银行是商业银行以前沿科技为支撑的最佳敏捷转型模式。Eco-Native Bank，字面含义为"生态原生银行"，简称"生态银行"。从其内涵上来看，其内部是以云原生的开放架构为基础，通过打造分布式能力和实时智能工作流，强化内部自治，形成敏捷自进化能力；在外部，利用自身在数字化、智慧化、云端化的比较优势，最大化的与合作伙伴实现专业赋能和协同融洽；激活并释放伙伴、客户（用户）、技术、数据、人才等生态要素的综合创新潜力，聚焦生态建立多主体协同治理的可持续发展体系；在开放生态中把握用户需求的演进，

第一章　从传统银行向生态银行的聚变

以更快的迭代速度、更强的风险免疫能力、更极致的客户体验，突破旧有的银行服务边界，向生态用户提供集合多业态特征、高生态关联、全生命周期的金融与非金融服务，成为"金融+"机构。

生态银行以科技创新驱动发展，运用云原生、区块链、数据孪生、联邦学习、一湖两库①、面向未来的多维系统架构 SOX 等技术激活金融服务微循环，响应快速变化的技术和用户需求，将实时智能工作流无缝链接嵌入客户旅程。在生态银行敏捷进化的实践过程中，其外延不断拓展，不断助推生态体系的完善。生态系统成员之间的关系由传统的静态博弈向动态共生转变，生态银行向目标生态伙伴提供"科技力+金融力"的综合赋能，穿行于企业上下游价值链，穿透母子公司价值网，穿越货币市场和资本市场，敏捷自进化并与生态伙伴协同进化，及时响应需求侧涌现的新要素，不断推进生态产业化和产业生态化。

未来，商业竞争并不是企业与企业的竞争，而是生态系统与生态系统的竞争。企业数字化做得好并不意味着一定能够打败竞争对手，生态圈的实力至关重要。生态体系竞争力的关键是能否实现生态体系合作伙伴的共赢，包括财务收益和业务能力的共同持续成长。例如，在外卖生态圈的竞争中，各大平台竞争的关键是吸引更多的优质商户进入生态圈。类似于"Google the world"，未来生态银行将会实现"Bank the world"。这就是"银行即服务"（BaaS）新世界的原型，与开放银行的含义有异曲同工之妙：做你最擅长的事情，如创新业务场景或数据建模等，然后将其他生态伙伴提供的服务串联起来，以数据为链、科技为动力，实现资源的高效整合与配置。当然，商业银行构建或参与生态系统平台，并非自己提供非金融商品服务，而是与供应商合作伙伴按各自持牌经营范围，在客户消费旅程和企业价值链条中有机协同，提供嵌入式产品服务。

2021年2月，笔者在《当代金融家》杂志发表的《生态银行（Bank the World）贯彻新发展理念　打造赋能生态新纪元》中提出，结合新时期

---

① 一湖两库：基于大数据云服务化产品，将银行内的基础数据需求按照业务划分为数据湖、数据仓库和集团信息库，即以"一湖两库"为核心，通过不同的数据处理手段将数据持久化。

的机遇与挑战,商业银行贯彻新发展理念,需要加快向生态银行转型,并作为整合生态资源的银行,为实体经济提供差异化、个性化、定制化服务,助推需求侧管理和供给侧结构性改革。随后,笔者在多篇文章中对生态银行的基本特质、内部自洽、外部融洽及生态系统的构建进行了分析。2021年5月,渤海银行行长屈宏志先生在《中国金融》杂志发表署名文章表示,商业银行的发展方向是推进数字化生态银行建设,"在构建生态金融体系的过程中,虽然中小银行资源禀赋不及大型商业银行,但也要着力在工件生态中确立自身的竞争优势,抢占生态体系价值链中的关键位置"。

与生态系统定义中的"多物种、大环境、生物成长性"相吻合,生态银行有以下三个特点:一是多业态聚合,不仅仅是单个行业或者客户的服务,而是以分布式商业模式形成的生态;二是高生态关联,金融需求与非金融需求(生态内的业态需求)高度捏和,银行不仅仅是金融中介;三是全生命周期,利用生态信息/数据,延长金融服务的链条,对于客户成长的多个阶段进行覆盖,而不是传统以业务存续周期为界限的服务关系。

基于多业态、高关联、全周期的特征,综合考虑服务类型、用户特征、平台特点、生态成员角色、核心业态等不同维度,结合领先银行实践和机构分析,可以将生态银行的业务模式进行初步的归纳总结。

如图1-1所示,在银行与生态伙伴之间,通过产品服务和渠道的维度划分,可以总结出以下五种生态银行模式:

(1) 媒介引流型:商业银行充当媒介功能,将超出自身能力范围的客户,引流至其他金融或非金融提供商。

(2) 生态跟随型:商业银行作为跟随者角色,通过参与由第三方主导的生态,将自身产品服务提供给其中的客户。

(3) 开放平台型:商业银行通过开放应用程序编程接口(API),允许生态伙伴将产品、数据和特定流程纳入价值链。

(4) 市场协调型:商业银行通过建立白名单,与生态伙伴进行品牌联合,向客户推介非金融产品,充当市场的协调组织者。

(5) 场景组织型:商业银行基于自身能力与生态伙伴相互协作赋能,围绕客户生命周期的特定时刻,自主构建生态场景,生态伙伴协同进化。

第一章 从传统银行向生态银行的聚变

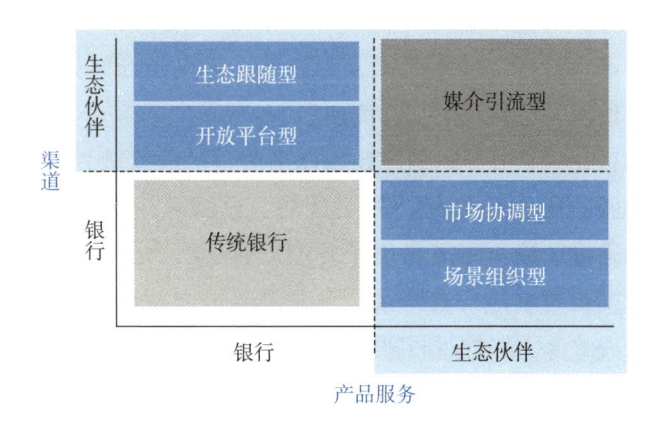

图 1-1 生态银行业务模式示意图

（资料来源：埃森哲咨询、笔者整理）

可见，随着自身生态能力不断提升，商业银行在生态系统中的地位和作用不断强化，生态系统向着以商业银行为主导、商业银行与生态伙伴共生共赢的方向演进。生态银行应把握住组织者、协调者、赋能者等生态系统中的核心角色，引领和疏通 B2C、B2B2C、B2B2B 的渠道，供应和装配组件化、可定制的产品服务，协调和赋能生态伙伴协同进化。

敏捷自进化

如前所述，本书一直在提"敏捷自进化"，那么如何理解这个有些拗口的词组呢？

关于"敏捷"，笔者曾在《敏捷银行》中作出定义。敏捷银行"以客户为中心，内部简约化、外部差异化和精于协同"，以金融科技为依托，借助数字化、智能化手段，实现组织和流程的高效率运转，快速洞察并实时智能响应客户个性化、差异化、定制化的金融需求。

关于"自进化"，有一种生物进化的学说：千万年前，随着地质的变化，部分海底变成陆地，冰川纪结束、气候变热。地质与气候的变化使很多鱼类被迫露出水面，导致很多鱼类死亡，而另一部分鱼类实现了自进化，气管充血肿大逐渐演化成肺，成为两栖动物。鱼类中的"活化石"进化繁衍至今，例如可以两栖生活的肺鱼就是其中之一。同时，肺鱼为适应生态环境变化的自进化过程，并不是孤立存在的，它离不开同一时期其他物种的协同进化，形成共生共赢的生态圈。

依此类推，在日新月异的数字化云原生时代，仅仅做到敏捷是不够的。如果商业银行跟不上时代步伐、战略迷航、思路混沌，抑或是原地踏步、抱残守缺，或许越敏捷，距离高质量转型就越远。因此，商业银行需要实现敏捷的同时，及时响应外部环境变化，"否定之否定"，在战略、科技、流程、组织、人才等方面推进自进化。进而，银行在敏捷自进化的基础上，与生态伙伴相互赋能、协同进化，进而打造"敏捷进化"的生态体系。

生态银行的"五个升级"

如前所述，生态银行对内需要建立自进化的敏捷组织，对外加速形成分布式的生态银行业务模式，与生态伙伴协同进化、共生共赢，通过客户、产品、渠道、合作伙伴和经营等方面的全面升级，实现由传统银行向生态银行的聚变。基于此，敏捷自进化的生态银行可以实现以下五个方面的升级：

（1）银行客户升级为生态用户。生态银行通过赋能生态合作伙伴，在为其提供金融服务的同时，帮助生态伙伴服务生态用户，具体包括它们的客户、合作伙伴和其他关联方等。

（2）产品服务升级为能力输出。生态银行为生态合作伙伴及其关联方，整合内部资源和优势能力，输出交易银行、供应链管理、账户管理体系等系统，赋予客户营销、风险管理等银行业务能力。

（3）线上线下升级为无感泛在。生态银行不仅仅通过银行网点、手机银行等触达客户，还通过与生态伙伴的合作，拓展服务渠道范围，将商业银行能力渗透到生态体系的方方面面，全方位触达银行客户与生态用户。

（4）银行主导升级为共生共赢。生态银行将金融服务融入场景中，弱化银行在客户服务中的主导作用，与生态伙伴共同建立开放共赢的生态和场景，通过生态资源服务生态客户，最终实现共生共赢。

（5）人为判断升级为数据决策。生态银行目标实现高度数字化的平台运营，依靠数据、模型将人为干扰因素降到最低，为内部员工、外部客户及合作伙伴提供决策支持。在平台上沉淀数据资产，最终实现让一切业务数据化，让一切数据业务化。

内部：自进化、云原生、智慧驱动的"乐高银行"

笔者曾在《敏捷银行》一书中描述了与"意大利面银行"截然不同的"乐高银行"模式。如果你拥有一个提供各种可组装零件的生态应用超市，就可以构建"乐高银行"。"乐高银行"不需要自己开发生产零件，而是将应用超市中不同服务商提供的零件组装成不同形式和形状的部件和系统。提供的零件标准都一样，关键在于你如何把这些零件拼搭在一起并发挥作用。就像乐高积木一样，只要你学会如何利用零件进行组装并且有创意，你就可以把积木搭成工厂、别墅、伦敦塔或太空城。为此，基于正确的战略方向，商业银行需要加快提升组织自进化的能力，建立云原生中台，实现精益与流程智能化，培养智能数据人，做好生态安全和风险管理，运用云原生、区块链、数据孪生、联邦学习、一湖两库、面向未来的多维系统架构 SOX 等技术，构建"乐高化"装配式能力组合，高效敏捷地响应生态需求。

银行云原生中台。基于云原生的分布式核心建设是商业银行向数据智能大步迈进的一个契机；而其中的一个基本要求就是技术手段、数据能力应全面渗透并充分融入银行的每一个业务动作之中，建立基于云原生的微服务交付能力。

精益与流程智能化。精益管理模式将顶层战略与实际经营环境进行了综合分析和科学的实践，是战略推进实施的最有效途径，是打造最佳客户体验的必然选择，是推进从职能管理向流程管理的最佳手段，是营造数据文化，支撑智能化服务流程的基础。

数据素养和智能数据人。推进数据素养建设，业务人员在"不脱离生产"的情况下，培养成为具有数据分析能力的通用人才。在商业银行内部形成包括智能数据人、专业数据人才、数据素养通用人才相结合的数据人才生态，成为生态银行自进化的内在动力，成为敏捷银行和自进化生态银行的保证。

生态安全和风险管理。在生态银行生态融合发展的环境下，生态安全要求未来银行加快完善系统性风险类型分析，以生态视角看待多元责任主体，以场景构建为切入点，基于纵深防御和零信任原则，构建安全体系参考框架。

那么，如何构建这些能力呢？笔者将在第二篇"欲善其事　先利其器"中为读者揭晓答案。

外部：与生态伙伴的"5E"融合

未来，商业银行将通过致力于服务生态用户和银行客户，快速满足不同客户个性化、差异化、定制化的需求，打造有温度的、敏捷自进化的生态银行；通过赋能生态伙伴，输出银行能力，与生态伙伴协同进化，加快推动向生态银行的转型和业务模式的升级；通过前中后台、各业务条线、各部门、总分支相互协同，通过中后台的精细管理、高效运作赋能前线业务的持续快速增长。具体而言，实现生态银行业务模式的全面升级，要具备五种战略能力，简称"5E"：

（1）Ecosystem，聚焦生态。基于业务发展、自身资源与禀赋等选择目标生态伙伴，通过与生态伙伴合作，逐步建立目标生态格局，形成专精生态、特色生态。

（2）Engaged，共生共赢。通过多元化的方式与生态伙伴构建生态，以生态资源服务生态用户。通过相互赋能，建立共生关系，实现共赢。

（3）Enable，专业赋能。商业银行从产品输出向能力输出进行转变，通过金融能力与非金融能力为生态伙伴实现专业赋能，全面构建生态场景下以客户为中心的定制化金融服务能力，深入挖掘客户的关联需求。

（4）Everywhere，无感泛在。在生态内形成的服务交付通道，除了传统的O2O外，还有系统、服务界面的嵌入。加快渠道体系全面升级，充分发挥线上线下的协同，扩展服务渠道范围，全方位、无感触达生态伙伴与生态用户。

（5）Electronic，智慧引擎。依靠数据、模型等技术手段构建智慧决策引擎,通过客户洞察、智慧风控、敏捷营销、产品支持、智慧运营和生态管理等智慧引擎,实现生态业务全流程智能化。

如何构建实现"5E"战略构想?有哪些先进实践案例?笔者将在第三篇"千里之行　始于足下"中为读者详细描述。

第三节　生态银行的擘画

银行无处不在,只是不在银行。

——布莱克·金《银行4.0》

"清歌一曲梁尘起,腰鼓百面春雷发。"商业银行需要以持续深化生态洞察能力为核心,由内而外的敏捷自进化,深化科技与金融、生态与场景的融合,持续推进线上化、数字化和智能化体系再造,加快构建价值链系统的生态银行,浸润万物、服务实体。为实现生态银行的美好愿景,需要两个关键抓手:一是以企业级建模实现未来银行场景应用的业务设计,二是以微服务、Open API、业务中台、数据中台的双中台建设实现技术实施落地。在此,下文从一个案例出发简要勾勒出生态银行的一种业务模式。

一个案例

商业银行如何建立一个生态呢?作为一切的起点,首先是实现内部的"乐高化",其理念也正如核聚变那样,需要让银行内部摆脱原有竖井式结构的束缚,分布式、自进化、云原生、简约敏捷,有效形成合力。

例如,某银行开发了一款应用于朋友间邀约聚餐场景设计的APP,用户可以在APP上约饭。该APP可以根据两个人所在基于地理位置的服务(LBS)和餐饮风格,提供最佳约饭餐馆,并帮助订餐服务,进而可接入餐馆移动点菜页面,提前点菜以便餐馆备餐,客人抵达餐馆后可立即就餐。若客人使用该银行信用卡支付餐饮费用,在填写基本要素信息后可以立即开通虚拟信用卡,也可接入移动支付,享受"银行饭票"实现餐费打折。

这个产品设计可以实现用户引流及产品销售，将用户变为客户。

　　该银行牵头设计的生态产品有一个分阶段迭代规划。根据 LBS 位置信息和口味偏好智能推荐餐厅，需要前期接入丰富用户标签或者在成为用户基础上不断丰富标签。接入餐馆点餐功能需要接入餐馆 API，这两个都是最小化可行产品（MVP）功能规划的一部分。结合该行的优惠商户政策，通过线上引流进行"立办立享"的虚拟信用卡是该行的重点项目。此前，有的银行已经实现了在线下场景发虚拟信用卡。这款 APP 第一期实现的功能是约饭投票，结合银行的优惠饭票推荐，银行优惠再加上餐馆优惠，可以为 VIP 客户提供更高幅度优惠。

　　为了敏捷有效地建立生态，"乐高银行"需要低成本快速实现 APP 共建生态平台。这是因为如今已是资源整合的时代，不只是资本，获取、整合、联合资源一定是第一步。"乐高银行"是多层组件化的乐高，也是泛生态化的，汽车产业链很早就做到了这一点。做"乐高银行"，可以从为不同产业链提供金融服务出发，而不只是从银行自身的乐高建设出发，也就是从场景出发、从用户需求出发、从生态共生出发。在手段上，依托数据链，运用企业级建模、组件化、微服务化、Open API 等。这里提到的微服务有两个视角：一是有一组非常内聚的资源（如客户及围绕客户的 360 度信息，产品及围绕产品的产品条件，这些对银行都是资源，还有如各类合约、账户、会计科目、押品、渠道等），二是对这一组资源的各种业务操作集合（如创建客户、修改客户联系方式、开户、入账、押品估值等），这些操作对外开放时，就是服务。可以说，一个微服务就是一组内聚的资源加上对这组资源操作的服务外放集合。

云原生时代的微服务

　　依托云原生，微服务的设计和制造过程，就是一次组件化设计的过程。一个微服务是一组服务的集合，它可以很大，是对客户信息所有操作服务的大范畴集合，也可以只是对客户所有联系信息的小范畴操作集合。微服务对外提供的服务，可以以 API 形式对外发布。Open API 是一种更标准化和规范化的服务提供方式，供第三方或合作方在生态平台上使用。在平台上，每个服务供应商做自己最专业的功能服务，在平台方的标准和规范下以 Open API 的形式接入平台，由平台方协同拼装，为用户提供完整的服务解决方案。平台方可以为用户同时提供多家商户功能，例如信用卡、微信或支付宝支付等，让客户在各种优惠中自行优选，即一起共建生态。

简单地说，在前述 APP 所描绘的场景中，商业银行提供信用卡、客户、客户优惠、客户支付等几个金融类微服务。每个微服务包括了信用卡发卡的各种服务，如信用评估、商户或用户信息及其标签管理的各种服务、为客户提供各种优惠的服务如智能优惠选择服务、银行支付服务，这些微服务都可以在银行构建的业务、数据"双中台"上实现，在这些服务中对外可提供的服务会设计以 Open API 的形式提供到生态平台上。作为平台方，还需要 LBS 服务商如百度、高德，订餐服务商如大众点评，第三方支付服务商如支付宝、微信，用户大数据服务商如饿了么、美团，提供客户标签与餐厅菜肴匹配度等服务，也是以 Open API 形式提供上述服务。最后，平台方需要设计各种用户场景流程，并利用上述各方提供的 Open API 拼搭上各种场景应用。用户在平台上的触点信息、行为信息、交易信息等是平台方的核心资产。

可拼搭、可插拔

"意大利面银行"要想成为"乐高银行"，最关键的还是金融服务微服务化后可拼搭。这其实就是企业级建模和中台建设想做到的。先以企业级建模将商业银行的各类资源及其业务处理，精细化地切割成可组装的各种"乐高块"（企业级建模中术语称之为业务对象、业务组件、实体、任务等），银行内部各个职能拆分成一个个小的模块单元，通过数据链的衔接，以数据为媒为各单元装上智能芯片，再配套技术设计工艺在业务中台上实现落地，最后以 API 方式向外发布各类金融服务，供银行渠道或产业链平台上的业务场景拼装使用。同时，员工与部门的关系也由原来的"服从关系"转变为彼此嵌入与链接的"共生关系"。进而，在生态系统中链接的企业组织关系呈现复式结构，组织与组织之间相互交叉、融合和覆盖，企业成为一个个模块，可在产业链平台上自由组合。这种建设思路不仅与"银行即

生态银行——敏捷进化实践

服务"概念吻合，最重要的是通过业务建模来建设的业务中台与数据中台具备良好的企业级视角。换言之，通过这种方式设计的微服务具有更强的内聚性、通用性，以及更加标准、稳定的 API 接口规范。未来将逐步在业务中台上构建"乐高银行"的金融服务，而不是只花精力修改老式"意大利面银行"的系统。

那么，如何做好微服务化后可拼搭呢？这个就要靠业务场景设计和智能工作流设计了。通过企业级建模梳理围绕用户需求旅程的各类业务场景，设计以标准化乐高块拼搭的端到端业务流程，在流程中还要嵌入各种行内外智能信息服务（如前面提过的 LBS 地址服务、优惠商户查询、开通虚拟信用卡信用评估、差异化智能优惠等，由未来的数据中台提供），再以智能流程引擎等技术手段，选择业务中台和数据中台的服务按场景进行组装编排，使用随插即用（plug-and-play）的程序码。

个性化、定制化

通过企业级建模和中台的完善、微服务系统的搭建，银行具备了可拼接、可插拔的"乐高银行"能力，形成内部自洽。基于内部的敏捷自进化，银行不断推进生态系统构建，深度挖掘自身海量数据的潜在价值，优化标签体系，动态精准画像，为从公域到私域的全量用户提供个性化、定制化的解决方案。通过云原生中台实现前台需求的系统镜像，打造企业神经中枢，形成"机器 + 人"仿生运营模式，实现基于客户画像的个性化、场景化价值交付模式，提供客户旅程最佳体验财资管家服务。

依托云原生的数据中台，在监管允许的范畴内提升数据的获取、沉淀和使用能力，推进内外部多源异构的数据采集、治理、建模、分析，动态完善个人客户画像和企业客户画像。针对不同的底层数据类型设计特定算法，挖掘用户的行为特征等信息，形成底层标签池。从底层标签开始，形成更上层的、面向应用的用户标签，进而建立完善的客户画像标签体系结构，从不同维度、颗粒度对客户进行描述，搭建客户画像体系。同时，定期对全量客户进行计算和挖掘，不断自进化完善客户标签，更好地实现客户画像的动态描绘。

生态银行依托生态圈和生态伙伴，根据客户需求、动机、收入和消费行为的多元化和差异化特征，创建个性化的客户标签，构建客户标签体系，搭建客户标签营销与分析平台。基于 AI 算法搭建银行"智慧大脑"，以客户旅程为基础，沉淀全链路数据丰富客户画像标签体系，构建完善的动态客户画像。围绕生态系统，打通线上线下的营销服务场景，将最适合的营销信息传递给最合适的客户，与生态伙伴协同构建"线上＋线下、人工＋电子、推送＋互动"的一体化精准服务体系，实现客户、产品、场景的千人千面推荐。通过客户细分、精准营销等手段，打造个性化、定制化的产品和服务，在客户洞察和客户响应上抢得先机。

生态体系的构建

著名游戏制作公司美国艺电（EA）曾出品了一款模拟类游戏《孢子》（2008）。玩家需要先从数十亿年前的单细胞生物开始逐步向前发展和演化，随着时间的推移逐渐进化成多细胞生物，再进一步发展大脑功能，最后产生群集生物，体验生命演化过程。在此过程中，玩家需要不断吸收其他物种的优秀基因和文明，扩大自身的物种规模和文明基础，构建生态体系，并通过不断协同进化、相互融洽，持续提升生态体系整体的生存能力和竞争能力，抵御其他物种入侵和被毁灭的风险。

"系统"一词来源于古希腊语，是由部分构成整体的意思，一方面系统是要素组成的，另一方面系统的运行规律是一个整体。商业生态本身就是一个大系统，即以商业世界中的有机体的相互作用为基础的经济联合体。对生态银行而言，基于内部生态级的敏捷自进化，与伙伴携手打造聚焦生态、共生共赢、专业赋能、无感泛在、智慧引擎的战略能力，在构建生态体系的过程中，银行与生态伙伴担当着不同的功能，各司其职，形成了互依共生的生态系统。在这一商业生态系统中，虽有不同的利益驱动，但伙伴之间通过建立生态级伙伴联盟，打造生态级渠道接口，打通生态级用户身份，推出生态级产品服务体系，互利共存、资源共享、融合进化，最终实现每个生态参与主体在经济、社会、环境等方面的综合效益。

商业银行要与客户建立生态级关系，就需要从多个平台维度交互，低

生态银行——敏捷进化实践

维是高维的可选项，高维对低维拥有可选项，反之则难以为继。在这一进化过程中，生态平台组织者通过"加减乘除幂"，实现生态体系的持续进化。加：根据客户需求旅程中的新需求增添新的合作伙伴和服务；减：经持续评估去除生态弱项功能，替换为其他适用功能及其供应商；乘：运用"ABCDE5G 和 IoT"等多种技术手段[①]，改善客户旅程需求感知和供给响应体验；除：运用智能风险管理，构建生态银行服务不断自进化的免疫系统；幂：构建生态级的分布式商业合作模式，实现生态银行从客户到用户再到营收的指数级增长。

生态级联盟是生态银行和伙伴基于一定的规则建立起的合作关系，依托前沿科技进步，通过彼此专业赋能，协同提升生态成员的效率、创新力和生命力，以分布式商业模式提供满足生态用户各类需求的产品服务组合包。同时，生态银行建立的不能是一个封闭的生态系统，要打造生态级渠道接口，创造外部潜在伙伴的接入条件，在聚焦生态的基础上兼收并蓄，不断提升生态系统的科技赋能层级、用户获取能力、服务输出实力等方面的综合竞争力。此外，打通生态级用户身份也是构建生态系统的重要环节。这项工作类似于互联网 APP 上的"打通账号"，例如，很多网站都可以通过微信、微博、支付宝的个人账户信息等进行登录。在生态系统中，最基本的"打通账号"就是生态伙伴的客户身份应彼此互认；进一步地，在做好信息安全保障的基础上，对彼此客户的分层分类进行对齐，匹配相应的生态级产品服务。在触客阶段，生态级的产品服务至关重要，如果这一环不到位，那么构建生态体系将不具任何意义。生态级产品服务将立足特定生态，涵盖生态用户全方位，将各生态伙伴具有比较优势的板块融合打通，并持续孵化优质产品服务。

历史车轮滚滚向前，时代潮流浩浩荡荡。2020 年出版的《联邦学习》《分布式商业模式》《未来银行全面风险管理》等多部著作，预示着未来分布式商业模式，蕴藏着"Bank the World"的先进理念，也昭示着真正实现

[①] "ABCDE5G 和 IoT"分别代指：人工智能（AI）、区块链（Block）、云计算（Cloud）、大数据（Data）、边缘计算（Edge）、第五代移动通信技术（5G）、物联网（IoT）。

银行能力溢出和赋能"使能"的生态银行阶段即将到来。按照"创新、协调、绿色、开放、共享"新发展理念,"银行"的内涵和外延也要不断拓展,依托场景、生态、圈链、平台,由机构客户大 B 端,逐步向"客户的客户"C 端,以及"客户的合作伙伴"小 B 端渗透,服务直达"量子层级",穿行于核心企业上下游生态用户、穿透集团内母子公司、穿越货币市场和资本市场提供生态式金融服务,提供差异化、个性化、定制化的现代财资管家服务,打造云原生"乐高银行",实现敏捷自进化的生态银行"Bank the World"的聚变。

第二章　于变局中开新局

——把握客群是商业银行逐鹿未来的逻辑必然

大思想家斯宾塞·约翰逊曾经说过"唯一不变的是变化本身"。社会环境大变革导致人们的活动场景、思想观念、行为方式等在不断发生动态变迁。在这个"客户为王"的时代，"客户就是上帝"被赋予新义。生态银行战略需要聚焦客户群体属性、特征、消费习惯、金融产品和服务需求的动态变化，在开放生态中把握用户需求的演进，契合"以客户为中心，以客户需求为导向"的转型方向，对特定群体动态变迁趋势进行精准预判，集中优势资源锁定目标客户群体，实现无感、泛在、浸润式服务。金融供给侧协同需求侧进行同步改革，形成商业银行细分领域的核心优势，随着环境变化而敏捷自进化。通过与第三方无缝协作，深耕"小生态"，融入"大生态"，在激烈的市场竞争中推陈出新、抢占先机、赢得市场。

第一节　从传统客群到新兴客群的迈进

人类正在狂风暴雨中改变面目，整个世界在改造中，不能容许任何人到过去时代美好事物中去找一个藏身洞。

——罗曼·罗兰《约翰·克里斯多夫》

人类正在迈向一个前所未有的时代，社会经济的快速发展和科技的进步使得当前市场环境发生深刻变化，商业银行面临新常态下的"客群之变"。

客群变迁展现"动态"

当今的中国,社会财富迅速积累,人民生活水平极大提高,医疗卫生条件不断改善,教育逐渐普及,观念发生变化。同时,第二、第三产业蓬勃发展,产业转型升级面向全球产业链供应链重整。此外,城镇化进程不断加快、人口大迁徙、区域经济在均衡与不均衡交织中发展前进。这些都影响到了客群的动态变迁进程。

一是客群内部结构发生变化,消费主力发生转移。第七次全国人口普查结果表明当前中国家庭结构发生巨变,开始迈向小型化、少子化、老龄化;男女比例失衡日益严重,男性人数已明显多于女性;女性的职场参与率、家庭贡献度上升,社会地位不断提高;第二、第三产业从业人数增加,人口职业构成发生动态变迁;消费能力发生区域性变化。这导致"60后"银发经济蓬勃发展,"70后"女性消费成主力军,"80后""90后""00后"成消费担当,"品质白领""小镇青年"等消费群体涌现。

二是客群消费阶层发生变化,富裕人群和富裕家庭开始崛起。从人均可支配收入来看,根据国家统计局公布数据,2020年全国居民人均可支配收入为32189元,同比增长4.7%;全国居民人均可支配收入中位数为27540元,同比增长3.8%;其中收入最高的前20%人群,人均可支配收入为80294元。从高净值家庭占比来看,胡润研究院发布的《2020胡润财富报告》显示,中国600万元资产"富裕家庭"数量首次突破500万户,比上年增长1.4%;千万元资产"高净值家庭"比上年增长2%,升至202万户;亿元资产"超高净值家庭"比上年增长2.4%,升至13万户。此外,某金融机构最新发布的《2021中国私人财富报告》显示,2020年中国个人可投资资产总规模达241万亿元,可投资资产在1000万元以上的高净值人群数量达262万人,这一数值到2021年底预计接近300万人。40岁以下高净值人群的比例由2019年的29%升至2021年的42%,高净值人群年轻化趋势凸显。

与此同时,公司客群也在发生动态变化。一方面,从产业整体变迁趋势来看,根据《中国制造2025》、"十四五"规划和2035年远景目标要求,产业向大制造、智能制造、战略性新兴产业等转型升级，社会资源向国家政策重点支持领域倾斜，这些产业的企业数量持续增长。此外在"双循环战略"引领下，企业经营积极应对世界产业链供应链重塑挑战，主动补链延链强链，整体向更高层级变迁。另一方面，从企业规模数量发展趋势来看，在大型企业做大做强、国际国内影响力不断提升的同时，国家出台了大量财税、金融政策，大力支持中小微企业发展，一大批轻资产类中小微企业快速萌芽，同时现代服务业、高科技产业企业等开始崛起。

金融需求突出"增量""升级"

现代营销学之父菲利普·科特勒曾表示："营销的宗旨是满足客户需求。"客户群体的动态变迁，引致其金融需求发生相应变化。总体而言，客群变化引起了消费总量的增加和消费结构的升级，进而影响到客群的金融需求。从不同年龄层次的客群需求变化来看，老龄化时代的到来，老年人持有财富的增多，使人们的生产消费观念发生变化，催生了银发经济长链条；"70后"女性在家庭、职场和生活中承担的角色越来越重要，这部分女性一方面注重自身发展，另一方面对职场、家庭起到一定主导作用，催生了"女性经济"；"80后"年富力强，事业处于发展期且渐趋稳定，消费目标更加清晰；"90后"获取信息与掌握新技术的能力相对较强，对新技术新产品好奇心更强，追求个性化，更加注重个人感受，思想更加前卫开放，社交性增强；"00后"物质更加丰富，眼界更为开阔，兴趣爱好更为广泛，思想观念更为多元与兼容，具有"热血奋斗"与"躺平佛系"二元并存行为特征，物质主义与"后物质主义"并行不悖的"混和价值"取向，这部分人群正在成为消费的中坚力量。从不同财富层次的客群需求来看，相对于"贫困阶层"，"财富人群"对价格敏感程度相对降低，更加注重生活品质及细节，消费升级体验开支增加，如购物、旅游、娱乐、健身、美容等。他们更关注绿色健康的产品和个性化的服务，消费追求场景感、仪式感、尊贵感。"以家庭为重心，追求健康生活"成为其情感驱动，他们期望通过体验性、娱乐性和互动性消费，提高生活品质，为自己贴上某种身份标签。

而从公司客群需求来看，在世界产业经济结构转型大背景下，中国企业的生产方式和经营模式也发生了极大转变。除传统的金融需求外，许多企业对新型贸易融资、资产管理、投资理财、结算服务、咨询服务、债券发行承销、并购重组等产品和服务的需求增多，同时企业主更加期望获得全方位的公私联动服务。尤其是许多中小微企业和服务业企业，具有轻资产特征，生产经营存在周期性，盈利能力较弱，市场地位不够，期望以应收账款、订单、知识产权等动产作为抵质押品，获得低成本的金融产品和服务，对新型供应链金融具有强烈需求。

金融的发展需要面向公私客群金融需求的变化，为生产和消费提供有力支撑。

金融消费行为凸显"独特"

马斯洛的五阶段模型已经扩大为八阶，包括尊重需求、认知和审美需求、自我实现需求和后来的超越需求等更高层级需求。在需求进阶的同时，客群的自我认同、价值观、消费习惯等也在发生相应变化，消费行为呈现出新趋势、新特征。根据阿里研究院及天猫联合对消费大数据进行的分析，把个人消费行为变化趋势概括为五个方面。一是人设自由。社会的发展越来越开放、包容，各种思想兼容并蓄，个人越来越敢于彰显自己的生活观念和喜好，放飞自我、随心所欲的观念越来越受到更多人认同，少些批判、彼此尊重的观念在职场人士和年青一代中尤能被接受，人们在迈向一个自由化的时代。二是独乐自在。"单身革命"席卷全球，社会文明迈向高阶、多元化同时，越来越多的个体能够独立支配财富，开始独自享受生活中的诸多乐趣。三是乐活绿动。绿色消费观的核心理念是"健康、快乐、品质、环保、可持续"，随着人们生活水平、整体素质和环保意识的提高，绿色生活受到大力倡导。四是玩物立志。现代人愈来愈重视自己的内心感受，随着社会物品的极大丰富和对生活品质要求的提高，人们愿意为自己的兴趣、爱好、偏好付出更多的金钱和时间，陶冶情操、享受生活。五是"无微不智"。随着信息科技的迅猛发展，智能化设备与服务开始渗透到日常生活的方方面面，人类正在迈向一个"无微不智"的时代，许多活动场景也开始由线下转到线上。从公司客群的投资消费行为来看，除传统的生产支出，其在咨询、投资、理财、研发、科技等方面的支出也逐渐增多。

客群消费行为趋势的变化导致其金融消费行为发生相应变化，银行提供的金融服务需要与客群消费行为变化趋势相适应，才能准确把握市场脉搏，稳健行远。

新兴客群涌现

"任何新生事物在开始时都不过是一株幼苗，一切新生事物之可贵，就因为在这新生的幼苗中，有无限的活力在成长，成长为巨人，成长为力量"，新生事物的力量被周恩来总理高度推崇。客群的发展亦如是，新时代的一些新兴客群如雨后春笋般开始涌现。如养老一族、i世代、品质白领、鸡娃一族、"90后"、企业主、创业一族、小镇青年、小型出口外贸公司客户群等。同时各个群体的需求也在发生升级迭代，如对财富保值增值、财富传承、养老医疗保障、高品质生活保证、子女教育、投资、咨询、节税、外贸融资等的需求。由此引起了一些细分领域经济的蓬勃发展，如银发经济、i世代经济、她经济、男性颜值经济、小镇青年经济、单身群体经济、懒宅经济、新中产经济、港口经济等。

第二节　"小众"不小，"细分"有必要

无论零售业、媒体、文化、政治，都有许多新小众崛起的故事。这些新小众赢家之所以能成功崛起，只因为他们发现：当专注于自己擅长的领域，顾客规模会出现健康的自然增长。

——詹姆斯·哈金《小众，其实不小》

客群变迁引致的需求和行为变化，在市场上引发了一系列"革命"，如媒体革命、新闻革命、消费革命等。"客户就是上帝"的观念永不过时，各行各业纷纷各显神通，锁定自身目标客群，探索其内在发展变化规律，以把握住赖以生存发展的核心客群。商业银行也需要把握时代潮流，在细分

领域集结边际利基,做好"独门生意"。

需求侧变化牵引供给侧发生变革

孟子曰:"虽有智慧,不如乘势;虽有镃基,不如待时。"由此可见把握趋势时机的重要性。实际上,在商业经济中,各行各业的成功者,都需要面向市场和客群变化趋势,尽早布局,以需求侧变化引领供给侧改革,生产出顾客需要的产品和服务,并以最恰当的方式投放到顾客手中。在精准把握客户需求的基础上,许多新型的商业业态,如"明星带货""网红直播""粉丝经济"等蓬勃发展,以契合消费者的情感驱动和个性化需求。

从商业银行需求侧变化大趋势来看,其所面对的客群与过去相比发生了根本性的变化,客群相应的金融需求出现分化,为银行战略转型与业务发展指引了方向。一方面,客户倾向于获得更多、更好、更快和更全的金融产品和服务,另一方面,客户要求银行提供的产品和服务更加差异化、特色化。金融供给侧需要协同需求侧进行同步改革,不断增强产品和服务的定制化和个性化程度,由为大众提供标准产品向找准细分市场打造自身利基产品、锁定细分客群提供个性化的订制产品和特色化的"钩子产品"转型。

相对热门普通产品而言,利基产品表现出许多有别于其他产品的独特利益,直抵细分市场目标客户群体的核心需求,以针对性、专业性赢得目标客户群体的认同。对商业银行而言,"钩子产品"是以少许额度的低风险、较高收益产品,满足目标客户特定体验需求,达到从公域、半公域渠道吸引目标客户,引流至半私域、私域渠道,以获取更多服务机会的作用。在利基产品的长尾中,挖得越深得到的利润就会越多,这是未来市场发展的必然趋势;同时定制产品能够满足客户的独特需求,"钩子产品"会带来与客户关系"质的飞跃"。

在利基产品方面,如某行联合场景平台,应用 AI 智能技术针对汽车后市场的细分客群设计自动风控供应链金融产品,一方面服务普惠小微等实体经济,另一方面也形成了市场化、可持续化的服务产品工具。我国汽车后市场配件厂商超过 10 万家,配件商超 30 万家,维修店超 70 万家,车主超2.4亿人，市场规模庞大。但由于客群大部分为小微企业或小微企业主，无传统银行要求的合抵质押品，很难解决发展面临的资金瓶颈问题。该行找准市场定位、客群定位，联合汽车后市场头部场景平台，在产业链端到端打通订单流、资金流及物流"三流合一"的大数据基础上，利用先进成熟的人工智能基础能力和应用能力，设计客户准入策略、授信额度策略、贷后预警策略，实现金融机构与场景业务的智能融合和数字认知。其具体做法是基于汽配商采购及销售数据，通过综合采用特征计算、特征分析、归一化计算、权重分析、评分计算等计算分析方法形成对场景中汽配商多维画像和评分，通过风控模型基于历史交易数据客观动态评估企业信用及交易行为。同时在风控模型中设计了项目整体逾期率、风险缓释金比例、客户交易评级迁徙、销售回款资金比例等动态监控指标及征信、工商、失信人、黑名单等强规则，系统自动按日或按月进行风险动态实时追踪，一旦出现异常指标系统将自动冻结或终止授信额度等，实现了基于风控模型实现动态、实时、自动预警追踪与贷后管理。通过上述利基产品，该行一方面可实现供应链客户的批量开发，为客户提供全生命周期的管理服务；另一方面可实现供应链金融的全过程风险监控，提高事前、事中、事后的风险管理水平，同时降低运营成本。

在特色化"钩子产品"方面，随着用户投资意识迅速增强和年轻客群崛起，针对一些活跃在互联网理财平台的、更加普惠的、长尾的客户，某行快速行动打造自身利基产品、"钩子产品"把活存变理财，留存客户主账户，进一步优化AUM结构同时沉淀更多活存。它是个"一揽子理财产品购买+多场景消费"的产品。该产品底层资产对应5只代销的理财现金管理产品，它可以根据转入金额，智能分析持仓及产品的7日年化收益，按照收益率从高到低排序分层申购。转出的时候，根据优先级顺序合理分配底层各理财产品的转出金额，并对剩余产品的持仓进行再度调整。产品余额直接支持客户ATM取现、支付宝和微信支付付款、一网通支付转账、信用卡还款、POS刷卡、水电煤缴费等，无须将余额赎回至一类户，这些支付、消费和转账都是无感的，对客户极其友好。该产品的推出极大地反哺了APP活跃度，提高了线上优惠、信用卡还款、他行转账等场景打开频次，提升了客户黏性。人均 5 万元的限额，在保护了存量客户存款不会一下剧烈搬家的前提下，用极低的门槛、极强的便利性、极高的收益性价比，吸引一些活跃在互联网理财平台的、更加普惠的、长尾的客户到该银行的平台来，为银行零售 AUM 获取增量。而这些新客户，年轻人占比不在少数。这款产品就像一个"钩子"，钩来更多的支付主账户和财富主账户，进而钩来更多沉淀资金。

这是银行供给侧改革的变化趋势，也是银行供给侧改革的目标：要精准面向客户需求，使得为客户量身定做、私人订制产品和服务成为可能。

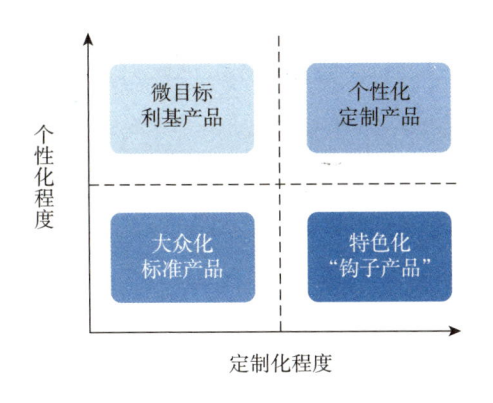

图 2-1　银行产品和服务供给侧改革趋势

在需求侧变化带动供给侧变革过程中，各家商业银行分别就政府（G）、企业（B）、个人（C）客户端建立发展策略，而生态银行模式将会是所有银行的共同选择。在此过程中尤其要注重统筹平台、客户及产品，发展基于商业银行自身核心优势的生态级产品。生态级产品是能承载生态价值，并具备放大生态整体价值的产品形态，具有可扩展性，是商业银行实现客户裂变的重要抓手。发展生态产品，并围绕核心产品、客户权益、业务场景等建立周边生态，仔细对生态和场景进行甄别，有助于商业银行提高市场竞争力，提升自身盈利能力。

商业银行进行生态级产品能力布局以后，需要通过丰富的渠道触达客户。这一方面需要通过历史经验对商机价值进行评估，为潜在收益不同的商机配备成本存在差异的触达渠道；另一方面通过数据收集对客户的渠道偏好进行一个估计，在同等条件下为客户配备更具偏好的渠道。从这两个维度出发，再通过数据和经验积累为每个渠道进行阈值设定，即可以通过设定规则，自动化地在渠道策略（见图2－2）中综合成本、效益与偏好，选择对应的模块，对客户进行最佳的渠道触达。

渠道偏好 \ 商机潜在收益	低收益	中收益	高收益
高成本渠道	不触达	客户经理	客户经理
中	不触达	（移动为王）手机银行/微信钱包/网银	外呼/员工主动
低	根据短信容量可进行短信触达	短信	短信

图2－2　银行产品渠道策略

开放式的产品货架，生态级的产品，丰富的线上线下渠道，完善的风险管理机制，畅通的公私联动渠道，具有特色的产品和服务体系，高效率低成本的综合金融服务，融合新动能的业务场景……一切供给侧变革，在自发变化的同时，更重要满足需求侧的变化。

以需求为核心的生态银行场景形态

值得注意的是，由于建立生态成为当前银行业的焦点，很多商业银行均以此作为重要的发展目标，因此难免出现一些"假生态"，这些场景就像放在鱼缸里的假山，乍看之下似乎是一个完整的生态环境，但实际上并没有生命力。例如，部分商业银行不考虑客户需求，在电子渠道生硬地加入购物、外卖等场景，但由于这些外购场景没有跟渠道有机结合，也不依靠商业银行的电子渠道发展业务，几乎没有交易量。再如，有些商业银行把代发工资这项业务当作生态产品，靠代发工资业务发展零售客户，然后再向这些目标客户定制其他产品，其实这些也不是生态产品，这只是商业银行内部的产品营销链条。建立银行生态应该满足场景设定、产品设定、围绕场景的多元服务，生态内各单元相互依存、共同发展，并以生态用户需求为核心构建场景形态。目前国内商业银行存在以下四种场景形态。

一是围绕核心产品建立周边生态。比较成功的案例是商业银行依靠信用卡产品建立的生态。例如，某头部股份制银行通过信用卡产品将信用卡客户引入生活场景的生态圈，通过生态圈为信用卡客户消费场景提供饭店优惠、影院优惠、咖啡优惠等服务内容，并通过生态圈的不断壮大反作用于信用卡业务，极大地促进其信用卡业务。再如，部分商业银行围绕客户理财场景，在原来理财类产品的基础上提供财富体检、市场资讯、专家论坛等内容，提高了客户在渠道的驻留时长，增加了产品销售量。

二是围绕客户权益建立生态圈，实现银行业务和生态伙伴业务共生发展。商业银行纷纷探索围绕客户权益建立的丰富的场景，通过积分可以在商业银行电子渠道内购买打折券、兑换礼品和直接购物等。正如前文所述的"生态级用户身份"，通过引入生态伙伴的场景，无缝对接用户身份，从而使商业银行减少了礼品兑换运营的成本，满足了客户个性化需求，提高了客户的忠诚度和活跃度，增加了生态系统的整体流量，实现了生态伙伴间共赢。

三是对接客户业务场景，嵌入商业银行产品。对接客户场景分为B端和G端。比较成功的对接B端案例是通过连接核心企业，穿行于企业上下游价值链，穿透母子公司价值网，穿越货币市场和资本市场。这种模式要求商业银行根据不同核心企业的特点，在聚焦生态的基础上，以自身比较优势专业赋能生态伙伴，制定相应的风险缓释措施，建立并完善智能风控体系，提供定制化产品服务组合包满足相关场景的需要。在G端，比较成功的案例是为G端提供数字化的综合解决方案，依托较强的IT能力，现在部分商业银行已进行了比较成功的实践。

四是依靠自建生态发展业务。比较典型的是商业银行自建电子商城，但是由于商业银行缺少电子商城的运营能力，受到营业范围限制和银行业务切入条件苛刻等原因发展缓慢，成功案例较少。实际上，自建生态商业银行通过以我为主、自建平台，构建核心业务场景，同时集结优质合作伙伴，外接第三方场景，推动公域流量向浅私域、半私域再向主私域流量的高效转变。例如，国内头部商业银行纷纷尝试向合作伙伴开放API、SDK、H5等线上平台，将多元、高频的生活等非金融场景植入连接到自身的平台之中，打通"金融+生活"场景。

事实上，商业银行除围绕建立生态场景外，还可以推出嵌入其他行业场景的生态产品，实现提高产品曝光率和销量的目的。比较典型的银行生态产品包括电子支付、客户鉴证、理财产品、信用积分等。虽然目前市场份额占比较高的电子支付为互联网企业提供的产品，但是大部分银行都有自己开发的电子支付产品，通过电子支付服务嵌入外部的购物场景。客户鉴证是近年来商业银行对外提供的热门服务，一般在需要鉴别客户真实身份的场景使用，通过客户提供的银行卡号和密码确定客户身份。此外，现在很多APP都具有钱包功能，APP运营公司为了提高客户钱包的使用率通常会主动引入商业银行的理财产品。从整体上看，目前商业银行提供的生态产品或服务同质化严重，缺少核心竞争力。这需要商业银行一方面将现有产品生态化，达到能够输出的目标；另一方面结合客户需求的动态变化，积极开发新的生态产品或服务，提高市场竞争力。

由面向"大众"转向深耕"小众"群体

"尽小者大，慎微者著"。无论是哪个行业，中间消费层都在快速凋零，为社会消费者提供普适性产品和服务的厂商市场份额遭受提供特色服务的厂商的蚕食。未来银行的发展方向将由面向"大众"转向深耕"小众"群体，进行分群营销。分群营销要求针对具有共同业务特征的客户群体，进行客户批量维护和营销，精准识别是其核心。传统上，商业银行对于客群的划分，通常是根据自身所能掌握的各项指标，如客户年龄、收入、客户金融资产数量等，建立起对客户量化考核的系统，粗放性地进行客户分层，这在一定程度上造成了银行客群划分、金融服务同质化现象。然而数字化时代、信息化时代的到来，使通过客户职业、社会阶层、品位、消费需求、交际圈、活动场景等多维度划分客群成为可能。

"小众"也许不是主流,却是除创新和传统之外的另一片"心灵市场",能够通过传播理想、创造希望等方式,提高客户忠诚度。对商业银行而言,只有在把握"小众"特征的基础上,深入洞察其对金融产品和服务的偏好,才能有效精准地布局客群营销,在未来竞争中立于不败之地。以"i 世代"为例,其心理构成、思维模式、行为方式等都与此前一代客群不同,职业和金融消费意识等也发生较大变化。"i 世代"在社交上,更习惯网上消费、网上娱乐;在个人特质上,更追求个性化,更关注自我;在金融消费上,对透支消费、过度消费的接受度更高。商业银行可通过量化分析情感倾向、基于客户全景画像实现智能风控、挖掘关联路径形成客群生态、动态跟踪客户行为变化等方式,实现对"i 世代"等特定客群的营销,甚至在客群内部进一步细化。

"的必先立,矢以从之。"只有进行精准的客户分层,锁定目标"小众"群体,才能有的放矢通过游戏化互动获客、黏客;由提供普适性金融产品服务转向对特定公私客群实现针对性营销,以更精准、更个性、更专业的内容留住客户。未来银行将在对客户进行精细分层、分群的基础上,以内容精准营销盘活存量客群,吸引新的客群,在激烈的市场争夺中寻找新的利润增长点,将"小众"裂变成"大众"。

在细分领域打造自身特色

"天下难事,必作于易;天下大事,必作于细"。新的客群不断涌现,使商业银行需要更精准地洞察客户需求,在把握趋势的基础上,通过分析每类客户特征、找准客户营销切入点,从客户职业特性、客户价值、活动场景等多个维度出发,进行客户的批量营销,有效提高营销效率和效果。如集中资源做白领循环融资、企业主财富管理、港口贸易融资等。当前,多家商业银行已经在转变思路,致力于做细做精某个领域,打造自身特色,形成了自身小众客群品牌优势。

以某股份制银行对私业务为例,在 2020 年零售业务转型策略"换挡升级"之际,该行零售板块明确提出"董监高、精明熟客、超高净值、颐年一族、小企业主、年轻潮人、理财金领、有车一族"在内的"八大重点客群"经营,在"数据化经营、线上化运营、综合化服务、生态化发展"的"四化"新策略之下,在基础零售全面打通、银保攻坚、私人银行革新等六大领域发力,有效推动了零售业务发展。此外,号称"零售之王"的另一家股份制银行,通过布局金融科技助力客户精准分群,在财富管理、私人银行等高端客群领域和信用卡、零售贷款等特定客群领域,实现了利润的较快增长,同时其零售业务还与对公业务相辅相成,带来了大批客户和资金。再如,某头部城商银行做细"白领客群服务",也已经在市场上形成了一定口碑。

以某国有大型银行总行对公业务为例,2017年上线了"对公雷达系统",系统内嵌于该行业务系统模块之中,包括数字雷达、图形雷达、报表雷达和预测雷达四个功能模块,从对公客户在行内的金融资产份额占比、支付结算量及外部平台名单等维度出发,进行对公客户分层,筛选出"他行客户挖掘管理""存量潜力客户挖掘管理""他行同名转出客户提升管理""上市及拟上市公司拓展管理"四大商机名单。该系统首批共推送3万余个精准营销名单,全部推送到所在区域的支行,助力基层锁定重点优质客户,全面开展业务营销,取得了良好效果。

第三节　生态由小及大,场景全面触达

生态圈战略为商业银行经营带来两大核心价值。一是依托多元场景与海量数据,激活存量客户、获取新客户,"保障客户的永续经营";二是价值链端到端数据打通,提升风险的经营能力。

——《麦肯锡银行业报告》

商业银行需要洞察细分客群的金融产品和服务需求,从构建"小型生态圈"着手,凭借丰富的应用场景和无处不在的银行服务入口,由点到面,由面到立体,着力构建"大生态圈",为客户提供"Anytime Anywhere Anyway"的金融服务支持。

聚焦"小生态","垂直化+精细化+差别化"发展

  商业银行在对"小众"群体、特定客群进行精细化运作过程中,逐渐形成对特定"小型生态圈"进行全方位服务的能力。"小型生态圈"既可以面向特定个人客户群体,又可以面向特定对公客户群体,还可以面向基于特定公私联动场景的某类客群。"小型生态圈"通过对不同客群进行聚类,在特定的小型生产生活场景中为客户提供特色化的小范围服务,构建了精准的内容营销闭环。

  近几年,越来越多的商业银行已经开始意识到,为市场提供"全面开花"的产品和服务不够现实,相反,优先将资源聚焦到特定的客户群体,反而能使商业银行在市场上"另辟蹊径",在利润增长上做到"异军突起"。国内部分银行,尤其是资源禀赋较好的大型商业银行和头部中小商业银行,选择根据所处的经营环境,发挥内外部优势,探索在某个细分领域内对客户进行全方位深耕,形成自身独特优势。如依据身份对客群进行划分,探索建立公务员群体生态圈、企业主生态圈、白领客户生态圈等;根据客群活动场景进行划分,探索建立汽车消费生态圈、医疗保障生态圈、住房服务生态圈等。通过在这些客群内部进行全方位、精细化、特色化的服务,为客户提供端到端的产品和服务。通过"千人千面"营销、智能化客户体验等客户运营模式,对接社区团购、远程教育、远程医疗、智慧城市等新兴场景,借助金融科技手段,主动精准推送服务,触达客户个性化需求。

  商业银行在某一领域构建小型生态圈时,战略切入点可从C端零售业务入手,扩展至B端对公业务。以国内某股份制银行为例,在构建零售业务生态圈过程中,定位年轻客群的生活服务场景,主动连接生活百态,打造涵盖饭店、影院、出行等生活缴费的金融生活场景,在年轻客群中构建了完善的"金融+非金融"的生态体系,获得了良好口碑。国外银行更是实践经验丰富。美国的富国银行将注重效率的年轻客户、房地产和汽车消费相关客户作为重点客群,建立了服务这类客户的金融商店、超市银行中心、专业按揭网点、汽车金融网点等,通过在这些领域打造生态圈垂直服务于客户。美国的安快银行在分析客群需求的基础上,提供差异化服务,

将"社区中心"与"金融体验中心"融合，强化了社区场景化服务，通过构建"社区生态圈"拉动业绩增长。

在银行构建小型生态圈过程中，也有一些银行的战略是从与 B 端公司签订合作协议入手，再拓展到 C 端个人业务。例如，某国内股份制银行汽车金融生态圈的构建非常成功，在大 B 端目前已与十余家头部核心厂商签订了总对总协议，并与全国 60 余家主要汽车厂商达成合作，为客户提供全方位的汽车金融服务。该行汽车金融业务自 2000 年率先在业内开展以来，始终保持同业领先地位，汽车金融业务合作客户数大幅增长，融资余额、放款规模稳步提升，资产质量保持良好。在依托汽车金融提供相关服务的同时，还提供其他消费金融、投资理财、支付结算、信用卡服务等其他生活服务，将业务拓展到小 B 端的小微商户、收单店铺和 C 端的家庭和个人客户。另一家股份制银行也践行了"金融＋生态"的战略，基于长期积累的医疗生态圈、汽车生态圈等传统优势行业资源，通过 B2B2C 的模式，有效激活了新的市场需求。

共筑"大生态"，"场景＋平台＋服务"互联叠加

移动互联网智能商业时代，人人都在提场景化营销。商业银行除对各类客群进行深耕，形成了细分领域的"小型生态圈"之外，还可依托公交、机场、高铁、高速公路、停车场、超市、医院、学校、产业园区、港口、供应链经济等生产生活场景为公私客户提供更便捷的金融服务，实现金融与非金融场景的交互。场景还可以通过与第三方进行合作等方式，不断得到延伸。银行和第三方进行合作有扎实的现实基础，连通政府、企业、个人客户生态圈，并让三者形成良性循环，互相牵引，是生态银行发展的必然。一是商业银行有着自己丰富的客户资源和数据优势，可以加强同工商、海关、税务、政务、交通、医疗、教育等平台的联动对接，让自身金融服务融入其他主体为客户提供的一站式便捷生活服务之中；商业银行还可以加强同证券公司、保险公司、基金公司、互联网公司、科技公司、消费公司、物流公司等的合作，将这些主体的客户、流量、产品、服务引入自身"生态圈"中，丰富升级自身服务和产品。二是由于互联网企业、金融科技

公司等面临业务、监管限制等问题，商业银行可以利用自身资金和业务优势，将存款、信贷、理财等产品投向金融互联网平台，融入互联网"生态圈"，拓宽自身业务途径。

由此可见，深耕一个细分客户群、一个特定的活动场景、一条"产业链供应链"，都可以形成一个小的细分领域"生态圈"。未来银行的开放生态，必将实现客户生活场景和金融服务场景的"水乳交融"，通过极具个性化的服务和智能化的数字体验来渗透到客户生活的方方面面。"生态圈"的构建离不开"场景"，"生态圈"的交织又催生了"场景"的延伸。社会活动是一张错综复杂的网，这些小型生态圈同时连接了一系列的前后端业务、产品和服务需求，且各个"小型生态圈"通过客群的社会活动彼此交织，最终使"生态圈"外延不断扩大，内在层次更加丰富。商业银行在强化自身生态圈建设的同时，还注重加强与第三方平台机构进行合作，与外部生态圈融合发展，将消费、投资、理财、养老、教育、公益等结合起来，为客户提供全方位服务。生态银行理念和举措需要通过全面、丰富的场景，最终触达客户活动的全领域和生命的全周期。通过"生态圈"叠加"生态圈"、"平台"联"平台"的方式，使金融服务场景延伸到社会生活的每一个角落，并同各类第三方主体一起形成"生态共生"，最终形成网络整个社会的"大生态圈"，再通过数字化过程融入"云生态"。

实际上，目前各大金融机构都在积极布局和打造金融生态圈，创造更多的商业模式与服务模式，纷纷推出数字银行、开放银行、敏捷银行、无感银行，将金融服务植入各类商业生态系统，从"小生态"着手，最终拓展成"大生态"。如某股份制银行在打造汽车金融生态圈同时，在前后端大力进行了场景拓展和延伸，关注采购销、未来出行、租赁、生活及其他金融场景引入，同时还加强集团内部协同，打造了房产服务、旅游服务、保险服务等分公司，为客户提供融合房贷、车贷、消费贷、保险、理财、医疗、缴费等为一体的金融和非金融服务。

面对问题、困境和挑战，各商业银行都在摸索前行，调整转型，积极应对。由"以任务为中心"向"以客户为中心"转变，由"以场所为中心"向"以场景为中心"转变。与此同时，它们也在仔细甄别，杜绝"假生态""虚场景",挖掘生态级产品价值,增强产品和服务可扩展性,努力促进自身管理数字化、服务智慧化、业务场景化、渠道一体化、融合深度化转型。展望未来,在这个万物互联的时代,商业银行依托金融科技,最终将构建一个"开放、合作、共赢"的包罗万象的生态圈,覆盖客户的衣、食、住、行、娱、学、医、保、购等人生的全方位、各阶段和全场景,实现社交裂变和批量获客,挖掘存量价值、激发潜在需求。

第三章 生态银行中介模式的嬗变

商业银行的金融中介作用体现在四个方面——面额中介（化零为整或化整为零）、期限中介（错配和组合）、风险中介（风险回报平衡）、信息中介（缓解信息不对称）。而科技创新持续变革的"VUCA"时代和全真时代，银客交互方式和风险分析复杂性持续上升，将是对生态银行能否通过差分进化实现中介模式嬗变的一次检阅与考验。

第一节 谋变与进化

商业银行作为中介，基本职能就是不断发现资金与资金需求的场景，并基于一定判断完成相应的资源转移配置。资金，作为商业银行调度的资源的其中一侧，由海量的公众群体提供。这些资金，在数量上有多有少，在期限上有长有短；公众有想高收益的、有想低风险的，有苦于不知道哪里有资金需求信息的、有苦于机会太多不懂得如何筛选挑出优质需求的。而资金资源的另一侧，就是海量的资金需求场景，当然诉求也是各异。一旦这些场景对接了资金，就会形成资产。商业银行也会继续充当中介，对这些资产进行转移配置。

在资金与资金需求的对接过程中，受制于生产力水平的限制，传统商业银行发挥中介价值的主要思路是把资金来源端和资金需求端分别当作一个整体来对待：先把来源端的资金汇总到银行的池子里，然后由银行基于对该统一池子的统筹，再面向需要资金的场景端进行浇灌；而浇灌决策（如信贷资源准入与否、授信额度等）的依据，主要是资金需求者的结构化、数量化程度高的"财务流"信息，而非结构化、数量化程度不高的"非财务信息"仅仅作为辅助判断。

谋变

随着金融科技的持续变革，社会金融资源（资金、资产）的流动性不断得到解放，新的可能性被不断打开。为了充分释放金融资源的流动性潜力，为社会实体经济带来最大的赋能价值，作为金融资源融通中介主力军的商业银行，必须从中介的执行效率、决策能力甚至具体表现形态上谋求蜕变，以匹配持续增长的流动性生产力水平的要求。

首先是商业银行中介角色执行效率的提升，这个提升相对而言比较自然。科技的革新会让商业银行提供的中介服务更加自动化、智能化，从而引起服务流程、服务模式的重塑。例如信用卡从营销到客户申请，再从审批完成到告知客户，最后到客户激活的整个过程，会因为技术的充分运用而发生彻底重塑。如果实体卡演变为数字信用卡甚至无卡的信用支付等，那么商业银行内部岗位及其工作内容等将出现大幅度调整。但是，总体而言，服务效率上的提升并不会改变商业银行与客户之间的业务关系的基本逻辑。

在中介服务中的决策能力方面，商业银行需要突破能力舒适区，探索风险评价方法的"无人区"。例如，商业银行能够通过财务数据之外的信息发现新型信用机会。某商业银行针对科技创新企业财务收入往往滞后于科技成果的研发速度、财务数据不能及时和准确反映科技创新的价值潜力的普遍现象，建立起"技术流"的信用风险评价体系，围绕企业知识产权、研发能力等方面形成10多个评价指标，对科技创新企业的信用风险承受能力进行分级；同时结合传统的信用评价方法，实现了对科技创新企业的信用水平更为客观准确的判读，从而让商业银行的资金融通中介服务能够更好地覆盖到科技创新行业。

更进一步来讲，在智能技术等因素的推动之下，资金需求场景与资金源的对接，可以变得更加"科技原生化"，形成一些传统上不存在的中介模式，而不仅仅是基于传统的对接模式进行效率提升或能力扩展。例如，各种科技变革、各种新兴金融力量都在指向"银行脱媒",商业银行为何不干脆主动拥抱"脱媒"?主动脱去"传统的媒",发现并充当好新形态的中介之媒。

实践

在具体实践中,商业银行可以由传统隔离资金和场景端的"屏蔽式"为主的中介,转变为金融资源融通平台的组织者,以平台或以生态组织者统筹者的形态呈现,更多地去协助资金端与场景端的直接对接,在这个对接过程中成为陪伴式、伴随式的中介。

商业银行可以充当算法中介/"智能"中介——有些资金端或需求场景端的客户,它们不缺资源对接服务,但在做资源选择的决策时,效率、智能判断能力都远远不足,需要商业银行的专业能力作为中介。商业银行可凭借数据优势、算法模型优势,为这些客户提供能力支持而不是直接对接具体资源。

商业银行可以成为平台和生态的造就者、统筹者,成为一种高级中介,而不是停留于倒手资源的"二道贩子"式的传统中介角色中。这种生态级的高级中介角色,看似让渡了一些传统意义上的金融资源中转职能,甚至可能因此显得可有可无,实际却至关重要、不可或缺,一旦生态平台生长壮大,其竞争壁垒比传统中介更为坚实和不可替代。

云计算、智能技术、分布式计算等技术的持续发展,使商业银行能够解构自己的中介角色,化整为零,由集约式的中介角色,转变为分布式的、隐形无感泛在的中介角色。同一家银行,针对不同的客群、不同的场景可以扮演不同类型的中介角色。这些不同的中介形态又能进一步相互组合形成更为丰富的可选形态。智能技术的自动化、云计算的可弹性灵活伸缩扩展,还使商业银行能够以很低的边际成本为单一的客户提供"一对一"式的中介服务。例如,某商业银行近两年不断加码财富管理业务的发展力度,不断加大对管理资产(AUM)、客户融资总量(FPA)等指标的重视程度,就是在主动求变,主动调整自身中介价值的体现方式。

进化

当然，在科技新世界中，商业银行对中介新形态、新的中介能力的探索不会一蹴而就。一家银行，最终整体上的中介模式是什么结构，是作为"平台统筹运营者"的中介多一点还是算法中介更多一点，以及传统的资源中转角色比重应该保持多少，抑或将是一个怎样的动态结构等，完全明晰这些问题需要一个过程，这个过程也不能由商业银行自己说了算，而应该由基于生态"群体智能"的差分进化之旅来求解。在进化过程中，尤其需要充分融合银行、资金提供者群体、带有资金需求场景的群体这三者之间的差分信息。生态银行在基于差分进化的敏捷自进化中，逐步收敛于符合整个生态基因的稳态的新型中介。

生态银行在结构上的一个基本特征是基于分布式协同、分布式共识的方式来完成决策，这个过程其实就是在尽量充分挖掘、利用、释放群体智能的一个过程，就是在基于分布式技术记录生态中的差分信息，就是在为生态银行的差分进化提供输入。没有分布式技术，生态中的协同（不但包括合作，还包括彼此的竞争）状况就不会被采集为数据信息，因而无法被差分进化算法所计算；没有分布式技术的组织，生态的基因信息将是混乱且毫无章法的，并不能被充分有效地输入差分进化算法之中，也谈不上在生态银行的进化中被准确高效地遗传下去。以下为差分进化法数学表达式：

最小化目标函数为：$y = f(\vec{x})$ $f(\cdot): R^n \to R$

以箱子式约束条件为例：$x_j \in [L_j^{min}, L_j^{max}]$ $j = 1, 2, \cdots, n$

（1）种群初始化（第0次迭代），在可行解域内随机生成 M 个点：

$$X_{i,j}(0) = L_j^{min} + unif(0,1) \times (L_j^{max} - L_j^{min})$$

$$i = 1, 2, \cdots, M$$

$$j = 1, 2, \cdots, n$$

（2）变异，在第 g 次迭代中，从种群中随机抽取3个个体：

$$X_{p1}(g), X_{p2}(g), X_{p3}(g), p1 \neq p2 \neq p3$$

则：$H_i(g) = X_{p1}(g) + F \times (X_{p2}(g) - X_{p3}(g))$

F 为缩放因子，取值为 $[0, 2]$。

（3）交叉算子，信息（基因片段）的随机换位：

$$v_{i,j}(g) = \begin{cases} h_{i,j}(g), & unif(0,1) \leq P_{cr} \\ x_{i,j}(g), & else \end{cases}$$

（4）选择、迭代：

$$X_i(g+1) = \begin{cases} V_i(g), & if\ f(V_i(g)) > f(X_i(g)) \\ X_i(g), & else \end{cases}$$

如果 $X_i(g+1) = X_i(g)$，则算法找到最优解，算法终止。否则返回步骤（2），重复步骤（2）、（3）、（4）。

至于"差分"信息的具体利用，则可能还需要 AutoML、终身学习、元学习等技术的辅助来完成。对于生态银行中各种具体的业务模型的进化和银行整体的中介形态的进化，均是如此。

第二节 检验与底线

即将开启的全真时代，将是对生态银行能否通过差分进化实现中介模式嬗变的一次检阅与考验。全真交互、数字孪生等技术会推动全社会的虚实融合，人们在数字虚拟空间里能够获得与现实世界无差别的全方位的全真体验。人们的生活、工作，企业的生产或组织机构各种类型的活动都可以全部存在于数字虚拟空间之中，相应的价值、资产、财富、资金等将完全数字化，并将会在数字虚拟世界中形成全链路的闭环：原生、流动、被运用、再增长等。

检验

在虚实完全融合的全真空间里，商业银行作为金融资源融通过程的面额中介、期限中介、风险中介（信用中介）、信息中介的价值定位并不会变，但商业银行中介服务的交付方式、中介服务的营销推广，将完全不一样。

生态银行——敏捷进化实践

虚实全面融合时代的到来，会让商业银行的中介服务交付界面变成与客户如影随形的"具有100%真实感的数字人"。这个数字人，一方面几乎就是客户的数字孪生体，无时无刻不采集、同步客户的准确状态，其身上拥有客户的完全信息，比客户自己还了解自己；另一方面银行数字人又是专业的私人银行顾问，全权代理客户以智能化、自动化地方式对接银行生态中的其他数字人。

资产网关将是金融资源在虚实融合进程中最为关键的一环，商业银行需要将其视为发挥枢纽性中介价值的战略阵地。

全真世界将会是一个无数生态纵横交织、彼此套接的世界，它不但包括了所有物理现实生态的全镜像，也包括了原生于数字空间的、更为丰富多彩的各种虚拟社区（平台）生态。各个生态可能会采用不同的价值（资金、资产）符号，可能具有特点迥异的经济系统，生态银行很有机会成为勾连这些不同的价值体系、不同经济系统的关键一环，成为确保整个全真世界平滑、顺畅、安全运行的关键中介。面对这样的前景，首先需要生态银行在中介能力方面进一步实现进化，要能更科学、更准确地评价生态型伙伴及生态型客户的信用风险承受水平。

以电商平台生态客户（或伙伴）的信用风险评价为例，传统视角往往从财务流出发，仅仅是考虑电商平台的应收账款、应付账款等财务流信息。但这种视角已经很难满足对新业态的研判，因此要引入生态流的理念，它将是技术流的升维，不是简单升级。

生态是立体的、多维的，应该考虑电商生态的规模、质量和价值可用度的非财务信息。其中，规模包括生态中的连接点数量（即生态的规模）及生态所能延伸连接到的其他生态的数量等信息，如平台客户总量及增长速度；而质量则指生态潜力能转化为实际价值的比重，如活跃客户占比及增长速度；价值可用度指电商生态的数据、客户等资源能在多大程度上开放给银行、供银行所用，利用这些数据能挖掘哪些价值，助力提升银行自身细分市场的能力，从客户的客户身上实现收益等。要充分考量以上因素，衡量生态效应在未来呈几何级数增长的潜力，从组合和动态的角度，综合研判未来生态模式能带来的利差之外的收益，如存款、中收、费用、流量等。将这些非财务信息进行结构化、数据化分析，可以有效预测未来一段时间的财务影响。

具体而言，对新业态企业的投资，是投资企业平台式、生态式的长期增长能力，需要配以量化分析来支持决策。假设商业银行能获得某跨境物流平台过去3年客户活跃度统计数据，那么是不是可以计算几何平均增长率，再用这个增长率假设来预测未来两到三年的情况？这些数据分析，其实不需要过于复杂的模型，"加减乘除幂"都能实现。

底线

在科技创新持续变革的 VUCA 时代，整个金融系统变得极度复杂，风险的穿透性、传播性变得极为迅猛，牵一发而波及全球的蝴蝶效应将更为明显，金融资源融通中的中介将是维护整个金融系统稳定的看门人，持牌经营将显得前所未有的重要。

但传统的一些监管规则不但随时面临过时的风险，也容易对新的金融不稳定性、风险状况"视而不见"，还可能成为制约创新的因素。基于规则模式的监管，也容易陷入不断调整规则的处境，疲于奔命，还常常滞后，在出大问题后才能有所作为；正因为如此，如今全球监管导向体现为规则为本向风险为本转型，不断探寻更为本质的监管出发点，以不变应万变。例如美国证券交易委员会在1946年所确定的豪威测试，直到今天都还是用于判断一项金融活动是否该纳入证券交易委员会监管的主要依据。这就是基于风险本质的一种监管思路，能穿越社会、科技的变迁。

2021年新监管政策频频出台。2021年1月11日，中国人民银行发布《征信业务管理办法（征求意见稿）》（以下简称"办法"），第四十四条明确指出，以"信用信息服务、信用服务、信用评分、信用评级、信用修复"等名义对外提供征信功能服务，适用本办法。同时，"办法"第十三条指出，"征信机构采集企业董事、监事、高管人员与履行职务有关的信用信息，不作为个人信用信息"。

2021年7月初，人民银行征信管理局给网络平台机构下发通知，要求网络平台实现个人信息与金融机构的全面"断直连"。本次通知中，人民银行要求平台机构在与金融机构开展引流、助贷、联合贷等业务合作中，不得将个人主动提交的信息、平台内产生的信息或从外部获取的信息以申请信息、身份信息、基础信息、个人画像评分信息等名义直接向金融机构提供。

此次"断直连"并非互联网消费金融领域第一次"断直连"。早在2017年，人民银行连发数文整治支付行业。其中，一个硬性要求是支付机构要断开与银行直连，必须通过合法清算机构完成清算，实行支付的"断直连"。

目前业内大多数助贷平台和金融机构合作的模式都属于个人征信公司业务范畴，应该由持牌的个人征信公司合规经营。2021年4月29日，人民银行、银保监会、证监会、外汇局等金融管理部门联合对腾讯、京东金融、字节跳动等13家头部互联网平台进行约谈，约谈提到网络平台要坚持金融活动全部纳入金融监管，金融业务必须持牌经营；打破信息垄断，严格通过持牌征信机构依法合规开展个人征信业务；强化金融消费者保护机制，规范个人信息采集使用、营销宣传行为和格式文本合同，加强监督并规范与第三方机构的金融业务合作等。约谈后即采取了一系列相应措施，尤其最近措施频发：2021年7月4日，滴滴出行APP因涉嫌严重违法违规收集使用个人信息被下架；7月7日，13家互联网平台收到人民银行个人信息数据"断直连"通知；7月8日，360数科旗下核心产品360借条被下架。

综合以上"办法"与"断直连"，不难看出监管部门在决心治理助贷业务乱象和数据滥用的同时，给对公尤其是普惠业务保留了空间。或者说监管部门希望通过此次整改，推动金融机构的实质性风控能力提升，挤出消费金融领域粗犷经营的参与者，将更多的资金引向支持实体经济。这将会对金融行业的互联网贷款业务、生态银行建设产生较为深远的影响，挑战与机遇并存。可从宏观和微观两个层面进行分析。

从宏观层面看，监管机构再次发出了一个反复强调的明确信号：金融是特许行业，必须持牌经营。我国个人征信基础设施建设会进入一个新的发展阶段，形成类似于美国三大持牌征信公司的格局。从信息披露的角度看，银行很可能只会获得一个征信得分；个人除了能查看得分外，还可获得影响得分的前三大指标，即信用记录历史时长、总授信额度使用率、有无被催收记录。

在个人信贷业务领域，参与者（平台、征信公司、银行）要做到回归本源，各司其职。全链路新的分工也自然形成，即引流方只提供渠道服务、征信公司只提供信用评分、银行在引流方跳转后的线上界面中获取一手申请资料及征信公司提供的信用评分。引流渠道不再替代银行决定其风险偏好，客户的筛选将完全由银行自主完成。这与生态银行建设中"私域养鱼"的思路并不矛盾，反而体现了自建生态、制造流量的必要性和迫切性。银行只有更清楚地认识到自己有什么数据，用这些数据能做什么，才能更好地搭建数字信用体系，更好地管控风险。

在这种新模式下，渠道方的费用大概率被压缩，因为其不再被允许直接提供引流之外的任何服务；征信公司信用评分模型很可能根据产品类型细分，如信用卡、消费贷、按揭，对同一客户来说会有不同得分。

一些严重依赖助贷业务的银行，在短期内可能会经历阵痛，甚至业务的快速萎缩。从中期看银行会产生分化，一类会趋于直接使用征信机构的信用评分及内部强规则来进行决策，一类会以信用机构评分为必备入模变量，使用机器学习等方法形成个性化评分卡和决策矩阵。从长期看，仅依靠征信机构评分的银行可能会陷入资产质量下降的困境，在风控技术上不断实现自进化的银行会把握住变革中的机遇，在降低社会整体融资成本的同时，拿回助贷平台分走的部分收益。风险管理始终是银行核心竞争力之一，是配合国家稳定金融系统的技术"压舱石"。生态银行建设，尤其是自建场景、自建生态能充分发挥出场景天然风险过滤器的作用。"场景金融"的流量红利将逐步回归为"以客户为中心"的全生命周期金融需求侧经营，客户精准分层（需求、风险、收益分层）将是银行根据自身资源及偏好进行选择的必要条件，找准客群定位才能在竞争中占据一席之地。

从微观层面看，"断直连"会对现有互联网贷款业务直接产生影响，从风险角度看，风控策略和模型将面临较大改动。目前很大比例的互联网贷款业务主要采用联合贷和助贷形式开展业务，合作互联网平台负责获客，并把客户申请信息以及在合作平台（场景方）产生的行为数据加工成连续型评分变量——场景特色评分数据一并输出给银行。此次断直连会直接导致银行不能从合作平台直接拿到客户申请数据和场景特色评分变量，当前的风控策略和模型都需要进行较大的调整，甚至下沉到风控特征层面也需要进行重新梳理和抽取。一些将核心风控环节外包的银行，不得不在2022年12月31日前完成自建风控体系。而且，由于拿到的是持牌征信机构加工转发的场景行为评分数据，目前并不能完全保证其效果和互联网直传的评分数据更优或持平，场景客户的分层、分析方法需要较大的改动。

银行需要迅速提升三项能力：有效判断场景的能力、有效风控的能力、独立获取有效数据的能力，三者缺一不可。否则，一些中小银行与同业领先者的差距会越来越大。以国有大行为例，自身拥有亿级的海量数据，即使失去了外部数据，内部的交易流水数据依然足以支撑其客户分层、风险画像、违约率预测等。

从批零联动的角度看，生态银行建设致力于打造全产品线的服务，即使个人业务资产侧增速放缓，银行仍可以从中收、存款、理财等业务中寻求突破，同时积累行内数据。真正符合合规性、真实性、关联性的大数据是稀缺的，银行应当从过度依赖合作平台数据，向主动构建多维有效数据体系转变。这是生态银行建设要实现的目标之一。

综上所述，监管环境发生了重大变化。坚持走生态银行建设的道路是应对此种变化的有效手段。

（1）生态场景可以形成信息和资金的闭环，是天然的风险过滤器。生态场景内合法的、合规的、有用户授权的信息共享并没有被禁止，数据挖掘技术领先的银行依然可以独立自主地挖掘客户价值。

（2）通过联邦学习、联合建模、隐私计算等技术，在保护数据安全的同时，数据壁垒和垄断会被打破。掌握先进工具的银行，在保证数据获取、使用和输出合规的前提下，反而能提高数据价值获取效率，取得竞争优势。

（3）在走向自建或共建生态的过程中，银行可以配套和创新更全面的产品线，在不同维度上提升客户体验，提高客户黏性，提高组合收益，提升经营层面抗风险能力。

第四章　防范"绿天鹅"风险
——绿色金融的生态银行范式

随着"十四五"规划的铺开，我国加快迈入高质量发展的新阶段，坚持和加快绿色发展已成为我国中长期的重要战略目标。全力以赴建设人与自然和谐共生的现代化，全面推进节能减排和低碳发展，迈向生态文明新时代。中国已明确提出，将力争2030年前二氧化碳排放达到峰值，2060年前力争实现"碳中和"。实现"碳达峰"和"碳中和"，我国强化气候行动的新目标不仅为中国实施积极应对气候变化国家战略指明了方向，也为进一步推动经济高质量发展、提升生态环境保护水平提供了强有力抓手。

"朝发轫于太仪兮，夕始临乎于微闾。"如前所述，虽然本书定义的生态银行不是专门指代从事绿色金融相关服务的银行业务模式，但不可忽视的是，商业银行在打造生态银行、构建生态体系的过程中，需要坚持走绿色发展的道路，坚持"创新、协调、绿色、开放、共享"的发展理念，进一步推进金融服务实体经济和绿色创新领域的实践，探索可持续的绿色金融发展之路，引导和优化金融资源配置，使金融资源的配置能在促进生态环境保护和经济社会发展中达到帕累托最优。本章围绕"绿天鹅"风险的防范，坚持生态建设、合作共赢、协同进化，深入分析发展绿色金融的"道法术势"，描绘绿色金融的生态银行范式。

第一节　发展绿色金融之"道"：
防范"绿天鹅"风险

大道至简，发展绿色金融的核心理念就是防止"绿天鹅"风险。"绿天鹅"风险由国际清算银行（BIS）于2020年1月发布的报告[①]首次提出，指气候变化引发的对金融市场构成系统性威胁，造成颠覆性影响的极端事件。虽然其名字灵感来自纳西姆·尼古拉斯·塔勒布的《黑天鹅》[②]一书，但与"黑天鹅"相比，"绿天鹅"带来的风险更"高阶"。其一，气候持续变化带来的风险在未来高概率下将成为某种现实，而并非意外，如全球变暖。其二，气候风险带来的灾害性和破坏性比传统的系统性金融危机更为严重，甚至会对人类和其他生物的生存带来威胁。如2019年，澳大利亚持续森林大火，"地球之肺"燃烧四个月，其直接经济损失超过50亿美元，数十人和超10亿动物在火灾中丧生。其三，"绿天鹅"是一种涉及环境、地缘政治、社会和经济等动态的非线性风险，链式反应和瀑布效应将更加复杂、难以预测。其四，各国央行直接有效的货币政策可以帮助金融机构渡过"黑天鹅"危机，但"绿天鹅"风险带来的影响或太长或太短，央行缺乏有效宏观调节工具，甚至许多国家没有清晰划分风险的职责归属。

"绿天鹅"的传导路径

"绿天鹅"风险主要通过物理风险和转型风险[③]两条路径传导至金融体系，造成系统性风险。物理风险是指自然灾害本身导致的经济损失或对长期产能有负面影响，可分为如巨灾的急性风险，以及如气候变暖的慢性风险。"重启2020"的呼声不仅针对于蔓延全球的新冠肺炎疫情，也源于澳大利亚山火、非洲蝗灾、英国超强飓风等多只"绿天鹅"降临，各国经济都遭受了严重的损失。但"重启2020"真的能回到从前吗？作为森林大火、湖泊消失、物种收缩、异常过敏及巨灾的诱因，全球变暖问题被提及可追溯到1979年召开的第一次世界气候大会，而最近几年，我国西北地区作为

---

① Bolton, P., M. Despres, L. A. Pereira da Silva, F. Samama and R. Svartzman, *The Green swan: Central Banking and Financial Stability in the Age of Climate Change* [M]. Bank for International Settlements, 2020.

② Nassim Nicholas Taleb, *Black Swan: the Impact of the Highly Improbable* [M]. London: Penguin Books, 2007.

③ 气候变化相关金融信息披露工作组（TCFD）将气候变化导致的金融风险分为物理风险和转型风险。

全球最干旱的区域之一，变得温暖、湿润成为热议话题，但这不是好事，而是气候变化的预警。除大量实物与经济损失外，物理风险会通过金融机构资产负债表、银行信贷供求和市场流动性等渠道影响金融稳定。

转型风险是指因过快进行低碳经济的过渡转型而导致的不确定金融风险。在低碳转型政策压力下，技术尚未突破，碳密集型产业则面临大量资产人为加速折旧，或提前冲销、甩卖，价值下跌，导致企业声誉受损、产能严重过剩、搁浅资产[①]风险显著提升，资本和收入双重损失，违约概率和违约损失率同时提升，债权人和债务人的市场风险及信用风险攀升。据某商业银行内部压力测试结果显示，在向碳中和转型的过程当中，中国的样本煤电企业贷款违约概率可能会从2020年的3%上升到2030年的22%，信用风险问题凸显。转型风险和物理风险呈负相关性，强制的低碳转型政策执行得越早，转型风险对宏观经济和微观企业的影响也就越显著，越会带来大量搁浅资产，但物理风险带来的影响将大幅减小或被延迟，反之亦然。

为了预防"绿天鹅"风险，评估物理风险和转型风险对金融机构的传导路径和影响范围，商业银行要积极探索开展气候风险情景分析和压力测试，构建符合自身实际情况的气候风险传导模型，来评估环境和气候因素将如何影响自身资产质量和金融风险。同时当监管部门构建了规范的环境气候风险分析方法和框架时，商业银行要持续用可比的分析框架、方法和假设来进行研究，促进相关风险建模方法的不断优化、相关数据质量的不断提升，使其能够真正为金融机构业务的长期可持续发展提供前瞻性、实质性的指导。

以情景模型为例，首先商业银行可设置若干气候情景，然后将各类气候风险驱动因素输入气候经济传导模型来评估其对宏观经济、中观行业以及微观企业（金融机构的客户或投资标的）财务的影响，输出结果为经气候风险因素调整后的公司财务指标。其次，将前一模型的输出作为金融风险模型的输入，评估相应的各类金融风险（市场风险、信用风险、操作风

[①] 国际能源组织（The International Energy Agency）将其定义为：在正常使用寿命前结束使用、不再产生经济效益的投资，包括矿产开采权、化石燃料储备或可能导致高碳排放的基础设施等。

险及流动性风险等）情况并输出金融风险度量指标，从而对金融机构的风险进行再评估，最后分析气候变化对系统性金融风险的影响。

商业银行的"碳中和"范式转变

气候风险已然成为全球面临的重大风险，各国政府都在积极地防范"绿天鹅"事件爆发，自 2015 年联合国气候峰会（COP25）制定《巴黎协定》后，已有上百个国家或地区承诺到 21 世纪中叶实现碳中和。2019 年底，欧盟首先公布应对气候变化的新政"欧洲绿色协议"，提出到 2050 年欧洲在全球范围内率先实现"碳中和"。美国总统拜登在竞选成功首日，就宣布美国正式重返《巴黎协定》，并且白宫还发表了声明，计划在 2050 年前实现"碳中和"。根据美国能源经济与金融分析研究所（IEEFA）发布的数据显示，截至 2021 年 5 月，全球已有 33 个国家的 143 家金融机构出台退煤相关政策，其中有 69 家银行、44 家保险公司与再保险公司、30 家其他类型金融机构（包括出口信贷机构、多边开发银行、开发金融机构等）。此外，从区域分来看，有近六成的金融机构来自于欧洲（以英国、法国、德国为首），其次是亚太地区（以澳大利亚、韩国为首）和美洲（以美国为首）；从退煤政策发布时间来看，2020 年以后发布的政策占总量的一半以上，这也预示着全球资本正在逃离煤炭行业。

作为最大的温室气体排放国家，中国"碳达峰"时间对《巴黎协定》目标的实现至关重要。2020 年 9 月 22 日，习近平主席在第七十五届联合国大会一般性辩论上的讲话指出："中国将提高国家自主贡献力度，采取更加有力的政策和措施，二氧化碳排放力争于 2030 年前达到峰值，努力争取 2060 年前实现碳中和。"因此，"碳中和"将为中国经济带来一场范式改变，从根本上重塑制造业产业结构，整个社会经济体系都将面临一次巨大的变革。数据显示，在未来三十年内，我国实现"碳中和"所需绿色低碳投资的规模至少在百万亿元以上，因此将为绿色金融带来巨大的发展机遇。根据绿色金融发展的经验，90% 左右的资金必须依靠金融体系来组织动员，然而绿色项目一般为中长期贷款，而中国的银行系统平均负债期限只有六个月，投资期限错配风险和转型风险都会给金融机构的资产端信贷质量带来巨大的压力和挑战。

　　作为经济运行中资金的主要提供者和风险管理中介，商业银行在减缓和适应气候变化、促进低碳经济发展过程中起着关键作用。为了有效应对和缓解气候风险对金融业的影响，央行和监管机构绿色金融网络（NGFS）发布了《金融机构环境风险分析综述》和《环境风险分析方法案例集》，呼吁监管机构、金融机构、国际组织、第三方供应商和学术机构各界应共同努力推广环境风险分析在金融业的应用。商业银行不仅要加强自身气候风险意识，建立完善环境风险管理体系，转变经营方式及创新气候融资，还需要站在生态银行建设的角度，与生态系统合作伙伴协作，提高应对气候变化风险的能力，从而将"绿天鹅"风险对商业银行的不利影响降到最低，变挑战为机遇，积极开展绿色金融业务促进经济环境的和谐发展。

第二节　发展绿色金融之"法"：宏观经济政策

　　《墨子·小取》曰："效也者，为之法也。所效者，所以为之法也。"气候变化本质上具有明显的外部性。一方面，企业生产或居民消费影响气候变化，给他人造成负外部性，但其无须承担碳排放的成本。另一方面，气候变化不仅影响本地区，还影响其他国家或地区，该影响具有无差别性。外部性导致市场失灵，无法通过"无形的手"进行价格机制的自我矫正，需宏观经济政策与气候政策"双管齐下"，针对风险特性予以防范或处置。

监管机构应对"绿天鹅"的"四维"痛点

　　"绿天鹅"风险对宏观经济和金融体系可能造成系统性的冲击，央行作为主要宏观政策管理部门之一，应当在应对气候变化方面发挥关键作用，但是否及如何通过货币政策、金融监管及宏观政策等加以应对，目前尚存争议。一是防范"绿天鹅"风险非法定职能。货币政策并非推进经济结构性改革（如低碳转型）的恰当选择，支持环境可持续性、缓解气候变暖也不是央行法定职责。二是期限错配。货币政策旨在刺激或平抑未来一段时期的经济活动，而气候变化的经济影响太过短期（或太过长期），不足以影响货币政策决策，两者存在天然的期限错配。三是货币政策工具有限。截至 2021 年，全球进入了低利率甚至负利率时代，可选择的经济调控预防手段少了很多，依据丁伯根法则，央行若将有限工具用于应对气候变化，就难以保障通胀等货币政策目标的实现。四是全球异质性。气候变化问题具有全球性，需全球性解决方案，而货币政策具有主权性，各国货币政策目标并不一致。

绿色金融的政策实践

人民银行的研究工作论文中表示，从国际经验来看，各不相同的央行法定职能与政策工具决定了各国央行应对气候变化发挥的作用也各不相同。对于发达经济体来说，央行多关注价格稳定或金融稳定，其政策独立性较强，避免干扰市场规则与政府其他政策。因此，这些央行多采用增加信息透明度、开发评估工具等方式，提高金融体系抵御气候风险的能力，如将气候变化作为央行在实现价格目标过程中的重要因素之一，输入到对于宏观经济或金融行业的压力测试中。对于新兴经济体来说，央行承担的职能更多，与政府发展目标的关系更紧密，已采取更多直接举措应对气候变化挑战。例如，印度央行设置"优先行业清单"，强制商业银行将固定比例的信贷资源分配给清单企业。孟加拉国央行也规定了金融机构应向绿色行业提供的最低信贷比率，并为商业银行绿色信贷设置央行优惠再融资条款。

人民银行多采用将绿色金融指标纳入央行政策和审慎管理工具的策略。2017 年第三季度，央行将绿色金融纳入宏观审慎评估体系（MPA）中，用绿色金融标准体系对金融机构绿色金融服务情况（主要是绿色信贷和绿色债券）进行衡量和评价。2021 年 6 月 9 日，中国人民银行印发了《银行业金融机构绿色金融评价方案》，结合定量和定性指标建立了完善的评价体系，进一步明确了金融支持的具体模式与路径，约束金融主体"行为"，更好地规范和统领现有绿色金融标准，为保障绿色金融可持续发展奠定基础。一方面，将绿色金融评价结果纳入央行金融机构评级等央行政策和审慎管理工具，对机构推动绿色金融形成实质性内在约束，有助于从整体上倒推信贷结构优化，更好地促进绿色金融创新和服务绿色发展目标。另一方面，

第四章　防范"绿天鹅"风险

科学合理的绿色金融评价指标体系，是绿色金融由理念向实践转变的关键所在，不仅对银行业金融机构发展创新绿色金融相关业务具有正向引导作用，而且能够增强银行业金融机构管理气候变化相关风险的能力，以应对气候变化可能带来的系统性风险。同时，评价结果是开展宏观审慎评估、核准金融机构发债、发放再贷款和核定存款保险差别费率等差别化管理的重要依据。

下一步，我国可尝试逐步制定与气候相关信息的披露制度，如强化"碳足迹"和棕色资产的信息披露。一方面，"碳足迹"泛指定期对股权投资、债权投资所支持项目的碳排放进行统计，该指标的信息披露有利于约束投资项目的碳排放，助力低碳转型。另一方面，除了商业银行披露的绿色资产、绿色信贷，应加强棕色资产的敞口披露，有利于防范金融风险。首先需要界定清楚棕色资产范围，在国外通常包括火电、钢铁、建材、有色金属、石化、造纸等高碳资产行业，然后计算棕色资产占比，并在此基础上计算棕色资产给环境和气候所带来的影响，从而估算未来由于这些资产违约或减值可能带来的金融风险。

除了监管要求外，制定综合性可量化指标作为行业标准也是支持低碳转型和预防"绿天鹅"风险的有效方法。我国银行业多采用绿色信贷规模来间接反映对于碳减排的贡献，但无法反映信贷投放产生的二氧化碳减排综合效益。在关注传统产业的节能减排升级和产业结构的低碳转型基础上，商业银行要积极探索和优化可量化的综合碳排放效益指标体系，有助于监管部门制定精准的碳减排效率政策及自身搭建碳减排效益评估体系，从而助力我国尽早实现碳达峰。如某股份制银行提出综合性指标——信贷碳强度，用于衡量每新增一单位信贷投放将引致的二氧化碳排放量，该指标越低则反映银行对我国低碳发展的贡献越大。

第三节　发展绿色金融之"术"：碳定价政策

《人物志》有云："思通造化，策谋奇妙，是为术家。""术"与"法"

不同在于其特定性和灵活性。近年来，碳定价政策成为越来越多国家激励减排的有效工具。碳定价是通过发挥价格的信号作用，使经济主体减少排放二氧化碳，或为排放二氧化碳买单，从而引导生产、消费和投资向低碳方向转型，实现应对气候变化与经济社会的协调发展。

碳定价与碳市场的解构

碳定价主要包括碳税和碳排放权交易两种形式。前者是通过税收手段，将因二氧化碳排放带来的环境成本转化为生产经营成本。其优点在于见效快、实施成本低、可实现收入再分配。后者是一种基于市场的节能减排政策工具。按交易对象划分，国际碳市场可分为配额型的碳排放权交易市场和项目型的项目交易市场两大类。《京都议定书》设立了三种碳排放的灵活履约机制，碳排放权交易（ET）为配额型交易，而清洁发展机制（CDM）和联合履行机制（JI）为项目型交易。按照碳市场设立的法律基础划分，碳市场可分为强制交易碳市场和自愿交易碳市场。如果一个国家或地区法律明确规定温室气体排放总量，企业为了达到法律强制减排要求而产生的市场称为强制碳交易市场，具体政策实施因国而异；而自愿碳交易市场是指一些企业基于社会责任、未来环保等考虑通过内部协议相互约定温室气体排放量，并通过配额交易调剂余缺。

碳排放交易系统（ETS）基于"总量管制和交易"，属于配额型的强制性碳交易市场。自欧盟于2005年运行全球首个碳排放权交易市场以来，碳排放交易系统（ETS）在全球的实施版图不断扩大。相比于碳税，ETS的优势在于减排效果具有确定性，可通过价格手段促使企业减排，以及实现跨境减排市场的互联互通。国际碳行动伙伴组织最新发布的《2021年度全球碳市场进展报告》指出，目前，全球已建成包括欧盟排放交易体系（EU ETS）、英国排放交易体系（UK ETS）等24个碳交易系统，同时包括中国在内的21个国家和地区施行了碳排放权交易政策，涵盖的碳年排放量约43亿吨。此外，根据世界银行2021年5月发布的《碳定价机制发展现状与未来趋势2021》报告，当前全球已有61项碳定价机制正在实施或计划实施中，其中31项关于碳排放交易体系、30项关于碳税，共涉及120亿吨二氧化碳，约占全球温室气体排放量的 22%。

碳定价政策面临诸多挑战

碳定价政策目前依然存在诸多挑战。其一，可能存在碳泄漏风险[1]，不利于全球减排联动，但为了有效规避该问题，欧盟已于 2021 年启动了碳边境调节机制（CBAM）。其二，碳税税率水平较低，或碳排放配额过剩，不利于碳价格机制发挥调解作用。其三，碳价格可能推高像电等生活必需品的价格，加剧社会不平等问题。其四，碳定价的有效性难以保障，碳价必须在有足够流动性的市场当中形成，需要金融机构和大量的买卖方参与才能保证定价有效性。尽管如此，碳税和碳排放权交易依然成为减排、防止污染的优先政策选择，有助于形成合理、影响深远的碳价格，相关收入不仅可支持清洁能源和低碳技术发展，还可适当补贴受碳税影响的低收入群体。

碳市场的中国路径

碳市场的核心是通过市场化定价，约束排放，激励减排，同时发挥金融的期限转换和风险管理功能，引导跨期投资，推动低碳技术的研发。截至目前，我国碳市场的建设路径已实现从试点市场向全国统一市场的过渡。2011 年 10 月，国家发展改革委[2]将北京市、天津市、上海市、重庆市、广东省、湖北省、深圳市七省市列为碳排放试点地区，标志着我国碳交易正式启动。2020 年底，生态环境部出台《碳排放权交易管理办法（试行）》，在明确生态环境部负责碳市场建设的基础上，规定了碳交易主体、碳分配方式、交易标的和交易形式，且明确了 CCER[3] 指标来源。2021 年 5 月，碳排放权登记、交易及结算规则出台，碳交易逐渐完成从试点区域向全国统

---

[1] 碳泄漏（Carbon Leakage）指实施碳税或 ETS 后，跨国企业可将高碳产业转移至低排放成本地区，致使本应减少的碳排放转移到其他地区排出，造成本地区碳税政策效果大打折扣。

[2] 资料来源：《关于开展碳排放权交易试点工作的通知》。

[3] Chinese Certified Emission Reduction（CCER）是由中国境内的碳减排项目经政府批准备案后所产生的自愿减排量。

一的过渡。2021年6月22日，上海环境能源交易所正式发布《关于全国碳排放权交易相关事项的公告》，规定碳排放配额交易方式，意味着百万亿元规模的碳交易风口真的要来了！虽然截至2021年，纳入碳市场管理的行业主要为电力行业，但随着全国碳市场扩容呈现加速态势，生态环境部表示考虑在"十四五"期间将石化、化工、建材、钢铁、有色、造纸、电力、航空八个重点排放行业陆续纳入全国碳市场。

碳市场本质上是金融市场，商业银行可基于各种金融工具开展的金融创新，在价格发现、引导预期、风险管理等多方面作用于碳市场。其一，联合生态合作伙伴，从总量目标、交易机制、投资者基础、金融工具等多方面共同支持碳市场定价，释放价格信号，稳定市场预期，引导企业自主选择主动减排或购买排放权额度，进行碳减排融资，同时也能减轻财政税收补贴的压力。其二，商业银行针对八个重点排放行业制定符合自身风险偏好和可持续战略发展的授信政策，还可对碳捕获、利用和封存（CCUS）及碳沉降相关新兴科技企业进行信贷政策倾斜，为商业银行在低碳转型时代谋篇布局。其三，大力发展衍生品市场，发行基于减排项目的碳债券、碳基金、碳远期、碳期权等产品，吸引社会资本参与碳市场，在为企业提供交易中介服务的同时积极参与碳交易，可加强风险管理水平，防范市场操纵和内幕交易风险。其四，在全国碳市场有效联通后，商业银行可进一步探索碳市场的金融属性，配合地方政府推进碳税试点工作，促进碳定价政策的完善，更充分发挥碳价格在应对气候变化方面的信号作用，助力我国低碳转型和实现"双碳目标"。

第四节　发展绿色金融之"势"：生态银行

"绿天鹅"风险通过物理风险和转型风险两条路径传导至银行业，导致贷款质量下降引发信用风险，市场价格波动引发市场风险，外部压力增大引发声誉风险，极端事件发生带来操作风险和流动性风险。随着"绿色"已成为我国"十四五"时期发展的重要关键词之一，蓬勃发展的绿色金融给商业银行带来了新的发展机遇，这既是贯彻落实新理念新思路的有效途径，也为商业银行优化流程架构形成内部自洽、提升产品创新能力赋能外部伙伴，提供了新的场域和土壤。

"善战者，求之于势。"商业银行应从生态银行和生态系统建设的角度出发，秉持开放创新、合作共赢、自进化与协同进化的理念，聚焦用户的显性和隐性绿色服务需求，搭建多方参与的绿色金融生态圈，把市场做深做细，垂直打通绿色金融服务路径，坚定支持绿色科技创新，服务实体经济绿色产业。同时，积极关注气候变化，展开环境压力测试工作，对投资的项目和企业进行气候和环境风险的识别和分析评价，防范"绿天鹅"风险的发生。

推进绿色金融数字化建设

绿色相关信息收集和披露工作仍在初期阶段，绿色相关企业和项目往往不会披露量化的碳排放和能耗信息，市场中也缺乏衡量绿色程度的判断依据，投资者无法找到有明显环境效益的绿色企业进行投资。绿色金融综合数据信息管理平台的搭建可以帮助资本市场识别项目或企业是深绿、浅绿、棕色，还是黑色，有助于通过各种模型对企业的环境效益或绿色表现进行量化评估、排序。

未来商业银行将协同生态合作伙伴，积极探索金融科技在绿色金融创新中的运用，借助互联网、大数据等技术搭建全面的包括行业、区域、企业、项目、产品等多维度绿色金融综合数据信息管理平台，一站式发布绿色金融政策、市场相关信息，包括绿色金融项目库、绿色金融产品、绿色政策库，第三方认证和服务资源、企业环境信息披露、市场分析研究等其他相关信息，为绿色投融资业务提供全面化、数字化和专业化服务。

具体来看，商业银行可从两方面着手搭建绿色金融生态数据库，从而加强客户引流能力。一方面，依托商业银行存量客户初步建立绿色金融数据库，按照绿色产业、夕阳产业等多维度进行分类，并对绿色产业链条上的客户和具有绿色环保需求的客户打好标签，以便差异化营销。另一方面，借助外力外脑完善绿色金融数据库。我国公布的2020年度国家绿色数据中心名单中有 10 家是金融领域的，这将是商业银行搭建绿色金融生态数据库的主要伙伴。同时商业银行要充分利用各地市场监管、税务、工商、小企业局、法院、公安、社保、海关、司法、环保等政府部门搭建的信用信息服务平台，加强数据信息的自动采集，对外采购数据信息，与第三方科技公司合作对数据进行筛选，利用大数据对绿色金融客户进行分析画像，精准分析企业的生产经营、信用状况，以及要构建以客户引流为导向的线上产品开发，创新营收能力，建立快速迭代的创新与营销文化，探索绿色金融数字化道路。

聚焦生态，激活发展新引擎

在"碳中和"目标下，高碳资产风险将显著提升，及时调整信贷资源配置，加大对碳减排投融资活动的支持，撬动更多金融资源向绿色低碳产业倾斜，高效开发利用清洁能源是实现"碳达峰、碳中和"的重大战略性举措。商业银行可深耕行业银行和区域银行，有效甄别不同行业、不同地区的可持续发展投资机会，与生态伙伴相互赋能、协同进化，围绕绿色金融供应链、消费类、平台类等场景，聚焦生态打造核心战略客户生态圈。

其一，做细做深绿色产业，厘清主要绿色行业分类及相关标准，确定商业银行自身的"可持续定义"。绿色产业被细分为 6 项一级分类、30 项二级分类和 211 项三级分类[①]，客户分散在如绿色能源、绿色交通、绿色制造、绿色消费、绿色科技等不同的产业体系、场景、渠道和生态的经营活动中，商业银行在满足自身可持续发展的战略定位下，联合生态合作伙伴共同明确绿色行业的黑名单、白名单和灰名单，为发展绿色金融提供了坚实的基础。进一步地，全面梳理政策倾斜产业，并结合区域和客户组成多维决策矩阵，如重点支持、适度支持和谨慎支持等，在风险可控的情况下，扩大绿色信贷规模，最大限度地支持低碳转型和优化信贷结构。如国务院在 2020 年 12 月发布的《新时代的中国能源发展白皮书》中表明将大力推进低碳能源替代高碳能源、可再生能源替代化石能源，则商业银行可在太

---

① 资料来源：国家发展改革委会同有关部门研究制定了《绿色产业指导目录（2019 年版）》。

阳能、风电、核电、水电、生物质能、地热能和海洋能等行业采用适度放宽准入标准或提供价格让步的方式，为低碳转型的长远发展谋篇布局。

其二，做好区域银行，促进区域内多方协作共赢。在满足国家政策方针下，商业银行可以积极深入研究地方政府关于节能环保产业、清洁生产产业、清洁能源产业、绿色农业、绿色制造业等低碳发展相关政策及绿色基础设施方面规划。同时协助地方政策发展环境权益交易市场，创新环境权益有偿使用、预算管理、投融资机制，利用好用能权、用水权、排污权和碳排放权等环境权益交易，提高资源配置效率，降低企业的环境成本，提高企业信贷水平。在此基础上，做好G端与B端的连接器，充分发挥润滑剂作用，为区域内多方生态协作提供资金和专业支持，如开展气候投融资项目，设立气候友好型产业发展基金、项目专项资金，为气候投融资项目提供担保，或建立气候投融资风险分担机制，协助地方建设完善绿色金融和气候投融资基础设施等工作。

其三，围绕可持续发展的绿色金融供应链、消费类、平台类等场景搭建战略核心客户的生态圈。在经历了行业和区域的筛选后，对于绿色金融领域可持续投资的战略客户，加强"总对总"合作优势，根据集团客户架构关系树，在分析相关数据的基础上描绘出业务生态圈，一户一策，制定综合金融服务方案，激活战略客户业务生态圈。同时，商业银行可通过不同的金融手段协助核心客户将绿色投资外部性内生化，降本增效，提高客户黏性。如对绿色项目进行贴息来降低其融资成本，从而提高其收益率；为绿色项目提供担保，降低其风险溢价，从而降低其融资成本、提高收益率；或者通过PPP的方式，把周边地区收益率较高项目与收益率不高的绿色项目捆绑运作，提高投资者的整体回报率。

把握绿色金融发展趋势

在政策驱动下，全球低碳转型按下加速键。商业银行要真正把握绿色金融发展的四大趋势，创新绿色金融产品与服务，满足多元化、综合化、个性化的需求。首先，绿色融资需求被激发，截至2020年底，我国绿色信贷余额达11.95万亿元，增速达17%，但据统计财政资金只能满足至多

15%的绿色投资需求，融资缺口扩大。同时商业银行中绿色金融资产质量良好，其不良率远低于整体水平。其次，我国绿色债券整体规模已达3000亿元，仅2021年至笔者截稿时已经接近1500亿元，成为全球最大的绿色债券发行国。同时，以绿色信托、基金、租赁为主的绿色资管产品正在蓬勃发展，尤其是ESG[①]类投资。据统计，常被误以为"做公益"的ESG投资收益相比传统投资更加稳定，未来逐渐将成为主流。例如，埃隆·马斯克在2004年以630万美元投资特斯拉，现市值已达近6000亿美元。最后，碳金融被认为是未来最具潜力的绿色金融场景，碳排放权具有典型的金融属性，现货、期货和衍生品交易以及碳排放权抵押融资等随着相关法律法规的完善成为标准化的金融产品。"卖碳翁"特斯拉仅靠卖碳年入达16亿美元。

丰富绿色金融产品谱系

我国的绿色金融体系的基本框架尚不完善，绿色金融标准、信息披露水平和激励机制等方面尚未充分反映"碳中和"的要求。北京绿色金融与可持续发展研究院院长马骏提出[②]，"金融管理部门和各地方都有必要牵头研究和规划以实现碳中和为目标的绿色金融发展路线图，要将目标落实到主要产业的中长期绿色发展规划和区域布局，建立绿色产业规划与绿色金融发展规划之间的协调机制，完善绿色金融体系建设。"2021年4月，《绿色债券支持项目目录（2021年版）》的发布就是绿色金融发展路线中的关键一站，不仅统一了绿色债券的准入、品种及数据统计标准，完善了绿色债券相关制度，还强化了绿色金融激励约束机制，能够有效丰富我国绿色金融产品和市场体系。

生态银行在发展绿色金融与生态伙伴共建绿色金融生态圈的过程中，需要强化各部门、地方政府的协调配合，紧密围绕生态伙伴和生态用户的绿色金融实际需求，不仅要建立起涵盖绿色信贷、绿色投行、绿色租赁、

---

① ESG即环境、社会和公司治理（Environment, Social Responsibility, Corporate Governance），包括信息披露、评估评级和投资指引三个方面，是社会责任投资的基础，是绿色金融体系的重要组成部分。

② 马骏. 以碳中和为目标完善绿色金融体系 [EB/OL]. [2021-01-19]. www.caixin.com.

绿色基金、绿色投资等领域的多元化绿色金融产品谱系，还要围绕清洁能源、绿色交通、绿色建筑、绿色农业等行业的融资项目设计支持绿色和低碳转型所需的金融产品和服务，同时需从标准、披露、激励和产品等多个维度系统性地调整相关授信政策，准备迎接以碳中和为目标发展所带来的绿色金融新机遇。

一是创新研发绿色产品及服务。一方面，积极发行政府绿色专项债、中小企业绿色集合债、气候债券、蓝色债券及转型债券等创新绿债产品，不仅可以解决企业和商业银行的资金期限错配问题，提升中长期项目服务能力，而且有助于降低资金成本。同时绿色金融债更容易满足国际投资者者偏好，有助于优化客户结构。另一方面，发放跟"碳足迹"挂钩的贷款。贷款定价可以跟获得资金支持的企业或者项目的碳足迹挂钩，如果企业能够把"碳足迹"降到预期之下，利率就可以降下来，反之亦然，利率变化的幅度和方向，取决于碳足迹的表现。结合对新增绿色贷款的优惠政策，可激励企业进行减排行为，支持企业进行低碳转型。

二是丰富零售端绿色金融产品。消费端的绿色行为依赖于整个社会绿色体系的完善，但目前零售端绿色金融产品仍是"蓝海"，商业银行可未雨绸缪，开发如绿色按揭贷款、绿色理财、绿色信用卡、绿色消费贷等，在帮助国家节能减排的同时提升行业竞争力，增强客户黏性。蚂蚁森林就是一个成功的案例，借助支付宝积累的数亿客户群，将所有参与客户的绿色行为和在支付宝生态内的服务使用与种植树木相连接，转变为实际的碳减排，在这个过程中，蚂蚁森林赚得了良好的声誉，吸引了更多用户，用户黏性增强。

三是发行"债转股"盘活信贷资产，优化资产结构。针对产能过剩和高污染、高耗能行业，商业银行可通过"债转股"模式，盘活自身信贷资产，逐步退出高耗能、高污染等夕阳行业，该方式利于降低商业银行信贷风险。同时要用好各项差别化政策，持续提高绿色信贷占比。

四是建立 ESG 投资和绿色信贷管理制度和流程。商业银行要重视 ESG 理念，逐步完善 ESG 策略的体系建设，构建 ESG 评估和投资体系，将 ESG 理念贯彻到各类投资的决策过程中，同时将 ESG 作为重要的因子纳入产品设计和风险管理。ESG 理财有投资起点低、期限灵活性大及主体信用评级高三个显著特点，且其收益不低于传统投资。虽然泛 ESG 主题基金随着"碳中和"、光伏和新能源等热词有所扩容，但 ESG 投资理念却尚未普及，加之国内银行理财子公司成立较晚，所以目前国内 ESG 主题理财较少且以固收为主。未来伴随着 ESG 投资体系向着本土化和标准化发展，ESG 理财产品种类将更加丰富，逐步成为助力我国低碳转型和高质量发展的重要抓手，商业银行要抓紧谋篇布局。

五是借鉴成功经验，继续开发和创新碳金融产品和服务。如针对碳市场，积极开展结算与存管服务，碳资产的管理服务及碳资产抵质押、回购、碳债券等"涉碳融资"。同时根据发展战略进行规划，建立与商业银行碳融资业务相适应的风险防范机制和针对性的创新贷款管理机制。

加固"绿天鹅"风险防控底板

在推动绿色金融发展的过程中，商业银行要加固"绿天鹅"风险防控底板，着力构建包含事前预警、事中监控、事后分析等集"防控避处"为一体的智慧化风控体系，不断提升风险管控水平。

一是认真核实客户项目，防止"洗绿，染绿"风险，即部分业主为了享受中央和地方政府给绿色项目的优惠或支持政策，通过造假的手段满足验收时点的要求，从而骗取补贴和贷款。同时，严格执行客户环境和社会风险分类管理，在客户准入时准确识别环境和社会风险，并在贷后跟踪管理时进行重检。部分处于起步阶段的绿色行业过度依赖政策和财政扶持，需时刻关注客户和项目的现金流问题，以防财政补贴无法按时到位可能导致的违约风险。

二是学习掌握气候情景分析方法，将"绿天鹅"风险纳入其风险控制及投资决策中，并通过开发环境压力测试等量化工具对碳密集行业的极端风险进行评估，加强银行自身风险管理能力，建立"绿天鹅"风险的管理制度和流程，以提高抗击风险能力。

三是建立绿色金融信息共享生态圈，开展风险动态管理。通过打造绿色金融产品、推广绿色金融服务、运用金融科技等手段开展风险动态管理，以减少投资者因气候风险所导致的损失。在金融机构内部、各机构之间以及与利益相关者之间展开相关合作，进行气候风险相关信息与成果共享。

四是用发展的眼光看待政策变化，分析监管趋势，对标和学习气候相关财务信息披露工作组（TCFD）的管理披露建议，制定时间表。借助TCFD、GIP（信息门户系统）、国际证监会组织（IOSCO）可持续金融网络等国际交流平台，加强与其他国际金融机构之间的沟通与合作，积极参与国际气候风险金融防范体系的建设。

第二篇

欲善其事　先利其器

　　生态银行远不止是一种敏捷银行的发展理念；它需要商业银行从最底层的基础设施开始全面重建，以有条不紊的内部迭代构筑自进化能力。

　　科技变革已经成为决定商业银行发展方向乃至社会生产生活演变方向最重要的因素之一；推进生态银行建设，首先需要充分考察技术变革的大背景，确保银行建设顺应技术变革大趋势。"中台"是生态银行最核心的能力机制基础设施；商业银行需要借此实现业务、技术和数据的高度融合，为生态银行其他关键基础设施及要素的锻造提供必需保障。商业银行的各种生产过程都可以最终抽象为"流程"；在强调开放、自进化的生态时代，商业银行流程应该以数据为驱动，做到精益、实时、智能。数据作为生态银行的关键生产要素，其价值的真正充分释放，需要商业银行高度重视对全行甚至全生态"数据素养"的培育和提升，并着力打造"智能数据人"。

　　商业银行还必须看到，生态银行建设为自身带来生产经营变革的同时，也带来了复杂程度及严峻程度均前所未有的风险与安全态势；商业银行必须重构风险控制理念、安全治理体系、安全管理制度、安全技术管控等，基于纵深防御、零信任等原则，构建起以协同安全为核心特征的全新安全体系。

第五章　时代变革引致的技术迭代

当前的技术变革风起云涌。综合而言，笔者认为，为了加快实现内部迭代自洽的敏捷自进化能力，商业银行至少应该从生产手段、交互范式、商业模式和风险管理技术四个角度进行重点关注。

生产手段对应商业银行生产过程中的生产力，需要关注对革新银行生产手段具有普遍应用价值的通用技术。这其中，智能技术可以视为集大成者，其演进在一定程度上代表了各类技术在商业银行生产场景中的发展状况。交互范式不仅是商业银行服务最终交付方式、交付过程和客户体验最主要的直接影响因素，而且直接决定着银行的营销渠道、营销模式等；在"以客户为中心"已经成为商业银行无可争议的核心发展理念时，交互范式的变革甚至是行业整体发展将面临的最大颠覆性因素，如同前些年"手机成为人机交互主界面"带给银行业的冲击一样。商业模式迭代则代表着商业银行及银行业生产关系层面的变革；多种不同技术的持续出现、发展、成熟都在纷纷指向"分布式模式"这一重大趋势；而生态银行其实正是分布式模式在商业银行及银行业中所表现出来的具体形态。

此外，商业银行作为专注于风险经营的一类特殊企业，科技变革对其发展最根本性的影响还体现在风险管理技术的发展趋势之中。随着风险管理技术逐步迈入全面风险管理阶段，商业银行风险管理由关注内控进阶到关注价值创造，也更强调资本管理在宏微观层面的审慎平衡，风险管理依托科技实现"自动（Automated）、实时（Actual time）、精准（Accurate）、敏捷（Agile）、进化（Agagenesis）"的生态银行5A智能风控已势在必行。

第一节　智能技术的持续迭代

ML Ops：银行推广 AI 的下一站

打造 AI 银行已经成为商业银行的普遍共识，但现实却是许多银行的 AI 应用仍然处于零星用例阶段。商业银行要实现 AI 应用的普遍化，关键之一是解决好 AI 技术的工程化问题，ML Ops 正是这一领域最值得关注的一个趋势。

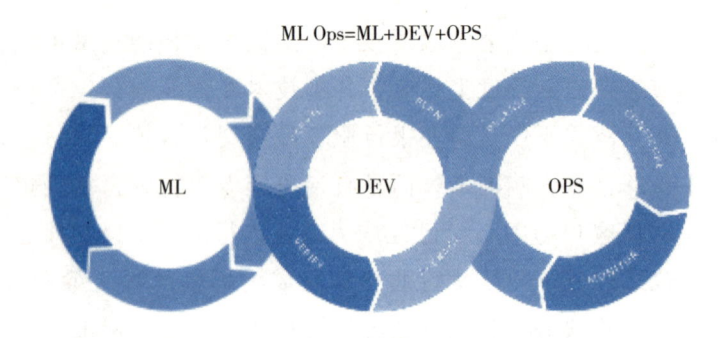

图 5-1　ML Ops 的概念示意（参考微软公司）

ML Ops 虽然是 Machine Learning Operations 的简写，但其更准确的含义应该是 ML DevOps，即实现机器学习项目的开发运营一体化；在该名词的实际使用中，也常常包含了人工智能以及数据分析技术的应用项目在内。与自动机器学习（AutoML）、终身学习等概念相比，ML Ops 更侧重于在应用机器学习技术的项目中实现整个工程过程端到端的一体化甚至自动化，是更偏向项目管理的概念。人工智能应用项目的工程过程，与通常意义上的软件项目有很大区别。例如目前的 AI 项目，在模型训练阶段的早期，仍然需要"为数据打标签"这种人工密集型的环节，所以 ML Ops 并不能简单地直接套用针对传统软件开发项目的 DevOps 体系。

在主要关注点方面，ML Ops 首先关注的是解决 AI 项目的规模化管理问

第五章 时代变革引致的技术迭代

题。包括大量模型如何并行研发、并行创建、并行学习迭代、并行测试、并行部署、并行投产等。同时，还要兼顾不同特性的模型在项目进程中的各种个性化管理需求。此外，ML Ops 还会关注模型投产后的运行监测问题。这种监测，不仅仅是对技术性能水平的监测，还包括了对模型应用可能表现出的监管合规问题的及时捕捉，并应迅速启动相应的合规应对流程。需要监测的其他情况，还包括人工智能应用的伦理问题。另外，AI 模型在应用环境中，经常面临"模型漂移"的问题。模型漂移是指应用场景中被处理的数据流，其特征会随时间推进而发生变化，逐步偏离模型部署之初的状态，导致模型有效性逐渐降低；对此，ML Ops 可建立"模型训练—模型实验—模型应用—模型训练"的迭代闭环，形成尽量及时的模型纠偏机制。

以上这些问题的解决手段及相关流程都应该尽量沉淀到 ML Ops 的一体化运营体系框架中去。

实施 ML Ops，能带给商业银行诸多好处。ML Ops 可以让 AI 技术从开发到实验再到应用的全过程更加标准化、更加自动化，从而让 AI 技术能以更快的速度推广到全行层面，也能更好地对数量可达成百上千量级的 AI 项目实施精细化管理。ML Ops 体系的建立，还能够帮助商业银行规模化地精准定位项目过程中的问题点所在。例如深度学习模型可能隐含偏见问题，产生偏见的因素可能来自模型训练的数据集，也可能来自算法本身，还可能是开发人员个人因素导致，借助 ML Ops 这样的体系化方法，能帮助商业银行更好地圈定源头，从而更有效地找到规避问题的策略。通过 ML Ops 还可以降低机器学习等 AI 技术在商业银行的应用难度，能把只具备普通 AI 技术水平的人员也高效地整合到 AI 项目过程中，实现商业银行 AI 项目从"过度高端化"到"适当平民化"的难度降维，尽可能缩减对 AI 资深专家的依赖，打破 AI 的人才瓶颈问题；这对 AI 技术在商业银行获得普遍应用有着至关重要的意义。与此同时，借由 ML Ops，其实也能更好地把商业银行里稀缺的 AI 资深专家从繁琐的工程事务中解脱出来，让他们宝贵的精力能够更加专注于研究 AI 新技术、新算法、新领域的高级任务上；毕竟，当前人工智能技术的本身，以及人工智能在商业银行业务中的应用，都仅仅处在初期阶段，存在广袤的未知领地等待探索。商业银行要建立起更加健康、面向持续迭代提升的 AI 团队组织及能力架构，更好地应对未来注定更加激烈的 AI 技术竞争。

摩根士丹利在 ML Ops 上的实践可以给其他商业银行带来一些参考。首先，摩根士丹利在 ML Ops 中引入了模型沙箱技术，新研发出的模型经过沙箱测试后，再对接到正式的生产环境；沙箱机制明显加大了模型从实验到投产这一过程的平滑度。其次，摩根士丹利的 ML Ops 高度重视数据访问的实时性和标准化，强调"围绕数据的准确性和隐私来设计流程"，只要按照 ML Ops 进行就可以非常放心也非常快捷地使用数据，无须担心合规风险。最后，摩根士丹利专门成立了一个"独立的模型风险管理团队"负责对模型风险进行监测，尤其重视投产前的模型风险评估。

让机器学习变得更加自动化：AutoML

人工智能的应用带给场景的是"智能化、自动化"效果，但机器学习项目自身的整个过程，从数据准备到最终投入应用仍然是"手工作坊"的落后生产方式，非常耗时和耗费人力。尤以学习过程中的模型搭建和调参优化、数据清洗及标注这两大环节最甚。显然，这也是导致机器学习难以在商业银行获得广泛应用的一个重要原因。因此，在 AI 项目过程的协同管理上实现 ML Ops 仍不足以让商业银行广泛应用 AI，银行还需要着力改进机器学习内在的技术方法，让 AI 的建模、学习过程本身更加自动、智能。

自动机器学习（AutoML）就是一种试图让机器学习的建模过程实现自动化的技术。自动机器学习是对机器学习的方法框架加以改进，引入了包括发展自动化特征工程生成方法、自动化模型选择方法、自动化超参优化等手段。

例如，某国有大型银行采用了自动化的机器学习建模方法，从已有的小微贷款客户库中学习贷款客户特征，利用所学特征从小微企业结算户中挖掘存在潜在贷款需求可能的客户，然后针对性展开主动营销；在自动化特征工程生成方法、自动化超参优化应用等手段的加持下，不但大大节省了 AI 专家人员的投入，还明显改善了建模效率和精确度，让金融资源更优化地赋能小微企业客户群体。

自动因子学习可以归为自动特征工程方法的一种，一旦成熟将对 AI 在金融领域应用产生颠覆性影响。在传统机器学习中，主要依赖于专家的经验和专家模型来进行因子分析，其过程难以规模化复制；此外，只要是基于人工的分析，都不可避免地会带有主观性，对风险控制、创新方向的发现都会产生干扰。基于人工经验，也难以充分发现海量数据中的特征价值。

数据对于机器学习的重要性无须多言，在数据准备阶段以及数据管理链路过程中引入 AI 技术，实现数仓管理、冷热数据分层、算力和存储资源调度、数据标注等的智能化，也将能够大力促进银行机器学习项目本身的生产自动化、智能化。

让机器学习变得更加自动化：终身学习

现在的机器学习、深度学习，模型一旦部署，在应用模型的实践过程中，模型是固定不变的；如果要更新模型，需要另行引入专门的模型维护流程。从这点也能看出，机器智能距离人的智能还有非常远的距离。人很擅长在应用知识和技能的过程中连续不断地完善、升级自己的能力，具备在实践中终身不断地进行自主学习的能力，人的学习是完全融入能力的应用过程的。让机器智能也具备终身学习的能力，是人工智能工程化过程中非常重要的课题。"终身学习"技术也是应对前面提到过的"模型漂移"问题的另一种方法，它有望从技术上更彻底地解决该类问题。

终身学习的实现高度依赖于边缘计算技术的发展。相当多的 AI 应用场景都是分布在边缘侧，例如购物支付过程中的反欺诈、反洗钱。但边缘场景往往远离能够提供充足算力和海量数据的云端，这就造成了一个矛盾，最需要实时计算资源的地方却远离资源中心。因此，边缘计算及分布式云的发展显得尤为重要，是"终身学习"这些关键工程问题获得突破的必然要求。当然，边缘云的算力资源毕竟有限，为了提升在边缘端的学习效果，还需要运用模型压缩等技术。

让机器学习变得更加自动化：元学习

当前的机器学习，每次学习生成的模型都是单一任务型的，即都只能用于解决单一任务，无法同时具备解决不同任务的能力；而不同能力的模型之间的协作也处于比较初级的阶段，主要依靠流程管理的方式实现，缺乏智能协同能力。

元学习是让人工智能模型学习到多种不同的任务处理能力，以及让多个模型更智能协同工作的一项基础技术；它的目标是让模型学会在学习过程方面作出更自主的选择，因此也是 AutoML 的基本组成部分之一。通过元学习，能让 AI 模型更智能地"读懂"元数据，更好地从整体上"掌握"可以利用的数据资源状况，从而能够根据目标或任务安排，自主识别应该选择哪些数据、不应该选择哪些数据进行学习，也就有可能在同一轮建模学习过程中同时生成针对多种任务的模型。同时，元学习也有助于 AI 应用形成自动识别任务类型并随之切换处理模型的能力，即自动化模型选择。元学习的输入是元数据，因此是一种小数据学习技术。

第二节　交互范式的持续迭代

交互范式亟需突破

2003 年"非典"疫情的冲击，被很多人视为开启国内电商行业黄金时代的关键事件，它"强制性地"扭转了国内很多消费者对电商的犹豫和观望，为电商行业的全面点燃备齐了足够量级的种子用户群。2020 年开始的新冠肺炎疫情，其冲击更突然、更猛烈、更持久、更广泛，触发的社会变革更为深远。事实上，疫情暴发以来，"全社会都将更深度地在线化、更全面地数字化"已经成为无可争议的共识，但在线化、数字化转型其实是一种非常宽泛的概念，在这种数百年一遇的大突变中，是否能定位出像当年电商行业那样更为具体且又极具重要性的未来增长引擎之轴？笔者认为，"全真交互"将是这一问题的最佳答案之一。

这里提到的"全真交互"是指人与人之间能够通过纯线上化、数字化的手段实现高度逼真的交互体验。

第五章　时代变革引致的技术迭代

疫情让当前交互技术的问题越来越凸显。虽然国外的 Zoom、Teams 和国内的钉钉、腾讯会议等线上沟通工具已经给人们带来了许多惊喜，也实实在在地为人们尽量保持正常工作沟通立下了汗马功劳。但同时，这些沟通工具也暴露出更大的问题——体验的真实感远远达不到人们的普遍期望。李开复的感慨代表了人们对于"全真交互"的渴望："一年中参加了 1400 次线上视频会议，没有让我交到一个朋友"——疫情已为"全真交互"的需求洪流开闸，承接需求的一方却还没有准备好，巨大的供需差显现，这正是下一轮增长引擎之轴应该具有的气象。

"全真交互"技术储备逼近临界点

如果没有足够的能力积累，再大的机遇也是枉然。"全真交互"之所以值得商业银行重点关注，也是因为交互技术在"全真化"方向上已经有了相当充分的积累。

要实现"全真交互"需要综合运用多种技术，比如需要 VR（虚拟现实）/AR（增强现实）/MR（混合现实）、视频技术、通信技术、AI、传感器技术等。以 VR 而言，其实是一项颇有些历史的技术。1956 年，Morton Heilig 开发出多通道仿真体验系统 Sensorama。1968 年，Ivan Sutherland 研制成功了带跟踪的头盔式立体显示器。但 Ivan 的发明需要一个固定的支架，使用者不能随意移动。真正能支持穿戴者自由移动的现代头盔式虚拟现实显示设备（HMD）是 20 世纪 90 年代初出现的 EyePhone；这个虚拟现实头盔还能配套上动作传感设备——手套式的 DataGlove 和穿衣式的 BodySuit。EyePhone 的最大局限是只能达到每秒 6 帧的传输速率，因此实际体验难以真正达到虚拟现实，更多是一种"动画现实"；但从 20 世纪 90 年代起，虚拟现实的研发与工业界结合趋于紧密，进展也随之开始加速。2016 年前后，主要面向电子游戏的 Oculus Rift 头戴式显示器发布，Magic Leap 也放出一系列引起轰动的 VR/AR 效果视频，虚拟现实开始呈现产业化的迹象。全息影像技术开始在各种大型公众集会的舞台上被频频运用，较为著名的是迈克尔·杰克逊 60 岁诞辰全息演唱会《复活》。而立体视频（Volumetric Video）也开始进入大众的视野；立体视频比 360° 视频更进一步的是，人们在立体视频的场景中可以自由走动着观看，观看时的头（即视角）也可以自由转动。如人们能够完全将自己代入为视频中的某个人，以该角色的视角来感受和"经历"视频中的场景、故事。

　　国际上，各大科技企业均纷纷看好 VR/AR 将成为继移动手机之后的下一代通用计算平台。尤其是 Facebook，2014 年以 20 亿美元收购了 Oculus VR，并在近几年里以每年数百亿美元的持续投入，试图围绕 VR/AR 打造开发者生态平台。据 The Information 报道，Facebook 有近 10000 名员工正在从事 VR/AR 业务，占员工总数的 17%。而谷歌在 2021 年 I/O 开发者大会上发布了 Starline 光场视频会议系统，现已能够让人们远程基于真人大小的 3D 影像进行实时的"面对面"沟通，并且这种沟通是完全裸眼式的，不必佩戴头盔或眼镜等辅助设备。除此之外，谷歌还在持续大力推进其地图信息显示的实时化、室内化、细节化、AR 化，如打造全景及全真式地图等。至于微软、苹果等公司，在全真领域的一举一动同样是业界的关注焦点，如微软 Ignite 2021 年大会发布的集成了全息瞬移（Holoportation）技术的 Microsoft Mesh 混合现实平台、苹果的 VR 眼镜等。

　　中国也非常重视这一领域的发展。有资料显示，中国科技管理部门在 21 世纪初期就已提出过大力发展虚拟现实这一通用计算平台的主张，并在 2016 年将其正式写入了《"十三五"国家科技创新规划》。国内产业界的步伐也在不断加快。比如，阿里巴巴正是当初 Magic Leap 的主要投资人之一。华为在 2021 年 6 月组织的"5G+AR"全球峰会上发布了《AR 洞察及应用实践白皮书》。而在 2020 年底，在腾讯公开发行的集团年刊《三观》中，马化腾更是写到：

　　"现在，一个令人兴奋的机会正在到来……我们称之为全真互联网。从实时通信到音视频等一系列基础技术已经准备好……人机交互的模式发生更丰富的变化。这是一个从量变到质变的过程……虚拟世界和真实世界的大门已经打开……都在致力于帮助用户实现更真实的体验……通信、社交在视频化，视频会议、直播崛起，游戏也在云化。……我相信又一场大洗牌即将开始。就像移动互联网转型一样，上不了船的人将逐渐落伍。"

　　在随后的 2021 年初，腾讯正式发布了由腾讯研究院组织众多行业专家编撰的、马化腾作序的报告《变量：2021 数字科技前沿应用趋势》，重点围绕"沉浸式媒体、虚实集成"等主题对"全真互联网"进行了更详细的技术阐释。

由此可见，从算法积累到工程技术再到需求势能，"全真交互"其实已不再遥远。事实上，现在很多手机已经配备"3D ToF"传感器，这就是在为全真交互"悄然"布局。而5G的全面商用化，将可能是"全真交互"完全爆发所需要的最后一块关键拼图。如立体视频要达到流畅使用的程度，需要的网络传输带宽为几十甚至上百 Mbps，4G 网络难以承受；但 5G 则能较好地满足相应场景所需，因为其下载速率可达 1Gbps。

"全真交互"将颠覆现有流量范式

商业银行务必高度重视"全真交互"这一趋势。原因很简单，因为"全真交互"将彻底改变人机交互范式，彻底改变人与人之间的连接方式、社交模式和各种人际组织的形态，进而将带动几乎所有行业的所有产品及价值供应链的重塑。尤其是商业银行这样的服务行业，人机界面本就是商业银行数字化业务发展的命门。

当前，与移动互联网盛行之前的状况颇有些相似。当初，哪个银行曾想到，MAU 会成为业务经营的北极星指标？全真交互的时代来临后，传统基于"注意力"的流量逻辑将被新的交互范式彻底颠覆，新的流量逻辑将更侧重"互动、感动"而非"看到、触达"，底层逻辑的颠覆则必然导致流量格局的重新洗牌。这对商业银行既是机遇，也是挑战，其挑战在于，这次商业银行是否能够提前看懂并及时做到敏捷转型？

"全真交互"也是数字孪生趋势的体现

数字孪生的概念非常明确，其理想状态可以理解为，每一个线下的人、事、物等实体都在数字空间里有一个对应的数字化的镜像，即数字孪生体（Digital Twin）。数字孪生体不但能在形态上与线下实体实现精准、精确地完全对应，还可以实现两者间的实时联动：线下实体的变化会实时反映到数字孪生体上，而对数字孪生体的操作、处理也可以实现直接实时地在线下实体中表现出来。由此可见，数字孪生实际上是一种实现物理世界深度线上化的技术，它的本质是"虚实集成、虚实融合"，让虚拟世界与现实世界融为一体、不分彼此。

对商业银行而言，前面讨论的"全真交互"其实从一定程度上就可以看作是商业银行交互界面的数字孪生化——商业银行与其客户之间在现实世界中的连接关系、交互过程被数字孪生化，因而让客户通过数字化手段就能获得与现实世界一模一样的交互体验，是一种综合感官体验层面的数字孪生。

比如，区块链是被很多人视为最有可能彻底颠覆商业银行甚至整个金融体系运行逻辑的一种技术；而区块链的基本思路中也处处透露着"数字孪生"的影子。

在区块链中，"欺诈行为、不诚实行为"等各种原本属于人、社会等现实世界层面的不确定状况，都被当成对"链"的一种攻击，即各种对"链"运行发展有不利影响的风险因素都被模型化为技术安全问题，然后全部从算法层面寻找相应的治理方案予以应对。最典型的就是"拜占庭将军问题"。这其实就是对应为数字孪生"基于模型的组织（企业）"的思想。类似地，区块链的生态模式也是对自然界生态进化法则的一种模拟、建模。就生态的生长发展而言，每一条"链"都希望其"治理算法"能确保"链生态"的良性平衡（通常主要指开发者、矿工、用户三类群体内部和群体之间的制衡与协同），并能在良性平衡中实现"链"的不断迭代、演进。而"链生态"每一次具体的迭代演进，即"链"每一次源代码的升级，如果出现异议，常常会反作用于现实社区，引发链生态社区细胞分裂式的进化发展（被称为"分叉"），分裂繁殖而成的各个生态是否能成功地生存、发展下去，则交由"物竞天择，适者生存"这样的自然法则来决定——只要社区尚在，数字空间中对应的"链"就会持续同步生长下去。

从上述讨论能看出，区块链的实现方式及其生态发展的模式都充分体现着"数字虚拟空间与物理现实世界基于模型的深度耦合、交融"这一思想，而这正是数字孪生的核心含义。至于数字孪生对传统商业银行的可能影响，可从两个视角做进一步分析。

一是局部视角，考虑传统银行的各局部组成部分的数字孪生化将分别产生的影响。例如，商业银行网点数字孪生化后，对网点一切经营活动、运行状况的管理就能够全部在数字空间里完成，包括但不限于：通过智能算法操控网点 UCR（大额现金智能自助机）的数字孪生体，就能完成现实世界中的 UCR 日常运维所需的所有活动；基于网点客户经理的数字孪生体将很容易把客户经理的表现全量式的数据化，从而能够由算法自动化决策，自动就如何提升客户经理表现和绩效作出外科手术般的精准、实时制导。

二是整体视角，从整体上考虑商业银行数字孪生化后所产生的影响。如上所述，数字孪生化实质上是"深度线上化"。完成了数字孪生化后的商业银行及银行生态，将是一个百分之百的全数字化系统，是在数字空间里对商业银行及银行生态全真化地重现。此时，对商业银行及银行生态各种运行情景的把握，对生态整体经营状况及监管合规、风险安全态势等的评估和预测，就都可以像软件测试一样，完全基于数字化用例的仿真运行和计算来精准完成，而数字化用例可通过编程甚至编辑来构造，这让数字孪生银行的仿真更可能逼近"完全穷举"的程度。并且，这一全情景式的仿真运行，能基于远高于现实世界运行的频率进行，其中所仿真的各个事件不再受到现实世界年、月、日等基准频率的约束。例如在全数字化仿真中，只要算力足够，就可能在很短的时间内（几分钟甚至几秒钟）完成商业银行及银行生态一个月内所有现实运行情景的精密计算、预估。事实上，这种对可能情景全量式的数字化仿真已经应用在自动驾驶汽车的路测之中；一旦在银行业得以运用，将带来整个行业发展节奏的颠覆性跃升。毕竟，现今的银行运行仍然存在着相当多的线下环节，这些线下环节难以充分利用数字化手段实现数字化的迭代节奏，往往成为制约商业银行敏捷进化的堵点。

第三节　商业模式的迭代：分布式

分布式模式由来已久

分布式并非新东西，甚至可以说，分布式是人类社会与生俱来的基因。

人类社会从最早期的逐渐形成开始，实际上一直都可以被看作是一个超级巨型的分布式并行计算系统；分布式并行计算是指任何一个时刻，不同的人、不同的人群都在并行且彼此独立地处理着各自的事务、发生着各自的故事。人们在这种分布式并行的格局中形成合力，推动了社会整体一代又一代的演进发展。

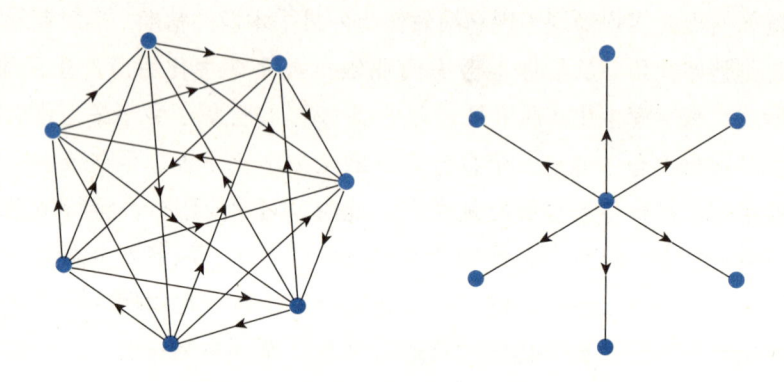

图 5-2 分布式模式示意（对比单一中心化）

对社会分布式形态的维护，是互联网得以蓬勃发展到今天的关键推动力之一。互联网技术的发明是在 20 世纪 60 年代，但最初的 20 多年里，其发展一直很缓慢。直到 1991 年 "WWW" 被发明，才正式开启了爆发式增长之旅。而促成爆发的关键因素之一，是 "WWW" 发明者伯纳斯·李（Tim Berners-Lee）放弃了申请 "WWW" 专利、更放弃了将其做成一个私有的中心化产品，转而让其成为一种开放共享的协议，极力维护了 "WWW" 基于全社会各种力量共同推进的开放的分布式发展模式，包括后来成立 W3C 等组织，都是维护互联网基础发展模式的分布式化的举措。

连工业 4.0 都指向分布式商业模式

分布式的思想、商业模式，之所以应该被重视，还因为 "分布式" 这一发展方向，从当前产业发展的若干个不同角度都在得到印证。

如工业 4.0，为人所熟知的是其 "智能" 的一面，但其实也是一次范围极广的、对分布式思想的深入实践。

"'工业4.0'概念包含了由集中式控制向分散式增强型控制的基本模式转变,目标是建立一个高度灵活的个性化和数字化的产品与服务的生产模式。在这种模式中,传统的行业界限将消失,并会产生各种新的活动领域和合作形式。创造新价值的过程正在发生改变,产业链分工将被重组。"

从上述描述中可见,工业4.0至少在两方面体现了"分布式特征":生产过程从"集中"到"分布式"的转变;企业边界、行业边界模糊化,多方实现跨行、跨组织边界的生产协同。例如,美国家具公司AtFAB,不再像传统家具工厂一样,集中采购木材、批量生产出系列产品,也不通过传统分销网络去触达最终客户;而是把各种家具类的创客和加工厂通过软件平台连接起来,这些创客及工厂各有专长;线上获客,客户有了个性化需求。如希望定制一个书柜,会先由平台将需求分发到擅长书柜设计的设计师手上,在设计师与客户共同确定出书柜的设计后,各个部件的制作要求再被AtFAB公司分配到各个相应的作坊或工厂进行加工,之后汇聚到一个组装工人的手里,由其完成最终的上门组装服务。在这一分布式的协同制造过程中,不但能够兼顾考虑客户所在位置以确保物流、服务效率最优,甚至还能实现整个过程的环保最优。

与分布式商业模式相对应的,是传统的集中式商业模式。随着互联网技术的不断发展,集中式商业模式所依赖的诸多背景因素都发生了根本性变化,集中式模式不再是必须选择,并且还开始对新形势、新条件下很多业务的发展显现出越来越多的制约性。而分布式商业在这个过程中,却展现出了其更符合新形势、新条件的一些特性,从而得以在越来越多的场景下成为更优的商业模式选择,甚至有望在未来成为主要之选。

技术让分布式商业模式更普适

从具体实践来看,分布式之所以能够从一种人类社会天然的模糊思想演变为一种明确的、可进行主动式的精确搭建的商业模式,主要得益于近年来云计算、多方安全计算等技术的发展和逐步成熟。这些技术(分布式技术)为"分布式思想"进化为一种商业模式提供了实实在在的架构支撑。从这个层面上讲,分布式商业模式 = 分布式思想 + 分布式技术。也正因为分布式商业模式有了技术化的内涵，所以它能够在更多领域、更多场景里得以落地实现。

　　云计算是分布式商业模式的基础支撑之一，其演进过程也是分布式商业模式逐步落地的一个具体实例。在云计算服务的建设过程中，孕育了实现分布式架构、分布式存储所需的多种技术。通过建设云计算平台，人们发现，无须依赖传统IT厂商昂贵的设备、只需基于"开源软件+廉价的普通计算设备"，就能搭建出互联网业务发展所需要的庞大算力设施池，并且还能获得更好的"弹性伸缩、灵活扩展"特性，这反而也更适合互联网场景使用。

　　随着云计算的持续发展，被"云化"的对象逐步从CPU、存储空间等IaaS层算力泛化为PaaS层甚至SaaS层的商业"算力"。借助云计算式的算力共享架构，很多孤立的传统商业服务资源得以被"云化"从而更容易相互对接、整合，进一步创造出丰富多彩的组合式商业服务。例如，很多HR、财务、CRM厂商、团队协作工具厂商通过钉钉平台把自身服务变成了云化的商业服务单元，然后彼此之间得以轻松跨过企业边界，与其他厂商形成整合，为客户提供更完善的服务。若非云计算的共享机制，这种在多个厂商间大范围、普遍化的业务组合协同是完全无法想象的。

　　云计算技术所获得的广泛成功，也再次坚定了人们对"分布式化"这一趋势的信念：大量单独的普通个体，完全可以借助技术协同手段，凝聚出超乎想象的能力；在分布式模式下，个体潜力能够得到更彻底的释放，而由独立个体们协同而成的系统整体也能获得更高的灵活度、自由度。

　　多方安全计算（Secure Multi-Party Computation）技术则是在数据成为关键生产要素这一大背景下分布式商业得以可行的另一类关键的支撑性技术。在这里，多方安全计算是广义上的，包括了联邦学习及共享智能等数据计算技术。在这些技术的推动下，数据的获取、流动交换、加工处理、分析挖掘等，正在彻底摆脱地理、空间、行业等因素的限制，生态范围内跨地域、跨空间、跨企业甚至跨行业的分布式协同变得越来越可行、越来越容易。

多方安全计算技术最早是由著名的华人计算机学家、图灵奖得主姚期智先生在 20 世纪 80 年代初期提出，并作为解决"百万富翁问题"的计算框架。百万富翁问题描述的是两个百万富翁，如何在不知道对方的具体财富数值的情况下比较出谁更富有。

多方安全学习技术是应 AI 的发展所需而生。以深度学习为代表的机器学习算法突破引发了新一轮的人工智能应用热潮，但随着应用的逐渐深入，很多场景也暴露出了难以充分发挥机器学习潜力的窘境。以银行业为例，很多商业银行面临着各个数据拥有方的数据彼此不共享而形成数据孤岛、所能掌控或拥有的数据量不够、数据隐私要求越来越高等几个突出挑战，多方安全计算因为能够在无须公开各自数据的具体内容信息情况下，将多方数据联合起来完成计算，因此受到了高度重视。但是，传统的多方安全计算存在计算效率不高的问题，难以直接应用到机器学习这种计算量很大的算法场景中。因此，业界进一步发展出专门针对机器学习的多方安全学习技术，比较有代表性的是联邦学习、共享智能等。

以联邦学习为例，该技术强调"数据不动，模型动"，参与联邦的各方根据算法各自展开学习，然后再传输学习所得的模型参数而非数据本身，既保护了隐私也降低了网络负载，整个联邦会基于各方的模型参数综合给出一个整体模型，并再返回给各个数据方，让各方进行修正和再学习。

共享智能与联邦学习的主要区别是，在共享智能的算法中结合了可信计算环境技术，是一种软硬件协同的多方安全学习技术；在共享智能算法中，不但有像联邦学习那样的弱中心模式，还有完全去中心化的学习模式。

目前，多方安全计算、联邦学习等技术已经在银行信贷风控、反洗钱、反欺诈、联合营销等多个领域的数据分析建模中获得应用。当然，云计算及多方安全计算技术并非分布式商业模式背后的全部技术。在分布式商业模式实际落地时，还存在一个非常普遍的基础问题，即如何实现激励相容，这需要依赖区块链技术来解决。

区块链：分布式激励相容的参考框架

激励相容是指在分布式商业模式中，如何实现分布式所连接的各方的利益与整个商业体的全局利益一致。只有实现了激励相容，分布式商业体中的各方才会真正全力投入，因为在这种情况下，在追求自己利益最大化的同时对全局利益也是有利的；而全局利益增大，意味着分布式商业体的强化，往往又会为其中的各方带来更大的助力、价值，如此就能形成从局部个体到全局然后再回到局部个体的价值正反馈闭环。整个分布式商业体，在正常启动后，就能够实现"自增长"，不断壮大。

可见，激励相容的本质是从利益机制上确保分布式商业架构的增长稳定性问题。但也需要注意，要实现分布式商业架构的增长稳定性，并非侧重"利益"的这一种思路。或者说，不一定必须是围绕"狭义概念上的利益"才能形成激励相容。如上文提到的"WWW"，能够获得如此大的成功，这其中一定有激励相容机制的作用，但绝非依托狭义利益上的激励相容。"WWW"现象中的"激励相容"，更多是一种精神驱动的激励相容，属于开源文化的激励。当然，"永远不要挑战人性"。从普遍意义上看，分布式商业模式的普遍可行，仍然应该以寻求建立起狭义利益上的激励相容为目标，这样才更能确保所形成的分布式商业体可以经受住未来无法预料的各种挑战。这一目标的实现非常难，尤其是希望解决问题的一般化思路是一种可以高度数字化的方法时就更难了。在区块链出现之前，几乎可以称得上一直未能取得实质性的进展。

区块链技术的发展，为通过技术手段解决激励相容问题提供了一个可行的参考框架。区块链源自2009年1月3日发布的比特币（Bitcoin）。比特币是一个去中心化的点对点电子现金解决方案。分散在世界各地的开发者们，通过网上的开发者社区进行协同开发，持续对比特币进行升级。开发者社区是无中心的，开放、自由、公开、自主。

在比特币社区不断扩大的过程中，人们逐步意识到比特币所采用的分布式记账技术可以从比特币剥离出来单独发展；该技术下，公共账本的数据块是以链条式的结构依次相连，由此而得名区块链。

区块链为建立分布式的激励相容提供了一种一般化的参考框架。在分布式环境下，难以建立起激励相容的重要原因是猜疑和博弈。猜疑是指分布式协作中的参与方，对利益分配的猜疑，猜疑自己的利益是否得到准确体现。猜疑会导致犹豫，犹豫会积累为消极，进而放弃参与分布式的合作，让分布式协同失败。产生猜疑的根源是信息不对称，而信息不对称还会导致博弈心态。因为信息不对称导致参与方在计算投入产出方面存在较大的不确定性，进而容易让参与方滋生博弈心理，都试图尽量少投入、多收割，让协同陷入消极循环。

在区块链中，不但价值分配规则、利益激励机制公开透明（通过公开代码的智能合约代码来实现），而且利益分配与贡献大小按规则对应，参与方的贡献大小由其详细的行为记录计量，而每个参与方的各种行为记录也都全部以分布式账本的方式实现不可篡改地登记入簿，并且保持公开、透明。每个参与分布式协作的各方应该获得多少奖惩激励，都是明确的，都是公开可见可验证的。价值分配等机制及利益计算过程的公开透明，也让参与方能够提前判断，参与协作是否符合自己的利益，那么一旦实际进入协作就表明利益一致，不再存在不相容的问题。而规则是通过公开代码的智能合约的方式实现，也避免了"黑箱操作"的顾虑。

区块链凭借公开透明、不可篡改、分布式协同记账等特性，成为建立分布式激励相容的重要工具；但很多时候，分布式激励相容的最终完全落地实现，却绝非单凭区块链就能实现；以上述贡献大小的计算为例，所需要的行为数据记录，往往就得借助物联网等技术来配合实现。

物联网技术：推动云的分布式化

除了能实现数据采集及实现在边缘端对数据的就近及时处理外，物联网及边缘计算将带动云计算迈入分布式云阶段。而这又将成为分布式商业模式的分布式化程度得以更加深入的物理基础。

传统的云计算，其服务形态本身其实仍然有着很浓烈的非分布式化的一面。从云计算服务的整体商业形态而言，正越来越趋同于传统的集中式商业模式——云计算行业具有超高集中度的特点，几乎没有小厂商生存的可能性；全行业由为数不多的几个大型云计算厂商集中提供算力资源，这种高度集中也确实降低了社会平均的算力基础设施成本，让普通用户（企业或个人）能够以远比自行建设算力设施低得多的综合成本（包括资金、时间、人力、专业知识等投入）获得更优质的算力，从而能够更好地聚焦于发展自己所擅长的线上业务。

然而，这种传统的集中式云计算，存在一个固有的难题：对边缘计算需求仍然很难充分覆盖到。在智能汽车、智能物件的大面积普及后，面对海量的边缘场景计算需求，若仍然采用现有的云计算架构，那么边缘端与云端之间经常需要进行海量数据交换，而所要完成的计算任务却非常小，这会导致整个云平台的负荷增加很快，创造的新价值却极低，也难以提供边缘侧AIoT设备所需要的实时计算能力。

为了更好地适应边缘端计算需求的新常态，需要对云计算本身的架构实施分布式化升级。这有点类似于智能电网的思路。在智能电网上，某个私人的太阳能发电板所产生的电如果有了富余，不必浪费掉，而是能够立即接入智能电网，输送到缺电的地方去。这不但避免了浪费，更好地填补了用电缺口，还让各个散落的私人发电设备变成创收点。同样，在分布式云体系架构下，任一边缘端设备只要有算力富余，也都可以随时接入到云计算网络中，对外输出算力资源，并能获得相应的利益回报。

这并非是构想。早些年非常流行的P2P文件分享/下载工具BitTorrent就是可以视为分布式云计算在存储领域的一种实现。不过BitTorrent的问题之一正是在于，缺乏基于利益的激励相容机制。基于区块链技术的以太坊（Ethereum），也是在通用算力资源层面对"分布式云模式"的一个尝试。以太坊利用区块链的Token（通证）和智能合约技术，建立了一套较为完善的利益激励机制，让对整个分布式系统有贡献的人能获得利益回报。从目前的试验状况来看，以太坊无疑更为成功。当然，BitTorrent和以太坊都面临着如何与监管更好相容的问题，至于具体原因则有所区别。未来，一种可能的思路是将以太坊的思想与传统云计算进行融合，这样可能更容易做到既保证激励机制的金融监管合规，又确保分布式优势的充分发挥。无论采用什么思路，最终一定是在合规前提下实现激励相容，才有机会让分布式云获得长远发展。

第四节　商业银行全面风险管理技术的迭代

从资本管理到价值创造再到生态赋能

前面的章节阐述了生态银行在业务和技术支持方面，是如何进化和迭代的。在全面风险管理领域，传统的理念、流程、技术、工具是否依然适用，需要如何进化？笔者认为，生态银行全面风险管理首先要在理念上进化，形成以资本管理为基石、以价值创造为导向、以生态赋能为目标的立体和动态的体系。在展开讨论之前，让我们先来看一个著名的风控失败案例。

美国东部时间 2008 年 9 月 15 日凌晨（柏林时间上午 10 时），拥有 158 年历史的美国第四大投资银行——雷曼兄弟公司向法院申请破产保护，消息瞬间传遍地球的各个角落。令人惊诧的是，10 分钟后德国复兴信贷银行（KFW）居然通过自动付款系统，向雷曼兄弟公司即将冻结的隐患账户转入了 3 亿欧元，毫无疑问，这将是肉包子打狗有去无回。

转账风波曝光后，德国社会舆论哗然，纷纷指责德国复兴信贷银行是迄今"最愚蠢的银行"。法律事务所的调查员随后进行了调查，结果发现，从宣布破产到自动划款这 10 分钟时间里，与此相关的人员包括董事长、首席执行官、董事会秘书、国际业务部经理、信贷部经理、公关部经理、结算部经理、结算部自动付款系统操作员、文员等。

演绎这场悲剧，短短 10 分钟就已足够。德国经济评论家哈恩说："上到董事长，下到操作员，没有一个人是愚蠢的。可悲的是，几乎在同一时间，每个人开了点小差，加在一起就创造出了德国最愚蠢的银行。"实际上，只要当中有一个人认真负责一点，这场悲剧就不会发生。

从上面这个例子不难看出，商业银行作为一类特殊的企业，与普通工商企业最大的不同在于，其资金中介的属性使其具有极强的负外部性，一旦出现流动性危机或破产，波及面要远大于普通企业，甚至可能导致整个金融体系的崩溃、影响到国家稳定。因此，资本管理依然是商业银行风险管理的重要基石，其标准主要参照 BASEL 协议。

传统的风险管理将风险视为一系列单一元素或孤岛。每个风险都是独立的，与其他风险无关，在公司的每个业务部门中单独优化风险管理意味着优化整个公司的风险管理。然而没有任何一起重大风险事故是孤立的，是仅由单一业务部门失误造成的。上面例子就很典型，前中后台、全流程链路拦阻的失败，使全部干系人都没能在该情景下体现出价值，没能体现出全面风险管理是一种文化、一套能力和一系列实践。这正是 COSO（美国反虚假财务报告委员会下属的发起人委员会）在 ERM 2017（企业风险管理框架 2017）中想要传递的核心思想。

以价值创造为导向强调风险管理应从一个看似单独的工作或流程，到与企业战略和绩效相协同并真正融入企业管理工作中；强调企业风险管理需要贯穿企业价值创造的整个过程；强调应该"跳出风险看风险"，应从企业管理视角开展风险管理，使风险管理不再是一项"控制活动"，而是基于风险与价值导向并重的"管理活动"。

步入生态银行时代，全面风险管理的演进真正代表了商业社区内的动机演进。这种动机演进已经超越了降低成本和减少/避免/转移风险的传统目标，转变为更现代的愿景，即以合理的风险最大化收入以增加价值，这是当代全面风险管理的本质。全面风险管理已经具有风险和回报的双重角色，正在趋于风险和回报管理。它的演变形成了为实体创造价值的新组织概念，组织需要学会为生态中所有利益相关者赋能，释放、创造短期和长期价值。生态的特点是复杂、动态、自进化，内部结构具有弹性边界。这就要求全面风险管理在流程上实现再造，在技术上丰富全面，在工具上保持金融科技领先优势。

风险管理从业者要达到对生态需求的实时响应，就需要做深度了解产品背后故事的人，明确知道产品是如何设计的，产品的综合收益是如何计算的，营销渠道是什么，客群选择的标准如何等。比起使用传统金融衍生工具来对冲风险，同等甚至更加重要的是如何将复杂多变的信息，进行高效地整合，将有益的、高时效性的动态信息回传至业务线。

面对生态的自进化性，可以想象的是，生态银行会频繁地面临没有已知解的局面，笔者建议风险管理要激励"迁移式创新"。没有已知解不代表输入也是未知的，基因突变既无序也有规律可循。针对某一类场景定制的风控逻辑、沉淀的数据、研发的系统，应该更广泛的赋能生态内各组织成员。寻找最大公约数并提高复用性的同时，允许差异化调整、升级，实现变异与进化。使用服务的生态成员作为受益方，向服务提供业务单元支付一定的费用作为激励，以保障持续的独创性和创造力输出。

生态银行全面风险管理的 5A 智能风控

中国银保监会 2021 年 7 月 1 日发布《关于银行业保险业数字化转型的指导意见（征求意见稿）》，明确了"坚守金融本源、坚持系统观念、坚持创新驱动、坚持开放共享、坚守风险底线"五项原则。其中，确保转型成功的关键在于，商业银行要在坚守开放共享的过程中坚守风险底线，将风险管理自动、实时、精准、敏捷融入开放的价值生态，并随着经济结构演变而持续进化，以提高金融的生态连接能力和价值链集成能力，提高服务实体经济的效率和水平。

在金融科技持续变革的驱动之下，生态银行全面风险管理能力体系需要经历高度数字化的重塑，通过前台 APP 服务引流导入、中台 API 开放连接客户、后台智能风险管理的模型应用和组件化调用，跃迁至"自动、实时、精准、敏捷、进化"的全新层级，最终实现自感知、自分析、自决策、自执行。

自动（Automated），即借助大数据、人工智能等科技手段，搭建系统化、自动化管理工具体系，自动收集数据信息，自动识别、评估、计量、监测、应对风险，实现风险管理全流程的自动高效智能运转。

实时（Actual time），即借助大数据、物联网、云计算等科技手段，实现对风险信息快速捕捉、实时响应、分析、应对风险，避免出现风险管控缺位或滞后。

精准（Accurate），即借助区块链、大数据、人工智能等科技手段，通过优选机器学习算法、进行交叉验证、强化模型监控等途径，精准识别、

生态银行——敏捷进化实践

计量、排序风险，使风险决策、应对更加准确有效。

敏捷（Agile），即借助先进的科技手段，实现风险识别、评估、提示、应对能力在生态平台中的组件化、参数化配置，不断提高迭代效率，增强能力应用的移植性、拓展性。想要在生态中实现与伙伴同步、共生共赢，就必须敏捷响应内外部环境的瞬息万变，缺乏敏捷注定被淘汰。

进化（Agagenesis），即在前面4个A的基础上，实现风险管理的智能升维。在风险分析和处理过程中，根据生态环境特征演进出新性状，智能调整处理方法、处理顺序、处理参数、边界条件或约束条件；根据生态环境变化智能迭代风险管理系统，使其能按照设定的风险偏好，保持有相对竞争力的工作状态。

进化的目标就是要变得更智慧，只有更智慧的组织才更有竞争力。举一个形象的例子，一匹马无论进行怎样的敏捷训练，其速度极限都无法超越一辆凝结了人类智慧的火车，维度带来的差距一目了然。

而由信用挖掘能力、全面融入能力、无感服务能力、生态赋能能力、合规管理能力构成的智能风控能力，也将成为未来银行的价值体现，成为银行的核心竞争力。

以供应链金融服务为例，某国际商业银行，通过结合自身业务基因，与物流公司合作，做到授信风险看得清、管得住、可干预。一是交易看得清，凭借UPS全球客户关系管理系统自动关联订单信息；将UPS信息与自身转账信息相结合，交叉验证交易真实性。二是物流管得住，货物始终在UPS供应链条内流转；打通与UPS的数据通道，实现物流动态信息，从工厂、海关到仓库的全天候跟踪。三是资金可干预，为商家开设回款账户，规定其相关流水必须在此账户中发生；对回款账户的进出流水实施全天候监控，对可疑汇款进行拦截；依托数据在平台间的流动，将风险预警与账户冻结操作实现自动对接，实时监控资金、货物状态，对异常账户进行自动接管。

在反欺诈识别方面，某国际大型信用卡集团推出智能决策引擎（Decision Intelligence），该决策利用机器学习算法进行实时的反欺诈识别，来精准拦截信用卡申请的高风险客户，成功挽回因误判而导致被拒绝的客户申请。一方面，"智能决策"通过先进算法进行智能分析，敏捷响应市场及客

第五章　时代变革引致的技术迭代

户行为变化，为不同账户设定警戒及交易拒绝标准，并基于交易数据为每个账户进行实时的交易决策。另一方面，"智能决策"采用的智能技术会长期监测特定账户的使用情况，以判断具体购物消费行为正常与否，同时还可以获得更为详细的，包括客户价值细分、风险分析、交易地点与商户、使用设备数据、交易时间和交易类型在内的账户信息，从而加强每笔交易的安全保障，帮助提高交易核准的准确性，减少因误判而被拒绝的信用卡交易数量。

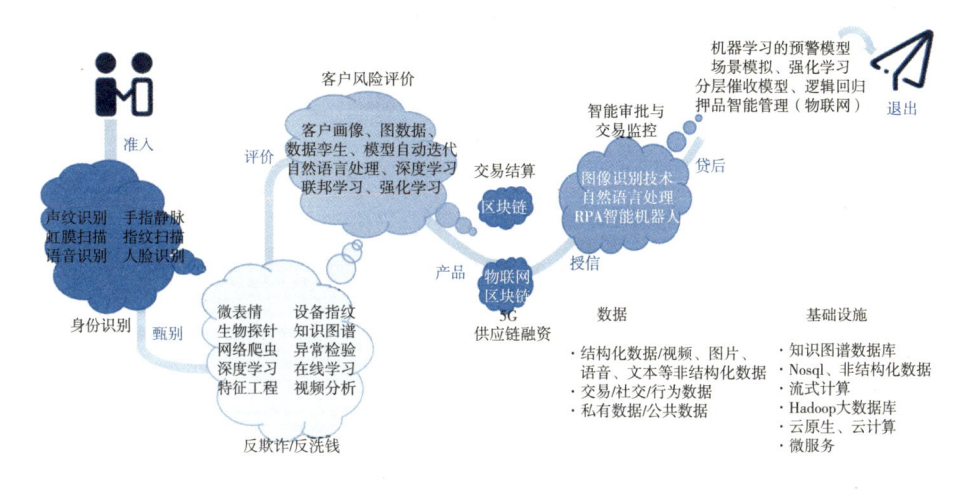

图 5-3　智能关系识别流程示意图

在识别关联关系的实践中，某国有大型商业银行使用图谱技术，对关联关系进行挖掘，包括：通过行内外数据构建完整的大中型企业集团关系树，有明确的系、圈、链划分；探索风险传导路径及传导影响大小的计量；基于显性关联关系挖掘隐性关联关系，识别真正的风险客群共同体；通过对细分行业的分析，构建上下游关系，生成全产业链谱系图谱；在传统财务、经营数据分析的基础上，补充相关图结构特征，通过集成学习、深度学习等方法构建高维风险预警模型。

放眼全球先进同业，智能化风控技术的实践几乎覆盖了从准入到退出的全周期，如身份识别、反洗钱/反欺诈、客户风险评价、交易结算、供应链融资、智能审批与交易监控、智能预警与催收等。

当然，商业银行风险管理应该顺势而为、因时而变，但银行的金融基因和监管底线万万不能变。作为商业银行，无论其服务客户方式是实体网点还是场景化融入，也无论其所依赖的管理技术是线下人工方式还是线上智能化，商业银行信用中介的核心本质始终不变，仍然是作为市场中的信用中介为信用两端的客户提供服务。与之相适应，商业银行经营管理遵循监管要求的合规本质也不能改变。

商业银行只有在坚守不变的本质中，谋求顺应时代的变化，做到在不变中求变，才能在未来的竞争中脱颖而出、笑到最后。

第六章 云原生时代的企业级中台

正如前文所言,"生态"这一概念本身有着非常显著的"分布式"意味;建设生态银行需要商业银行首先对自身的基础能力体系进行革新,首先建立起与生态概念中的"分布式"本质相适应的商业银行核心能力机制。云原生技术的发展和成熟,为实现商业银行能力体系的分布式变革提供了重要的前提条件。

在本章,笔者将围绕什么是商业银行云原生中台,怎么建设商业银行云原生中台,以及为什么它是生态银行关键的基础能力支撑等问题进一步展开讨论。从本章的讨论中,我们将看到,云原生中台是商业银行架构生态化并走向敏捷自进化的必需,智能流程自动化将是云原生中台带动商业银行运行方式变革的最显著体现之一。

第一节 商业银行核心系统的分布式化要求云原生中台

云原生的定义和发展

云原生,简单而言是专为云设计的应用系统。云原生的出现,主要是为了与"在云上部署的传统应用"加以区分,但商业银行推进"云原生",还应该更准确地厘清云原生所指。

了解云原生的技术内涵,先要了解云原生计算基金会(Cloud Native Computing Foundation,CNCF,官网为 www.cncf.io)。CNCF 成立于 2015 年,

是一个由谷歌联合 Linux 基金会共同发起且不依附于任何厂商的中立组织。它归属于非盈利的开源组织 Linux 基金会，在云原生技术及其生态的推广、发展过程中一直发挥着举足轻重的作用。当前，所有主流云厂商均已成为 CNCF 会员，CNCF 生态也汇聚了最全最庞大的云原生项目资源。

CNCF 通过旗下第一个项目 Kubernetes 即一战成名，奠定了行业权威地位：谷歌把原在自己内部使用的容器编排项目 Borg 完全开源后，用 Go 语言进行了重写，然后将其更名为 Kubernetes 并捐赠给 CNCF。随后，Kubernetes 便一路凯歌高奏并最终一统江湖，成为事实上的容器编排业界标准。

CNCF 官网对自身使命的描述为："云原生计算基金会（CNCF）致力于培育和维护一个厂商中立的开源生态系统，来推广云原生技术。我们通过将最前沿的模式民主化，让这些创新为大众所用。"

最初，CNCF 将云原生技术界定为"应用容器化、面向微服务架构、应用支持容器的编排调度"；随着生态的不断壮大，CNCF 对云原生的最新定义已演变为"云原生技术有利于各组织在公有云、私有云和混合云等新型动态环境中，构建和运行可弹性扩展的应用。云原生的代表技术包括容器、服务网格、微服务、不可变基础设施和声明式 API。这些技术能够构建容错性好、易于管理和便于观察的松耦合系统。结合可靠的自动化手段，云原生技术使工程师能够轻松地对系统作出频繁和可预测的重大变更。"[①]

容器（Container）是一个轻量级的运行环境，置于容器中的云原生应用无须考虑底层云计算资源的各种问题，各个容器间彼此相对独立。容器构建一次，便可在各种环境里任意部署，并且都是秒级部署，非常简单快捷。云原生应用微服务化后，往往被分散到了多个容器中，因此对数量众多的容器实施好组织、管理就非常关键，即容器的编排问题。目前 Kubernetes 已经成为业界绝对主导的编排系统。需要强调的是，微服务并不一定必须使用容器部署，但是容器技术的出现确实让微服务的价值得到最充分体现。

---

① 摘自 CNCF 官方 Github 页面上的中文版译文。

第六章　云原生时代的企业级中台

不可变基础设施（Immutable Infrastructure），如 Docker 就是一种为人熟知的不可变基础设施。不可变基础设施强调，一旦部署就不再改动。如果要进行升级，也得基于新版本重新构建一套用于替换旧版本所部署的整套环境，而不是对旧版本进行重新部署或修改调整参数。这样的好处是大幅度提升了架构状态的可预测性及一致性，大大降低了架构环境的复杂度。

服务网格（Service Mesh）是正在成为主流的一套微服务治理解决方案。微服务治理要解决的问题与容器编排有些类似，是指在云原生环境中，由于微服务众多，且各个微服务彼此相独立，需要对这些微服务进行高效地组织管理，如微服务的注册发现、配置管理、熔断、链路追踪等。这里需要注意服务网格与 API 网关及 BFF（Backend for Frontend）的区分和联系。API 网关及 BFF 的存在，都完全是为了方便前端应用调用微服务。而服务网格则有大量的工作并不涉及微服务的被调用问题。

声明式 API（Declarative API）是指需要调用微服务的 API 时，只需对希望达成的目标进行描述，无须考虑具体是如何调用的，因此大大降低了 API 使用者的工作量和开发难度。

除了微服务和以上所简介的四种代表性技术外，Serverless（无服务器）也是非常值得关注的一种新兴云原生技术。事实上，CNCF 官网持续更新的云原生技术全景图里，已经在把 Severless 作为一个重要板块进行呈现。

Serverless 兴起的背景是，随着 Node.js 等技术的涌现，前端开发者越来越需要成为全栈开发者，越来越需要了解"服务的构建、部署、运维，服务的日志、监控报警等"，导致前端开发响应速度逐渐跟不上用户体验的诉求。Serverless 希望让前端开发者可被彻底解脱出来，完全不用考虑与底层服务端有关的问题。

对"云原生"的其他典型解读还有 Pivotal 公司的"DevOps + 持续交付 + 微服务 + 容器"等。而云原生最早的个人倡导者之一，Matt Stine 对云原生特征的归纳则为"模块化、可观察、可部署、可测试、可替换、可处理"。

简要梳理关于"云原生"定义的大致脉络和主要技术，有助于更深刻地把握云原生的本质，更容易看清楚它将剑指何方，对其加以运用和其想象的边界会到哪里。也只有这样，商业银行才不至于迷失于总是在不断迭起的新概念浪潮之中。

微服务、云原生、分布式之间的关系

对微服务的再释疑。微服务架构是先把项目开发所需要的各种能力拆分为彼此对立的一个一个单元，这些单元之间基于一些通用协议实现通信、协同及整合。微服务的"微"，并非指每个服务就一定微小或功能就一定单一。"微"是相对于传统软件开发的"单体式"架构而言；"单体式"架构是紧耦合的模式，构建单体式系统过程中的每一部分工作都是"专属于"当前系统的，难以把其中的局部模块拆分出来对外进行共享、复用；而微服务架构则是松耦合的模式，各微服务具有高度独立性、可复用性，并不专属于哪个单一的项目或系统，至于各种应用系统的搭建，就是将多个微服务进行整合而成。

微服务是一种典型的云原生技术，但这并不等于"微服务只能存在于云计算环境中"，而是指微服务天然为云计算而生，与云计算相得益彰。在云计算环境下，微服务架构能充分利用好云计算弹性扩展、自由伸缩的特性。反过来，云计算环境一站式集成了多种技术栈、多种解决方案栈的基本特点，也正好能与"各个微服务之间是相对独立、彼此松耦合的"这一特征实现最佳搭配，能使每一个微服务都可以根据自身特性，自由而便捷地选用最佳的技术工具和手段来进行开发、维护，在每个微服务层面实现最优化的开发运维方案。

云原生概念的广义化。云原生是云计算技术领域的概念，但随着越来越多的人使用，"云原生"概念正在快速出圈，所指的含义正在不断广义化。很多人认为，只要是由于云计算技术的发展才得以实现的软件功能、应用系统、业务形态、商业模式及其他各种事物，都可以被称为"云原生"。还有一些人认为，"云原生"也代表了又一轮"重构"潮流：随着云计算的持续深化，如同未来所有事物都将数字化、在线化一样，未来所有的能力可能都会像 CPU 或存储能力一样被云计算化，都会成为云计算平台上的一个"能力组件"，都会被"云化"地组织和协调利用起来。因此，未

来所有组织、所有业务甚至各种日常事项处理的方法流程等都应该以"云计算"为基础原点，对底层逻辑进行重新梳理，用全新的技术手段（云原生技术）对具体实现方案予以重新构造。

云原生与分布式的关系。当前的"分布式"已经成为一个更加宽泛的概念，不但最底层算力和数据库层面有分布式，在商业模式这种社会逻辑层面也有分布式。同样，计算系统的服务能力层也同样存在分布式，而要让分布式的服务能力模式落地，当前最主要的实现方案就是基于"云原生技术"。对于商业银行而言，在基于云原生技术体系进行分布式化的重构过程中，"微服务"是最基础的单元。

构建商业银行云原生的分布式核心

商业银行的分布式核心，其基本思想是"化整为零"。商业银行核心不再是由一个内部紧耦合的大系统来支撑，而是拆解为彼此相对独立的很多个小"单元"，每个单元基本可自成一套体系。这种思想体现在商业银行服务能力层面就是"微服务化"。如某全国性股份制商业银行用基于分布式核心、微服务的"快中台+轻前台"模式替代之前的"瘦核心、大外围"架构建设模式，匹配打造生态银行的战略要求。

交易核算分离（核心系统只记录交易流水，不做核算处理。核心系统只负责常规交易、账户管理）是商业银行建设分布式核心所需要采取的一个基本举措。在微服务思想的指导下，核算部分又可以进一步拆分多个小总账能力服务单元，如黄金小总账、理财小总账、消费贷小总账能力服务单元等，以及一个全行的大总账能力服务单元，这些能力单元各自相对独立、自成一套相对完备的技术/业务/数据体系。

商业银行的分布式核心建设，需要在基础架构、数据架构、应用架构、业务架构等层面均进行重构。

在基础架构方面，商业银行应该利用云计算技术建设自己的 IaaS 和 PaaS 平台（可以为私有云）。服务器应采用"基于 X86 技术框架的通用 PC 服务器"，各种系统应尽量采用业界主流的开源解决方案，而不采用"任何由传统企业服务商提供的高端商用化技术产品或解决方案"；实现大机下移，从而在基础算力层面保障对自由弹性伸缩的支持。基础架构层面不但应提供基础的分布式架构能力支持，主要包括分布式事务框架、分布式数据库、分布式缓存、分布式存储、分布式消息总线、分布式负载均衡网关等，还应提供便捷易用的分布式开发工具，如容器化部署、容器编排、灰度发布等，建立起完整的分布式架构技术栈。此外，还应该建立支撑分布式运维和分布式安全的环境和工具体系。

关于存储分布式的一个典型情景是分布式的客户数据节点（DCN）：只要是同一个客户，"不管是客户的存款、贷款、理财还是基金等，任何跟客户相关的信息一定包含在同一个 DCN 中"，也包括相应的强同步副本。有足够研发实力的银行，可以自行基于 Mysql 等开源数据库研发分布式数据库系统。当然，随着近些年互联网科技公司的技术沉淀和输出，市面上也已经有了多款分布式数据库可供选择。

分布式建设过程中需要重点解决的一个基础问题是分布式事务处理。分布式有诸多好处，但同时也带来了一些新问题，如何实现事务一致性便是最大的挑战之一。根据 CAP 理论，分布式系统不可能同时做到一致性、可用性和分区容忍性。因此，商业银行需要从传统集中式架构下依赖 ACID 强一致性模型的思路向 BASE 模型（基本可用、弱状态、最终一致性）或 SAGA 等模型与 ACID 模型结合运用的思路转变。在涉及资金账务等关键数据的业务处理上应做到高标准的严格事务一致性，而在其他无法做到强一致性的情况下，也要参照 BASE 等模型适当变通做到最终一致性，或施以某种补偿机制。

在应用架构和数据架构方面，则是以"微服务化"为基础，建设云原生中台。主要包括了服务能力共享机制、开发运维机制（DevOps）和持续运营机制等建设，更进一步则具体表现为业务架构（业务模型）设计，以及业务中台、数据中台、技术中台等建设内容。本章主要就是围绕云原生中台建设进行讨论。

在商业银行的分布式核心建设策略上，需要考虑传统银行机构与互联网科技企业的不同，在新建基于分布式架构的系统时，应把已有的大量历史 IT 系统纳入考虑，设计渐进式改造策略，在保证业务连续性的前提下整体上分步骤推进。需要基于风险/收益平衡原则,作出"先易后难"还是"先难后易"的路线选择。

商业银行建设分布式核心,在技术上除了应该依托云原生技术之外,还应重视尽量采用开源技术、力保自主可控的原则。

云原生中台是一种分布式的能力机制

云原生中台是商业银行应对未来数字生态世界必须完成的能力机制层面的基础性变革。

与传统银行能力架构形成所处的大背景相比,商业银行如今所面临的经营环境(市场、客户群、经济形态等)已经迥异且仍然在快速变化。商业银行应该是全新形态的银行,需要有全新的服务能力,建立起未来实现全面数字化经营所必备的基础/主体能力框架。这就是商业银行云原生中台的初衷。

需要强调的是,互联网企业建设中台,解决技术负债问题、提升能力共享效率是占据了首要位置的,但商业银行所面临的局面却不同。虽然商业银行在 IT 系统建设过程中同样累积了越来越沉重的技术债务,存在"竖井林立、烟囱式建设、缺乏企业级统筹的系统建设"等问题,但透过这些似乎相同的表象,应该看到"技术与业务的融合度不够"对商业银行而言才是更为根本的问题。商业银行应该将再造一个数字化银行作为首要考虑,否则在整体格局上无法实现突破,基于现有的银行架构不管怎么提升能力、实现共享,最终改良所得将依旧是业务技术两套体系,依旧是技术作为业务后勤保障的模式,而无法实现技术驱动业务发展的经营模式。

更具体地讲,商业银行中台要实现:(1)建立起商业银行整体作为一个"科技体"的基本能力机制;(2)让各种科技能力(如 NLP 能力)能够直接融入前中后端的每个角落;(3)启动商业银行科技体生长进化的迭代飞轮;(4)让各种科技及科技化的迭代进化能力渗透到商业银行科技体的每一个细胞中去,让"迭代敏捷"成为分布式银行(生态银行)每个细胞的核心能力,让商业银行的迭代发展来自各个细胞潜能都被充分释放所形成的合力。

再概而言之，商业银行的云原生中台，谈论的是其能力，提供的是一种分布式的机制。

商业银行云原生中台的一体三面

"一种分布式的能力共享机制"是商业银行云原生中台的本质和灵魂；它是无影无形的，是一种纯虚拟的概念，并不适合进行可视化地表达。但云原生中台这种能力机制，在不同的视角下可以有不同的视图展现。比如，技术、业务、数据是商业银行每个能力单元都应该具备的三个侧面，从每个侧面都有中台的一个视图，三个视图三位一体，共同组成银行中台。

图6-1 技术、业务、数据三位一体

如在技术视角下，中台可以投射为一个相对可见的视图，这个视图中包括微服务、API化技术、服务网格、BFF、API网关及AI模型、大数据能力等，可将这一视图称为技术中台。而从业务视角、从客户视角来看云原生中台，就是业务中台。同理，数据中台是在数据生产要素、数据资产化的视角下商业银行云原生中台的一个概念化的视图。

商业银行的每一个服务能力单元，在物理上都应该是同时属于业务中台、数据中台和技术中台。业务中台、数据中台和技术中台不是彼此分开的单独系统，它们甚至不是银行系统中的物理模块，只是银行能力体系的三个视图。

商业银行在任何情况下都应该保持业务、数据、技术三种视角的三位一体，这也是发展"数据智能银行"的必然要求。基于云原生的分布式核心建设是商业银行向数据智能大步迈进的一个契机；而其中的一个基本要求就是技术手段、数据能力应全面渗透并充分融入银行的每一个业务动作之中。

云原生中台将推动银行迈向"仿生组织"

在生态系统中，生物个体通过自我识别、自我发展、自我恢复和进化等使自身适应环境变化得以发展和完善。生物个体的这些功能是通过传递两种生物信息来实现的。一种为 DNA 即基因信息，它是通过代与代的持续进化、继承而先天得到的；另一种是个体在后天通过学习获得的信息。这两种生物信息协调统一使生物体能够适应复杂的和动态的生存环境。

最近监管机构的一系列动作、反复强调的一个明确信号是，银行是特许行业必须持牌经营。银行的审贷分离、风控体系等传统属性和特征，是银行的先天 DNA；同时，银行作为数据密集型的企业，是受互联网等数字原生企业影响和冲击比较大的行业，银行需像数字原生企业那样，将数据和技术融入组织和流程中，不断创新发展，为客户提供极致的体验，从而获得最终的竞争优势，这是后天学习需要获得的能力。

商业银行的经营环境日益复杂严峻，分化在加大。银行只有严守持牌金融机构的底线，同时要转向数字化发展，转向数据和技术为特征的金融科技，协调统一，才能使银行能够适应当前的易变、不确定性、复杂、模糊交织的 VUCA 生存环境。将生态进化理论与银行业务范式结合起来，建立新的银行服务模式，把银行打造成仿生组织，为银行提供新的研究课题并丰富生态银行内涵。

业务中台和数据中台是银行打造成为仿生组织的关键举措。利用精益流程理论，通过银行流程梳理形成企业级的、可复用的能力单元，建立业务中台；利用数据以及先进算法、算力，构建数据中台，打造银行的中枢神经；最终使银行具有"机器+人"的仿生运营模式。

我们都知道脊蛙的搔扒反射实验。当用稀硫酸的小纸片脊蛙（去掉大脑，但还有脊椎）背部时，脊神经中枢命令后肢肌群收缩，从而产生搔扒现象。银行中台体系需具有中枢神经自反射能力。当前台业务发起一笔贷款申请，数据中台基于丰富的内外部数据资源，利用多方安全计算和联邦学习等手段，自动化的把审批结果（如贷款金额低于 1000 万元的贷款申请）直接推送给前台，而不是所有的审批都需要后台的专业人员审批，从而实现"机器+人"相结合的仿生运营模式。

同时，利用数据孪生等技术手段，把业务中台和数据中台打造成前台业务需求的镜像。一方面针对前台需求实现"机器+人"的仿生运营模式；另一方面，数据中台可以精准地预测和计算前台需求，实现"弹药"的精准配置，"炮火"的精准投送，不仅仅是"让听得见炮声的人呼唤炮火"；而且让前台的柜员从繁杂的桌面操作中解脱出来，提升柜员和客户体验。

第二节　云原生中台的技术机理

云原生中台所包含的几种主要机制

当把中台看作一种能力共享的机制时，可以进一步将其拆解为若干子机制或细分机制。例如，为了更好地支撑各个微服务在全生命周期中的开发运维诉求，需要 DevOps 机制的不断发展。

微服务本质上是中台模式下的最小能力单元，而能力单元如何划分，划分时如何确定边界，如何确定能力单元的颗粒度等，也都需要相应的机制。这些机制需要在企业级层面的业务能力建模方法论及建模过程中予以体现。各种微服务间的协同协作和连接也需要机制。云市场等协同机制就是解决微服务组件间的彼此发现、互相连接的问题。

至于连接后，如何整合为一个具备客户价值创造能力的有机整体（如应用、产品、面向客户的一套服务等），则涉及如何灵活敏捷组装的问题。最基本的方式是直接基于代码层面进行开发。但代码开发这个过程/事本身效率就不会太高，且因为代码开发有较高技术门槛，会导致商业银行里的很多非专业技术员工都无法参与到能力组件的组装过程中，反映在组织协同层面，就是形成了明显的瓶颈节点/环节，因此能力组件（微服务）的组装呈现为低代码、零代码、参数化的趋势。

还有，能力单元的 API 化也需要机制；当能力单元主要限于银行自身内部时，API 化的机制并不是一个关键问题；但在开放生态中，能力单元的 API 化机制就成为很关键的一个问题，因为不同的生态伙伴间往往不具备共同的底层环境（如底层运行的云计算环境不同，不单是云服务商或云架构具体路线的不同，还包括底层环境云计算化发展阶段的不同等），不同生态伙伴的能力单元如何尽可能实现统一规范、统一服务水平的共享及对接，就会是一个很大的挑战。

这些机制都是以技术能力为基础的，它们也正是技术中台的主要组成部分。

微服务，应该成为一个个独立的生命体

在一定程度上来说，微服务是对 SOA（面向服务的架构）思想的传承和再发展。当然，不能忘记这种再发展是以云计算兴起为背景的。微服务和 SOA 两者的相似之处在于，都强调从业务视角将 IT 架构划分为多个相互独立的服务组件，都强调这些服务组件要能够较自由地插拔或装配。因此，广义地看，微服务可以称为云原生的 SOA，是 SOA 2.0，而传统的 SOA 可算作为狭义 SOA，是 SOA 1.0。但两者之间也有本质差别。为了论述方便，此后在没有作出特别说明时，都直接默认将 SOA 等同于传统的 SOA，即 SOA 1.0。

首先，这两种架构要解决的是不同的问题，即思考出发点并不相同。传统 SOA 的出发点是为了解决大量的不同系统间的互联互通问题，而微服务的出发点是为了解决互联网业务场景下经常面临的灵活扩展问题。

其次，传统 SOA 是中心化的，而微服务是"去中心化"的，或叫作"分布式"的。传统 SOA 通过引入 ESB（企业服务总线）来桥接各种不同系统（服务组件），从而实现互联互通。ESB 就是传统 SOA 架构的中心所在。SOA 强调 ESB 的强大处理能力，以此确保各种系统（服务组件）都能顺利接入 ESB 与其他系统建立连接，而这也就导致 ESB 成为传统 SOA 扩展能力的瓶颈所在，也是最大的安全隐患所在。一旦 ESB 发生崩溃，整个

SOA 体系就会全局性地崩盘，并且因为 ESB 所承载的责任过于繁多、庞大，往往就难以保障其在崩溃后恢复正常的速度。而微服务强调各个服务组件间应点对点（Point to Point）的直连直通，并强调各种能力都应充分下放，分布到各个服务组件内部，因而避免了中心节点的形成，在扩展上就具有更大空间，也更灵活、敏捷。同时，当某些服务出现故障或发生崩溃时，不容易引发全局性崩盘。

最后，传统 SOA 往往以项目化的方式交付，主要的工作内容都体现在搭建 ESB 的项目过程中，一旦 ESB 搭建完成，除了要求新系统（服务组件）按规范接入外，整体上都不强调其他的运营、维护工作，具体到每个子系统（服务组件）也就只需关心业务处理能力的建设问题。而微服务架构，则更强调产品化的思维，强调每一个微服务应该具备全生命周期的视角，要求每个微服务不但应该解决服务的搭建问题，还要求每个微服务建立起整套的、持续的运营机制，故障应对机制，服务维护机制，以及要求每个微服务应持续关注自身的迭代演进。

由微服务架构与传统 SOA 间的以上几点差别可见，微服务架构中的每个微服务更像是一个个独立的生命体，而传统 SOA 中的各个服务组件则更像是人身体的一个功能器官，如手、脚、鼻子、耳朵等，看似有一定的独立性，但却并不真正具备独立生存、发展的能力。两者的这一区别，反映到组织架构上，就是微服务架构往往会直接影响到企业（如银行）的组织架构形态。微服务架构威力的充分发挥要求企业（如银行）组织架构也需调整为能支撑一个个微服务独立生长发展的架构模式。例如，微众银行的各个技术团队就像一个个微型企业，包含从业务人员到架构人员再到开发测试人员的多种角色，各团队具有很大的自主决策及施展空间。相比之下，传统 SOA 则只涉及项目开发团队的临时组建问题，不需要考虑相应组件及整个 SOA 体系长期的"持续生长发育"问题，因此只需以传统的 IT 组织架构模式便能较好地应对。

需要特别说明的是，由于每个微服务的定义实际上源于在企业级层面的业务分析、建模，因此上述其对组织架构模式的诉求，也会触及企业级的层面，即不限于 IT 人员范围的组织架构。

API 云市场，使能生态银行

随着银行核心乃至整个银行能力体系的微服务化，对这些数量庞大的微服务的组织、统筹、协调就成为了一个关键问题；此外，微服务作为一种分布式的能力机制，其核心优势之一是让新的银行能够很方便地加入银行服务体系，这些新能力即新的"微服务"的发现、注册等也需要相应的机制支持。上述问题的解决不能依靠人工手段，而需要通过"微服务治理"这样的技术机制来实现自动化。当前，服务网格是其中最受认可的方案。

微服务治理除了满足上述需求外，还会对微服务进行全链路追踪，从而能更智能化地分析微服务运行状况，同时也能为每个微服务的不断迭代升级沉淀出翔实的日志式的原始数据，为微服务单元的智能化迭代奠定基础。比如，在发生异常导致服务中断时，微服务治理机制也能及时进行"熔断"以避免无效的服务链接增加系统负担。

微服务化后的商业银行能力体系，还存在一个非常关键的问题，即如何能让前台的业务处理要求能定位到并链接到相应的微服务单元。同时，各个微服务单元之间也存在如何彼此定位，从而建立起链接，并协同整合出更强服务能力的问题。这一问题的解决，主要是在服务网格等服务治理手段的基础上，通过 BFF 和 API 网关等技术来实现。BFF、API 网关这一系列技术，将商业银行的各种微服务能力单元封装为 API，并提供一套寻址机制，解决了微服务的路由问题，也进一步屏蔽了微服务与前台场景、微服务间的相互"串扰"，增强了各个微服务单元的独立性和自由度。

上面讨论的路由，其实解决的还只是微服务"定位"问题中的"寻址"环节。还有一个更需要先解决的隐含问题是，需求方如何知道该使用哪个微服务。比较早期的做法是依靠人工发现，每个微服务的负责团队提供详细的 wiki 及在企业级层面建立关于 API 使用的开发者论坛。但这种模式效率低下，尤其是严重制约了规模的持续扩展。而声明式 API 等技术的不断发展，让上述过程由线下模式转为线上模式，由靠人工解决转向靠技术解决。未来，结合 AI 技术的运用，将使"只管设定目标，不用考虑如何实现"这一调用/协同机制的适用范围不断扩大，有力地推动商业银行各种微服务单元之间的装配向自动化方向发展，将让乐高式的银行服务工厂进入以"智能化组装"为特征的2.0阶段，任意一个用户的任意一次个性化场景需求将更能够被智能、精准地解读，并且可转化为技术域的具体实现方案。

这里还需要专门就一个容易产生的疑问加以说明：微服务治理及微服务路由等机制，是否会导致"中心化的瓶颈节点"出现。在这个问题上，上述相关方案与传统的ESB等是有本质区别的。在微服务体系下，这些方案机制的实现，并不会让负责执行这些机制的模块成为商业银行能力体系中的"中心节点"。这些机制，都是以"旁路"辅助的方式实现，微服务单元彼此之间、微服务与场景应用之间的链接是点对点的，这些模块更多是在为这种点对点的直接连接提供便利，因此，不会有"失败单点"的风险，并不会破坏微服务的分布式本质。

借用钟华在《企业IT架构转型之道》一书中的表述，微服务化后的商业银行能力体系应该是"以服务为对象建立的一个在线市场"，是以API云市场的方式让其中的各个主体自由、自主、自动地发现和连接所需要使用的服务能力单元。商业银行在推进云原生的分布式核心过程中，应该注意，这既是微服务化的一个特点，也是一个非常关键的建设原则。

也正是有了API云市场这样的机制，才使商业银行不再局限于单纯地输出API，使自身能力可被外部伙伴以技术化的方式调用，并且也不再局限于建设"开放银行"。在API云市场机制的持续作用下，商业银行内部的自生能力单元和各种生态伙伴提供的外部能力单元，彼此之间的角色将越来越对等，越来越趋于彼此双向充分开放；生态中的各种能力单元，既都是为生态提供能力供给的供应方，同时也都是随时需要借助API云市场从生态中获取能力资源的需求方，所有能力单元都融入一体化的、高度自动化的"生态能力体系"，都被纳入"生态级的服务治理体系"，也只有达到这样的程度，才真正称得上"生态"。

此外，在API云市场机制的建设中，还需要建立起明确的、高度自动化的服务定价方法，这也是形成长效利益激励机制的基础，是API云市场、生态银行及银行生态能够持续发展壮大的必然要求。

从 DevOps 到 AIOps：商业银行的工业 4.0

商业银行凭借中台能力机制，获得的最大突破并不是让传统的金融产品更强大、让传统金融服务更敏捷，而是在于能够提供传统银行无法提供的服务。例如，某银行打造出掌上生活类 APP，圈得用户超过 1 亿人，建立起了自己的流量入口，并在此平台基础上为用户提供了更加完整的生活旅程服务。

中台能力机制能让商业银行参与更高水平的竞争，也让其面临着更大的生产能力挑战。例如，某数字化领先银行，每周要上线的项目达到 50 个甚至更多。传统的以人工流程为主的 IT 生产模式完全无法支撑这样的竞争强度。从开发到投产、运维的整个 IT 生产链条必须革新，DevOps（开发、测试、投产、运维一体化）成为商业银行完善中台能力机制的必选项。

事实上，上文已述，按照中台的能力协同机制，商业银行应该尽可能地在组织架构上与系统的微服务化对应，每个能力单元在组织上要求业务、技术融合形成一个相对完备而独立的作战单元。因此，DevOps 看似技术领域的生产工艺概念，其实已经上升为商业银行主生产过程的层面。不单是技术，能力单元中的业务人员也应该跟随 DevOps 的实施、发展而及时调整工作模式。目前，DevOps 已经开始大量运用大数据、AI 技术，不但能借智能化分析大幅度降低事故率，改造生产流程提高生产效率及质量，甚至还能让 AI 来发现产品设计漏洞，智能化地指出产品改进方向，逐步向 AIOps 进化。

某银行在 AIOps 的加持下，"项目交付效率提升 50%，持续集成成熟度提升 4 倍，自动化覆盖率达 100%，系统可用性达 99.99%，问题排查时间缩短 91.67%。"面对直播潮流的兴起，该行迅速推出与音视频相关的近百个 AI 原子能力，从而得以在数月之内组织超过 1200 场直播，一场直播的流量可高达数百万个用户并发。

中台机制中需要包含 DevOps 乃至 AIOps，这已成实现商业银行敏捷化转型的最关键举措之一。AIOps 之于商业银行，在重要性和颠覆性上，如同工业 4.0（智能制造）之于传统工厂。

拆中台？云原生中台无处可拆

有了上面的讨论作为基础，便很容易明了，当前业内一些人所谓的正在"拆中台"或中台正在分布式化、碎片化（并将分布式中台、碎片化中台作为一种新概念加以提出）的说法并不成立，或者并不能称为中台发展的新阶段、新趋势。云原生的企业级中台一定是基于微服务的，而微服务本身其实就已经是如假包换的分布式。如果一定要用"分布式中台"的说法，本质上不过是把中台本来就有的一个"别名"公开出来而已。同样，基于微服务的云原生企业级中台，其基本构件——微服务组件——本来就是相互独立的，本来就不应该耦合在一起，本来就应该"各行其'事'"，自然本来就是"碎片化"的。所以，"碎片化中台"同样是中台本已有的另一个"别名"而已。

类似的还有"拆中台"（如同拆关卡一般）之说，也是同样的问题。这其中更值得商业银行重视的是，"分布式中台""碎片化中台""拆中台"等说法之所以能混淆视听，具有迷惑性，是因为很多人会在不经意间，认为中台在物理上是一个或一组软件实体或资源实体一样的存在，仍未习惯于将其首先理解为一种"能力机制"。

因此，商业银行建设云原生的企业级中台，其中一项基础工作就是要持续不断地辨析中台认知，确保全行上下都能时时保持对中台理解准确、到位。这样才能确保银行的中台建设之路不发生迷航。

对云原生的银行中台，不能过早、过度聚焦于实现中台机制的实体上。商业银行企业级中台建设，其首要目标和主要方向并不应该是交付某一个或某种系统平台，而应该是在全行建立起云原生的中台能力机制，并确保该机制在全行层面都能持续顺畅运行并迭代发展下去。

云原生中台机制建设的"三步走"

从云原生中台机制诞生的初衷来看，其实只有在业务已经完全线上化的这一前提下，才会在业务扩张过程中产生对企业级中台机制的强烈需求。因此，就很多传统商业银行当前的现实状况而言，首要的考虑仍然应该是

第六章　云原生时代的企业级中台

先实现业务的完全线上化。需要进一步阐明的是，"线上化"这个前提，其意义已绝不仅仅局限于"制造需求"，绝不仅仅是让商业银行具备"遭遇互联网式快速扩展"这一高级烦恼的资格。它更大的意义是，在解决互联网业务扩展问题的同时，引发了企业内部的大量能力单元之间的大规模的聚变反应。正如阿里云缔造者王坚院士在《在线》一书里的论述，"在线"是云计算、大数据时代诸多神奇效应得以发生的根本基础。对于"中台机制"，也应该深刻地认识到，之所以其具有强大的业务推动威力，首先是因为"被中台"的"能力供应者方"都已在线化或本来就是原生在线化的，所以才能够借微服务、分布式、API 等技术机制实现能力供应者们对能力需求者们高效率的直接赋能，从而在全企业层面形成能力的"核聚变"效应，释放出空前的创新动能。

沿着上述逻辑，完全可以认为，"中台机制"也能够作用于银行员工间的知识经验分享，如不同地区的业务最佳实践的快速共享等。当然，第一是能够把员工的各种知识经验、优秀实践凝化为对应的某种"在线能力"，即经过"在线化"转换，从而就能利用"中台"这一原生于技术域的方法机制改造非技术域的世界。

商业银行"在线"之后，才是第二步，即全面推行云原生中台机制。至于第三步，则正在表现为让 AI 充分赋能中台机制，利用 AI 全面改进中台机制，让中台机制中能智能化、自动化的都全部智能化、自动化。而只有将各个能力单元技术化后，并且能力单元之间彼此赋能是通过"中台机制"这样的技术域方式实现时，且中台这种能力共享机制内含有连接高度自由化的意味。不是固化的共享流程，才有了进一步 AI 化的可能。

如某股份制银行，重视 UI 体验，确定 APP 的 MAU 为北极星指标等，其实就是在持续推动业务的全面线上化。在当其 APP 迭代到 6.0 版本时，有了足够充分的业务线上化程度后，便开始了微服务化，即转向中台式的能力共享机制。而在 APP 的最近版本中，已经在陆续开始实施 AIOps 等，利用人工智能、大数据技术实现中台机制的逐步智能化、自动化。

上述三步的划分是递进的逻辑关系，也是互联网科技企业探索过程的大致脉络。商业银行在数字化转型的实践中,当处于第一步时,并不需要过于急切地推进全面的微服务化、中台机制建设。当然,由于已经有了互联网科技企业的先行经验为参考,也可以三步同时并行推进,尤其是第一、第二步的并行,不必教条地一定要完全按照互联网公司早期摸索过的路径重走一遍。只不过采用并行推进的策略时,一定勿忘本质上其仍然是存在逻辑递进关系的,在并行的同时仍然应该有工作侧重点的区分,否则容易脱离业务现实变成为了中台而中台,违背了"中台机制建设也是为了更好地发展业务"的第一性原理。

事实上,单凭第二步本身,商业银行其实已经难以谋求到创新突破带来的高附加红利,更多是在通过效率提升获得常规收益,相对而言,第一步遇到的情况反倒是商业银行与原生互联网企业有所不同,是商业银行寻求高附加收益的机会所在。而参与第三步的竞争则需要商业银行首先尽快达到能与原生互联网科技企业齐头并进的水平,避免再次错失进入这一步时的早期红利。

第三节 云原生中台的另两个截面:业务面及数据面

商业银行的架构理想:生长与开放

生态,应该具备"自动自发地生长"特征。

云原生中台机制在商业银行业务架构方面的目标是形成业务架构面向创新的自我生长演进机制和能力,让其随时都能顺势而变,灵活地、自由地、自发地进行突破性生长,迈出商业银行未来走向自我进化的万里长征第一步。从生物界基于自然选择的进化智能可见,规划是"无用"的,自然界的创造性毋庸置疑,而生物的进化、人类社会的演进从来都是无法自上向下地进行系统性规划的。生态系统的创造性来源于分布式的、散落的、独立的个体。商业银行所在的开放生态系统也应是如此。

第六章　云原生时代的企业级中台

云原生中台机制的优点就在于，既能使每个能力单元足够独立，又能令每个能力单元从技术实现到数据资源再到业务价值创造都是完备的。能力单元不单要成为一个独立而相对完整的模块，还要越来越趋向于成为一个名副其实的独立"经营实体"，在独立经营中充分发挥出创造力。

届时，〈前台〉与〈中台〉①不再是固化的标签，互为〈前台〉、互为〈中台〉的情形应该越来越多，彼此转化也越来越频繁。例如，直接面向客户群体的系统，在摸索出优秀客户服务实践后，可以将实践能力化、一般化，并通过云原生中台机制向全行、全生态共享，一个新生的〈中台〉能力单元由此诞生。这个过程便是一个前端到〈中台〉的转换。而这个新生的能力单元在面向全局各能力单元、各业务系统分享自己的能力专长时，是服务提供者的角色，因此又可以算作"前端"，只不过其客户并非传统的最终客户而是其他能力单元、其他系统或是其他生态伙伴等。并且在云原生的技术环境上，每个能力单元的"经营"过程都可被全链路数据化跟踪，据此可实现数据化驱动，让最佳实践沉淀为企业级能力单元，更多最佳实践的过程变得更加智能、自动自发。

由于各个能力单元呈现独立经营的特点，一个能力单元是属于银行内部能力还是外部能力，变得越来越不重要，商业银行的边界将越来越模糊，生态银行水到渠成。

企业级架构方法论及不足之处

以上是从云原生中台的角度来思考，对商业银行整体能力架构、业务体系架构应该树立的目标和发展方向进行了勾勒，但在具体推进方向方面，还需要有系统的业务建模方法论作为指导。首先我们来看看近些年颇受商业银行重视的一套方法论——企业级业务架构。

企业级业务架构是以战略发展和现有问题为导向，提供端到端落地的统一方法，推动企业价值的快速实现。企业级业务架构通过企业建模，建立全行统一标准的业务数据模型，为业务之间、业务与技术之间提供了公

---

① 本部分带〈〉表示传统实体含义下的"中台"，以区别于机制概念下的"中台"，下同。

共的语言规范，为后续 IT 研发提供输入，实现企业战略在 IT 系统中的落地。

企业级业务架构设计包括七大关键环节。

一是战略解析，主要是结合战略规划进行战略分解，同时也对标同业实践，形成战略能力要求，并归纳形成能力主题，然后针对这些企业级的能力主题提出整体的业务方案。

二是价值链分析，主要对企业价值创造过程的梳理，为后续的业务流程分析提供横向视角。

三是划分业务领域，主要是对价值链中的各个环节，结合客户类型和产品/服务类型划分不同业务领域。

四是分析业务流程，即对不同价值链环节中的不同业务领域，梳理出所有的业务流程；流程又是由任务构成，任务则还可以拆分为步骤；需要注意的是，在流程分析中，需要在企业级形成完全统一的语言为后续的整合奠定基础。

五是企业级数据模型，数据就是流程活动处理的对象。

六是组件分析，把数据模型进一步做聚类后，可以归并为一些数据主题域，一个数据主题域与有关联的任务合起来就构成了一个业务组件。

七是产品分析建模，对产品设计过程的抽象描述，包含产品分类和产品结构；应用产品模型，能在较短时间里降低创新难度并灵活满足客户需求和期望。

在完成以上七大步骤后，可以将上述分析过程中所形成的产品模型、数据模型、流程模型进行对接，相互校验，进一步优化上述分析成果。

银行业架构网络（BIAN）组织所发布的银行业参考架构，可看作是企业级业务架构方法论在银行业的一个实践成果。

商业银行在重视企业级架构方法论的同时，也要清楚背后的不足。传统企业级业务架构方法论强调在对业务深刻透彻理解的基础上再开展业务建模的一系列具体工作。然而，真正的创新实践在早期往往都是"摸着石头过河"，传统的企业级业务建模难以真正发挥作用。如果企业在一项业务实践已经充分的情况下实施企业级业务建模，往往意味着该项业务已处于成熟期和稳定期。由此可见，传统的企业级建模方法论在传导创新实践经验方面并不能做到"尽早"实施，因此显得不够敏锐和及时。

然而，这并不是说传统企业级业务架构就不支持创新，只是这种业务架构更强调在企业级层面要以战略级的前瞻性规划、设计来支撑产品的快速创新，讲究在考虑周详的能力架构设计基础上，实现参数化、组件化地快速组装式创新，这种特性使传统企业级业务架构对于发源于一线的全新业务趋势不够兼容。

例如，在直播营销、社交裂变营销等手段刚开始出现时，传统的企业级业务建模方法论的做法是尽量用既有模型去消化这些现象，从而容易陷入"其实直播也就是……""社交裂变无不过……而已"的观念中，无意间淡化了这些新现象、新生事物中值得关注的新特点和变革性。在科技创新越来越快、世界 VUCA 化程度持续加剧的当下，这容易导致商业银行不断在"看不懂"中错过一次又一次引领创新的机会。

DDD 方法论及不足之处

领域驱动设计（DDD）是一种适合于指导高度复杂领域开展业务建模的设计思想，分为战略设计和战术设计两个阶段。战略设计阶段强调从业务角度出发对业务领域展开建模，而战术设计阶段则是将战略设计阶段的建模成果映射到技术域，完成业务模型的落地实现。

就战略设计阶段而言，DDD 采用"化整为零、分而治之"和"先发散，再收敛"的整体思路。第一步将整个业务领域划分为若干个大小和边界适度的子业务领域。第二步对各子业务领域进行"事件风暴"，即在团队内展开头脑风暴，借助用例分析、场景分析和用户旅程分析等手段，将目标领域内的命令、领域事件、领域对象及它们的业务行为尽可能全面罗列出来，并从中梳理出"领域实体"。第三步对这些"领域实体"按照彼此间的关系紧密程度等标准，进行组合、归拢，形成一个个的"聚合"。不同"聚合"间的边界是逻辑上的并非物理上的。第四步则按照业务语义环境或语义上下文边界等，划分出多个界限上下文（Bounded Context）。每个界限上下文中包含一个或多个"聚合"，拥有一致的通用语言，而不同的界限上下文间是有"业务语义边界"的,所以各自业务语言的语义可以有不一致。对每个界限上下文就可建立领域模型,不同的界限上下文间的边界是物理意义上的边界,在战术设计阶段就可以对应为微服务的边界。

可见,确定边界是 DDD 过程中的一个主要任务。

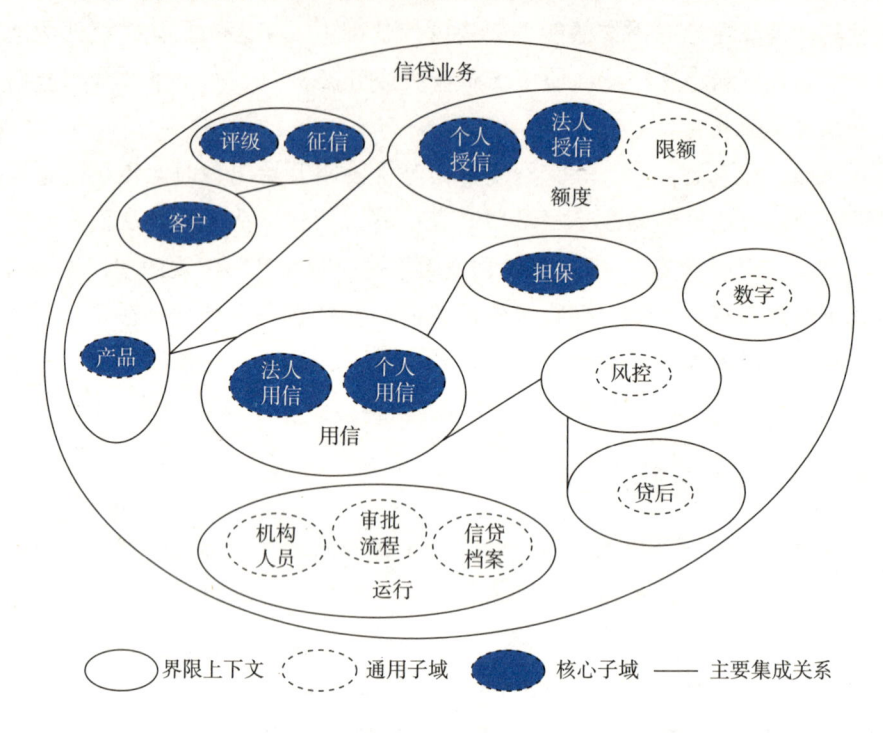

图 6-2　某国有商业银行基于 DDD 的业务建模

同样,对于商业银行而言,DDD 方法论也有其不足的地方。如上所述,DDD 建模在进入"事件风暴"前,一般会先将大的业务领域划分为子业务领域,此时的划分主要以业务流程的环节设置、业务职能和功能的边界为依据,建模工作的重点主要集中在局部子领域内的聚类、收敛、搜索边界之上,这其实并不利于突破现有的业务体系结构,不利于从企业级整体框架身上打破传统的竖井式建设困境。尤其是对于商业银行,传统的部门划分、业务条线切割思路根深蒂固,直接运用 DDD 可能难以达成革新传统架构整体格局的初衷愿望。

出路：DDD + 企业级架构方法论

DDD 更具弹性和自由度，更符合互联网时代组织扁平化、业务创新快的气质，更具自下向上的意味；领域内自我聚类收敛的方式也更能保护早期不成熟的优秀创新实践甚至微弱的星星之火。而 BIAN 等所倡导的企业级建模则更强调严谨的架构体系，更符合银行业固有的层级化、流程严格化的气质，更具自上向下的统筹性，在体系化的、整体性的全局规划能力方面具有无与伦比的优势。

系统性的规划是创新的基石，能为创新沉淀出厚实的土壤层，为创新提供充分的养分，但真正的创新突破却不是靠规划出来的，也是规划不出来的，越是颠覆性的创新越是如此。商业银行建设云原生中台，在业务建模实践上，可"兼容并取"。

一是以价值创造为出发点。不管采用什么方法进行业务建模，都是为了让商业银行具备更强的价值创造能力，这个目标不能偏离。

二是注重建立统一语言。业务建模的一个根本初衷是解决业务和技术之间的沟通协同问题，而统一的语言就是基础。当然，在什么范围之内统一，可以根据情况定。

三是商业银行需要分步骤统筹运用企业级业务架构设计方法论和 DDD，不能过于教条地拘泥于单一方法。具体而言，在早期阶段，比较适合以 IBM 所倡导的企业级架构建模方法为主。在力求形成全行统一架构、业务技术统一语言的过程中，破解传统银行的各种壁垒，这也是梳理清楚现状、适当面向创新的一个步骤。只有这样，才能化解历史负担，轻装上阵迈入第二阶段方法论。在后面这个阶段则应以 DDD 为主体，以确保银行的不断建设发展能更好地面向变化、面向创新，从而让云原生、微服务、中台机制等内在的数字原生优势得到最大化的释放。

四是商业银行进行业务建模，从一开始就应该注重充分融入敏捷思想，在过程中要充分利用"持续迭代、小步快跑、协同共创、工作坊"等敏捷方法和工具。

云原生中台的业务能力截面：业务中台

在云原生中台全新的能力机制作用下，商业银行能够更充分地从客户视角出发，借助中台机制对生态能力的整合协同，实现对客户全旅程（传统银行只能针对客户旅程中的强金融属性部分）的覆盖，真正做到"以客户为中心"。

从逻辑上讲，商业银行的业务中台对上直接支撑客群前台。在客群前台中，不同的客群具有不同特征的客户旅程。当然，客户旅程越来越个性化，每个客户都有自己的完整旅程，且越来越精细，如时间上，已从按年的旅程到按月、按日，甚至按小时、按分钟、按秒计。支撑客户旅程的是场景中台，包含了一个个单元化的场景能力。依托场景中台，可组装出完整的场景路线，场景路线其实就是客户旅程的实现。

而场景中台，其实是业务中台视图在场景领域的一个具体实现。在业务中台视图中，其基本组成部分为业务能力单元，可分为银行内部的能力单元簇和外部的生态能力单元簇。在业务中台的支撑下，商业银行应该形成全新的业务发展原则。如要以数字化、线上化主导，而不是要把传统业务模式做得更好。如果一项业务完全不能挂接到线上运行体系，就没法被纳入中台协作共享机制，就应该逐步缩减其规模，把腾挪出来的资源投入到去支持、培育那些能充分融入中台机制、能将主要业务逻辑线上化的业务能力/业务实践，它们才能充分利用云计算可快速扩展规模的特性帮助银行实现高速增长。

例如，在某股份制商业银行的"同屏解说"功能中，线下的客户经理已经被中台机制视为一种可被线上调度的能力资源。而在另一家股份制商业银行，基于客户经理开拓业务的优秀实践，通过模拟仿真手段建立起一对一体验级的线上经验分享培训体系，让优秀客户经理的业务经验也成为被中台机制调度的一种数字化资源。

在中台机制下，各种业务领域的业务能力在模式上会发生根本性变化。商业银行创造客户价值的能力更强、手段更丰富。商业银行对客户服务的概念会大大泛化，突破传统金融服务的范畴。以用户能力中心为例，借助中台机制，商业银行可以在联通生态中各个伙伴的 ID 体系上发挥重要作用，如壹账通、Plaid，又如 DID（分布式 ID 技术）等。

在中台机制下，商业银行数字化交互能力也能得到空前的加强，更强调用数字化界面来承载对客服务。一些股份制商业银行专门推出了自己的 UI 框架，体现出了对数字化交互环节前所未有的重视。

云原生中台的数据能力截面：数据中台

如上所述，云原生的银行中台本质上是一种分布式的能力协同机制，而数据中台是该机制在数据层面的一个投影和视图。数据中台并不是一个独立存在的实体模块，而是体现为商业银行运行中无处不在的一种数据能力机制。数据中台的最终愿景是实现"数据都能被用起来"和"人人都能利用数据驱动自身工作"，后者即为所谓的"数据分析泛民化"。

在此，借用《数据中台——让数据用起来》一书中的阐述，对商业银行数据中台定义："数据中台是一套可持续'让银行的数据用起来'的机制，是一种战略选择和组织形式，是依据银行特有的业务模式和组织架构，通过有形的产品和实施方法论支撑，构建的一套持续不断把数据变成资产并服务于银行业务的机制。数据中台是把数据这种生产资料转变为数据生产力的过程。"

在商业银行基于云原生技术，进行分布式核心建设、微服务化架构转型中，其核心系统被拆分为若干个彼此相对独立、各自相对完备的服务能力单元。每个能力单元"麻雀虽小五脏俱全"，也包括自己的数据及数据处理逻辑，这让本来就存在数据质量不统一、数据体系割裂严重的商业银行面临更为严峻的数据治理挑战。因此，推进以数据治理 2.0 版——数据资产化及数据资产管理——为基本思路的数据中台便势在必行。

数据中台的建设一方面是为了应对更大的数据挑战，另一方面是为了更直接更充分地创造并输出数据价值。为了让全行的数据及数据价值链路能与云原生中台的能力协同机制充分协调，商业银行需主要从数据体系建设及数据资产管理体系建设两个角度来建立和完善相应机制。

数据体系建设关注的是数据中所蕴含的价值的加工处理过程本身，其关键机制包括 OneID（在全行范围内统一数据的识别）、OneModel（在具体数据上尽量统一数据模型，是数据模型的具体应用层面）、OneService（输出统一数据服务）。而数据资产管理体系则关注的是横向的、总体上的统筹管理，数据资产管理并不关注具体一个数据的内含价值如何加工和处理，它更关注数据间的血缘关系、数据资产地图等宏观层面的信息，它的关注点还包括数据模型的总体管理及元数据管理等。如果以图书及图书管理来打比方，那么数据体系相当于书的内容创造、加工处理和输出过程，而数据资产管理则相当于图书馆的管理机制和流程。

无论数据体系还是数据资产管理体系，都需要有相应的自动化工具的支持，这些工具可统称为 DataOps。云 API 市场从数据能力视角来看，就呈现为数据资产及数据应用云市场。在基础数据层，云原生数据中台需要打破数据大集中的模式，引入基于领域的数据架构思想。当然同时也要注意避免重新陷入数据竖井的历史问题。云原生数据中台还倡导灵活自由、随时可变的数据模型，以适应数据来源生态化、数据形态差异大变化多的新状况。

第四节　云原生中台加速智能流程自动化

确保流程"远离"客户体验

云原生中台带给商业银行最基础的变革之一将发生在"流程"领域。流程从本质上讲其实是供应侧范畴的概念。

流程是处于供应侧的银行，在一定的生产力水平阶段，为了最高效组织生产、最大化提升客户服务水平而形成的一套业务处理、工作运行步骤。流程是与生产力水平对应的。生产力发展，流程就需要与之相适应，就会变。因此，当科技处于高速变化时，流程也应该是同样处于高速变化状态之中的，不应该是稳定的，这样才可能与生产力发展水平始终保持最佳匹配。而这也是传统的以流程为驱动的传统银行模型的一个短板所在。

在以流程为驱动的传统建模方法中，由于对整个流程梳理及企业建模过程非常耗时耗资源，因此其隐含的一个工作目标是建立起相对稳定、可尽量长久应用的流程模型。这一目标也与传统银行运行模式是相对应和相匹配的，即银行组织资源完成生产的方式相对比较稳定。

其实，用户本质上并不关心流程，流程本不该在用户体验之中。很多时候，流程实际上是商业银行强行推给用户的一种不必要的体验，因为银行需要通过流程完成服务，且在流程中为了完成工作需要与客户多次交互，从而让用户"不得不"经历流程。

商业银行应回归本质，应始终不忘客户对商业银行或金融服务的最本质需求是"结果"。越是身处快速变化的环境，越是要始终保持清醒，要始终能够穿透每一个流程的表面看到背后实际是在满足客户的哪些需求（诉求）。从客户的根本诉求出发，结合最新的技术能力，直接针对客户问题寻求最直接的解决方案。例如，基于 ML 的信用评估方法，并不是对传统信贷中信用评估方法的优化，甚至已不再是"对旧流程的再造"，而是回归本质的客户情景，基于全新思维提出的全新方法。

当然，以上是从客户体验视角对"流程"的一种反思。事实上，从商业银行生产组织的视角来看，任何时候商业银行的资源及能力一定都是受限的。为了最有效地运用资源以获得最大化产出，流程仍然将发挥至关重要的作用。只不过，商业银行需要变革"流程观"，需要立足云原生中台的全新能力机制，充分融合数据科技和智能算法，构造全新流程模式、搭建全新流程体系。

从流程银行到数据智能银行

数据成为当今银行生产的核心要素，云原生时代的商业银行，需要从流程驱动进阶为数据驱动。即便在业务中台与数据中台的彼此关系中，数据也是毫无疑问的核心。业务中台其实也都充当着数据中台的"数据采集者"的角色。在数据驱动智能银行中，数据触发算法，算法调度资源，资源按算法要求实时协同，这种协同作业的过程，已与传统流程全然不同。传统流程是一种相对稳定、固化的作业步骤，是经过精心设计、高度提炼而成。在数据智能中，可以不存在固定的作业流程，而是随数据、算法要求，实时灵活地组合出专门应对当时所需的作业过程。

在数据智能阶段，商业银行应该依靠基于算法的"智能装配引擎"来调度和组织商业银行的各种生产资源，进行价值创造，并力求做到以最佳体验的方式将价值交付给客户，完成从"流程银行"向"智能调度""智能组装"算法银行的进化。

这要求在梳理银行整体模型阶段就应该运用"数据+算力+算法"的智能思维模型。比如，基于数据智能思维，银行人员的主要工作重心将越来越向这4个领域转移：（1）专注于与客户交互的领域，如专注于触点体系和数据埋点体系的设计；（2）专注于去发现更多有价值数据并促成其接入银行的数据体系中；（3）专注于银行各种算法的设计和优化；（4）专注于将专家知识、经验和技能以恰当的方式接入银行体系。

对各种数据资源、各种系统、各种资源、各种专家经验及特殊人力技能等的调度则越来越交给算法来统筹，由算法来成为每一次银行生产、服务流程的主控中心。

智能流程自动化（IPA）

需要再一次澄清的是，商业银行从流程驱动向数据驱动的转变，并不意味着对流程能力要求的降低。恰恰相反，此时的银行流程需要经历"凤凰涅槃"式的重生，应该跨越到高度智能、高度自动化的高级阶段。不但在其作业处理的日常运行过程中要实现彻底的"数据驱动化"，在流程模型的全生命周期层面也都应该实现充分"数据驱动化"，包括流程模型的发起、迭代、退出、注销等。这实际上对银行流程能力建设提出了更高要求，扩大了银行流程能力建设的责任范围，需要银行中台打造出更强、更先进的流程支撑能力体系。中台将成为银行流程能力建设的主战场。

结合业界的发展趋势看，商业银行要形成上述全新的流程能力支撑体系，需要在中台建设中考虑布局"智能流程自动化（IPA）基础服务"（IPA的提法最早源自麦肯锡）。该基础服务应包括流程智能挖掘、流程智能

第六章　云原生时代的企业级中台

分析与诊断、流程优化方案智能生成等几部分基础能力。

流程智能挖掘：利用机器学习完成流程发现和流程梳理工作。由算法模型从各个系统中的处理记录和各种日志记录里，自动挖掘出商业银行在实际运行过程中真实存在的各种工作流程（路径），并对这些工作流程（路径）的基本信息完成极为详细的标注。流程智能挖掘，无论是效率还是最终结果的全面性和准确性，都远远胜过传统上依靠专家经验的人工流程梳理方式。它不是对传统工作方法的补充完善或改进增强，而是对银行流程优化和再造思维方法体系的彻底革新。智能挖掘流程本身是一个不断迭代的过程，不断通过与更多日志数据的比对、校准来优化挖掘构建出的流程模型。

流程智能分析与诊断：对挖掘出的流程完成端到端的详细分析，包括流程的耗时等，从中发现流程的瓶颈，以及可调整改善的节点。在这一环节中，AI 也可以自动分析流程中存在哪些行为、动作或处理工作是属于尚未自动化掉的"重复性劳动"，AI 可对这些"重复性劳动"的自动化代价和收益进行智能评估，为如何提升自动化率提供决策支持。

流程优化方案智能生成：基于"分析与诊断"的结果，综合形成各种可能的整体改进方案，并对各种方案的 ROI 及优劣点作出智能分析，形成报告、输出报告（包括流程改进方案的决策建议）。

流程智能挖掘技术是智能流程自动化的核心基础。荷兰 Wil van der Aalst 教授是早期的主要研究者，他从 21 世纪初期就提出了一系列相关研究成果。到 2011 年，美国电气和电子工程协会（IEEE）发布了 *Process Mining Manifesto*。但由于 AI 技术及其在商业场景中的应用不够深入，流程挖掘自动化、智能化等概念在企业实践中缺乏足够的条件和氛围支撑，所以该技术最初的应用和发展较为缓慢。近两年，以深度学习为代表的机器学习技术在商业银行等企业的应用逐渐广泛和成熟起来，随之诞生了一批专注于流程智能挖掘和智能流程自动化相关技术的科技创新企业，包括微软、谷歌、IBM、SAP 等互联网及 IT 行业巨头也都纷纷看好该市场发展潜力，商业界的投入大大加速了智能流程自动化在产业界的实用化进程。

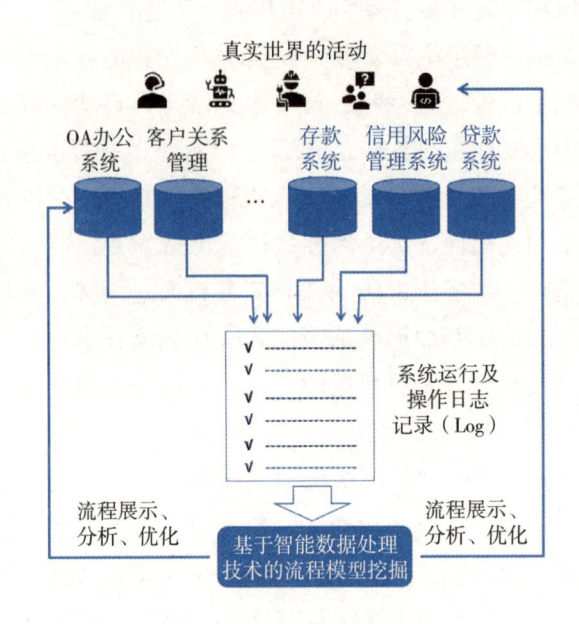

图 6-3　智能流程挖掘

除了着力打造这几部分基础能力之外，商业银行还应该围绕这些基础能力提供对第三方开发者友好的二次开发环境，如 SDK、基础模板、开发的示范项目、开发手册、开发者在线问答社区等，以鼓励和吸引更多合作伙伴基于"智能流程自动化中台"开发各种场景解决方案，同时也是集开发社区的生态力量对基础算法模型进行更充分的迭代优化。此外，还应该提供零代码、低代码的定制模式，方便最终应用场景中的非技术人员也能高自由度地定制出自己场景专属的智能流程自动化解决方案；让技术领域的能力"出圈"渗透到非技术人群，有利于增加生态层次的多样性和丰富度。

智能流程自动化（IPA）是商业银行流程的发展方向；在现实中，它的实现很难一蹴而就，需要分阶段推进。就当下而言，商业银行首先应该重点考虑实施"智能工作流"（Smart Workflow, SW 或 Intelligent Workflow, IW）。在智能工作流程阶段，更强调 AI 及大数据技术等科技手段对流程中各处理环节、流程监控、流程评估等的赋能。而智能流程自动化是智能工

第六章 云原生时代的企业级中台

作流的高级阶段，则更强调对整个银行流程体系进行全数据化、全智能化、全实时化地颠覆、重建。本书下面的部分将就智能工作流进行更详尽地探讨。

在本章的讨论中涉及了多个关键概念，它们对理解本书的核心思想有重要意义，因此有必要在结束本章之前，结合本章的主要内容再做一些简要的汇总和阐述。笔者认为，在这些概念中，分布式最具有深度，也是最为宏大的一种理念。分布式在不同层面、不同领域、不同价值环节都正在成为一种解决根本性难题的指导思想。从整体上看，我们完全可以期待，商业银行从上到下、从里到外、从后到前，都将走向分布式银行的发展道路。而在当前技术发展阶段，商业银行经营管理形态的分布式化正主要体现为生态银行的特征。

云原生是当前支撑分布式思想在能力环节以计算系统方式落地的最为成熟的手段。同样，也是因为云计算的普及、云原生技术体系的成熟完善，才使分布式模式越来越普遍、越来越成为共识。云原生中台是银行分布式核心建设的一个关键部分，是关于建立分布式能力机制最重要的议题。技术中台、业务中台、数据中台是银行云原生中台的三个视图，而非三个不同的系统模块；银行的每一个能力单元都同时属于技术中台、业务中台和数据中台，都是技术、业务、数据的融合体。微服务是云原生中台最基础的支撑单元，它具有可独立迭代演进的特征。而 API 云市场、DevOps（AI-Ops）等是云原生中台必须打造的关键机制。这些机制都是以技术能力为基础的，它们也正是技术中台的主要组成部分之一。业务中台需要以业务建模为前提，商业银行的业务建模最好以企业级架构方法论为基础，同时结合 DDD 领域设计方法，在确保基础体系完备性的同时，在架构方法论层面更好地嵌入充分开放、自发生长的基因。

云原生中台带给商业银行的最基础性的变化之一，是使其从"流程驱动"向"数据驱动"转变，这将大大促进商业银行智能流程自动化这一发展趋势。而智能工作流是商业银行迈向 IPA 需要首先经历的建设阶段。

第七章　精益与流程智能化

　　企业在先期的系统化阶段以部门系统建设为主，形成了一个个数据割裂、竖井式的信息系统，业务能力和数据系统无法实现共享和自由使用。而因为早期系统缺乏架构管控和企业级统筹管理，不同系统往往是由不同主体主导，基于当时的场景、监管约束、当期发展目标等，形成了因素混杂的业务系统，缺乏与环境相适应的能力和自进化功能。我们需要重新梳理制度、重构系统，但绝对不是单纯依赖工作经验而拍着脑袋武断做事。笔者在战略转型推进、流程优化等工作中对多种工作方法和科学工具进行了深入研究和实践识别，掌握了一套"企业级工程管理"总控、精益管理工具辅进的工作模式。通过基于金融价值链的价值分解，充分识别完整支撑各价值区间的业务领域，基于现状梳理本质流程，通过"高内聚、松耦合"识别聚合能力的业务组件，破解竖井管理模式下的部门边界，重新理顺流程和职责关系，重新诠释商业银行的核心特色能力。在流程重构过程中，需借助精益六西格玛工具方法，坚持以客户为中心的流程重塑，可以有效降低浪费，提升运营绩效，构建具有特色竞争能力的流程组件化和模块化，提升对市场的敏捷响应能力。当下精益理论紧扣时代发展节奏、精准把握市场发展动向、追求动态战略发展模式。银行要有效把握4.0时代的智能化元素，利用自身在数字化、智慧化、云端化的比较优势，践行移动优先、生态经营的思维，通过内建API平台、外接场景，构建智能化监控体系、运维和运营模式，打造智能化流程能力，充分利用数据智能化分析，为企业呈现"零失误"的智能生态服务体系。

第七章　精益与流程智能化

第一节　摒弃"紧箍咒"奔向企业级发展之路

业务流程能力源于战略。成就战略能力，助力企业以特色竞争力在同行中保持优势。然而发展阶段的束缚成为"紧箍咒"滞留在流程中，不断制约和束缚了企业改进的步伐，所以亟须找到一种行之有效的工作方法打破竖井管理模式下的业务能力和数据孤岛。"企业级"遵从以企业战略为指引，注重自上向下和自下而上的深度融合，构建企业整体业务能力体系并将其传导给技术，进而实现"高内聚"的业务能力和"松耦合"的组件间的调用关系，实现结构化企业能力视图。企业战略将通过企业级业务架构分解到业务流程中，并将业务能力体系化、结构化地分解到企业的各个业务部分，再转化为IT需求，通过与业务目标匹配的IT架构完成技术实现，将企业的战略和能力、业务和技术有机串联起来，构成一个协同的整体。当企业推进生态体系建设时，为了能够迅速识别市场变化、快速构建服务能力，需要从业务到技术，从管理者到执行者找到合适的结合点，形成一个有效且面向提高产品研发的沟通模式。当然，沟通模式的背后实际上是思维模式，而企业级业务架构正是这样一种结构化的思维模式，能够将企业的业务整体、系统、逐级分解地进行规划，并将业务和数据的关系有效识别并结合起来，形成整个企业层面清晰的业务资产、IT资产和能力地图，有效提升业务与IT的沟通效率进而提升创新效率，进一步提升对技术的驾驭能力，只有掌握了架构才能掌握技术的合理布局。对企业架构的熟练掌握和全面应用，也会带动各层次从业者思维模式的最终转变。企业级架构管理将成为提升企业生态敏捷能力的核心推手。

战略能力顺应转型方向和高阶需求

新型企业能力是通过优化战略能力所涵盖的现有流程或新增流程而实现的。战略转型应坚持转型成果与战略规划整体方向的高度一致；需充分结合战略规划的整体战略、业务战略和支撑体系战略，组织各领域业务专家充分解读。可参考迈克尔·波特价值链理论对业务发展方向和目标进行讨论、分析和归纳，基于高内聚松耦合关系、关注度分离等原则进行拆解、合并，明确分类和归属关系，同时有效结合领先实践形成高阶需求，关注高阶需求、转型举措和金融价值链的映射关系，并从全局视角关注价值链体系的完整性。战略举措代表未来战略转型的具体行动，具体描述要全面、具体、清晰，在未来能力主题研究工作中完整继承并应回溯验证。这些转型举措可以分为工作机制的优化调整、系统流程的优化提升。因此，一部分工作应由主要部门承接，在日常工作中推进；另一部分涉及系统构建或优化升级的内容，应联合科技部门，通过能力主题研究的方式重点推进。能力主题的选择应充分结合业务方向指引，如构建统一对公客户视图、个人智能化授信、采购系统线上化、交易核算分离、企业级黑名单等。

从流程的本质出发认知自身能力

流程能力体现的是支撑流程运转的能力，基于产品特性会出现逻辑顺序和处理规则的区别。流程能力的组成不同于产品条件，是由一个个专业的能力作为支撑，提供专业的保障，确保流程在获取输入后，高效率的达成输出，实现业务目的。如需要识别客户的能力、查实交易背景的能力、计量押品的能力、提供现金的能力、记录档案的能力、记账核算的能力等。而流程能力现状的评价要从本质梳理开始，要通过领域划分、流程、工作任务、业务信息、产品条件等众多要素信息的结构化识别，以及相关性的聚合程度识别出真正的现状业务流程，以便于更有针对性地进行精准提升。

"组件"高度内聚"企业级"业务能力

上文提及的一个个专业的能力，由相对应的专精能力提供服务，但从识别客户的能力描述来看，识别客户要包括对客户不同维度信息（如客户基本信息、客户行为信息、客户风险偏好、客户职业信息、客户等级、客户家庭信息、客户所处生态环境）的认知能力，对客户认知手段的不同（如虹膜、脸谱、指模、声音、动作），以及客户与使用场景的关系（营销场景、风险管控、客户回馈、客户合作）。这使客户识别能力将不再由某一个部门或某一个团队限制，将被提升到"企业级"的高度，定位成为专精的"业务组件"。通过综合各领域的思考和用途进行整合和标准化，充分识别共性和个性后，推进实现跨领域的共享，提供更灵活的服务。

营造"松箍"灵活发展空间

"企业级工程建设"的思维模式和工作方法不同于传统的产品创新、流程优化和需求设计。它追求业务本质的还原、推进跨领域共性能力的规范统一、聚合性业务能力的整合和共享协同，以及部门、岗位、数据等权责信息的明晰等众多成果。随着认知的不断丰富、实践的不断深入和迭代质量的不断提升，企业将会搭建高质量和高价值的企业级架构成果。届时，企业将脱离"紧箍咒"束缚，在高内聚业务组件专精能力的支持下，通过松耦合的关系实现灵活调用，快速满足生态和应用场景的需要。为此，结合不同阶段工作目标，需将各项工作充分细化，明确月目标、周目标、日目标，同时利用 TEP 明确工作的方法、准则和样例，过程中需由专家团队进行穿插检查和指导，成果交付后要由核心小组进行质量审核，并形成改进提升 TEP 推进质量的迭代意见。此外，PMO 需组织各领域组的日例会，对工作进程现场通报，中心组领导和各领域组负责人参会，重点审议进度、解答困惑，并对争议问题形成决策，确保整体工作进程和质量。

第二节　精益六西格玛打造流程

精益六西格玛通过在产品创新和流程优化工作中采用结构化的方法，充分吸纳"客户之声"，借助科学的统计分析工具，及采用迭代工作模式，构建低浪费、高质量、高效率的经营管理文化和产品服务运营体系。精益管理模式将顶层战略与实际经营环境进行了综合分析和科学的实践。

承接战略方向

精益六西格玛管理模式将充分解析战略规划方向，坚持以"客户之声"为主要线索，确定需要创新的产品和待改进的业务流程，采用科学的测量、分析、改进等工作方式推进项目实施，并坚持持续改进，不断追求卓越目标。在这一过程中，从总体战略分解，到各个主责部门的战略细化，再对应到核心业务流程和相应的核心业务环节，将会形成诸多的改进项目。这是一个自上而下的战略计划目标向下分解的过程，同时也是自下而上的，且执行细节与经营现状充分结合，科学推进执行效果的过程。

精益六西格玛需要战略层面的部署和推进实施，其在商业内部作为一项产品创新和流程优化的总体原则标准和实施指南，推进跨越组织架构各流程单元的集中优化改善工作。在产品创新和流程优化改进项目中要注重融入和遵循战略目标和标准指南，最佳方式是通过项目群的方式统筹推进，在统一的项目章程下实施，有利于重点打造战略能力与所选择细分市场的高度匹配，实现客户体验与业务目标的高度一致，也有利于项目间横向标准化并实现联动，同时带来低廉的运营成本、高效率的项目研发周期、灵活可复制的敏捷服务能力和极高的客户体验等更为丰富的项目收益。各项目将依照精益六西格玛管理模式确定总体目标和关键因素CTQ，以此逐步推进，为流程绩效带来突破性的改善，同时提升部门之间的协同效用，促进最终战略目标的实现。

关注"客户满意度"

如今的房地产从最早的清水房，逐步向精装房及房地产周边生活配套、教育配套的完善等更多元化的住房需求方向发展。在美国曾有一个建筑商在经过市场调研后发现，美国每年的房地产交易中，仅有22%的客户会选择一手房，其他78%的市场机会则蕴藏在二手房市场中，于是他果断选择了去重点发掘二手房客户的战略。通过全面收集了解客户之声，该建筑商敏锐地意识到客户讨厌在买一手房时候的众多争论，还包括时间等待、完工才能搬入新居，以及之后一大堆未完事项，甚至还有建筑商违约等一系列麻烦事。事实上，这些客户的不满恰恰是建筑商强压给客户的，而二手房买主却可以将这些麻烦的问题即时解决。建筑商提供服务的流程需要改变，特别是对流程进行整体梳理，并结合客户需求快速匹配客户对居住区域、居住品质、服务评价等相关个性化需求，并且帮助客户完成购房后的系列服务。所有的这些服务，都可以在一个完整的生态服务体系中实现。在这一个过程中离不开"异业联盟"的协作共享，然而核心是领导者制定标准、明晰流程，并提供灵活的接口，以及健全评价和监督体系，以持续监督和引导整个服务生态的良性持续发展。

精益六西格玛管理模式高度关注"客户满意度"，科学定义了客户对产品和服务的感受与评价。这些感受和评价具有一定主观性，说明客户的感知与认知存在差异。同时精益六西格玛管理模式通过在产品创新和流程优化工作中采用结构化的方法，充分吸纳"客户之声"，借助科学的统计分析工具，以及采用迭代工作模式，构建低浪费、高质量、高效率的经营管理文化和产品服务运营体系。时至今日，真正认知客户需求，提供可定制化、高质量住房的房地产开发商成为行业龙头。

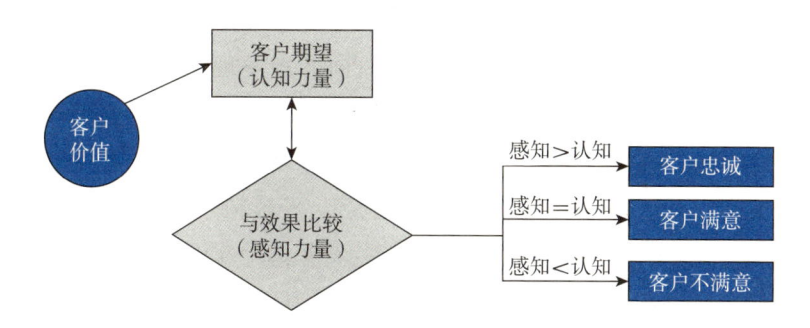

图 7-1 精益六西格玛管理模式示意图

要深入了解客户需求，需要通过内部和外部两个维度收集。一方面，是企业内部之声，全面收集业务运营服务中的流程症结和提升建议；另一方面，是外部客户之声，全面收集客户在服务中的体验感受和价值期许。精益六西格玛管理模式对客户之声的收集和辨析提供了一系列的工具、方法和技术手段。如根据卡诺模型（Kano）客户需求可以分成基本、期望和兴奋三个尺度。一是通过市场细分辨别关键客户，可以从客户地域差异、客户行业类型、客户 AUM 值、客户消费习惯，乃至客户性别、学历和客户家庭成分等维度进行划分。科学的市场细分有利于进一步辨别客户群体的关键需求。二是通过对市场细分下客户需求的全面收集，进一步识别驱动客户满意度的关键因素。信息收集不限于客户日常交易习惯分析、细分市场的相关分析报告、同业竞争优势、客户投诉及调研访谈等。这些信息被识别为关键驱动的关键质量特性（CTQ）和关键事件特性（CTT）及其他关键特性因素。三是进一步辨析关键驱动的影响程度、相关性和重要性，进而排列需求分析设计的次序。此项工作需要大量的业务骨干和业务专家参加，通过经验打分形式形成定量分析结果。

从职能管理到流程管理

在某飞机制造企业完成飞机零件铸造工作环节中，某加工车间引入了标准的金属元件进行 A 配件的铸造加工，但是仅有 10% 的原料会被裁剪成标准的飞机用零件，而其他 90% 的原料将被做废品处理，造成了巨大的浪费。但是，经过了必要的流程检查，发现这种生产模式恰恰是生产高质量 A 配件的保障。可是当我们扩大视角通过横向调查发现，其他三个加工车间也需要利用这种金属元件加工 B、C、D 等配件，其所产生的原料浪费也极大。此外，经检查发现 A、B、C、D 配件组合后的大小并未对飞机性能产生任何影响，只要四个配件能够良好地衔接。经过精益六西格玛改造之后，该飞机制造企业改进了整体设计方案，要求金属元件供应商修改了原料尺寸和形状，从而极大地节省了企业成本投入。从这个案例中我们不难发现，每个生产车间都只是关注自己生产的配件是否进行高质量加工以及与其他车间工期是否一致，而忽略了各个车间的整体协调。精益六西格玛管理模式正是关注这种整合后的能力，展示出企业完整的服务机能。

如果大型企业向客户提供一项服务时往往要经过四五个部门的依次运作，那么这种工作流程下可能会隐藏着一些服务的缺陷。在垂直性的智能管理模式下，各个部门仅以实现本部门的智能和任务作为主要目标，并非以客户服务为中心，也没有将自身作为整体服务链条中的一个环节来审视，最终不可避免地展现给客户的是被无限切割、相对独立、松散繁琐的服务流程，职能部门之间更是存在职责上的"灰色地带"，这一地带或是重复履职或是履职空缺。此外，来自客户和企业内部的声音缺乏有效地传递、分析、改进及持续监督，必然会流失企业客户，降低价值创造能力。

之前笔者曾在某一产品创新工作中了解到"因风险审批能力不足，致使业务创新步伐滞后"的问题，于是组织了一个敏捷评价小组，深入实际了解症结并解决问题。经过各环节负责人的"复盘"，笔者发现原有业务流程中缺乏清晰的处理逻辑，使整体工作低效流转，到风险审批环节已是一团乱麻。这个例子足以说明，流程应该从客户需求的业务场景出发，做端到端的流程梳理，最终将解决方案或产品交付给客户。这个完整的端到端流程需要有不同层级，不同节点范围的责任单位，如A部门负责设计整体解决方案，B部门负责客户服务，C部门受理并开展额度审批，D部门提供贷前贷中贷后风控流程支持。然而，因流程涉及多部门，流程的主导者一般是获益最大的部门或者主要客户管理部门。除主导者外，其他的参与者并未担负起应有的责任。精益六西格玛管理模式可厘定边界，明确各节点的流程主导者，以及明确该节点的输出结果和准出标准，依据流程设置考核目标，对外提出服务承诺（如各节点的标准作业时间，最长作业时间，以及质量度量衡等）。在流程数字化上，结合流程数据埋点和体验打分，可以做流程的过程管控和质量评价，包括时效指标、返工率、体验满意度等，并对流程主导者进行考核。在精益六西格玛视角下厘清的流程打破了智能边界，重新演绎流程的实质含义。

精益智能管理服务流程

精益六西格玛管理的改进方法论（DMAIC）坚持从客户的角度发现流程中的问题，并通过数据分析找出产生问题的关键原因，推进流程的持续改善。设计方法论（DFSS）则是从客户需求的角度，设计新产品和新流程的关键质量特性（CTQ），并运用各种创新工具和模拟方法，设计出完全符合客户要求的产品服务。精益六西格玛管理强调流程控制、效果持续性的循环迭代改进，科学衡量客户满意度指标，最终实现卓越服务和管理。

　　精益关注去除浪费，注重将工作流程完整呈现出来，采用量化分析的方法分析在流程中影响质量的因素，找出关键因素加以改进，进而打造高效体验流程，这已步入了精益引领时代发展的第一个阶段，其本质追求是用数据说话，简洁、直观、公平，真正实现从经验管理和粗放管理向科学管理和精细化管理的转变。第二阶段起源于数字化时代的来临，精益下的数字化进一步丰富数据维度，成为步入智能化的前沿阵地，它帮助企业将传统手工工具转换成现代数字化工具，在零错误的环境下全面模拟场景、测量效率和计算具体成本。在精益方法和工具手段的持续推动下，第三阶段实现了线上化数据、先进技术手段和银行业务服务流程充分融合，高效打造智能服务流程，满足业务的智能化营销、智能化准入、智能化审批和智能化提供产品服务及智能化的后续服务，进一步推进服务效率和质量的指数级提升。我们可以想象这样一个场景，当一位企业精英步入银行的休息大厅时，一杯温胃养心的保健茶已经送到他面前，随后一个高净值理财产品的广告展现在客户正前方墙壁的画面中。无感精准的销售在无形中已经推送，客户在体验温暖服务的同时不由得被广告的宣传吸引住了。此时，一名面容憔悴的年轻人步入银行的休息大厅，一杯香甜的拿铁也及时送到他的手中，咖啡的杯垫上恰好有一个银行推销消费贷款的广告，全面满足客户各方面的资金需求，这时，年轻人的嘴角露出了笑容。无感销售、精准营销、贴心服务各种标签在精益智能服务流程下得到了完美诠释。

第三节　科技引领精营"现代"生态

　　智能工作流（Intelligent Workflow）是指"将海量数据、呈指数级发展的技术、数字化专业技能融入端到端的业务流程中，更好地满足客户期望，创造更大的业务价值"。

第七章 精益与流程智能化

层次一
智能自动化

通过大数据分析、机器学习等手段，在解决商业问题的路径中使用机器人去替代人工，并超越人工。

场景1：应用大数据技术进行信息获取和输出。将非结构化文本转化为结构性数据进行保存。例如，单据录入、文本扫描等，或者从专业系统中获得数据，基于模板自动形成文件，例如，发票打印、报表汇总等。

场景2：应用AI和区块链技术对数据进行动态监控和判断，按照规则触发事件。例如，保险业的智能理赔流程。

层次二
流程智能再造

通过人工智能技术，机器学习，并按照预设的业务规则，将流程中审批决策环节需要的信息和判断依据推送到决策者面前，便于决策者进行综合判断。

场景：应用AI技术，机器学习进行理性决策。例如，对于采购申请的审批环节，设定业务规则。推送当前需求、当前库存、费用、主要条款、供应商绩效等级等，让审批者去决策。

层次三
驱动创新转型

全新的智能工作流甚至可以成为新业务模式的灵感来源。通过即时的和预测性的优化，就能够实现真正的业务突破。

场景：赋能流程进行业务创新。
例如，某商用车制造商设计的车联网平台。通过传感器等设备实时感知卡车的驾驶行为，并能够看到车辆超载和超速会带来更大的油耗和风险，以此提醒卡车司机进行安全驾驶。并在此基础上，通过车联网中的生态系统，可以为卡车司机提供返程空驶的生意机会。增加了卡车司机的收入，改变了卡车司机之前24小时都生活在车上的生活模式。

图7-2 智能工作流的层次划分

流程搭建数字化

商业银行可以对现有的流程进行梳理，找出陈旧而复杂的环节，从数据驱动的角度重新审视流程的合理性和适用性，对耗时耗力的环节进行突破。在制定新流程的过程中，充分考虑如何将其中的逻辑路径代码化和自动化。智能工作流不是一个简单的自动化流，而是一个"由掌握数字化技能的人和智能化技术共同执行的流程"。

任何动态的流程在某一时间节点还是有"形"的。为了让用户更灵活地选择和执行流程，系统在搭建过程中要强调模块化、单元功能面板化及个性化。针对不同的项目，推送的首要信息要有区别，既要保证底层信息采集的全面性，又要兼顾信息推送的有效性和针对性。

先进科技赋能

智能工作流应用较多的核心技术包括 AI、区块链、物联网及混合云等。在金融领域决策树类模型（随机森林、树回归、XGBoost 等）的应用越来越广泛，而这类模型很"吃"数据。在唤醒商业银行内部沉睡数据的同时，可以考虑引入一些新的技术，如文字识别和自然语言处理。这类技术可以对非文本及非结构化数据进行提取，为丰富数据和降低人工输入耗时提供可能。自然语言处理在法律合约审核方面已经有了实践，极大地提升了工作效率。一些原本需要人工录入或比对的工作，可以尝试上传扫描文档，让机器识别文字及数字等信息，生成审批人员需要的或模型可使用的数据信息。这方面的技术已经在快递地址填写等领域有了广泛的应用，且准确率较高。在传统的授信尽职调查工作中，财务报表的手工录入、财务指标的计算、分析和异常排查等一系列工作，一直都是信贷经理和风险经理耗时的任务。通过 OCR 识别和 NLP 自然语言处理技术，不仅可以将基本的三张报表（资产负债表、利润表、现金流量表）转化为标准化格式，大量的财报附注文字也可以转化为标准化的、相互可比的信息字段。再结合财报分析和财报反欺诈的自动化引擎，上述耗时、人工误差大的任务，就可以转化为相互无缝衔接的智能工作流。

如前文所述，区块链技术在加密货币领域以外的应用也越来越广泛，如产品溯源，合约真实性及履约的认证等。这项技术可以助力商业银行供应链金融业务的审批。如果授信对象的合约、物流及库存等信息能够在区块链上记账，那么其信息造假的可能性会变得非常小。

关于物联网技术，如果"物物有标签"，那么我们在核实开户人/企业信息上是不是可以更有效？任何一个物体在时间和空间上都具有独一无二的属性，随着移动和图像采集设备的大量使用，可否通过对授信企业"物"的追踪，来降低欺诈风险？因此，可以对技术应用场景进行评估。

云技术如今应用已很广泛，公有云的应用场景在生活中数不胜数，几乎我们所有的移动设备都在使用云技术。在私有云方面，有的金融机构在联合科技公司共同开发时，也碰到了一些独特且专业的问题。

智能化诠释差异

智能化流程能够支撑个性化定制。举一个生活中的实例——行车导航。在2020年国庆期间，有部分开车旅行者就遭遇了100公里车程开了6个小时的窘境。思考其背后的原因，除了客流量大、交通管理不够智能化以外，很可能是导航给出的方案集中度很大，导致了主要线路的严重拥堵。后来我们采取了线下地图和线上导航相结合的方式，避开了国道改走只允许小客车通行的乡道，在后半段路程中大大节省了时间。这体现了导航产品在设计过程中不够差异化，在已知主要道路拥堵的情况下，没有充分利用车辆属性及驾驶习惯进行差异化推荐。一个模型解决所有问题的情景是不存在的。类比到授信审批，授信金额不同，授信企业行业不同，授信企业所处发展阶段不同，乃至审批人员思考习惯不同等因素，都会导致需要重点关注的数据不同。因此，要为掌握数字化技能的人，有效地筛选信息，展开人机双向学习，达到提升效率和准确性的目的。

此外，数据的透明度、互惠性和问责制也很关键。俗话说，"垃圾进垃圾出"，再好的模型也无法把垃圾加工成有用的商品。数据的使用者要为数据的合理性负责，遇到疑问应该和数据平台管理团队及时沟通。数据平台管理团队要根据用户需求建立数据审核机制，通过自动化手段高亮出异常数据，供使用者有效查验。数据平台要有线上化数据字典，避免登录冗余的数据，同时提高数据的透明度。

第四节　精益智能流程缔造新生态

"山再高，往上攀，总能登顶；路再长，走下去，定能到达。"实现目标需要依赖持续的努力和坚持。当下，国内和国外商业银行都在不同领域加强实践，未来敢于攀登和持续前行的人必然成为生态时代的引领者。

国外商业银行实践：智能授信和反欺诈

从笔者调研的部分有代表性的国外商业银行实践来看，英国巴克莱银行的个人客户主要是用打分表做指引，业务线根据风险偏好和整体风险容忍度，结合打分表制定规则。大部分信用卡业务不需要任何线下操作，5分钟内出结果。在公司客户审批方面，瑞士信贷银行做过一些新业务整体风险的识别，还比较人工化，智能化和自动化不高，审批周期都比较长。

在按揭贷款方面，美国尚无法实现很高的自动化，房产价值的确认需要专业人士进行估值。在小微企业领域，美国有专门供小微企业使用的信用卡，通过企业实控人的社会安全号可以查到很多信息。企业的税务信息也高度透明，根据唯一对应的ID也可以查到丰富的数据。

单纯从数据丰富度和建模的难度来看，个人贷是最好验证的。小微企业的数据量应该也足够多，而且有了公司的属性。公司客户样本太少，无法分出拟合组和验证组。有的银行也在尝试借鉴个人贷的建模方法论，套用在小微企业授信审批上。公司客户尚处于积累数据阶段，除了引入更多的公开变量之外，一些专家试图尝试一些样本量较小的建模方法。如对公司客户进行聚类，为日后的模型构建工作进行一些铺垫。而这要有一段时间内模型效果表现不佳的思想准备，数据点在空间中很分散，离群值可能很多。

在个人授信方面，美国Square银行的案例值得一提。该行应用一个类似Pos机的设备，支持在iPad等移动设备的刷卡支付。它们给商家提供一项增值服务，给商品买家当场提供分期付款授信。Square银行对个人授信的模型并不复杂，主要靠申请人信用积分和电话号码来识别是否有欺诈和违约风险。电话号码对应的信息和申请人要对得上。电话号码使用了5年的用户肯定比刚申请的可靠。为避免刷单行为，申请人不能和小商户实控人及其员工有关联。信用分太低的申请人会被银行直接拒绝，对模型给出得分模棱两可的申请人，Square银行则需要其在线下补充材料。

在公司业务方面，一些商业银行与物流公司合作，在实现供应链金融智能化审批方面已取得较为成熟的经验。如某国际商业银行，结合自身业

第七章　精益与流程智能化

务特点，与物流公司合作，开展供应链金融业务，做到授信风险看得清、管得住、可干预。一是交易看得清，凭借 UPS 全球客户关系管理系统自动关联订单信息；将 UPS 信息与自身转账信息相结合，交叉验证交易真实性。二是物流管得住，货物始终在 UPS 供应链条内流转；打通与 UPS 的数据通道，实现物流动态信息，从工厂、海关到仓库的全天候跟踪。三是资金可干预，为商家开设回款账户，规定其相关流水必须在此账户中发生；对回款账户的进出流水实施全天候监控，对可疑汇款进行拦截；将风险预警与账户冻结操作实现自动对接，警报触发时自动实现账户接管。

大数据的相互检验获客不仅限于商业银行间信息的交互，更重要的是平台化、场景化、生态化的信息开放交互，尤其对于小微企业的授信，要联合掌握其交易信息的核心企业、物流公司和供应链金融平台等第三方。因此，要解决真实性问题，商业银行首先要向平台化的生态银行发展。Solaris Bank（德国数字银行）提出"Bank as a Service"，以银行能力（资产）赋能生态伙伴，不建渠道、不设产品、不拥客户，完全融入目标生态体系，为金融机构和企业客户提供数字服务、贷款服务、支付服务和客户认知服务。西班牙 BBVA 银行布局开放生态，平台式赋能周边生态，集结生态伙伴，实现生态价值，从自有生态系统向合作生态系统升级。HOLVI（后被 BBVA 收购）是芬兰一家致力于服务中小企业的网上银行，向中小企业提供"All in One"的账户管理服务，集合支付、开票、交易、采购等功能，帮助银行了解客户实际经营状况，完善客户分析能力。基于区块链技术可以保证信息来源的真实可靠，防止信息交互时对于其他信息的隐私暴露。

在反欺诈识别方面，Master Card（万事达卡）信用卡公司推出智能决策引擎（Decision Intelligence）。该决策利用机器学习算法进行实时的反欺诈识别，来提高信用卡申请的高风险客户的拦截精准度，成功挽回因误判而被拒绝的客户申请。一方面，"智能决策"通过先进算法进行智能分析，为不同账户设定警戒及交易拒绝标准，并基于交易数据为每个账户进行实时的交易决策。另一方面，"智能决策"采用的智能技术会长期监测特定账户的使用情况，以判断具体消费行为正常与否，同时还可以获得更为详细的，包括客户价值细分、风险分析、交易地点与商户、使用设备数据、交易时间和交易类型在内的账户信息，从而加强每笔交易的安全保障，帮助提高交易准确性，减少因误判而被拒绝的信用卡交易数量。

国内商业银行实践：数据探索和自动化审批

从国内领先的商业银行的实践看，例如，某国有大行，其个人类贷款以评分卡模型为核心的自动化审批流程非常成熟。信用卡自动化审批率超过75%（专项分期50%）；房贷业务审批正在优化流程，自动审批的目标是从30%提升到50%。在个人快贷业务中，实行的是各个渠道预授信及客群主动授信的模式，目前，个人消费贷业务已全部实现线上审批；在小微企业快贷业务中，也全部实现了线上审批；房产抵押类个人贷款及小企业贷款已经探索出线上评估的模式，自动化程度比较高，小微新客户抵押快贷开户后最快3天放款。授信业务自动化审批的关键环节在于具备信用风险模型基础后流程自动化及数字化决策的升级改造，前端的反欺诈是拓展新客必须解决的问题。

从数据角度看，消费信贷、经营信贷及小微快贷类产品，国内商业银行已经在各维度的数据资源上做了大量的探索，主要包括银行端的各类金融交易信息和履约轨迹（如信贷还款和逾期记录、结算账户资金流水记录、客户综合价值评价等）、来自第三方征信机构的征信评分和征信变量（以人民银行的征信报告为主要来源）、具备较强金融属性的第三方数据（税款缴纳、公积金、代发薪等）、具备一定信用区分能力的特定场景数据（供应链上下游交易、物流、电商等），以及金融属性较弱但通过规则模型或者机器学习算法仍可以提炼出一定区分能力的数据资源（如社交行为、旅游场景信息等）。

从模型工具探索的角度看，A卡、B卡、C卡等评分卡模型结合规则引擎，提高自动化审批率，已经是大中型银行的普遍做法。在此基础上的模型探索包括（1）将以产品为中心的评分卡模型，转换到以客户为中心的360度客户画像和综合征信评分，作为精准营销和客户风险分层的基础；（2）在单笔业务自动化审批的基础上，加强组合层面的风险预警能力和客群风险分层能力（如行业、产业集群等的风险划分）；（3）通过大数据分析技术和模型实验室机制，实现模型在不同产品推广阶段的快速反馈和敏捷迭代。

现阶段，大型客户的自动化审批还正在探索阶段，中型客户的评级评价自动化、财务指标反欺诈（智能录入，真实性检验）已经步入研究和实践阶段。但就整体而言，定量分析、定性指标定量化都是基于审批专家、行业专家的经验总结，自动化智能审批更多的是为审批人决策提供服务。国内证券市场的一些领先机构、一些大中型银行及个别第三方专业公司，已经在财报反欺诈领域做了积极的尝试；将国内上市公司历史出现的财报舞弊及虚假案例，通过规则模型和机器学习算法，成功地研发和部署了财报欺诈引擎，用于识别公司财务指标异常及虚假疑似度高的财务报表。

2020年9月9日，建设银行隆重发布了面向小微企业的"惠懂你"APP 2.0版，其信贷服务解决方案包括8个功能：产品介绍、在线测额、预约开户、贷款申请、在线授权、进度查询、支用还款、贷款结清。企业主四步操作即可享受"7×24"小时全线上、一站式贷款服务：一是注册"惠懂你"APP，二是精准测额，三是到银行开立存款账户和个人手机银行，四是通过APP进行贷款申请（50万元以下贷款直接发放到个人存款账户，50万元以上开立对公结算户后申请可用）。该APP实现了"批量化获客、精准化画像、自动化审批、智能化风控和综合化服务"五化模式，而支撑这一更新版本五化模式背后的核心能力是基于企业纳税、商户收单等30多类海量大数据源，以及生物识别等技术的智能工作流，不仅使小微企业贷款审批时间从过去的20~30天缩短为秒批秒贷，并且延伸到在线股东会、智慧工商、智慧税务等多种综合金融服务。

从笔者从业的银行实践来看，通过大数据手段助力信贷业务已经实现100%自动化审批，但个人住房按揭业务的自动化审批程度较低，普惠业务自动化审批尚未展开，从房地产项目和地方政府债务项目入手，建立了公司客户授信审批决策支持模型。在细分市场客户敏捷审批探索方面，以某线上银企业务合作平台项目为例，双方加强数据的共享，加强对行业特点的周期性探究和场景特性的深度挖掘，探索推进风险模型的智能化。一方面强化客户的持续积累，增强业务的覆盖面；另一方面持续完善专业队伍，对业务持续回顾，对模型持续提升和完善。与此同时，已经审批的项目尽调同样是宝贵的数据，可以对项目进行归类，充分利用双方掌握数据的中位数、百分位数分布，结合时间序列，相对定位平台客户所在细分行业的位置，结合审批人的专业经验，量化成授信审批的调整系数（或量化模型），给出符合业务的决策建议，更重要的是需要对照组进行后续的监控调优（提款用款的模式），并不断补充外部数据，从而找到适合本行偏好的客群及策略。已经成文的法律文档也可以规范化、模板化，为下一步自动化、智能化打基础。

上述"判例法"的逻辑与电影《信条》的叙事相似，影片将正向和逆向的时间置于同一时空中，来自未来的反物质出现在它们的"过去"，也就是我们的现在。电影里传达的观念是，"发生的就是发生了，时光倒流也不能改变"。抓紧成立特别回顾敏捷小组，内部划分拟合组和验证组，采用"判例法"方式建模，这是有志于授信智能审批的敏捷银行领先一步创新的可行路径。

第五节 "深淘滩、低作堰"精益前行

古有李冰父子修筑都江堰的故事，他们将护城河越挖越深，使河道不易淤塞，同时，低作堰也能确保周边牢固安全，不会出现地上悬河的情况。当前，银行没有哪种能力或产品能长期维系而不被淘汰的，这就需要强化自进化能力，夯实基础、打牢根基、温故知新，客观地复盘过去、审视当下、畅想未来。精益文化需要在应用中不断积累总结，注重深入推进精益六西格玛文化、方法的融入，及其与实践的结合。要有全行顶层和局部思维的充分洗礼，要构建渠道和流程的持续创新能力，打造资源有效协同整合的体系模式，针对不同类型机会点，要善于选择不同的赛道，将颠覆式创新、渐进式改进、持续优化改善有机结合。应充分调动企业广大干部员工的积极性，不断提升精气神，以攻坚克难之勇气、锐意创新之信念、求真务实之执着，将企业管理工作推向新的阶段，切实让流程更加顺畅，让

工作更有效率。

六西格玛精准识别问题

也许了解六西格玛发展历史的人会提出质疑，当下精益六西格玛管理模式的发明者摩托罗拉和对其发扬推广的通用电气公司处于面临被转卖和处于破产的边缘，难道这个方法能带领我们弯道超车吗？其实这两家企业经营不善不是因为六西格玛是错误的方法，而是由于两家企业过于关注效率，忽视人的问题。摩托罗拉错误判断了软件开发时间，产品无法准时面市，造成重大声誉和市场风险。通用电气公司由于管理层的重大决策失误，投资了错误领域造成巨大经济损失，导致企业濒临破产。这些并非是制造环节的错误，而是在最顶层设计阶段即出现重大失误，重大问题造成了重大损失。精益六西格玛通过控制资源浪费、控制瑕疵产品不断推进流程能力提升。科学合理利用精益六西格玛能让我们更为精准地识别问题的关键点，迭代推进改进提升，实现最佳。同时，要坚持战略引导，战略是企业扬帆远航的指南针，是要全面客观审视市场环境、精准匹配细分市场、综合自身资源禀赋，科学定位未来自身的特色竞争战略能力，助力企业持续长远发展。

笔者所在银行坚持战略指引，聚焦和秉承风险审慎，在合理承担社会责任的同时精准定位市场细分选择，坚持技术与时代同步、关注数据应用和风险自我研发掌控，科学识别客户当下的经营现状，客观分析客户经营发展方向和市场经营环境的匹配度，较好地控制了发展节奏，有效避开了疫情期间的重大风险事件。在当前高速变革的时代，商业模式和经营模式都在因时、因势而动，这对企业战略制定和调整优化的质量、频率提出了更为苛刻的要求。此外，我们需要一批心灵舵手以组织敏捷带动业务敏捷，培育出具有强大内驱力的员工，秉承战略引领，构建内部的共生组织和赋能文化，以持续进化的形态应对动态的市场变革。

问题导向融入精益六西格玛文化

商业银行从粗放式管理转型为精细化管理是新形势下行业发展的必然

趋势。精益六西格玛作为战略管理工具，在实践中动态解决银行业务发展中综合化与专业化、标准化与个性化的矛盾。结合大数据、互联网思维，商业银行可以探索运用精益六西格玛战略，推进全业务、全流程的精细化管理，将其从理论和工具发展成为一种文化，全体系、全方位、科学化、合理化地打造敏捷银行。

坚持问题导向，就是以解决问题为指引，集中全部力量和有效资源攻坚克难，全力化解工作中的突出矛盾和问题。坚持问题导向并融入精益六西格玛文化，实质上是一个及时发现问题、科学分析问题、着力解决问题的过程。商业银行要善于把发现问题、分析问题、解决问题作为做好一切工作的基本要求，切实增强工作的主动性和针对性。同时，还要重视调查研究，善于调查研究，在调查研究基础上谋求解决突出矛盾和问题的思路和办法。

精益六西格玛应用了一整套科学、规范、合理、高效的方法论来解决问题，按照"定、测、析、改、控"方法的步骤来实施，可以清晰地认知要解决的问题和工作目标，要关注客户和客户诉求，充分体现客户特性和经济特性，通过用数据和实施测量辨识问题本质，客观展示现状和问题本质，善于打破旧思想、旧习惯，用创新思维解决问题，产生新的变化和结果，项目也高度关注财务效益，让利益相关者客观认知结果。

管理创新方法：MBF

好的管理是主动发现问题、解决问题，有前瞻性、预判性，而不是只停留在经验主义水平上。很多管理都是被逼到问题的"死角"，躲无可躲、退无可退，才设法解决，缺乏主动性，如企业内部存在的资源浪费、协同力不足、服务效率落后等问题，现如今已到了不得不改的关键时刻，被动转型虽然也会成功，但必须付出更大的努力。找准管理中的问题症结，方能有的放矢地解决。MBF（Management by Fact，基于事实的管理）是一种精细化、流程化、结构化的以事实和数据为依据的管理方法，是一个解决问题、有效弥补现状和目标之间差距的流程和工具。当高级管理层在实施战略目标导向管理、总行相关部门和一些分行进行流程的日常管理并从中筛选流程优化项目线索、基层管理者进行精细化流程管理的过程中，发现业务或管理中存在的问题、机会,但是又不知从何处落脚时,不妨使用MBF方法快速、准确地切中要害,找到问题的解决方案。

第一步,问题陈述。对一件事的目标状态与实际状态之间某个具体的、可观察的、可测量的差距进行说明。需考虑五个方面:一是这个问题和(或)变化对谁有影响;二是出问题的是什么;三是在什么地方可以找到问题;四是什么时候开始出现问题,问题持续了多长时间;五是问题的大小,造成什么负面影响(财务、客户等)。

第二步,明确指标。分为主要指标和次要指标:主要指标是解决这个问题要实现什么样的目标;次要指标为可能因为主要指标的改善而受到负面影响的指标。两个指标均需"用数字来说话",比如,为了解决信贷审批流程时间过长问题,设置主要指标为受理项目审批时间不超过15天,次要指标为风险分析员撰写分析报告时间不低于3天。

第三步,分解问题。包括确定关键驱动因素和问题根源分析。通过确定关键因素,有助于从问题的"许多无关紧要的"影响或表现中识别和分离"少数几个重要的"驱动因素,重点关注可提供最大改进潜力的驱动因素,可借助鱼骨图厘清思路,运用帕累托图进行数量化分析。问题根源分析是确定问题的真正原因的过程,目的是治本而非治标,可使用"5W"分析方法找到问题的真正原因。

第四步,提出对策。根据数据,提出为了弥补绩效差距的某个部分而实施的具体行动策略,如流程改进。确定每项根源问题的对策,确定责任人和弥补差距的期限。同时,确定预测性影响,即某个关键驱动因素对差距总指标的贡献,用每项对策的总成本效益来表示。

第五步,实施与控制。获得项目特许任务书,追踪对策实施情况,同时制定控制计划,评估和化解对策实施过程中的失控状况。

以创新运营引领

基于模块化服务组件敏捷响应的乐高银行。将传统支持银行服务的单体应用进行微服务化改造,在银行中台构建模块化、组件化、共享化的敏捷服务中心,借助多元化、精细化的业务服务组件,银行前端部门可以像积木一样调用中台上的业务组件来编排业务模块，创新业务可以"乐高"式地搭建起来，从而实现对市场的敏捷响应。

建设基于场景跨组织协同服务流程的开放银行。在银行即平台、银行即服务的理念下，通过标准化、模块化封装，以 API、SDK 模式输出服务或数据，将银行服务内嵌到各种应用场景和平台，协同其他供应商为客户提供全流程服务。

面对互联网竞争下半场，商业银行应坚持以创新运营为引领，结合实际管理现状分解为三阶段发展战略：第一阶段，"集中化"驱动的运营1.0，实现从分散运营到数据、系统、活动的集中，是国内外商业银行运营转型的普遍起点。第二阶段，"精益化"驱动的运营2.0，多种精益手段进行流程优化，打造卓越运营，是国内外领先银行普遍所处阶段。第三阶段，以客户为中心、"数字化""智能化"驱动的运营3.0，运用机器人流程自动化、人工智能化技术，实现运营直通化、数据化、智能化，是国内外领先银行的努力方向，通过搭建透明的进度中心，推动业务查询可视化，提升体验。

鉴于客户需求变化和外部竞争环境，新时代银行应突破传统的以条线组织驱动流程、以"职责＋人"驱动业务的方式，实现"从概念到市场、从市场到线索、从线索到回款"的关键流程驱动运营的模式，打造"从以组织为中心到以流程为中心"的流程型组织，坚持以客户为中心、以流程为基础，促进分工协作；坚持基于客户需求设计流程，对客户和市场反应迅速；坚持流程灵活简约，按流程节点确定部门职责分工和角色，实现无缝衔接，降低协调成本。

第六节　构建精益的智能化流程体系

根据国内外银行同业的先进实践，个人贷款和小微企业贷款的特点比较适合大数据授信审批。这是当前乃至今后一段时间内智能化授信审批主战场，应当重点加强这部分的智能化，力争在短时间内实现绝大部分零售类贷款智能化授信审批，争取做到基本不需要人工干预，但要有团队实时

第七章　精益与流程智能化

监测智能化授信审批的表现,在出现偏差时及时纠正。大中型客户情况更为复杂,其金融需求也相对复杂,因为其数据信息积累不多,对人工审批依赖更重。因此,在推进零售客户智能化授信审批目标尽快实现的同时,明确大中型客户智能化授信审批任务目标和分阶段实施计划,积极积累大中型客户智能化授信审批的数据,从探索建立授信审批辅助系统起步,从为审批人收集、加工、提供决策信息开始,逐步分门别类总结模拟不同类型、不同行业、不同规模大中型客户审批人的决策过程,建立人工智能的模型算法,逐步提高大中型客户授信审批智能化程度。具体而言,主要从数据、流程、技术、团队四个维度推进。

选择实践场景

实践工作要从最专业的领域着手,从能够准确掌握客户关键数据真实性的客户群体入手,反欺诈压力更小,额度测算也更加有依据,而且后续的风险监测相对便捷。针对不同行业不同客群,依据所能获取的真实数据和客群特点,针对性地设计相应产品,明确客户准入底线和授信规则。

对于中小商业银行而言,亦可结合行业专业化战略选择,以及"合作赋能核心企业模式[1]、供应链开放式生态圈平台[2]与上下游资金和账期第三方撮合平台[3]"三种供应链金融入手,探索对公客户授信智能化审批。商业

---

[1] 合作赋能核心企业模式——银行向赋能平台业务模式转型,为核心企业商票保兑,并提供供应链IT系统、资金端(为核心企业保理公司提供融资、购买核心企业应收账款)、授信风险管理等服务,使核心企业商票作为供应链企业间的线上化货币,支持其在上下游企业间流转,从而实现对多级供应商的覆盖,提高核心企业在价值链市场竞争力。

[2] 供应链开放式生态圈平台——2009年成立于丹麦的平台即服务(PaaS)金融科技企业Tradeshift,利用云技术搭建开放式供应链生态圈平台为大型采购商客户提供了完整的供货商管理服务,实现新供应商30分钟上线完成,极大简化供货商启动流程,迅速扩大核心企业供货商库;引入多家银行合作伙伴,是上下游企业在平台上选择多元、透明的供应服务;引入非金融服务合作伙伴,为上下游企业提供订单管理、电子收据管理、企业电子支付甚至IT服务,咨询服务等提高客户黏性。

[3] 账期第三方撮合平台——许多核心企业愿意将闲置资本出借给供应商或采购商,却无供应链金融审批和管理经验,一些平台服务商和金融科技企业纷纷开发与其相适应的供应链金融撮合平台,由融资平台提供标准化的定价匹配、贷款申请、审批和贷后管理,再由核心企业提供资本,并向供货商进行商业推广。通过这种三方合作模式,平台方通过贴现向核心企业收取管理费,核心企业通过向供货商收取利息盈利,而供货商取得了额外营运资金,增加了资金流动性。

银行可结合自身业务基因，与物流公司等第三方合作，通过智能工作流实现风险管理"看得清、管得住、可干预"。看得清——建立数据接口，获取交易信息；管得住——掌握货物流动，实现业务验真；可干预——设立回款账户，掌握资金流向。

融入精益管理理念

搭建合理的管理架构和建立明晰的工作体系。对精益六西格玛方法的推进更加全面和彻底，搭建了科学的管理架构（见图7-3），做好战略顶层设计，依托需求驱动的流程改善闭环，利用最有价值的资源向市场提供更有竞争力的产品及更完善的服务，结合科学有效的系统平台，提高资产回报与盈利效能，实现从战略能力到流程能力，再到应用能力的精益化通道，全面构筑精益六西格玛文化。

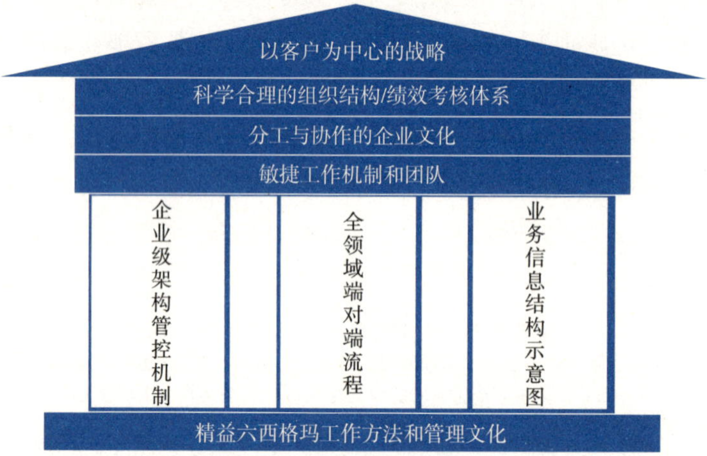

图7-3 精益六西格玛战略架构

在战略框架的搭建过程中，以精益六西格玛方法为核心要义持续推进创新型商业银行核心文化，在此基础上推进组织与流程变革，指导项目实施与管理，进而将精益六西格玛方法贯穿信用卡业务全周期、全旅程。

坚持项目整体战略规划和高效推进实施。围绕战略顶层设计，全面贯彻六西格玛方法，围绕风险管理、服务提升、成本控制、效率管理运用精益六西格玛工具推进工作改善，并落实在具体项目的整体规划中，形成战略型、战术型、基础型三大类项目战略。基于上述方法，聚焦各个细分流程，形成跨部门、跨流程的工作机制，持续改进工作职责优化，持续改进能力培养和提升，持续优化平台建设和项目管理交流，持续健全激励奖励机制，并根据推广部门体系成熟度，授权开展业务部门"小蓝海过程管理+结案评审"。同时，利用精益六西格玛方法扩展系统化管理范围，有效推动了系统功能迭代。

关注流程的闭环治理。在流程治理方面，应充分践行精益六西格玛方法，推进需求驱动的流程改善闭环。从客户需求出发，全方位收集各类改善建议，通过融合梳理，形成改善清单，建立分层分类管理标准，输出到相应改善平台开展项目实施，跟踪改善成效，打造持续改善完整闭环（见图7-4）。

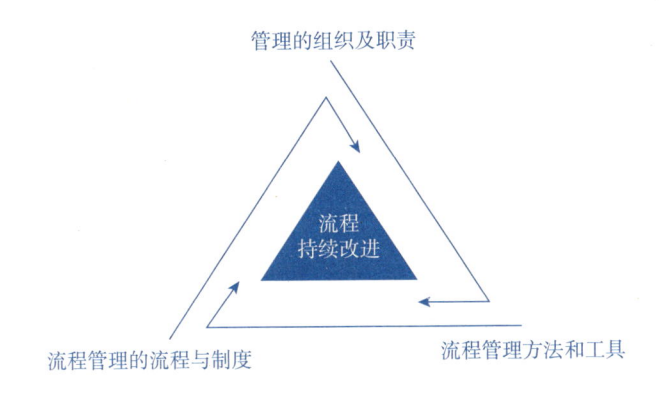

图7-4 流程治理闭环示意图

关注持续改进特性，推进迭代提升。提升各个业务部门持续改进意识和能力，系统化、分层级、全面组织开展持续改进工作，每年度均需设立不同的主题，形成"持续改进体系框架"，针对不同领域产品服务全流程的各环节推出持续改进方案。通过持续性建设，打造流程优化、项目管理、人才培养的综合性平台，逐步将精益六西格玛的文化全面植根于企业文化中。

工作团队协同、融合、敏捷

针对场景要搭建前中后职能部门组建敏捷的团队。业务、审批、风控、数据分析、IT实施，密切协同，在产品创新、客群定位、授信审批、风险管控、不良处置、流程再造等方面，分工协作，多场景、全流程协同融合，实现工作模式的智能化。通过协同、融合，统一业务目标、风险偏好，实现业务流程、管控环节的步调一致，提升沟通效率，实现研发、上线、获客、活客、留客、黏客的敏捷实施。

研讨配套的政策体系。如风险容忍度、尽职免责等配套政策，根据不同产品、客群、场景设定差异化的自动审批风险容忍度，注重实现量、质、效的三者平衡。智能不是全能，模型都有概率，在自动化决策模型管控概率内出现的风险，只要尽职履责，免除责任认定追究，消除数字化、智能化的顾虑。

打造开发和驾驭智能化运营平台的专业团队。IBM发布的《共创共赢聚智前行》报告中提到"员工队伍技能转型的需求愈发明显。根据IBV 2019年的调研，智能工作流和AI自动化可能导致全球12个最大经济体中1.2亿名员工在未来3年内需要接受再培训或技能重塑。技能的生命周期在持续缩短。"

智能工作流以数据为依托

智能工作流的基础是数据，打造高质量的智能工作流离不开数据能力的提升。

加强数据治理，包括数据收集、整理、审核、验证、使用、保存、更新等要有规范和标准，由专门的数据管理部门来负责，在金融科技规划实施中统筹安排。

丰富数据维度，不仅要收集客户的相关信息，还要收集客户关联人信息，收集宏观、区域和行业数据信息，还有客户经理贷前调查、贷后检查、回访的信息。

丰富数据类型，不仅要收集结构化的财务数据，还要收集非结构化的文本、生物特征、语音甚至影音图像等。

丰富数据来源，主要是尽可能多地获取外部数据，可以与第三方平台、中介、政府部门合作。

加强数据的透明度、互惠性和问责制。数据的透明度、互惠性和问责制是赢得利益相关者信任的关键因素，建立基于数据的决策者文化，并在数据安全的前提下，与生态系统合作伙伴共享数据。

加强数据的共享、校验，形成数据价值闭环。建立贷前核验、贷中校验、贷后预警检验、处置返验（问题客户的数据总结反馈）的闭环，让数字流动起来发挥价值。特别是对涉及授信测算、评分模型、审批决策的关键数据进行相互校验，如收集的客户基本信息与外部工商、政务、税务信息进行核验，掌握客户最新状态，并自动跟踪、更新数据的变化，建立数据变化的时间序列，全流程各环节共享。

授信审批流程的智能化再造

反欺诈智能化。智能授信审批的基础是反欺诈，需要整合银行内部数据和外部数据，建立反欺诈模型集或规则集，构筑客户准入底线。

额度测算智能化。在反欺诈基础上，依据客户类型和行业属性及申请的产品特点，结合流水、工资、税收、销售额、社保等内外部数据构建客户授信额度测算模型，最后根据回溯检验或者预测检验来确定模型或规则准确性，开始投入实战。

迭代改进智能化。对一些准确度非常好的模型或规则直接投入实战，一些准确度差的直接淘汰，准确度居中的一开始可以先作为辅助，不断迭代优化。这部分工作刚开始需要人工来判别，慢慢地也要总结经验，探索实现迭代优化本身也能逐渐自动化智能化。

授信审批强调与产品、渠道、场景、生态结合，科学设定，在构建额度模型的同时，可以应用零售影子额度的理念，构建自动提额的缓冲额度，以限额为天花板、影子额度为缓冲层、建议额度（或预授信额度）为起始，分层实现，并可结合支付或还款方式实现差异化精细化管理。

授信审批管理智能化。推进智能化初级阶段中，对于还难以完全自动化智能化的环节或者业务、客户，还需要人工参与较多的工作，利用新技术查找耗时最多的环节，先利用智能化、自动化解决最影响效率的痛点问题。

不断探索智能化工作流技术的深入落地应用，具体内容主要是"智能工作流及其在智能化授信审批中的应用"部分的应用。

强化模型风险管理，实施模型的分级分层管控，强化模型运营的理念，从业务流程环节、决策响应效率、影响程度等角度对模型实施上线、运行、优化升级、下线等全生命周期的管理。

本章通过推进授信审批流程智能化的案例研讨，展示以提升决策能力、业务处理效率、精细化管理为关键，打造智能化的体系"筋骨"；与渠道、场景、圈链平台生态相结合，塑造智能拓客的"血脉"；通过移动、整合，提升客户体验，锻造智能运营的"肌理"，来进一步诠释精益理念下的智能流程银行体系构建是围绕企业战略规划实现领先最为科学的依赖和途径。

第八章　数据素养和智能数据人

在数据完胜软件的数字化时代，数据及其相关技术的运用不仅提升个人生产力，而且是针对特定工作进行相互协作、实现企业运转和各种创新的必要条件。推进数据素养建设，是在业务人员"不脱离生产"的情况下，将他们培养成为具有数据分析能力的通用人才，在客户旅程中运用数据语言与客户进行互动，实现场景、分析与技术的全方位融合。

本书提出的"智能数据人"，是人工智能在数据领域的集大成者。在技术普及背景下，智能数据人完成复杂的数据处理工作和繁杂的交互工作。数据素养通用人才可专注于业务场景创新应用，并使人人参与创新成为可能。

最终，在企业范围内形成包括智能数据人、专业数据人才、数据素养通用人才相结合的数据人才生态，这些人才成为生态银行自进化的内在动力，以及敏捷银行和自进化生态银行的保证。

第一节　认识数据

数据的力量和困惑

新闻、政治和日常生活中，到处都有数据。无论好坏，它们俨然已成为如今最卓越的公共语言——会说这种话的人，便可以统治世界。

——M. 布拉斯兰、A. 迪尔诺《数据游戏》

毕达哥拉斯说，"万物皆数"。他认为数据是自然背后的推动力，这深深地影响了柏拉图及大多数的西方哲学家。

从某种程度上，也可以说"数据统治世界"。洛伦佐·费尔拉蒙蒂在《大数据战争》中提到，"如今的世界有两大超级强权，一个是美国，一个是穆迪。美国可以用炸弹摧毁一个国家，穆迪可以凭借信用降级毁灭一个国家。有时候，两者的威力，说不上谁更大"。2009年12月，全球三大评级公司纷纷下调希腊主权评级，使其陷入债务危机，欧元兑美元出现大幅下跌，就此掀开了欧债危机的序幕。这正是数据统治世界的真实写照。

作为世界公认的数字化大国，随着中国的数字化进程推进，各行业的价值链都将经历彻底变革，而数据已经成为数字化转型的关键要素。互联网金融公司的一个优势是对基于场景的海量数据进行深度挖掘并具备了强大的业务洞察能力，并因此实现了业务线上化、自动化和智能化，从而带来超级客户体验。目前国内大部分商业银行已经引入工商、司法诉讼、行政处罚、征信、个人身份、反欺诈等外部数据，并广泛地应用到信贷准入、新客营销、信贷监控、运营优化等业务领域。商业银行通过内外部数据的融合，借助于大数据模型进行精准营销、精准风控及流程优化，实现了产品升级、流程优化、业务创新和更优的用户体验。以税务数据举例，企业的税票、发票信息贯穿了企业的全生命周期，财务关联性强、数据欺诈难度大，可以准确地反映出企业的业务规模、经营情况、发展前景和偿债能力。商业银行纷纷推出基于税务数据的信贷产品，将企业的纳税信用转化为融资信用，实现数据变现和商业银行业务创新发展。

对于数据，我们还应该"保持警惕"。马克·吐温曾说过"世界上有三种谎言：谎言、糟糕透顶的谎言和统计数据。"很多时候，如果我们已经意识到数据能够用来证明什么，"那是因为它们经常做了（错误的）证明"。最典型的一个例子是GDP数据。洛伦佐·费尔拉蒙蒂说："如果说统计界有一个颇具争议的标志，那一定就是GDP"。经济增长过程中消耗的自然资源价值并不会被考虑到GDP中，甚至不会将污染和环境退化的经济成本纳入其中。而经济增长要持续下去，自然资源必须予以补充。当决策者认识到

GDP 数据背后的问题，会采用完全不同的宏观经济政策，环境保护因素将纳入 GDP 计算中。于是出现了"绿色 GDP"概念。这一概念改革了现行的国民经济核算体系，将环境资源因素纳入其中。中国从很早就意识到了 GDP 的数据陷阱。习近平总书记提出的"绿水青山就是金山银山"，以及"碳达峰"和"碳中和"都充分体现了环境保护在 GDP 增长中的作用。

数据已经成为一种生产要素，而数据和技术已经从助力经济发展的工具转变为引领经济发展的核心。面对数据，我们还需要数据思维，需要认识数据背后的基本逻辑，并以此引导我们的政策和行动。

大数据不在"数据"也不在"大"

> 所以大数据主要不是关于数据的，但大数据也与"大"无关。
> ——Gary King（哈佛大学）

大数据目前已经进入了下半场，没有人质疑大数据的发展方向及其可能带来的价值。早在 2015 年 8 月，国务院就发布了《促进大数据发展行动纲要》，紧接着环境保护部、国家发展改革委、农业部、工业和信息化部等陆续发布了近 20 个政策方案，涉及数据共享、数据分级分类、大数据管理办法、大数据产业发展规划等不同方面。虽然大数据的发展令人惊叹，但在过去几十年中，分析技术的发展同样至关重要，它使数据可以指导行动的梦想成为现实。

大数据与"数据"无关，或者"不仅仅关于数据"。如今，数据变得越来越易于获得，存储也越来越廉价。而海量的数据转化为可以指导行动的分析洞见是困难而复杂的。大数据发展到今天有两个核心推动力：一是数据的廉价化，包括算力和存储的廉价化；二是统计算法的进步。理解这两点对于理解大数据革命及今后我们能够取得的进步至关重要。据腾讯 2020 年度财报披露：中国每天有超过 1.2 亿名微信用户在朋友圈发布内容，3.6 亿名微信用户在阅读公众号，还有 4 亿名客户使用微信小程序[1]。这些内容

---

[1] 腾讯 2020 财报：将社会责任融入产品及服务［EB/OL］．［2021-03-30］．www.qq.com．

数据和痕迹数据是海量的，但是如果没有背后对数据分析的算法和算力支撑，这些数据也就毫无价值。

由此可见，大数据主要不是关于数据的，也与"大"无关。因为绝大多数数据分析涉及的数据集不会很大。即使是真正庞大的数据集也并不需要大规模的数据分析。例如，全国第七次人口普查得到约 14 亿人口普查的数据。如果想获得中国人口平均年龄的数据，可以利用随机抽样的方法得到一个几万人的小样本，通过计算便能轻松地得到结果。抽样的统计数据方法比全量的数据处理方法经济得多，而且能够保证一定的准确度。

按照摩尔定律，计算机速度和性能每 18 个月就翻一番。随着社会信息化的发展，计算机性能的提升和价格的下降，促进了社会的极大进步。2000 年初，一个整体投入 200 万美元的企业级数据仓库项目（考虑当时的汇率，投入惊人），数据存储空间仅 2TB，相当于现在一块普通的硬盘的容量。当把算法和算力两个因素叠加在一起时，数据分析能力的进步仍用摩尔定律的"每 18 个月翻一番"来说明就显然不够了。由于算法的改变导致数据处理效率的提升的例子数不胜数。比如，曾有一个基准（Benchmark）测试，两天两夜没能跑出来的数据，而经过算法专家优化后，在几分钟内就处理完成了！

"大数据"革命的希望在于，在海量的数据中，有企业、政府和科学研究的最基本的答案。但目前许多最热门的主张来自计算领域，而对于利用数据来回答或者解决一个业务问题的困难认识不足，且领域知识缺失。虽然只有数据是不够的，但显然大数据提供了解决问题的可能。

基于数据的量化分析方法

> 科学研究的目的是在经验信息（数据）的基础上作出描述性或解释性的推断。
>
> ——Gary King，Robert O. Keohane，Sid Verba

以数据为中心的思维方式正迅速成为人们彼此沟通和理解世界的关键，

基于对数据的科学分析和研究，从数据中获取有价值的洞见。正如 Gary King, Robert O. Keohane, Sid Verba 三位顶尖的科学家所提出的，科学研究的目的是在经验信息的基础上作出描述性或解释性的推断。

而这种推断可以细分为三种类型，即描述性推断、因果推断和预测性推断。推断是我们根据观察到的证据（数据）得出的关于客观世界的结论。如何基于科学的步骤和流程，最终形成"用数据说话"的推论，以回答业务问题呢？

《麦肯锡工作法》一书提到了解决问题的七大步骤：一是掌握真正的问题；二是对问题进行整理；三是搜集情报；四是提出假设；五是验证假设；六是思考解决办法；七是实施解决办法。结合数据分析的实践，本章提出数据问题解决的五大步骤。

第一步是提出问题，并将问题细化，形成一个业务框架，使之能真正回答提出的问题。这个业务框架应该由与问题相关的业务知识和业界实践来指导。同时明确要回答的问题的类型，是描述性的、预测性的还是因果推断。这对证据的搜集和分析方法的选择都有直接关系。

第二步是搜集证据（数据）。这些证据可以是定量的，比如客户的交易、行为数据，也可以是定性的，比如业务、监管政策。搜集证据或者数据，要以第一步中业务框架作为指导。

第三步是分析搜集的证据。有无数种方法可以用来分析证据，但选择的方法应该与要回答问题相一致。其中关键是清楚研究的目的。

第四步是将分析的结果与已知的结论进行比较。银行的数据分析不同于一般的研究，数据需要相互交叉验证。如果数据不同，很可能是由于计算口径不同，或者数据的来源不同。交叉验证有助于得到正确的结论，并且有利于银行数据资产的积累。

第五步是最后得出结论并回答业务问题。

本章所提出数据问题五步法，是对约翰斯·霍普金斯大学《数据素养》课程数据分析四个步骤的扩充。

下面举例说明描述性推断、因果推断和预测性推断的概念和特点。

PISA (The Program for International Student Assessment, PISA)，是由经合组织（OECD）发起的，针对学生的阅读、数学等能力的综合评测。图 8-1 是 2018 年的国家 PISA 成绩排名。

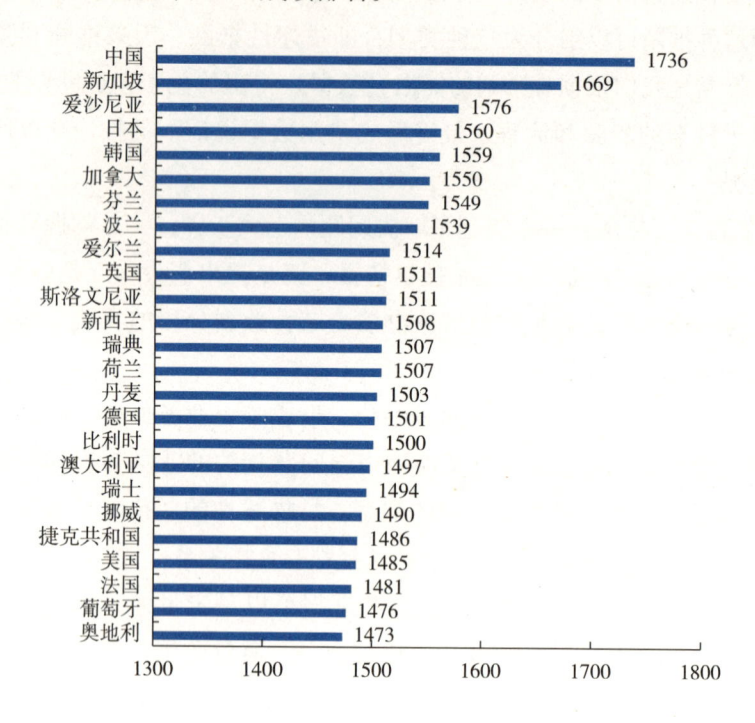

国家	分数
中国	1736
新加坡	1669
爱沙尼亚	1576
日本	1560
韩国	1559
加拿大	1550
芬兰	1549
波兰	1539
爱尔兰	1514
英国	1511
斯洛文尼亚	1511
新西兰	1508
瑞典	1507
荷兰	1507
丹麦	1503
德国	1501
比利时	1500
澳大利亚	1497
瑞士	1494
挪威	1490
捷克共和国	1486
美国	1485
法国	1481
葡萄牙	1476
奥地利	1473

图 8-1 PISA 2018 国家排名

基于图 8-1 中的信息，我们可以总结如下：

探究的问题：中国的 PISA 测试情况

观察的事实：PISA 分数

结论：中国在 21 个国家中排名第一

启示：进一步提升学生总体学习效率和学生幸福感

在上述例子中，主要利用观测到的事实来描述一个现象，叫作"描述性推断"。

特许学校在美国介于公立学校和私立学校，由私人经营但国家拨款，这类学校对学生学习成绩的影响，由表 8-1 在 2020 年斯坦福大学针对华盛顿州做的调查中揭示结果。

第八章　数据素养和智能数据人

表8-1　　华盛顿州特许学校与传统学校阅读和数学成绩对比

项目	糟糕	无明显差异	优异
阅读	22% （2）	44% （4）	33% （3）
数学	22% （2）	44% （4）	33% （3）

总结如下：

探究的问题：特许学校与公立学校培养体系对学生的学习成绩的影响

观察的事实：特许学校与公立学校学生的阅读和数学成绩

结论：特许学校具有更好的阅读、数学能力得分

启示：提升公立学校水平或者扩充特许学校生源……

在上述例子中，主要利用观测到的事实，来量化一个因素（学校类别）对另一个因素（学习成绩）的影响，显然这是"因果推断"。

印度不久将成为世界上人口最多的国家，但就人力资本和人均国内生产总值而言，印度一直落后于中国。图8-2搜集了自1970年以来的印度人口教育情况及预测结果。

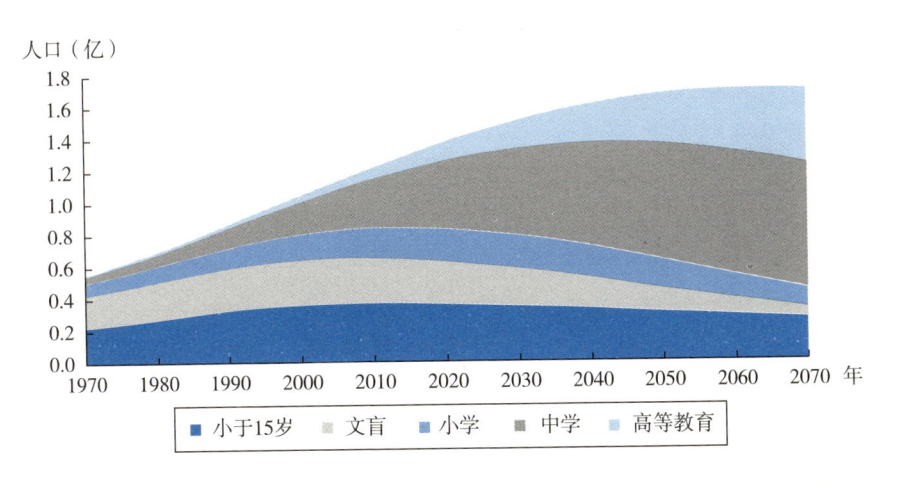

图8-2　1970年以来印度人口教育情况

总结如下：

探究的问题：未来印度人口教育程度分布情况

观察的事实：自1970年至今的人口教育程度分布

结论：印度中等教育接受程度比例极大增长

启示：增加中等教育学校容量……

在上述例子中，主要利用观测到的事实，预测未来的结果。这种科学推论方法，称为"预测性推断"。

无数据，不智能

80%数据＋20%模型＝更好的AI（人工智能）

——吴恩达

吴恩达（Andrew Ng）是当今国际上人工智能和机器学习领域最权威的学者之一。2021年4月18日，吴恩达在推特上发文庆祝自己的生日，同时希望大家去观看《以模型为中心向以数据为中心的AI转变》的视频课程。吴恩达在视频中提出了"80%数据＋20%模型＝更好的AI（人工智能）"的观点，并希望"从大数据走向好数据"。无独有偶，前IBM中国研究院院长林咏华博士也在朋友圈中提到"无数据，不智能"的说法。

吴恩达《以模型为中心向以数据为中心的AI转变》开课第一天，有全球超过3万人在线观看，在课程中他给出了以模型和数据为中心的建模效果对比（见表8-2）。

表8-2　　　　　以模型为中心与以数据为中心　　　　　单位：%

项目	钢板缺陷探查	太阳能电池板
基线	76.2	75.68
以模型为中心	＋0.00（76.2）	＋0.04（75.72）
以数据为中心	＋16.9（93.1）	＋3.06（78.74）

我们看到其中的一个项目中数据优化后，模型效果提升了近17%！

本书并不专注于人工智能算法本身的介绍，但我们知道表8-2中的模型是这种处理图像的数据（称为非结构化数据）。图8-3同样来自吴恩达讲授在斯坦福大学《机器学习》的课程中结构化样本数据量对模型准确率的影响。

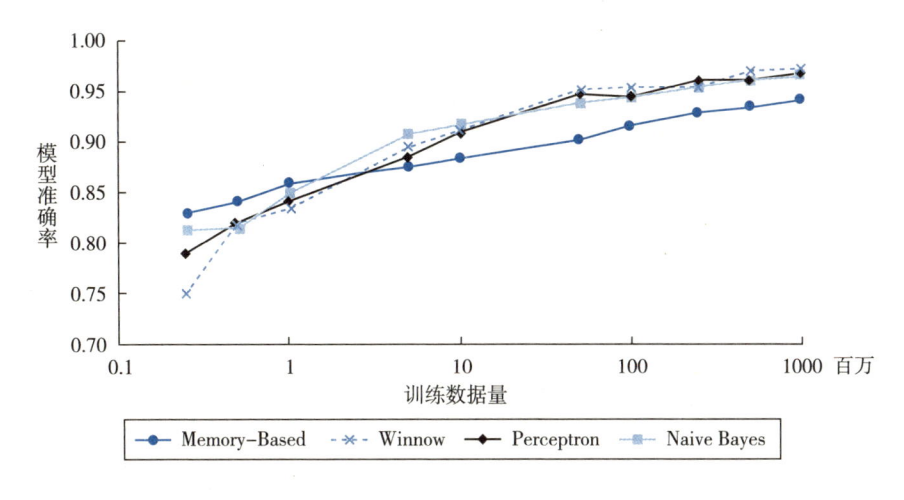

图 8-3　训练样本数量对模型准确率的影响

（资料来源：Stanford CS229）

在图 8-3 中可见，随着训练样本数的提升，不同算法的准确率均实现线性提升，特别是 Winnow 分类算法随着数据量增长模型准确率最多提升了 50%！

数据是构建人工智能系统所必需的关键基础设施，数据在很大程度上决定了人工智能系统的性能、公平性、稳健性、安全性和可伸缩性。

"数据为王"需要拥有充分的、完备的数据。除了为模型计算而输入的数据量外，模型还需要更完备的数据。数据的完备性可以从广度和深度两个层面描述。广度是指需要融入更多来源的、不同业务领域的数据，从而形成完整的数据视图；深度是指通过对数据进行处理，从原始数据中提取不同的有意义的信息、知识和智慧，提升数据洞察力。

下面以客户标签体系为例，说明如何从广度、深度两个层面构建完备的数据集合，图 8-4 是商业银行一般的标签分类体系框架。

基于内外部数据的融合、集成，形成面向各个业务条线的 360 度数据视图（广度）。以图 8-4 的标签数据为例，首先是基于外部数据形成的包括

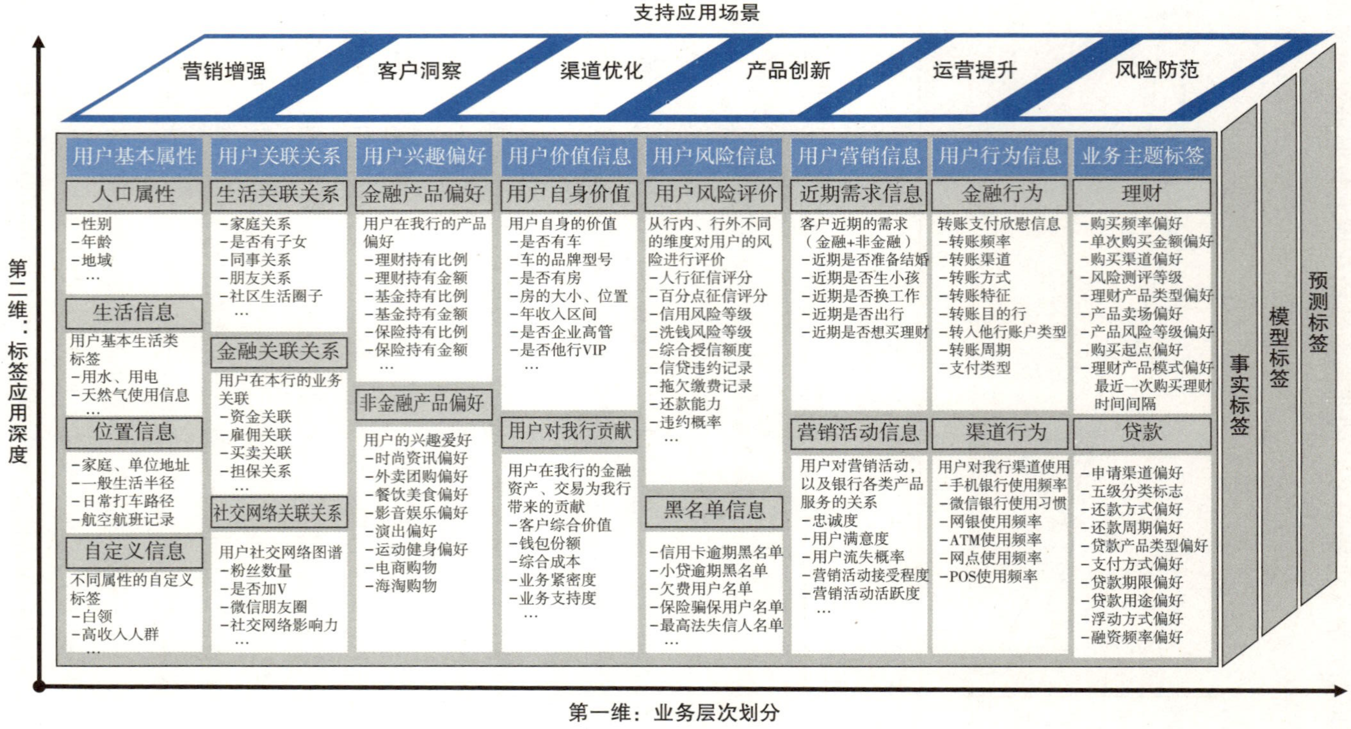

生态银行——敏捷进化实践

图8-4 商业银行标签分类体系框架

打车路径、天然气使用情况等外部数据标签等；其次是以客户为粒度的、涵盖不同业务领域的基础标签，如用户关系信息、持有产品（包括贷款、理财、信用卡等）信息、交易信息（包括支付转账）、渠道信息、关联信息等；最后是建立面向应用主题的标签，比如理财、贷款类标签，方便用户使用，满足热点需求。

从基础数据出发，利用聚合、汇总、拼接、数据挖掘等分析手段，挖掘数据背后深层业务含义、因预测而形成的事实数据、模型数据、预测数据（深度）。以标签举例，首先是事实标签，即基于基础信息的加工而成的标签，如"理财持有金额""手机银行使用频率"等。其次是模型标签，即运用模型运算出来的标签，如"客户忠诚度""营销获得接受程度"等。最后是预测类标签，这类标签是对未来的预测分析，如"客户流失概率"。

"数据为王"的前提是数据质量高。人工智能成为人们生活和企业运营决策必不可少的组成部分，为模型提供高质量数据集成为一个巨大的挑战。2021年5月8日至13日，在日本横滨召开的国际计算机学会人机交互顶级会议上，谷歌研究院定义并确定了数据级联的问题，即随着时间的推移，由于数据原因而导致下游负面影响事件；同时指出92%的人工智能实践者在一个给定的项目中经历了一个或多个级联，45.3%的人经历了两个或多个级联。现实世界中的数据集通常是"脏的"，并伴随着各种各样的数据质量问题。然而，数据质量对于确保使用数据的机器学习系统能够准确地表示和预测它声称要测量的现象至关重要。因此需要一个成熟的、稳步增长的工作体系专注于理解和改进数据质量，以避免"垃圾进、垃圾出"问题。

"数据为王"，需要促进企业范围内的数据安全和共享。数据科学家进行分析有五种方法，包括发现、捕获、设计、管理和创建数据，且占整个人工智能项目的绝大部分时间。按照数据谱系从数据的创建、共享甚至复用建立起有效的协作机制，提升企业范围内的数据共享，降低总体的数据处理时间，对人工智能学习至关重要。

从数据与人工智能的关系来说，数据是生产要素，没有数据就没有模型；数据越多、越完备，数据质量就越高、共享程度也越高，人工智能就越智能、生产效率就越高。在 2020 年国内抗疫的过程中，基于大数据、人工智能的数字化抗疫发挥了至关重要的作用。在加快形成以国内大循环为主，国内、国际双循环相互促进的新发展格局下，需要我们积极对接和沉淀各类生态数据，强化数据安全，树立"数据为王"理念，加强行业洞察，使数据、人工智能成为新旧动能转换的关键和创新源泉。

数据助力商业新范式

> 大多数信息系统都专注于内部会计数据，这加剧了一直以来的管理的退化趋势。尤其是在大企业中，其关注点向内不向外，专注于内在成本和成就，而非外部机遇、变化和威胁……高层管理者获得的内部信息越多，就越需要更多的外部信息预支达成平衡，但这种外部信息暂时还不存在。
>
> ——彼得·德鲁克

"所谓数字化转型，就是在数据和算法定义的世界中，以数据的自由流动来化解复杂系统的不确定性，优化资源配置效率……"[1]。经过 20 多年的发展，商业银行已经普遍引入外部数据，尝试融合内外部数据，并视角向外对接不同的生态、场景，把发展生态银行作为数据战略方向。同时，由外及内，引进人工智能和大数据技术，对现有的业务流程和业务模式进行重塑，催生商业新范式。与 20 多年前德鲁克提出的批评相比，目前的发展已经远远超出了我们的想象。

数据助力创新产品服务，实现业务流程线上化、智能化、自动化。"渤业贷"是渤海银行在新冠肺炎疫情期间推出的小微企业线上融资产品。它以税务局数据为基础，整合工商、司法、人民银行征信、行内反洗钱内名单、关联人交易名单等多方信息，利用大数据风控技术，实现申贷、用贷、还贷全流程线上操作，提升了客户体验，有力地支持企业复工复产。与传统的信贷业务模式比较，"渤业贷"有几个明显特征（见表 8-3）。

---

[1] 胡越. 银行数字化转型中场战事［N］. 财新传媒，2021-03.

第八章 数据素养和智能数据人

表8-3　　　　"渤业贷"全流程与传统业务模式的区别

类型	传统业务模式	"渤业贷"新范式
客户身份识别	客户必须到网点办理或者依托客户经理	人脸识别、生物识别等人工智能手段
贷款申请和审批	客户需要提交纸质申请材料，商业银行依据专家规则进行风险评估时，难以确定材料真实性，难以量化评估	客户在线扫码进入申请环节，商业银行自动获取税务数据和其他数据，自动测算额度信息；利用风控模型进行量化评估、准入审批
反欺诈	依据经验人工评估或者通过硬件解决风险	通过客户的交易行为习惯（如快进快出）、设备特征等进行千人千面的识别
资金流向	提供资金流向的证明	通过电子支付环节了解资金去向，利用第三方数据监控
贷后风险管理	客户经理上门进行风险评估	基于大数据技术生成客户预警指标，让客户经理贷后检查能够以定量分析为主

注：作者根据相关资料整理。

　　通过表8-3中的比较可以看到，在"渤业贷"产品中，数据作为生产要素，结合大数据分析技术、人工智能算法，商业银行提升了风险的管控能力并最终降低成本，无须客户抵押，实现了业务流程线上化、智能化、自动化，提升了客户体验，而这是传统的业务模式不能达到的。

　　数据能够助力管理，创新思维模式。随着将外部数据在产品和服务中的嵌入，我们需要改变原有的思维方式和习惯。我们需要关心外部数据的质量，以及可用的外部数据源，不断提升数据资产质量和范围，关注数据来源，关注合法性等法律风险。随着大量分析模型的引入，还要关注模型风险问题，这不是技术问题，而是业务问题。同时随着生态体系的扩展，管理链条加长和行业洞察的缺失，超越传统银行之外的新型风险越来越显现出来，如合作方欺诈等，并且由于场景的差异较大，传统的风险管控手段很难全面覆盖。这些都需要沉淀外部非金融数据，基于数据洞察和分析提升定制化场景的风控能力。

　　数据助力客户体验新模式。通过学习互联网公司和运用推荐引擎，商业银行已经基本实现类似于"猜你喜欢"的模式，实现从"客户找产品"

到"产品找客户"的转变。通过埋点数据,了解客户产品的偏好和访问习惯,实现千人千面的 APP 模式,追求极致体验。

借助数据,无论选择走出去还是引进来的生态银行建设路径,商业银行需要与生态系统融合,把服务和产品无感地嵌入客户各种生活消费和生产场景中,从中获取数据并捕捉用户需求。同时,商业银行与广泛的利益相关者包括商业合作伙伴、用户、监管机构、同业等建立新型关系,共享数据和算法。通过以数据为生产资料,以大数据、人工智能等算法工具为生产力,变革商业银行生产关系,建立无感、泛在、开放的生态体系,让未来银行呈现出与传统银行迥然不同的组织形态和行为模式。

第二节 数据素养

什么是数据素养

数据素养是指懂数据、用数据及利用数据进行沟通的能力,包括能够理解数据的来源和结构、能够理解数据分析方法以及采用的技术,并且能够描述数据使用场景及其业务价值。

——Gartner(2018)

2018 年度 Gartner 全球首席数据官调研结果显示,数据素养被认为是仅次于数据文化之后影响数据价值发挥的第二拦路虎,甚至排在数据相关技能缺失和人才缺失之前。

数据素养(包括数据民主)话题在国内讨论的不多,但从全球范围内来看却是一个热门话题。除了 Gartner 的定义外,数据素养还有如下的定义和看法:

"数据素养本质上是阅读和理解数据的能力,就像阅读和理解文章一样。企业培养出越多高数据素养人员,就能更好地应对企业数据科学家短缺的难题,具有数据素养的员工可以主动处理出现的数据问题。"

第八章 数据素养和智能数据人

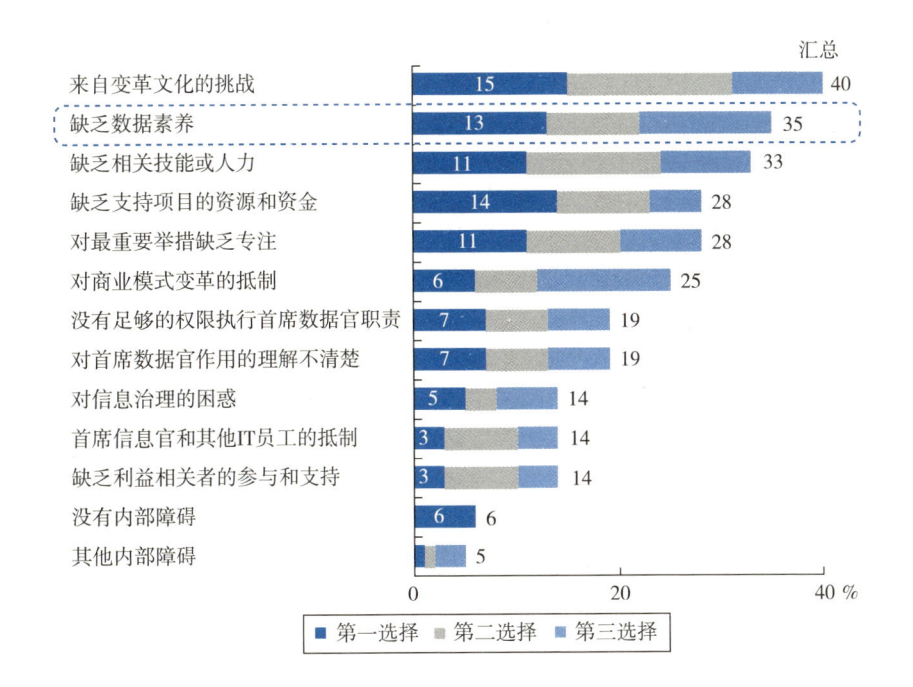

障碍	数值
来自变革文化的挑战	15 / 40
缺乏数据素养	13 / 35
缺乏相关技能或人力	11 / 33
缺乏支持项目的资源和资金	14 / 28
对最重要举措缺乏专注	11 / 28
对商业模式变革的抵制	6 / 25
没有足够的权限执行首席数据官职责	7 / 19
对首席数据官作用的理解不清楚	7 / 19
对信息治理的困惑	5 / 14
首席信息官和其他IT员工的抵制	3 / 14
缺乏利益相关者的参与和支持	3 / 14
没有内部障碍	6 / 6
其他内部障碍	/ 5

(■ 第一选择　■ 第二选择　■ 第三选择)

图 8-5　Gartner 第三次全球首席数据官调研

（资料来源：Gartner 2018）

"数据素养是指阅读、处理、分析和讨论数据的能力。"（麻省理工学院）

"理解数据，并在组织范围内运用数据，使每个人能够在任何地方有效地将数据用于业务操作并取得业务成果。"（Forbes）

"从数据中获取有意义的信息，正如识字一般是从书面文字中获取信息的能力。"（Techtarget）

"了解数据的含义，知道如何阅读图表得出正确结论，以及识别数据何时被用于误导性或不适当的用途。"（东密歇根大学）

这些数据素养的定义或者看法，大致可以分成两类：一类是从能力建设维度阐述，包括 Gartner 和麻省理工学院的定义；另外一类是从达到的效果维度来描述。企业推进数据素养工作，相当于在企业范围内开展数据人民战争，形成对数据正规军（如数据科学家专业团队）的有力补充，发挥数据民主，全员动员开展数据分析活动，让错误的数据、错误的决策无处躲藏。一系列研究表明，如果一家机构员工的数字素养低，那么即使引入再先进的智能系统，也无法形成人与系统有机协作的能力。

麻省理工学院在原来数据素养定义的基础上，针对大数据的特点，扩充了数据素养定义，并提出了大数据素养三原则。

识别：能够识别在何时何地且无告知地收集了有关用户行为和交互的数据；

理解：能够理解对大型数据集合执行的算法操作及其模式；

评估：能够评估数据驱动决策对个人和社会的实际和潜在道德影响。

2013年，斯诺登将美国国家安全局监听项目秘密文档透露给媒体；2014年，美国艺术教授欧文·芒迪推出了"我知道你的猫在哪儿"活动，只要上传猫的照片，就可以根据照片的经纬度信息利用算法识别出猫所处的位置；当然不只是照片，人们在网络上留下了大量关于生活的点点滴滴数据面包屑。如果你具有较高的数据素养，你就能够识别出用户交互数据是否泄露或者被采集。2016年，剑桥分析公司利用5000万脸书用户信息为特朗普竞选总统助选，这些数据泄露事件都对政治走势或社会生活产生了巨大的影响。因此，在利用大数据时，要时刻关注可能出现的道德法律风险。

对于"认识数据"一节中所提及的海量数据，我们应该认识到海量数据的主要探索方式是通过复杂的算法转换，提取数据模式，而不是通过视觉浏览方式。传统的分析手段在海量数据面前是失效的。正如基于税务数据的产品创新一样，大数据特别是外部数据已经成为商业银行业务开展不可或缺的一部分，大数据素养应纳入数据素养的整体范畴中。

参考上述主流的数据素养定义及对数据素养的研究、实践，本书从数据素养目标和定义两个层面来描述数据素养。

数据素养目标：提升全员的数据意识、数据思维，借助先进技术使员工在"自愿的、民主的和不脱离生产的原则"下开展数据分析相关活动，形成了与数据正规军的协同，降低数据决策错误概率，实现数据创新与价值创造。

第八章　数据素养和智能数据人

数据素养定义：是指听、说、读、写数据的能力。具体内容如下。

听数据：侧重于统一数据语言和数据思维。把数据作为除了自身业务之外第二语言，掌握统一的数据语言的体系；具有大数据意识、数据合规意识、编程意识等数据思维能力。

说数据：侧重于知其然。借助工具实现场景数据可视化；具有跨领域的数据勾稽能力；能够结合业务痛点进行业务优化、场景创意能力。说数据的一种高级的方式，就是能够与人进行讨论、争论。

读数据：侧重于知其所以然。理解数据来源、数据分析方法和技术框架，理解数据采集、加工、展现的全流程；能够使用工具自助进行数据分析，以及运用算法发掘数据模式；能够完成场景创新需求。

写数据：侧重于工具运用、行动。能够使用工具进行数据的采集、加工、处理，运用不同的算法进行数据洞察，并通过良好体验的可视化方式实现某个场景下的基于数据的解决方案，或许是一份潜客营销清单，或许是业绩状况表。

类比于文学素养，显然不是人人都是作家，但具备文学素养的人就可以判断作品好坏，能够指出文学作品某些错误或者不当之处，也可以写出某个领域的精美文章。但文学素养的养成，就是需要大量听、说、读、写的训练，并且通过与人争论、讨论，不断地提升其素养。争论、讨论是一种更为高级的"说"的能力。

本书中数据素养定义的灵感来自文学素养，同时也参考了其他权威机构的定义。Gartner以及麻省理工学院的定义是严谨的，但对数据王国的公民来说有些深奥，而我们要开展的是一场数据人民战争。所以增加了数据素养目标，并从听、说、读、写来定义数据素养。如果考虑"说数据"的高级形式"争论"，数据素养也可以用听、说、读、写的"说"来说明。

实现数字化时代最大潜能

要实现对数字化时代技术的有效接纳，需将关注重心从流程转到数据分析，实现数字化时代技术的最大潜能。

——延斯·P. 弗兰丁

生态银行——敏捷进化实践

首席数据官的职责是利用数据资产创造业务价值，而数据素养之所以成为首席数据官眼中影响数据价值发挥的第二拦路虎，本书认为主要原因有几个方面。

在企业范围内的无效沟通而产生的信息障碍，使信息传递困难，导致数据分析的结果未能获充分利用或者被误用。随着生态银行的发展出现了更多的利益相关方，包括了一般意义的用户、合作伙伴、第三方开发和科技公司、服务支持等多方参与者。与此同时，商业银行的产品和服务延伸到包括健康、住房、交通出行等在内的不同场景中，使业务应用从创建到用户使用之间，呈现出更为广泛的多样性差异。同时，敏捷开发方式加速了这种差异。两个披萨团队（2 Pizza Team）① 原则下的大量敏捷组织，不断地迭代，将业务术语方言化，加之传统的总行、分行差异，地域差异等，商业银行组织级的信息传递障碍其实是在增加而不是减少，结果就是各业务部门彼此获取信息困难，或者不相信对方的数据，必须按照自己的口径加工方可；再或者不愿意把自己部门口径数据让别的部门使用，以避免其他意想不到的后果，最后导致商业银行内部数出多门，系统林立，出现分析结果的误用也不是什么新鲜事。

无效沟通带来的分析结果很难与业务结合产生预期价值。某国有大型商业银行曾经做过一个报表梳理，发现经常使用的报表占所有报表的比例不超过2%。据某些银行反映，有些报表上线后甚至就从未被使用过。其背后的原因，是无效的沟通导致获得信息难、时效性慢问题，不能满足业务需求的变化，无法达到预期效果。于是越来越多的需求被提出，造成恶性循环。

普遍的数据人才短缺与旺盛的数据需求之间存在矛盾，传统招聘的方式无法满足企业要求。目前，商业银行数据人才短缺状况日趋严重，金融机构需要一个能促进人工智能、数据分析、业务场景相结合的面向员工的

---

① 亚马逊内部有所谓的"两个披萨团队"，指团队的人数相当于可以吃掉两个披萨数。"两个披萨团队"最重要的不是规模，而是它的"适度职责"。它相当于为一个部门的损益负责，可以让团队保持专注、负有责任。

培养计划，以实现对数据人才短缺状况的有益补充，释放业务价值。

在上述三个主要挑战之下。如何推进数据素养工作，推进听、说、读、写数据的能力呢？

推进数据素养工作，必须把数据作为数字化转型的核心能力，建立起通用的数据语言体系。Gartner 在 2017 年提出数据是业务的第二语言，并认为是数字化社会新的核心能力。随着数字化时代的发展，数据已经成为生产要素和核心资产，生态银行体系放大了广泛的专业多样性差异，需要数据成为业务人员之间、业务与技术人员之间、技术人员之间的沟通语言，以此提升沟通效率，提升分析洞见与业务场景结合能力，产生预期业务价值。

推进数据素养工作，必须认识到在数字化时代，技术已经处于人员、流程、技术业务转型的三要素顶端。在传统的业务模型模式中，关键的动力来自人员和流程。技术在最后作为支撑的角色，对以人为本或者业务流程化不构成威胁。IT 系统往往是"缝缝补补又一年"，即使存在很多问题，也不会触发转型，不会影响业务发展。而在数字化时代，技术已经居于三角的顶端，数字化技术引领的数字化社会，企业的生产流程正日益被技术所裹挟。如基于人工智能的身份识别技术、大数据风控技术在新冠肺炎疫情期间被广泛应用，引起商业银行信贷流程线上化、智能化、自动化的变革，而这个例子使我们更加清楚大数据不在"数据"也不在于"大"的含义，而在于数据分析的重要性。

以业务价值为导向，建立场景化创新思维，凸显数据素养工作价值。数据素养作为数据人民战争的一种方式，应该紧紧贴近每个员工的工作上下环节，从解决其日常的数据工作痛点出发，通过运用某个场景的数据分析技术，感受数据洞察与业务结合的价值和力量，达成数据素养培养目标。

从"数据人才生态"建设的战略高度，理解数据素养工作。国际知名咨询公司埃森哲在《明智转向》一书中提出，在数字化转型中通过七大战略释放禁锢价值，实现明智转型，包括技术驱动、高度相关（指围绕着客户体验和客户交互、洞察）、数据驱动、资产配置（如使用公用云服务而不是自建)、包容(与合作伙伴合作并创建新的业务模式)、人才富集、生态体系。通过数据素养的建设,在企业范围内最终形成包括数据素养通用数据人才、业务部门下专业数据人才、数据部门下专业人才和以外包商专业人才等"数据人才生态",富集数据人才。数据素养作为银行数字化转型和生态银行系统建设的新基建,必将引领下一波浪潮,是实现数字化时代最大潜能的必由之路。

数据素养价值交付矩阵

> 技术实现方式正悄然变化。自然语言处理、低代码平台、RPA等工具大大降低了技术实现的难度,引发技术普众的讨论。当企业赋予所有员工强大的工具平台后,每个员工都可以参与创新。
>
> ——埃森哲《技术展望(2021)》

基于前面的描述,本书认为数据素养本质上是以数据(Data)为统一语言和基础,以数据分析(Analytics)活动为核心,以先进技术(Technology)为工具和牵引,以实现高度相关的业务场景(Scenario)价值为目的的基础能力体系,也可以称为 DATS 基础能力体系。

技术普众为数据素养价值交付提供了可能,使数据素养生逢其时。在数据素养 DATS 基础能力体系中,对于非 IT 人员来说关键的挑战是技术和算法。不少国内商业银行在推进业务和数据双中台建设,期望实现"轻前台,快中台、强后台"的架构。基于数据和业务中台架构,以及广泛的云原生应用,技术、算法就可以工具化、服务化,从而实现技术普众,为非 IT 员工提供了创新土壤,借助人机融合的力量,人人都可以参与创新。

从 DATS 基础能力体系出发培养数据素养听、说、读、写数据能力,促进业务和技术的深度融合,在"软件吞噬世界"之后的后软件时代,将可能实现数据吞噬软件。

DATS 基础能力体系中的数据、分析、技术、场景与数据素养听、说、读、写数据能力要求,共同构成数据素养价值交付矩阵(见表8-4)。交付矩阵用于说明每个数据素养能力在数据、分析、技术、场景等方面又分别

第八章　数据素养和智能数据人

有哪些更具体的技能或能力要求。

表 8-4　　　　　　　　数据素养能力 DATS 模型

	听	说	读	写
数据 (Data)	数据素养文化 数据合规能力 数据标准能力 数据思维能力 外部数据能力	数据可视化设计能力 数据资产能力 数据自助分析	可信数据源能力 数据决策框架	数据处理能力 数据应用能力
分析 (Analytics)	人工智能 思维能力	数据统计基础	数据分析框架	数据特征工程 数据建模能力 模型监控评估
技术 (Technology)	编程思维能力 (编程语言能力)	数据库能力 可视化工具报表能力	技术框架能力 数据处理工具	可视化技术实现能力 数据挖掘工具
场景 (Scenario)	业务场景思维能力	场景创意能力	高阶需求能力	流程优化能力

注：作者根据相关资料整理。

数据能力包括以下内容。

数据素养文化：了解数据素养的目的、定义、DATS 基础能力体系和价值交付模型。

数据合规能力：了解数据合规、数据安全的基本法律制度和管理要求。

数据标准能力：能够从合适的渠道获取企业范围的数据标准和指标，了解其业务含义，作为企业范围的统一数据语言。

数据思维能力：能够了解数据、信息、知识、智慧的价值过程，了解从数据出发的问题解决步骤和量化分析方法，了解大数据洞察模式。

外部数据能力：了解有哪些外部数据和行内运用外部数据的场景，了解大数据伦理和收集方式。

数据可视化设计能力：能够知道如何展现数据，提供最优用户体验，包括地图数据可视化、报表数据可视化等。

数据资产能力：能够了解数据背后的业务含义，特别是全行范围内的客户、产品、合约、交易等关键信息项，了解商业银行数据资产情况。

数据自助分析：借助于工具，实现基于数据资产的通过拖拉等自助式方式实现数据分析。

可信数据源能力：能够识别出企业范围内可信数据来源。

数据决策框架：了解数据采集、数据传输、数据集成、数据加工等数据处理过程。

数据处理能力：能够按照数据决策框架，实现数据处理的全过程。

数据应用能力：基于可视化要求，利用数据处理，实现数据应用，如生成业务状况报表、仪表盘等应用。

分析能力包括以下内容。

人工智能思维能力：了解数据挖掘、机器学习、深度学习等基础概念，以及进行业务赋能的基本逻辑。

数据统计基础：了解数据集中度、数据离散程度等数理统计基础概念。

数据分析框架：了解业务理解、数据理解和抽样、数据加工和清洗、建立数据特征、建模和调优、监控和评估的全过程。

数据特征工程：能够定义与业务场景相关的数据特征，如客户信息、贷款信息、客户交易流水、资产状况、行内其他业务情况（如信用卡）、征信信息中相关特征。

数据建模能力：能够完成传统的数据挖掘、机器学习、深度学习建模工作。

模型监控评估：基于平台工具，利用模型的稳定性、区分度等指标对模型进行监控。

技术能力包括以下内容。

编程思维能力：学习和提升将复杂问题分解、识别模式、抽象、定义算法的能力。

数据库能力：了解数据库、表、属性等数据库基础知识和 SQL 语句的使用知识。

可视化工具报表能力：能够运用主流的可视化工具，如帆软、Tableau 或者基于二次开发的具有有限功能工具（如基于网页的文本分词工具）等。

技术框架能力：能够了解企业正在使用的技术工具，以及各种技术工具间的交互关系。

数据处理工具：能够运用 SQL 语言或者图形化的数据处理工具，实现数据的加工处理。

编程语言能力[1]：能够掌握一门或者几门编程语言，提升编程思维并完成编程任务。

可视化技术实现能力：能够进行可视化设计，并使用工具完成界面和交互任务，提升用户体验。

数据挖掘工具：掌握 SAS、SPSS 等商业化工具或者开源的挖掘工具。

场景能力包括以下内容[2]。

业务场景思维能力：了解数据、分析和技术所带来的业务优化、用户体验提升和数据创新的业界实践和基本逻辑。

场景创意能力：结合行内业务发展战略和路径，能够识别出基于数据分析的高价值场景，如精准营销、精准风控、运营优化等场景。

高阶需求能力：考虑可能数据源、分析方法、技术支撑等实现因素及业界最佳实践，形成业务场景高阶需求的能力。

流程优化能力：识别出因数据分析或者模型影响的业务流程各节点，以及实现流程智能化所做的变更管理。

数据素养价值交付矩阵的提出充分吸取了笔者在数据领域长期实践的经验和教训，是在数据素养领域的创新和探索。

数据素养培养

学习工具应与学习者产生共鸣，并应仔细选择限制条件，提供足够丰富但又不能过于丰富的环境。

——Seymour Papert（麻省理工学院）

---

[1] 编程语言在"听"数据阶段，主要学习、培养编程思维。同时根据难易程度，贯穿听、说、读、写四个阶段。

[2] 相关能力表述为示例，可以根据企业自身情况和要求进行项目的添加或删除；听、说、读、写为递进的能力要求。

参考国内外业界实践，数据素养培养首先需设定合适的能力等级，对全员进行评估、分群，并针对不同的数据素养群体，建立合适的数据素养开发路径，各个击破。

数据素养培养中"分析"是核心，数据素养能力层级建议采用"数据分析师"的称号，考虑数据素养培养路径和节奏，本书建议设立数据素养四级能力层级。

表 8-5　　　　　　　　　　数据素养能力等级

数据素养层级	要求	描述
初级数据分析师	能够听、说数据	具有数据思维、编程思维能力，能够运用工具进行初步自助数据分析并可进行可视化设计；能够结合自身工作进行业务场景创新
中级数据分析师	能够听、说、读数据	可以基于工具进行数据洞察，了解数据的来源及数据加工过程，更懂数据；具有初步的分析挖掘能力，具有形成业务场景高阶需求能力
高级数据分析师	能够听、说、读、写数据	能够独立完成业务场景需求；能够处理数据、应用数据；能够完成完整的挖掘建模工作，并对结果进行评估，完成全流程的数据价值创造
数据科学家	能够熟练地听、说、读、写数据，运用数据素养能力取得显著的业务效果	在工作中创建的数据项目入选行内创新评选，取得显著的业务效果

注：作者根据相关资料整理。

目前国内先进商业银行已经在探索数据素养培训工作。2020 年 10 月，某国有商业银行数据管理部与香港大学联合举办数据分析师认证培训项目，通过了香港学术及职业资历评审局的审核，在香港地区登记资历名单。某股份制商业银行与中国商业联合会数据分析专业委员会督导下的高端数据分析人才认证培训项目"CPDA 数据分析师"合作，推进数据分析师培训工作。

第八章　数据素养和智能数据人

　　如何推进数据素养培训，结合笔者所在银行的实践，从培训内容、顶层设计、部门协作、工具的选择、培训的方式等角度，对数据素养能力培训的关注点进行说明。

　　数据素养培训的内容需满足成熟、先进、适用和实用的要求，选择目前成熟的、经过检验的课程为主，在保证教学效果的基础上满足培训目标。数据素养的培训还要充分参考金融同业数据分析师的培训经验及国内外培训课程，使课程内容要具有先进性，同时，培训对象应是全行的非 IT 员工群体，内容要适用，并且推行案例教学，以指导后续毕业设计要求。

　　数据素养培训需要顶层设计。数据素养作为未来商业银行新基建，商业银行要从战略的角度统筹考虑，从建立数据素养通用数据人才与专业人才相结合的数据人才生态体系高度进行思考。数据素养要有相应的培训保障和激励机制。

　　部门协同是数据素养培训保障。数据素养培训涉及数据、分析、工具、业务场景等不同方面，建立数据管理部门牵头，培训中心、人力资源部、创新等部门协同的培训体系，从而实现数据素养培训、成果设计、绩效奖励、创新应用的闭环，推动数据素养培养长期化、制度化及广泛性。

　　工具选择是数据素养培训抓手。数据素养培训的对象一般是非 IT 人员，在干中学比单纯理论学习效果要好很多，所以工具的选用就尤为重要。很多报表开发工具是从用户的便利性角度来设计的，未必适合于数据素养的学习。麻省理工学院的 Rahul Bhargava 根据 Seymour Papert 微世界教学设计，指出一个易于学习的工具并不一定是为了支持学习而设计的，同时提出了工具选择的四要素：专注、引导性、吸引力及可扩展性，并提出以工具的灵活性为 x 轴及工具可学习性为 y 轴形成的工具空间进行工具的选择理论框架。最优的选择是右上象限的工具，见图 8-6。例如，Excel 处于左下象限，并不适合数据素养初级数据分析师的培训，原因在于太过灵活，虽然我们人人都会使用 Excel，但真正掌握的人并不多。

　　线上线下相结合是数据素养培训最佳途径。新冠肺炎疫情改变了大家的工作和生活习惯，自 2020 年以来大家积累了很多线上化学习和工作的经

生态银行——敏捷进化实践

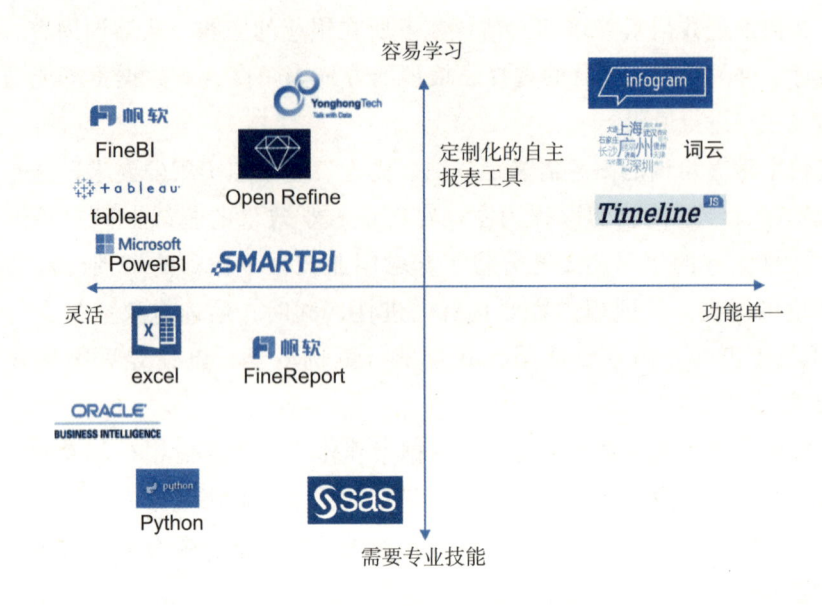

图8-6 数据素养学习工具象限图

验。针对培训教学工作，可以采用三种授课方式相结合的方式（见图8-7）：线上自学，即在学习平台上投放标准的课程，学员按照老师要求完成

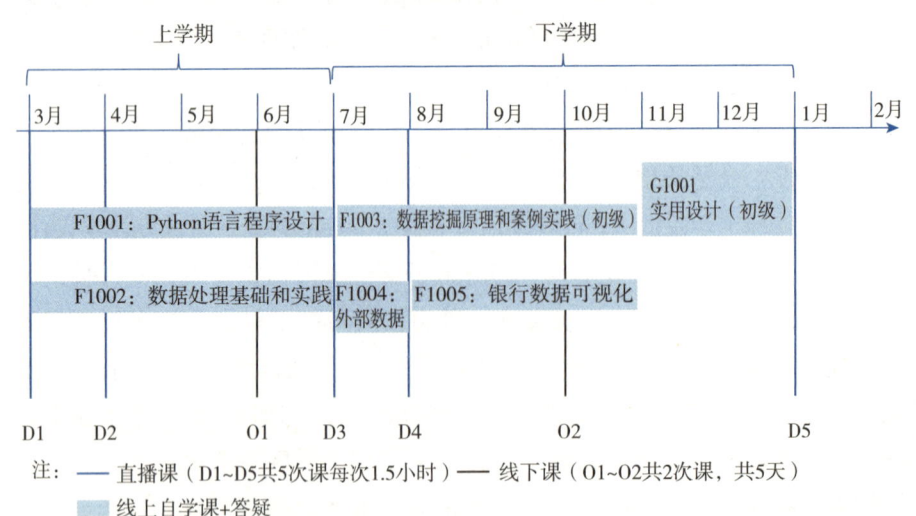

图8-7 三种授课方式相结合推进培训工作示例

视频学习及作业；线上授课，即老师在线讲解课程，通过老师的讲解、提问等环节，了解课程的进度及学员掌握情况；线下授课，即通过线下的集中授课，通过实验提升大家的动手能力及其他适于线下进行的教学内容。在课程过程中，贯穿答疑环节及进度监控机制，周报、月报机制，及时发现问题解决问题，保证教学效果。

数据素养培训除了培养，重要的是善用。学员通过学习，获得数据化能力。有的学员善于运用数据思维，提出场景创新需求，有的善于运用可视化工具，有的善于数据洞察等，构建学员的数据素养层级并对擅长领域完整画像。当数据正规军作战需要数据素养通用人才协同时，可以根据标签引入所需技能、所需业务场景的学员，从而有组织地完成大规模作战。而学员也会在实战中得到锻炼，从而在商业银行内部真正构建起数据人才生态体系。

第三节　智能数据人

什么是智能数据人

> 自助服务的定义正在发生变化，因为增强分析的功能遍布各个平台。与此同时，云原生系统和与高效工具的协同已经成为客户的关键选择（购买产品）因素。
>
> ——Gartner（2021）

智能数据人需要"可爱的脸"，更需要强壮的"神经中枢"，通过活泼生动的形象，亲切的交流，给用户提供更有温度、全天候的、安全的便捷服务。商业银行纷纷推出智能数据人方案，如客户在未携带认证资料的情况下，可以通过智能数据人进行安全认证，实现对外转账、注册卡升级等操作，提升客户体验感受和对银行的黏性。因此，智能数据人系统深受金融机构追捧。但如果其缺乏强大的知识库和自学习能力，智能数据人最终只能沦为摆设，所以它还需要拥有强壮的、智能的"神经中枢"系统。

"智能数据人"应主要具备如下特征：

（1）对外提供智能应答、检索及推荐等服务，可以解决人工服务和检索带来的大量重复性、繁杂的工作，提高服务水平和提升用户体验。

（2）底层通过一系列数据操作和建模，融合内外部数据构建全息客户视图，对客户画像，实现对客户需求的挖掘和分析，并将其过程自动化、智能化，减少人为参与。

（3）中间通过深度学习、自然语言处理NLP、知识图谱技术，形成"交互文本"、"客户知识谱系"等能力，并将其服务化。

智能数据人是"增强分析"方案的扩展。增强分析被Gartner评为2019年十大战略科技发展趋势，是指使用机器学习和人工智能等技术来辅助数据准备、智能生成结果和洞察解释，以增强在基础数据平台中探索和分析数据的方式。同时Gartner还预测2020年超过40%的数据科学任务因为增强分析而实现自动化，从而提高生产力。自然语言查询（NLQ）、自然语言生成（NLG），"what-if"的分析等都是增强分析的特点。

智能数据人将有力地推动数据困境的解决，并与数据素养通用人才相结合，形成强大的、多层次的数据人才生态，将推进数据领域的裂变。

数据工作的挑战和困境。数据使用人员希望及时、准确、方便地找到自己想要的数据。而后台数据人员则根据需求汇聚数据，规范数据，加工数据，然后展现数据。这中间存在巨大的鸿沟，有限的科技资源难以满足随时随地提供数据的需求，往往是一波报表需求刚完成，新的数据需求又源源不断地被提出。此外，因数据源头原因及业务部门口径差异而造成的数据不一致、数据缺失等数据质量问题及其溯源、整改都是繁杂、细致、不可或缺的。

过去10年，先进银行通过自助数据服务尝试解决数据困境。在某国有大型商业银行新一代核心银行转型项目的数据架构子项目中，自助数据服务正是数据架构设计的一个关键要求，其核心是进行业务和开发人员融合发展，由技术人员开发出中间结果数据，并根据规则组装出自己想要的业务数据。后来依据设计要求，开发人员按照客户、产品、渠道、机构、币

第八章　数据素养和智能数据人

种、账户等维度，以及不同的业务领域预定义了大量的中间结果数据，并按照权限要求开放给相关业务人员，使其自助地使用这些中间结果数据组装业务指标，极大地满足了业务用户主动使用数据的需求，也缓解了开发人员的压力，提升了用户满意度。

智能数据人将数据操作过程智能化、自动化，数据素养通用人才更专注于业务场景创新，使分析结果和洞见与业务更好结合产生超预期价值。数据素养通用人才使用数据工具来提供数据见解和洞察，但由于缺乏数据专业性，详细了解基础数据来源及业务含义挑战难度大；要在此基础上准备数据、清洗数据，然后按照要求加工出报表数据或者特征数据，挑战难度就更大了。数据素养通用人才的最大价值还在于数据与业务场景结合的能力。而智能数据人作为机器人，可以很好地完成数据准备工作且不受产能限制，从而使数据素养通用人才可以专注于场景创新，释放出巨大的产能。

智能数据人发展展望

智能数据人的提法在国内外的文献中并不多见。但金融机构已在探索实践智能数据人类似的功能。本书参考增强分析的技术框架，就国内外的相关领域实践进行了研究。总体上，智能数据人的发展呈现出如下特点。

交互智能化，提升用户体验。将自然语言查询、自然语言生成与聊天机器人结合，使用户快速、准确、便捷地找到自己的想要的数据，提升用户体验。自然语言查询是指可以用文字或者语音的方式提出问题、查询数据和分析内容，利用自然语言自动生成答案，有些供应商可以支持最多28种语言的报告，甚至可以调整报告语音音调。

通过数据洞察了解用户画像，利用搜索驱动方式，进行会话、关联洞察，满足个性化的可视化要求，讲好数据故事。很多供应商能够提供"what-if"的分析，鉴于业务领域专业性及数据的广泛性，从某个领域入手讲好故事是一个比较好的策略，如有些供应商提供专门报告分析能力，并提供针对性的视觉设计效果。

进行智能预警，并进行最佳行动建议。可基于业务上下文，利用机器学习进行自动报警。可以直观地看到某个关键指标意外高峰值或波谷值。除此之外,还可以找出可能的解释,并将这些解释因素根据强度高低进行排序,给出下一步行动建议。

智能数据操作和洞察,使数据科学家专注于场景和创新,释放巨大产能。利用人工智能驱动准备数据是目前普遍发展方向。有些供应商利用人工智能提升自助数据服务工作流的用户体验。有些厂商利用人工智能驱动进行单变量和多变量的时间序列预测建模等。智能数据操作和洞察,可免去数据科学家70%的繁杂工作,使其更专注于场景和创新,释放巨大产能。

以微服务、云原生为基础架构。人工智能技术的广泛使用,要求具有充足的、可动态调配的算力,算法也需要基于使用不断优化和迭代。考虑当前的数字化发展趋势,大部分架构都是以云原生为基础的,或至少会采用微服务的方式进行构建,以满足用户体验和敏捷开发要求。

2021年4月13—15日,在第24届人工智能和统计国际会议上,麻省理工学院科学家发布了基于领域概率编程的大规模贝叶斯数据清洗方案PClean,这是智能数据人在智能数据操作和洞察方面的创新尝试。数据清理是基于标准数据及可能的错误之上的一种概率推理。在真实世界中,由于错误模式的多样性和推理的复杂性使贝叶斯方法难以自动化。美国医疗保险系统医师国家数据库共计有超过220万注册医师,但存在拼写错误、数据缺失等数据问题。基于用户指定的实体关系模型,包括医师的姓名、专业、学位、住址、所处州等,PClean推断出一个潜在的实体模型,它被用来纠正系统的数据错误,包括拼写错误和插补缺失值等,取得了良好的效果。在运行了7个半小时后,PClean发现了8000多个错误。然后作者通过手工验证(通过在医院网站和医生LinkedIn页面上搜索),超过96%的修正方法是正确的。

第九章　云原生时代及其生态安全

千丈之堤，以蝼蚁之穴溃；百尺之室，以突隙之烟焚。

——《韩非子·喻老》

　　2020 年 12 月 17 日，美国网络安全与基础设施安全局（CISA）发布了有关通过 SolarWinds Orlon 软件进行有组织攻击的严重警告："CISA 确认，这一威胁对联邦、州、各级地方政府，以及关键基础设施实体和其他私营组织带来了巨大风险。"这次攻击破坏了 SolarWinds 软件供应链的完整性，使其毫无觉察地将恶意软件当作常规软件更新的一部分传播到数以万计的政府和私营实体的电子设备上。"这就好像你某天早上醒来，突然意识到，在过去 6 个月里，有个窃贼一直在你家进进出出。"曾在 2015 年至 2020 年担任美国国家安全局总法律顾问的 Glenn Gerstell 这样表示道。

　　这起事件的完整影响范围可能要几个月甚至几年才能弄清楚，它凸显了云生态系统核心的一个弱点：我们共同依赖于一个庞大的第三方供应商网络，但对关键提供商的安全状况缺乏了解。在多方接入、开放化、平台化的网络环境下，作为天生具有云原生时代特征的生态银行模式，采用云原生体系是生态银行模式下众多合作伙伴的共同选择，这让银行提供的应用服务具有了更好的功能解耦、更灵活的资源调度、更敏捷的开发运营流程和更能灵活支持不同技术框架参与方的快速融合，但是这种架构上的改变也给以微服务为实现方式的生态银行安全带来了新挑战。

　　首先，应用微服务化后，在生态平台中暴露的端口和连接暴增，导致攻击面大大增加；其次，微服务之间通信调用的增加，导致流量占比扩大，对性能提出更高的要求；再次，由于微服务支持弹性扩容的特性，导致内网 IP 快速变化，为流量防护带来挑战；复次，云底层架构中容器环境的可视化，容器镜像/主机的漏洞管理，容器平台的运行时保护机制等在生态银行模式更加开放的环境下不安全的因素明显增多，由此带来的安全风险急剧上升；最后，应对风险的观念及措施也在不断转变。

云原生时代下的安全保障是生态银行运行的基础，如何保障生态银行接入用户及参与方的可信度、各参与方应用场景的安全性、通信过程中的数据安全可控等是需要重点关注的方向。商业银行作为生态银行模式的经营者和参与者，需要发挥多元化主体的力量，构建诸如社区形式等生态多方参与的安全体系框架，全方位安全防范体系，从多方面打造安全防护能力，共筑安全有序新生态。

第一节　云原生时代的生态银行安全发展新趋势

新思维：从"独立抗风险"向"合作防风险"转变

在拥抱生态银行新思维的过程中，商业银行的传统安全观念不可避免地会与新思维相冲突，意味着传统的银行风险管理模式需要作出巨大改变。这种改变意味着商业银行在企业文化层面需要树立生态安全新思维理念，越来越向着在风险发生之前进行预判转变，需要有更加开放的思维打开视野，加强对外合作，联合生态伙伴构建生态安全体系，借助新技术打通生态壁垒，构建生态闭环，通过银行、最终用户与第三方在数据、技术和服务的共享，让各参与方可以在同一套生态体系中共同合作，发挥生态银行服务的最大价值。

在云原生时代，随着云生态系统日益成熟及各种生态银行服务不断涌现，云生态系统下的平台、技术和服务既让生态平台变得更加强大，但也成为安全漏洞的来源，这一趋势正变得越来越明显。伴随而来的是不确定性及更大的风险，而商业银行传统的处理方法多是根据不同的风险情况进行事后风险应对，原来的"独立抗风险"管理措施已不能够满足生态银行业复杂多变的风险应对需求。

利用生态银行拓展金融服务应用场景时，也将带来安全风险的进一步上升。商业银行想要解决生态银行安全管理的问题，首先需要从思维方式上作出改变，以更加开放的心态接纳和引入开放服务，联合生态银行模式下的各参与方统一提升安全管理水平和运营效率。目前，事前主动地风险识别、分析、管控等"合作防风险"管理方法已成为行业共识，推动生态银行的经营者从静态思维向动态思维转变。

新模式：从"内部场景"向"外部场景"延伸

生态银行模式使商业银行从原来较为封闭的内部场景转向更为开放的外部场景。随着容器、服务网络、微服务、不可变基础设施和声明式 API 为代表的云原生技术，以及以人工智能、大数据、云计算、区块链、5G 网络为代表的新技术与新场景的结合，商业银行提供的金融服务将以不限于 APP 的形式广泛存在于消费者的生活和工作的各种场景中。生态银行模式下的各参与方会开展更加深入的数据、技术和服务等合作，共同进行用户场景的优化和创新。

从长远来看，随着生态银行的发展，在融入生态场景时，商业银行作为生态银行的经营者和参与者，意味着商业银行服务的主场景从原来只关注自身熟悉的"内部场景"逐渐向消费者的生活和工作等生态全链条外部场景聚集；从原来只关注自身场景安全逐渐外延到所有参与方的全链条内外部安全。商业银行需要在整个生态平台的异构体系中实现安全无缝对接，让统一的安全功能成为生态银行全链条上产品和服务设计中不可分割的一部分，确保以更安全、更透明的方式开展业务，有效降低 IT 基础架构和运营的上下游复杂性，保持可控和一致的安全水平。

新格局：从"一棵大树"向"产业森林"发展

在生态银行模式下，金融服务不再沿用传统银行自身独立提供服务的模式，而是从"各自为政"转向"合作共赢"，逐渐走向市场融合、跨界竞合、共生共建、生态自建的方向。生态银行模式下各参与方正依托于云原生时代的数字化技术从不同的角度切入开展新的布局，生态银行业务发展已经成为商业银行进行市场竞争的下一个制高点。随着生态银行模式的日益成熟，商业银行作为服务提供者和连接其他参与方的"连接器"，以平台等各种形式为客户提供服务，而这些平台、技术和服务既让生态银行变得更加强大，又让生态银行成为漏洞的来源。

新竞争者的加入将毫无疑问重塑生态银行业务格局，凸显了生态银行模式下共同依赖于一个庞大的联合网络的现实。因此，商业银行从原来只关注本身"树木"风险的防控，到还要注意防范整个生态银行"产业森林"中其他参与方带来的未知风险。通过生态布局构筑生态银行产业森林，打破服务藩篱，各参与方需要携手合作，相互保护，基于运营和交易信任建立安全社区和弹性网络，实现服务要素重新整合，防范各参与方之间的连带风险影响，完成开放、共享、价值增量交换。可以说，与以往任何时候相比，生态银行安全愈发成为由多方共担责任的团队运动。

第二节 云原生时代的生态银行安全生态新挑战

生态银行是以消费者各类生态场景为触点，将商业银行服务进一步融入金融生态的具体过程。在这一过程中通过API/SDK等技术联结生态各方，促进数据的开放和共享，基于多元生态场景模式下各参与方的业务合作节点明显增多，会增加安全漏洞，拉长风险管控链条，在服务暴露、数据泄露及恶意攻击方面都带来很大的挑战。从整个生态银行的管控链条上来看，业务安全、数据安全、技术安全、网络安全、合规安全等方面面临新的挑战。

业务安全方面：生态环境下的银行单一业务服务能力将逐步弱化，需要银行与第三方建立紧密连接，与生态圈上的各个合作伙伴以不同形式输出和共享银行的金融服务。在整个消费者的全生命周期场景中，将银行金融服务核心能力通过第三方合作为用户的衣食住行等全旅程场景提供服务，

第九章 云原生时代及其生态安全

在这一转化的过程中，商业银行需要不断优化自身服务能力，深入分析客户全旅程生态目标和诉求，创造新的金融产品和服务，结合生态合作伙伴，实现多元主体的多维场景连接、优势互补。

对商业银行而言，作为生态银行的经营者和参与者，由于多方接入的复杂，使风险安全漏洞增多，业务风险管控链条变长、风险管理更加复杂多样，必然面临不断衍生的新型欺诈方式及因业务快速发展而带来的各种网络威胁。同时，由于行业的金融属性，必然成为各类网络黑客攻击的重点目标，如通过侵入生态网络模拟参与方虚构交易等行为骗取资金、利用 API 服务接口漏洞伪造交易形成虚假交易等，如何平衡生态银行模式业务场景的快速创新和安全防控是商业银行重点关注的问题。

数据安全方面：从本质来看生态银行是数据驱动形成服务价值交换的网络，数据，尤其是用户数据、账户数据、交易数据是生态银行的核心资源，生态银行共享的是银行用户数据及满足用户需求的各类银行服务数据。第三方会共享用户的行为及收集的个人信息，因此数据的使用会更为广泛。而这些数据又与用户的服务安全息息相关，敏感的个人信息一旦遭遇泄露或者被非法使用，可能导致个人受到歧视或者人身和财产安全受到严重危害。

生态银行的参与方除金融机构和科技企业外，还有监管机构、行业协会、研究机构和客户等生态银行实践的相关方。各方基于用户数据进行开放平台的开发和创新，再通过平台服务于最终用户。在这种数据开放条件下，大量的服务提供方、交易方都会接入银行系统，个人信息的搜集、使用更为广泛。若生态圈上的任何一方服务接口存在缺陷或权限设置不当，都成为数据保护全链条中的薄弱环节。生态银行的恶意攻击者从商业利益出发，会随意搜集、违法获取、过度使用、非法买卖个人信息，可能发生利用个人信息侵扰人民群众生活安宁、危害人民群众生命健康和财产安全，出现欺诈性金融活动、盗窃等违法犯罪行为，给客户造成名誉、资产等方面的损失。

因此，生态银行的数据需要具备更严格且有针对性的数据保护措施。当前，全球的数据安全管控工作尚处于起步阶段，中国在基础立法层面也正在审议个人信息保护、数据安全等法规，但尚未在执行层级形成数据安全完整细化的管控体系，也未在监管层面形成金融行业统一的数据规范和开放标准，全球的数据共享工作也都在摸索中前进。

技术安全方面：云原生时代的容器、服务网格、微服务等技术实现并优化了生态银行模式各类 API 接口的开发、使用和部署，是生态银行架构设计和落地实施的主流框架。技术总是在不断迭代及演化，在生态银行模式下，除了底层云原生技术的网络及部署等安全之外，在应用层的安全挑战主要来自银行对外开放的 API 和 SDK。近年来，因 API 和 SDK 的安全漏洞导致安全事件频发[1]。

API 安全风险：近些年来，企业将各自的 Web 应用逐步向云原生应用的方向迈进，在云原生应用中，API 既充当外部与应用的访问入口，也充当应用内部服务间的访问入口，可见 API 已然被用来发展业务和推动创新。API 技术作为生态银行的主流应用技术，由于暴露在生态平台之上，安全攻击的风险不断增加。首先，认证和授权控制尚需不断提升。在认证方面，通常需要限制只有合法的且采用调用方和服务方已经协商认证好的 APP 才能被调用，但认证机制的完整性尚显不足，无论是签名还是证书等机制的安全性和完整性都还需进一步提升，在不够完整缜密的 API 应用设计发布后，容易导致调用方身份被冒用等风险；在授权方面，通常需要限制调用方只能调用已被授权的 API，服务方需要对本次调用做授权控制，而如果权限控制机制缺失或不完整，容易产生 API 越权调用造成篡改交易，出现个人敏感信息泄露、资金损失等风险。其次，对 API 的调用频率控制机制尚未建立。在无法对高频次调用及失败次数做监控预警的情况下，会出现如账户密码爆破、短信验证码爆破、手机号遍历等风险。再次，API 对目前的输入、输出若未进行验证及控制，容易造成输入的恶意代码执行，形成盗取资金的虚假交易及个人敏感信息泄露等风险。最后，企业面对大量的 API 设计需求，其相应的 API 安全方案往往不够成熟，从而引起 API 滥用的风险。据 Gartner 预测，到 2022 年，API 滥用将成为导致企业 Web 应用数据泄露最频繁的攻击载体。

---

[1] 卓越，金驰，叶红等. 开放式银行安全测试探索与实践 [J]. 中国金融电脑，2020（4）.

第九章　云原生时代及其生态安全

SDK 安全风险：SDK 模式除了 API 面临的各种问题之外，本身也存在固有的风险与问题，包括代码逻辑漏洞、缺陷和脆弱性等方面导致的敏感数据泄露、滥用等安全风险，以及 SDK 中的关键函数、核心算法、被黑客篡改等风险。据爱加密移动应用大数据监管平台数据统计，有超过 60% 的 SDK 含有多种漏洞，普遍存在隐瞒搜集用户个人信息的行为，影响后台业务的安全性。

网络安全方面：作为经营货币及信用的企业，商业银行一直是黑客攻击的首要目标。在生态银行模式下，随着新应用、新场景的结合，这种攻击的范围更加扩大化，商业银行原有的网络防护边界和防护手段更多关注自身的安全管理，无法满足生态银行的多接入、多并发等统一的网络安全需求。整个生态平台上参与方机构的网络安全水平与生态银行整体安全息息相关，其网络安全与生态银行系统网络安全产生连锁及共振反应，会使网络风险的传播速度加快、影响范围扩大，对商业银行的网络安全能力提出新的挑战。

目前，金融机构在推动生态银行的转型过程中，在应对网络安全风险方面仍有待完善的空间。比如，在基础发展方面，网络安全架构全局性规划尚不完善，网络安全人才扩展性思维尚需培养，网络安全架构人才储备尚显不足，合格的生态银行网络安全人才稀缺等多方面需要优化及完善，尚无法完全承担开放环境中网络安全维护的责任[①]；在能力扩展方面，传统银行业务流程与网络安全的协同、联动性相对较差，而业务创新与网络安全的建设又存在一定矛盾，这些矛盾在封闭网络中并不突出，但在生态银行网络随着场景的扩展会被逐渐放大。另外，商业银行必须对外部参与方进行安全高效的管理，防止存在安全漏洞、运营水平不佳的参与方进入，防范第三方超越权限使用应用程序接口的情况。

合规安全方面：生态银行的服务接口接入了具体的生态环境，这使银行业务不仅与相关金融系统发生交互，更与具体服务环境产生联系，因此，

---

① 中国银行业协会发展研究委员会. 开放银行实践与发展研究［M］. 北京：中国金融出版社，2020.

生态银行的合规性需涵盖生态链上的全部参与者。生态银行的场景创新、云生态系统的技术迭代等原因会引起某些关键的风险控制环节被技术手段绕过，导致合规机制形同虚设。同时在生态银行业务发展过程中，会发生更多交叉业务及共享行为，由于参与者众多，尚无法突破传统合规管理的方式，形成统一的合规文化建设，尚未搭建完整且系统化的合规组织框架和系统控制流程，无法为生态参与方的所有操作人员提供操作规范，无法完整识别和评估生态银行模式下新业务拓展带来的银行员工、合作商、科技公司、其他合作伙伴等发生变化时产生的合规风险。

总体来看，生态银行的运营模式大幅提升了银行业务的灵活性，以业务场景为输入，重塑现有业务流程，但如何确保生态场景的创新是建立在合规基础之上，平衡和协调好合规与服务创新之间的关系，不断提升生态银行合规管理的专业性和穿透性，是生态银行整体稳定健康发展需要关注和探索的问题。

第三节 构建全方位安全体系，实现生态可信网络

在生态银行快速发展环境下，最重要的变化是搭建新的协同安全体系。商业银行必须遵循国家关于个人信息保护、数据安全等法规要求，围绕共担责任的模式重新定位，重新思考组织、方法、人才战略等，以生态视角看待多元责任主体，以生态银行模式下用户全旅程应用场景构建为切入点，基于纵深防御和零信任原则，构建生态银行安全体系参考框架（见图9-1）。

规划全方位安全治理

随着云原生技术的快速发展和普及，尤其是信息资源的快速流动和充分共享，其安全治理模式中最重要的变化是新的协同工作方式，包括安全服务整合了众多资产、数据存储和供应商。商业银行需要确保各个参与方

第九章　云原生时代及其生态安全

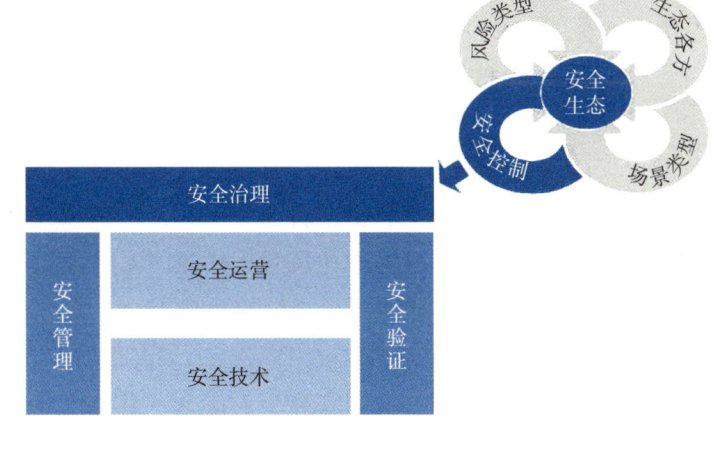

图 9-1　生态银行安全体系参考框架

的环境具有一致的安全态势，基于互联互通的运营模式，生态银行的各参与方必须敏捷地进行响应和沟通、共同解决问题并快速作出决策，这就需要基于责任共担原则建立新的安全治理模式：生态银行各方携手整合，从国家层面、监管层面、银行本身、参与方层面、客户层面自上而下建立全方位的安全治理体系，有效指导商业银行在生态银行业务开展过程中实现安全可控。

在国家层面，应该通过政府机构、企业和学界的共同参与，将网络风险、安全性、业务弹性与组织的核心使命联系在一起，遵循国家个人信息保护、数据安全等法规要求，逐步在国家顶层战略中就生态银行产品、服务、账户信息、交易信息、数据安全、数据标准、个人信息处理规则、个人信息跨境提供规则、API 的标准及架构等达成国家推荐性标准，方便生态银行模式下的所有经营者和参与者采用统一的标准，避免安全风险。

在监管层面，监管机构应该建立专门的官方网站，可以通过项目研究和专题论坛的方式，鼓励金融机构和金融科技公司从市场出发，结合自身成功案例，总结形成"最佳实践"。召集金融机构和金融科技公司交流分享 API 的案例思路和经验，形成良性循环，在整个生态银行的所有参与者中共享成功经验。针对成功案例，不断分析总结后在官方网站上公布如何使用，具体可以包括 API 接口、数据信息的使用标准、流程、参考接口设计模式等。在此基础上，整理、发布和展示提供的所有 API 接口、数据标准等列表信息，从而确保所有生态提供商都可以借鉴成功经验，采用统一标准，统一管控。

在商业银行层面，作为生态银行的经营者和参与者，应当建立网络安全治理架构。包括全面的安全政策、安全目标和措施，明确和分配关键角色和职责，以执行安全措施和管理操作性风险。按照国家个人信息保护法规中的个人信息处理者的义务要求，采取必要措施确保个人信息处理活动符合法律、法规，并防止未经授权的访问，以及个人信息泄露或者被窃取、篡改、删除；与生态银行的参与方共同管理个人信息，避免侵害个人信息权益承担连带责任；通过自动化决策方式进行商业营销、信息推送等，提供不针对个人特征的选项，并考虑运营敏捷性，将安全遥测技术整合到数据分析中。按照国家数据安全中数据安全保护义务的要求，明确数据安全负责人和管理机构，落实数据安全保护责任，建立健全数据安全管理制度，采取相应的技术措施和其他必要措施，保障数据安全。在搜集数据时，应当采取合法、正当的方式，不得窃取或者以其他非法方式获取数据；开展数据处理活动应当加强风险监测，在发现数据安全缺陷、漏洞等风险时，立即采取补救措施；在发生数据安全事件时，应当立即采取处置措施，按照规定及时告知客户并向有关主管部门报告。商业银行逐步通过使用自动化等新技术来响应安全事件，依靠机器学习和人工智能等技术来加强安全运营，提升运营质量、规模和专业化水平；通过简化和标准化技术工具集，增强安全态势，帮助生成洞察，建立必要的程序和系统，以识别、测量、监测和管理因提供服务而产生的各种风险。

在参与方层面，根据生态银行模式下的统一标准，要求各参与方应具备相关基本资格，包含具备良好的声誉、稳健的财务、高质量的业务和管理流程，并具备网络安全、预警监控、风险缓解措施和应急计划的风险管理能力等。商业银行需要负有对上述资格的审查义务，必要时可以引入专业的第三方机构进行评估和审核，只有通过了审查的参与方才能接入生态银行平台及网络，保证生态各方的组织、接入、监控等方面的安全性。同时各参与方对个人信息的使用，要严格按照国家个人信息保护法的要求，确保个人信息的处理安全。

在个人层面，商业银行需要根据国家个人信息保护及数据安全等法规的要求，明确个人信息处理活动中个人的权利，确立遵守以"告知—同意"为核心的一系列规则。而生态银行模式的各参与方需明确个人信息处理者的合规管理和保障个人信息安全等义务，强调处理个人信息应当采用合法、正当的方式，对客户全生态旅程场景涉及的数据，包括围绕敏感权限索取、隐私政策、用户注销渠道等最终用户关注的热点，实施全生命周期安全管理，承担个人信息处理的义务，履行个人信息保护的职责，注重和加强个人信息处理的合规与安全。

加强全链条安全管理

在传统的银行系统中，企业边界充当断点，而在生态银行模式下，面对互联网快速发展的挑战，商业银行需与客户建立新型的合作伙伴关系，由多方参与的安全管理已成为常态。整个生态链与合作伙伴网络共担责任，所有的参与方都需要从生态的全链条共同进行安全管理。

首先，需从商业银行内部数据孤岛向生态联盟数据演进，制定安全管理策略、安全管理制度及实施细则。按照设立安全管理制度、安全管理机构及安全管理人员等方法进行生态银行模式下的安全合规管理标准制定及安全度量设计，按照度量指标进行安全管理全生命周期设计及检查跟踪及执行，从而实现安全管理的规范和互通。

其次，在商业银行提供的 API 或 SDK 服务接口上，以《商业银行应用程序接口安全管理规范》为指引，围绕 API 全生命周期，遵循分类管理和风险防控原则，建立覆盖全过程 API 安全管控体系。通过规范 API 技术，规范安全编码要求，使商业银行使用的编码规范、源代码设计与控制、版本管理等符合安全标准，进一步明确 API 技术，实现内部与外部互联的金融服务模式；通过规范逻辑架构要求，明确 API 直接链接或者用 SDK 间接链接的方式应用程序接口服务方式，明确商业银行服务对外输出的标准和要求。

再次，除了加强内部管理及对外输出的标准接口安全之外，还需加强参与方安全管理。商业银行需要整合生态银行的所有参与者，共同联合筑牢安全防线，包括在参与方准入时，需要根据标准建立参与方准入的审核机制和协议模板，秉持分级准入和差异化管理的理念，在接入机构准入环节启动严格的审查程序，避免接入资质不佳的参与方增加业务风险。在开发生态银行创新场景时，需要依据合作场景是否涉及敏感信息处理以及资金流动操作，划分为不同的安全级别和管理模式，同时需要商业银行不断提升自身科技能力和行业观察及研究能力，对接入方的业务需要有较深入的了解，了解接入方的产业链和业务模式，对其业务拓展和创新环节可以有较好地把握。商业银行可以设立银行业与应用方的责任清单，划分有效的安全边界，充分利用新型安全技术手段，主动鉴别接入方的操作是否存在异常等。

最后，在生态银行模式下，商业银行应充分利用各种外部资源，与相应的行业协会或核心企业合作，达成战略协议。通过这类协会或者核心企业相关机构了解参与方在整个产业链的位置和经营情况。通过深入了解生态银行模式下的各种参与方，便于商业银行判断异常情况。同时，商业银行需要建立企业级的参与方管理，形成参与方清单池管理，并建立入池、出池等一系列标准及规范，在商业银行企业层面形成统一管理，并逐渐积累产业认知经验，提升自身对接入机构判断的能力，形成良性循环。

落地智能化安全运营

在生态银行模式下，由于数字技术与金融业务的深度融合，光靠扩展现有的安全模式，难以适应开放生态中不断变化且愈加复杂的安全运营，生态银行需要不断变化，多方协作，充分利用大数据、人工智能、云原生等新技术构建智能化、精细化、场景化的安全运营新模式。

围绕共担责任模式重新定位：在云原生时代，不断变化，多方协作是混合多云安全运营的特点。传统的安全运营模式假定银行能够完全了解自己的安全平台，而生态银行模式基于更为云化、分布式的运营模式，其安全服务整合了众多资源。商业银行必须确保让众多参与方提供的各种不同的运行环境保持一致的安全态势。

构建多参与方联合智能防控体系：在构建生态银行的过程中，接入对象众多，端口开放性提升。开放式安全框架提供了一个机遇，让安全性摆脱专有和孤立的牢笼，将社区验证的设计与社区驱动的反馈，以及基于社区的支持结合在一起。这种方法鼓励参与、共享，过程标准化和简化。在安全战略方面，云原生各类技术设计的优点在于将复杂的运营变量（包括硬件、软件、配置和支持）转化为一系列标准化的服务，这些服务可在不同参与方的环境中交付和管理，实现统一的安全服务管理，精简运营以促进协作，从而增强网络弹性。

发展违规操作智能判别：传统的银行业务模式已经形成了较为完善的风险防控、反欺诈、反洗钱等操作规范和流程，但在生态银行模式下，对违规操作的场景覆盖要求更全，风险处理要求效率更高。因此可以充分利用云原生及5G、大数据、人工智能等技术，结合新场景及新技术的应用，增加智能识别功能，以大数据、人工智能的方式鉴别违规操作，降低风险防控的边际成本，提高对风险的预判，这将是适合生态银行避免外部违规、超限操作的有效途径。

实现智能防控赋能：结合大数据、人工智能等技术，提升传统安全问题的处理速度和效果，将推动网络和信息安全从依靠专家经验的手工业时代，向机器学习自动化和人机协同的工业化时代演进。通过人工智能赋能金融服务安全生命周期的安全管理，有效缩短软件安全开发的时间，提升研发效率，采用自然语言处理、图神经网络、深度强化学习等技术自动理解程序逻辑，寻找漏洞，是生态银行安全防控的有效手段。

实施全周期安全技术

云原生时代，网络安全生态正在被赋予新的定义。在生态银行模式下，需实施全生命周期安全技术管理。商业银行应以开放平台等信息系统为核心，建立配套的全生命周期安全管理要求，从安全设计、安全部署、安全集成、安全运维、服务终止等各个方面进行安全保障。

首先，在生态模式下，针对最主要的API接口、SDK等技术，需要借鉴等级保护基本思想，实现统一的分级分类管理。根据生态银行接口的服务类型、服务内容、安全级别定义不同的保护策略。例如，将提供与用户关联度高的账户信息类接口定义为高安全级别，在应用方身份认证等方面采用白名单、双加密、数字证书及组合等复杂的技术安全管理方式，对于查询金融产品和服务信息等应用类接口，可以只使用密文技术进行身份鉴别，从而提高接口效率，降低安全成本。

其次，要全面关注数据安全和个人信息保护。根据国家个人信息保护、数据安全等法规及政策要求，商业银行应以数据生产要素的视角建立数据安全控制体系，按照零信任安全模式明确地将信任转化为一种运营变量，进一步扩大安全保护伞的范围。商业银行强化安全技术应用，使用访问控制、上下文数据，以及风险/信任评分等技术，阻止网络中未经管理的数据移动，完善数据权限控制，提升员工安全意识，约束合作伙伴行为。生态各方安全管理者必须就风险和价值进行更深入地研究和分析，防范金融数据风险。在合法合规的情况下，探讨去标识化、匿名化数据的共享和转让，保障数据全生命周期安全。

再次，需要在基础层面加强网络安全建设。商业银行应落实国家网络安全战略，履行《网络安全法》及管理部门的安全要求，以"纵深防御"理念为基础，以技术创新为驱动，通过云原生、分布式等技术助力信息基础设施落地，打造升级、融合、创新的基础设施体系。强化网络边界安全，构建统一、立体、层次化的可持续攻击防御体系，针对容器镜像，采用分析工具与人工审核的方式，进行漏洞安全检测及加固，借鉴切片、边缘计算等技术打造5G核心网的安全等。

最后，像 DevOps 和 DevSecOps 这样的云原生运营模式越来越受欢迎，因为这些模式以一种整体的方法处理开发、配置和支持，将它们作为相互依赖的变量。DevOps 整合了软件开发、部署和支持职能，实现持续集成与交付（CI/CD）能力。DevSecOps 是对 DevOps 的改进，通过运维开发智能化、一体化等手段确保将安全能力整合到开发与交付生命周期中，实现高效安全管理。

第九章　云原生时代及其生态安全

创新全旅程安全验证

建立、健全以金融科技应用风险监控平台为核心的安全验证模式体系，推进商业银行开放 API、SDK 等服务应用场景的动态监测，及时发现业务运营过程中的系统中断、钓鱼、仿冒、安全攻击、信息泄露等风险，多维度、多视角控制安全风险，对安全场景进行功能验证。

常态化：组建自主攻击测试队伍，不分时、不预警地随时选择高频次、流程跨度节点较多的复杂场景进行攻击验证，形成内部常态化的安全攻击测试。同时对安全运营机制定期分层级分角色进行检查、跟踪和完善。

多元化：与外部国家专控团队、监管推荐同业成功团队等进行多方面合作，面向公众引入多方输入进行众测，成立公开 SRC，依据用户全旅程场景进行选择，确保安全验证全面覆盖场景。

实战化：面向潜伏和数据窃取，内外部实战化攻防演练，不断增加生态银行安全模式的稳健性。

"生态银行"在国内尚处于蓬勃发展初期，安全是红线，如何平衡场景创新和生态安全，防范各类新技术应用引发的金融风险，对于金融机构非常重要。商业银行在构建生态平台时，在风险控制理念、安全治理体系、安全管理制度、安全技术管控等方面仍大量沿袭传统模式，而金融服务开放力度持续扩展，生态应用场景生命周期覆盖节点持续增多，新技术的成熟度等使安全防护难度加大。

展望未来，生态银行的安全建设任重道远，安全体系亟须开展相应创新探索以适应新形势的发展，需将生态银行、云原生体系及安全运营结合在一起，重新建构生态银行安全管理组织，实现责任共担，成果共享，并利用智能技术，满足云原生时代的生态安全管控需求，同时需更专注于业务弹性，重新定义生态网络安全的价值主张，通过以社区形式重构安全运营，稳健控制风险，协力构建行稳致远的生态银行发展新模式。

第三篇

千里之行　始于足下

生态银行是一场技术革新，意味着商业银行不再仅仅是一个金融机构，而是一种随时随地、无处不在的服务。商业银行只有提高认识、调整打法、创新理念、及时跟进，将生态银行视为金融革新的下一个"风口"，将 API 作为经营发展的战略性资产，将模块化、平台化、差异化的开放型服务能力作为获客导流的"护城河"，把握金融科技时代的发展潮流，才能在激烈的市场竞争中占据一席之地。

通过聚焦生态（Ecosystem）、共生共赢（Engaged）、专业赋能（Enable）、无感泛在（Everywhere）、智慧引擎（Electronic）的"5E"生态系统，商业银行全面实现业务模式升级，激活并释放伙伴、客户（用户）、技术、数据、人才等生态要素的综合创新潜力，穿行于企业上下游价值链，穿透母子公司价值网，穿越货币市场和资本市场，以生态用户的实际需求为中心打造协同融洽的生态体系，走出一条敏捷自进化，并与生态伙伴协同进化的生态银行发展之路。

第十章 聚焦生态：
构建生态化的金融定制能力

> 世界上没有奇迹，只有专注和聚焦的力量。
>
> ——牛根生

生态源于适应、蝶变和共生。从传统银行向生态银行转型，第一，必须积极主动，由内而外的转变，通过内部敏捷自进化快速适应外部环境；第二，以战略为先导，坚持以终为始的原则，自上而下确定向生态银行转型的战略愿景，并逐层分解至可执行的流程能力，构建 SOX 面向未来的多维系统架构，形成"乐高式"的企业级能力组合；第三，坚持聚焦行业、聚焦场景、聚焦客户，发掘核心优势，通过比较优势快速集聚生态，通过可控聚变共同进化；第四，生态银行转型必须坚持第一性原理，秉承双赢思维，集合生态资源，向生态合作伙伴、生态用户（客户的客户）提供金融或非金融综合服务；第五，知彼解己，要充分理解生态系统多业态、高关联、全周期的特征，深度分析生态成员角色、核心业态、分布式商业模式的特点与演进，及时响应需求侧涌现的新要素，进而"Bank the World"；第六，统合综效，做最擅长的事情，如客户营销管理、风险模型控制、监管报备等核心能力，然后将其他生态伙伴提供的服务串联起来，以数据为链，以科技为动力，实现资源的高效整合与配置；第七，持续更新，适应生态环境变化。生态银行也需持续内部迭代构筑自进化能力，围绕用户全方位需求实现无感、泛在、浸润式服务的"金融+"机构。在依托有条不紊的内部调整形成自进化能力的基础上，商业银行如何结合自身比较优势，做好战略聚焦并保持战略定力，构建生态化的金融定制能力，培育生态体系，是本章分析的重点。

生态银行——敏捷进化实践

第一节　生态银行机遇与挑战

　　未来银行靠生态银行制胜。近年来，商业银行业务开始面临来自同业竞争、新技术、业务创新等多方面的压力，在某些地区出现了业绩下滑的趋势。从全球范围看，商业银行业绩的增长大部分来源于新兴市场，主要是拉丁美洲和亚洲，而欧洲的银行的净资产回报率已大幅跌穿成本线。即使在同一区域内也存在两极分化的情况，部分银行占据了价值创造的绝大份额，剩下的银行不是勉强维持生存、捉襟见肘，就是已开始出现亏损。

　　数字化时代的银行客户越来越普遍地要求获得精细便捷的体验、综合性的解决方案，以及更多的增值服务。随着客户需求和经营环境的改变，商业银行需要提供更为快速、高效、便捷的服务。数字化颠覆性地弱化了产业间的分隔，商业银行也不再是金融服务的唯一提供者，必须加快向生态银行的发展模式转型。据麦肯锡估计，未来十年，生态圈将取代全球众多价值链，或可换算成60万亿美元的收入，占全球经济总量的30%以上。商业银行需要在这些生态圈中发挥积极作用，可以直接参与生态圈或组织协调生态圈。无论哪种情况，商业银行都可以通过生态圈进入其他行业与市场，创建新型商业模式，创造巨大的收入增长空间。

　　生态系统是跨行业参与者的交织网络，它们共同定义、构建和执行客户及消费者解决方案。一个生态系统是由一组参与者之间潜在协作的深度和广度定义的：每个参与者都可以交付一个消费者解决方案，或者贡献一个必要的功能。生态系统的力量在于，没有一个参与者需要拥有或操作解决方案的所有组件，而生态系统产生的价值却大于每个参与者单独贡献的价值之和。

　　生态银行转型面临的挑战。生态银行比拼的是其场景能否更有效触达客户，能否以客户为中心链接合作伙伴，能否细分客群的需求与服务，用场景获得流量和数据，让生态更加充满生机，不断增加用户的黏性。但在生态转型过程中，大多数银行都面临以下一些问题的困扰。

第十章 聚焦生态：构建生态化的金融定制能力

思维局限。中国的资本市场以间接融资为主，导致了全社会乃至商业银行自身，对商业银行角色的认知固化。一些互联网公司利用自身优势，在场景金融服务中占据先机，商业银行的落后，归根结底是思维的局限。

战略犹豫。构建生态系统需要战略投入，战略定力。以荷塘效应来描述生态系统演变的奇点效应：假设第 1 天池塘里有一片荷叶，1 天后新长出两片，2 天后新长出四片，3 天后新长出八片，可能到第 47 天，池塘里还是只有不到四分之一的地方长有荷叶，大部分水面还是空的，而令人瞠目结舌的是，到第 48 天荷叶就盖满了半个池塘。在第 47 天的临界点之前，信息可能都处于缓慢的滋长期，难以引起人的注意，而一旦过了临界点，在第 48 天，瞬间爆发，其影响力将让人叹为观止。在生态系统新时代，现代商业社会任何行业都可能因循荷塘效应，前面的大部分进程常常缓慢且不显眼，但其实都在为形成临界点蓄势。一旦超过临界点，新兴的竞争者就会对传统行业带来颠覆性的影响。

开放隐忧。生态系统更多是协作，唯有共享协作方可促成生态系统。许多参与方不愿放弃自己的客户或资源，必须从根本上改变思维模式——共享开放，允许合作伙伴做擅长的事情，实现"1＋1＞2"的合作绩效。

能力短板。商业银行信息化始于 30 年前，采用竖井式开发模式，以客户为中心的业务流程严重缺失，未形成崇尚极致体验、精准服务、创新容忍、变革迭代的文化风气，且响应周期较长、客户体验不佳。因此，要在流程、授权、制度、风险管控等传统银行文化中融入数字基因难之又难。在商业银行数字化转型过程中需要通过"自建生态和共建生态"双管齐下的方式，建立杠铃形的生态和智能服务合作伙伴的协作机制。其中主要存在四方面挑战。一是平台化的挑战：如何通过共建生态，基于中台智能分析，实时动态感知和响应客户在消费生态全旅程的最佳体验需求。二是安全和风险的挑战：如何通过实时智能工作流的方式，激活流程微循环的实时感知和响应，同步提升客户服务和风控的质量效率。三是资源和能力的挑战：如何通过培养更多的科技人才跟上技术和市场发展的步伐，使提供的产品服务移动界面能根据目标客户消费旅程或生产经营流程适时展开和参与交互。四是决策者面对的挑战：如何具备顺应时势、拥抱变化的视野和胸怀，同时善于运用科技和计量方法降低决策风险。

第二节　生态转型的四步法

"银行还停留在产品的时候，互联网企业已经在做生态"，为弥补这种落差，商业银行可通过"平台"链接客户及合作伙伴，构建覆盖各个消费领域及客户生命周期的生态系统，集成客户、银行、服务及商品的提供者，提供场景化金融服务。通过生态系统计划寻求颠覆性成长的企业必须首先做一些准备：制定正确的方向，找到正确的合作伙伴，跳出传统的界限思考问题。市场运作是每个生态系统的核心。当生态系统参与者将它们的功能、技术、行业优势和能力结合起来时，可以为客户提供独特的价值主张。

从顶层开始聚焦生态

企业领导者全力支持是关键，但支持不能仅限于领导者的使命声明。企业领导者与生态系统转型工作组之间一定要建立长期、直接、有效的沟通渠道。生态系统是一个浩大的系统工程，需要时间和资源持续的投入。举办跨条线、跨单位的沟通，让参与者有机会提问，统一思想，这样会大有助益。外聘专家也可以发挥作用，传授专业的工作方法、学习同业的领先实践，丰富生态系统理念。同时，商业银行将专业技术、业务流程，以及在风险和监管方面的优势结合。商业银行的战略必须通过业务模型或价值模型逐层分解至使命目标、客户、渠道、产品、流程、数据、合作伙伴等关键业务能力上，这样生态银行的战略愿景才能激发全员的兴趣。

商业银行在评估自身定位时，首先要审视自己的实际市场地位、优先事项、目标水平。在此过程中，有几条通用原则可指引决策选择。比如，大型商业银行可以凭借自身的优势资源，加码投资新兴科技公司，自建生态。区域型银行通常受限更多，但同业、客户、合作伙伴间的紧密合作也会令其格外受益。成功的道路是复杂的，需要战略执行的定力，也需要强大的预算和资源的保障。美国某头部银行已经投资数十亿美元与几百家金

第十章 聚焦生态：构建生态化的金融定制能力

融科技公司建立起合作伙伴关系，涉足线上经纪、支付供应商、市集借贷公司等业务。商业银行的角色必须与其战略定位、产品重点、目标市场保持一致。生态银行允许企业、合作伙伴和客户以智能方式进行数字链接，创建新的商业模式，从而实现指数价值的增长。拥有一个强大而清晰的自身定位，可以让商业银行选择适合的合作伙伴来进行生态创新，也可以让其他生态系统合作伙伴了解如何更好地进行有价值的合作。

强化生态系统思维

在上述挑战的应对策略上，在"你中有我，我中有你"的复杂生态环境下，需坚定"敏捷自进化的生态银行"核心理念，采用 Bank－as－a-Platform（BaaP 银行即平台）形式，将企业级组件化能力与大数据、联邦学习、自然语言处理等人工智能技术紧密结合，不仅能实时、准确地洞察客户生态全旅程的需求，而且具备乐高积木式的拆分和重组产品服务的能力，快速按需定制客户个性化解决方案。企业必须探索如何跨组织进行合作来提供联合解决方案——这对未来的成功至关重要。沃尔玛采用了一种生态系统思维模式，以跟上未来在线购物的发展趋势。该公司正与谷歌合作，使客户订购产品更便捷。沃尔玛计划允许顾客通过人工智能驱动的谷歌助手进行购物。有远见的领导者为未来的生态系统创建了一个远景，并站在专业人士角度执行。

在成功的生态系统中，每一位成员都受益于其他成员的参与。商业银行必须树立多方共赢的价值主张，为客户和合作伙伴提供明确的激励。每一家参与的合作方都应有所贡献。在筛选合作伙伴的时候，领导者们可以考虑那些变化迅速、具备新价值源泉或者对其客户基本盘有重要意义的行业。生态系统领导者掌握了识别生态系统合作伙伴的协调级别及其参与产品开发的能力级别。这些级别清楚地定义了如何共享数据，以及如何衡量成功。例如，通用电气和微软将携手进军市场，整合它们的 Predix 和 Azure 平台。Predix 应用程序通过 Azure 业务云提供见解，允许用户"改造产品、优化运营、授权员工改善与客户的沟通"。

设定清晰的路线图和伙伴识别

商业银行的决策者们必须尽早识别生态银行转型的关键价值领域。在有些地区可能是贸易融资，在其他地区也许是企业借贷或者数据驱动应用。例如以供应链上下游企业管理场景平台为主的生态系统，平台中集聚了工业企业、全国性和地方性银行、科技公司、律师事务所、证券公司、交易所等。而贸易融资、跨境支付、包括反洗钱和 KYC 在内的交易监控、企业借贷这些领域，也开始有潜在 API 应用案例涌现。生态银行的核心是市场运作，即对生态银行参与者具有巨大收益潜力的颠覆性增长机会。生态银行参与者应该对这些运作有一个清晰的策略：为市场运作定义远景、业务场景、关键和路线图。路线图应概述生态银行将如何孵化、推出和扩展生态银行产品和服务。

在当今竞争激烈的商业环境中，商业银行不能单打独斗，需要合作伙伴的帮助。这些合作伙伴能够带来独特的能力、数据、客户和行业知识，成为生态银行创新的源泉。行业决策者们正在认识到生态系统的力量——这是一种经过验证的能够推动增长的结构。当如此多的颠覆者利用这一块跳板来发展时，等待并不是一种明智的选择。各种伙伴可以补充生态系统战略，但这些合作伙伴必须经过仔细挑选。生态银行业务模型成员关系按成分分组，成员扮演独特的角色，合作伙伴向客户交付新的价值主张。生态银行合作伙伴提供的互补能力、协作思维、领域专业知识、客户关系和数据将有助于创造市场价值。

做好 IT 和数据铺垫

数字平台和数据是生态银行的血液，是交叉授粉、产生新洞察、实现更精准定价，以及提供创新服务的原动力。数据多元化作为一个重要目标，部分是依赖合作伙伴关系实现的。更广范围的数据可以支持数据分析驱动的场景规划，帮助商业银行了解如何发展生态系统、数据用在哪里能够增添价值等。当然，生态银行必须建立相关规定，说明数据的哪些部分要保持私密。同样，生态银行还要确保合作伙伴在转化或丰富自己的专有信息

第十章 聚焦生态：构建生态化的金融定制能力

之后，会与自己共享成果。生态银行要自问：数据管理是否存在某种最终目标状态，能否驱动价值创造？技术是重要的推动力，遍地开花的云数据库，包括自然语言处理的人工智能技术应用，深度学习和神经网络在内的科技越来越多地帮助商业银行获得新的洞见。商业银行必须愿意审视数据和应用架构，推动外部互联，在API方面投入建设。

第三节 生态转型的关键能力

生态系统新时代的银行战略地图

当今世界，绝大多数领先商业银行都已经开始实施生态银行战略。88%的商业银行认为生态会改善银行和客户的关系，89%的商业银行认为生态战略是未来银行业最主要的价值创造来源。然而在生态系统新时代，企业想找到产品服务超级客户体验所引发的企业价值爆发的"奇点"，需要先搞明白生态系统中的爱因斯坦方程式（$E = MC^2$），从生态系统的广度和跨界竞合的灰度，对价值定义、价值交付和价值制造展开分析，以审视价值交付的超级客户体验是否有从价值定义到价值制造的有效支撑，这就是生态系统新时代企业战略地图（或称价值模型）。

愿景、使命、目标、战略和战略能力。生态银行由市场驱动，注重产品开放、场景开放与平台开放，通过与金融科技公司的融合与分工共建开放生态是大势所趋。各银行主体首先要从内外部环境按照优势（S）、劣势（W）、机遇（O）与挑战（T）四个维度进行深入分析并提炼与总结。在内外部环境分析中，SWOT各维度分析要点进行交叉匹配，审慎结合外部的机遇和挑战，根据自身情况形成特色化的发展道路，进而明确自身的愿景、使命、目标、战略和战略能力。例如，某行确定了打造"最佳体验的现代财资管家"的发展愿景，坚守"服务国家战略、服务实体经济、服务美好生活、为股东创造持续价值、为员工打造广阔舞台、为社会履行法人责任"的使命，并将愿景与使命战略分解到"聚焦生态""共生共赢""专业赋

生态银行——敏捷进化实践

能""无感泛在""智慧引擎"五大战略能力中。

价值定位。生态银行在全球呈现快速发展的态势，银行业务从"内部场景"向"外部场景"延伸，金融产品按照功能分类可更加细致地分解与重组，与第三方合作机构开展更加深入的技术、服务和流程方面的合作，通过与场景生态伙伴的深度合作，共建线上交易生态圈；生态银行服务从"各自为政"向"合作共赢"转变，传统商业银行以银行自身独立服务为主，未来生态银行需逐步走向市场融合、跨界竞合、生态共建的方向；生态银行服务模式从"客户体验"向"用户体验"扩展，当银行业务从内部场景向外部场景延伸时，其服务模式从以客户服务和产品为中心，向以用户需求与体验为导向转型，提供嵌入场景的服务。例如，一对90后年轻人筹备新房和配套家具，可以充分利用碎片化的时间，使用手机、平板电脑在专业网站上享受选房、协商房价、定制家居、融资、付费、搬家、办证等一整套综合服务，其中生态银行嵌入的服务包括房屋按揭贷款、装修贷款、家居贷款、代理保险、代缴水电气网话费等综合配套金融服务。这种个性化、综合化的超级客户体验是源自产业互联网上虚拟化制造商、经销商、银行、保险公司的跨界集成服务。又如，"工业4.0"是一个将生产原料、智能工厂、物流配送、消费者全部编制在一起的大网，消费者只需用手机下单，网络就会自动将订单和个性化要求发送给智能工厂，由其采购原料、设计并生产，再通过网络配送直接交付给消费者。这可以省却销售和流通环节，整体生产成本将比过去下降40%。"工业4.0"带来的新一轮去中介化将给工业品制造商和网络渠道销售商带来全面冲击，全面向个性化、智能化、实时化、综合化服务转型，产生与产业互联网和产业物联网无缝融合的"虚拟化企业"。与生产和消费衍生存在的金融支付和财务管理需求也必将随着"工业4.0"的脚步接踵而来，产生了能与产业互联网和产业物联网无缝融合的"虚拟化银行"，进入"银行4.0"时代。

客户定位。随着零售业务模式逐渐从B2C转向C2B，批发业务模式从B2B转向B4B，商业银行的关注点从过去的"我有什么，你要不要"转变为"客户想要什么，我们就提供什么"。随着80后、90后的消费能力不断增长，传统的标准化金融产品已不能满足年轻客群的个性化需求，提供更

第十章 聚焦生态：构建生态化的金融定制能力

多个性化的产品和服务已经成为行业共同的目标。80后、90后等年轻人群普遍更加追求自由、彰显自我，拒绝千篇一律，崇尚"不一样"的生活品位。例如，某银行特别针对年轻族群的兴趣、爱好开展调研，并特别为年轻、时尚一族量身定制专属一卡通，这类卡成为其钱包中最亮眼的一款。又如，"i世代"是基于场景的金融服务大众客户化定制原住民，在未来的3年到5年内，将逐渐成为商业银行零售营销的主力社会群体。传统的营销模式和单一的产品服务已经无法满足多样化的零售金融服务需求。

生态银行需通过多元化的方式与生态伙伴构建生态，以生态资源服务生态用户。在客户经营中引入生态视角，清晰界定生态、系统、圈链、平台、场景的边界，并划分客户群体。例如，针对税务、教育、医疗、住建等政府或事业单位，要将协助其进行公共事业服务平台的智慧升级作为切入点，重点经营"机构客户的客户"。例如，可以医疗、住建、教育等为起点，充分发挥当地资源禀赋和合作关系，通过平台接入的方式服务G端，并延展至B端、C端客户。

客户关系定位。生态银行涉及多个系统、圈链、平台、场景，各类型客户/用户通过不同组合形成复杂多样的生态组织，而聚焦生态则要求银行从传统的经营单个客户转为从生态视角出发，在生态内向上溯源、向下延伸，多维度经营生态用户和银行客户。生态银行作为金融产品和科技服务的供应商，为生态伙伴提供"金融+科技"功能。围绕生态伙伴全景生态图谱，向生态伙伴输出银行智慧服务能力，如智慧营销、智慧账户、智慧融资、智慧风控、智慧理财等。例如，通过集团客户及其子公司触达"集团客户的客户"和"集团客户的朋友圈"，同时通过数据归集和数据沉淀，奠定科技赋能的底层基础。生态银行作为客户综合化解决方案的整合者，在提供自身金融产品服务的同时，通过底层API对接精选第三方服务提供商（财务管理、税务管理、ERP、OA集成、差旅服务等），进行合作伙伴能力的投射和管理模块的集成，为客户提供一站式服务，如针对机构客户和圈链客户，提供一站式、综合化的客户解决方案，同时通过数据沉淀，形成数据资产。

渠道定位。线上线下一体化经营，明确不同渠道的价值定位：线下渠道承接线上客户转入激活和高端客户经营,实现客户价值提升的"机械增压",线上渠道承接生态流量与线下客户转入,实现客户价值提升的"涡轮增压"。生态用户通过线上渠道无感导入,并分流至线下网点进行激活,实现"生态用户促转化"。线上渠道派单至线下网点后,线下网点充分发挥营销职能,完善标签体系和画像,推动交叉销售和业务拓展,按照客户属性分流管理,推动第二次价值提升,实现"基础客户争跃迁"。在对公层面,通过APP、企业网银、API三类工具形成全面便捷的线上服务入口,对接不同客户的需求,打造超级门户。集团客户和圈链客户,针对其风险安全级别要求较高、财务管理流程较为复杂的特点,服务入口以企业网银和API为主,重点改善客户体验;针对机构客户,因为其有着严格的资金监管要求,业务主要发生在自身平台上,生态银行服务主要以API形式接入;针对广大散客或长尾客户,具有一定轻型、多样的非金融需求,可以通过公司银行APP提供丰富的增值服务,重点实现广泛拓客、获客、黏客。例如,打造供应链金融服务平台,以"数据+金融+场景"方式部署产品链和资金链。在资产端,将供应链金融服务平台与核心企业的ERP系统、生产系统实现对接,便于了解核心企业上游供应商、下游经销商的资金需求,同时确保贸易数据、企业资质等信息的准确性;在平台端,将供应链金融服务平台、银行风控平台和企业资金结算与现金管理平台等相互打通,实现交易数据、贸易数据的归集,构建交易信用,降低风险评估成本,高效支撑风控模型;在资金端,供应链金融服务平台在对接银行自有资金的同时,也可以通过供应链ABS、再保理等形式获取外部资金。对企业,帮助核心企业扩大销售,帮助小B端企业盘活资产和资源、缩短融资周期,降低财务成本。对产业链,可以降低交易成本,提升产业链运行效率。对银行,有助于提升获客能力和降低服务成本,积累沉淀数据,并带动交易银行、投行、托管等业务发展。

关键流程能力定位与客户旅程。在生态银行智能流程时代,银行必须建立组件化的业务模型和面向服务的架构,定义清晰的流程能力集与数据边界,运用大小数据分析和客户需求感知响应才有可能直接落地到服务情境中。实时智能处理流程如同计算机最初替代算盘,或者像"快贷"替代

第十章　聚焦生态：构建生态化的金融定制能力

传统线下信贷，处理业务的关键逻辑不会变，基本过程还是有，但在很大程度上是嵌入流程的智能化之路，或者是执行若干预设路径、预设阈值的智能，达到灵活自定义流程的智能需要不断迭代实践积累。生态银行的关键能力就是可以将业务流程敏捷灵活配置到生态平台中的各种场景，实现流程的实时可编排，同时灵活的流程是基于底层可调用的相对稳定的模块最终完成的。以居住生态中的购房旅程为例，在找房、造房、房屋贷款、装修、搬家、物业管理六大环节中，银行与房产中介、物业等平台合作，自动生成备选房屋比较结果和贷款方案，并在房屋贷款、装修环节提供相应的抵押贷款或消费贷款产品，在搬家、水电煤和物业管理等环节配套移动支付等产品，这背后需要登记房产信息、撮合买卖方交易、准入借款人资质、审批借款人额度、签订搬家服务协议、扣收水电煤气费等一系列关键流程能力的编排与整合，从而将生态中的用户自然地发展为生态银行客户。

关键合作伙伴定位。既然生态系统分享经济新时代需要以竞合（co-opetition）方式跨界共创和服务链接，那么，生态银行应将战略价值定位与生态系统平台中的关键合作伙伴定位进行对接和校准。首先，通过系统对接，服务政府机构客户，置换资源和服务并提供给B、C端客户。通过为财政、税务、发改、海关等部门提供现金管理、智慧财政、支付系统、智能审批等金融服务和系统赋能，与政府部门建立深度合作关系，从相应部门获取系统接口，将智慧办税、智慧招投标、智慧清关等服务的入口集成到银行私域，为B、C端客户提供专窗服务，有效提升客户体验、增加黏性。其次，接入外部供应商，向客户提供多元、高频的嵌入式增值服务。突破传统的财务管理、金融服务的界限，为中小微企业及企业员工提供多元化增值服务，具体可包括资讯服务、移动办公、差旅采购、员工管理、法律服务、个性化日报、供应商管理、发票管理、资产打包等。这些服务具有高频性，可以有效增强客户活跃度。最后，从销售产品向销售能力转变，将自身在风险管理、投资识别、智能营销、客户服务等领域的专业能力和业务优势赋能给客户，帮助生态伙伴在营销及业务过程中识别并控制风险；帮助客户改善投资体验和投资业绩；通过银行在客户洞察、敏捷营销等领域打造智能引擎，帮助生态伙伴加深客户认知，扩大营销触达范围，提升营销效率；整合输出银行自身外呼中心、智能客服等客户服务能力，帮助生态伙伴更好地服务客户，提升客户体验。

"生态系统新时代的战略地图"，有助于企业找到从低维度商业模式向高维度生态模式进化的"虫洞"，寻找"虫洞"的前瞻竞争力来自对行业的深刻理解和对技术的深刻洞察。生态系统时代的价值创造特点是"个性化需求与规模化交付的统一"，其中有三个关键点：其一，利用信息化手段将消费者和合作伙伴引入"价值定义"全过程中，多方参与创新；其二，在"价值交付"上实现需求和资源的有效匹配，以人尽其才、物尽其用的方式整合各类资源满足消费者个性化需求；其三，在"价值制造"上运用大数据和柔性流程建立产品工厂，形成使复杂问题简单化、简单问题标准化、标准问题极致化的生态系统生存能力。

构建精益流程再造的业务中台 + 数字 AI 中台

对于致力于生态赋能的银行来说，中台是其腰背，流程是其脊髓及神经脉络。精益流程再造的业务中台和数字 AI 中台，是生态银行建设的必由之路。

如何把这种从业务角度出发的考量落实到由"点线面"及"与或非门"构成的流程图上，抑或是说如何让业务人员和科技人员能说"同一种语言"。其答案就在精益流程再造中。业务要有运筹学概念上的流程图，这个流程图中要有节点动作的收益、风险及成本，要有逻辑判断的路径。有了量化基础，才能谈整个流程的收益概率分布、失效概率分布及成本概率分布，才能有均值和标准差。科技人员的数字和图形思维通常好于对文字描述的理解，"if else"对他们来说再直白不过了。银行要有集团作战的概念，例如，相当一部分私人银行客户与对公业务客户可以互相转换。纯信用类的普惠金融业务难以实现盈利。如何体现定价是风险的合理报偿这个理念？假设银行构建的生态群里有小 B 端，其上游有中 B 端或大 B 端，下游有 C 端。已知某类客群违约概率对应的风险溢价是 8%，而银行只能收 5%，那么 3% 的差值可否看作是构建整体生态的成本？这些普惠的 B 端并不是银行

第十章　聚焦生态：构建生态化的金融定制能力

利润的制造机，真正使银行获利的是这个生态中的其他客户和业务，这就是生态银行"Bank the Customer's Customer"。精益流程再造在这里还起到了一个重要的作用，就是成本的控制。源开不了，就要从节流的角度下功夫，可控成本要做到最小化。

从科技视角来看。中台要从标准化、自动化和智能化三个方面进行突破。跳出数字金融这个圈子来谈，在任何生产经营活动中我们都可以做如下理解：标准化是自动化和智能化的基础，自动化是产生规模效应的手段，智能化是满足特异性需求的最先进工具。举个生活中的例子，某客户想个性化 3D 打印一个马克杯，模具的尺寸一定是标准化的，这样制造商才能批量化生产；打印机本身也是标准化的，这样便于自动化和程序化的调试；颜色怎么最符合客户的使用环境（家里还是办公室）？手柄如何符合人体工程学？这些靠智能化定制来满足客户独一无二的个性化需求。最后，客户拿这个杯子去接水，因为尺寸在最初模具生产的时候是标准化的，绝对不会出现杯子太高或太宽而放不进饮水机下面的情况。科技人员通常都具备了较好的标准化和自动化思维，在和业务部门的合作中，要从业务诉求出发，挖掘业务诉求背后的深层次动机，要敢想，带动业务部门去实现不可能的可能。

其实 AI 作为技术，怎么用还是要看业务流程和业务规则的要求。双中台中的数据中台需要提供有价值的数据服务以应用于业务流程处理中，以及后台业务管理分析中。很多的数据分析和服务离不开 AI 技术的支持，包括机器学习算法，自然语言处理，图像识别等。在业务中台也可能会应用到 RPA 等人工智能技术实现业务流程的智能化和自动化处理。因此 AI 是技术手段，会根据业务场景和流程的需要在双中台中被合理使用，以满足业务的处理要求。

从中台架构视角来看。中台的理念，是建立企业级甚至生态级的能力，是当前和下个十年创新转型的必要条件，但还不是充分条件。这里的中台暂且理解为之前阿里巴巴公司说的中台，阿里巴巴是互联网科技公司，技术和业务是高度一体化的，它的中台可以理解为是业务上前中后的中台，并且是由数字化科技手段赋能的业务中台。没有数字化科技手段赋能的业务中台，无法快速、高效率的持续创新转型。但要实现企业全面转型，只有中台这个条件不充分。至于充分条件，简单地从业务的前中后台上说，包括中台的领域级（可以理解为非企业级的速赢项目）、企业级、生态级流程和数据服务能力，前台的创新能力（包括针对用户、产品服务、场景应用、生态协作等），后台的精细化管理能力尤其是增强对前/中台的事前、事中管控能力，以及在这三者之上的企业战略规划布局能力（即战略能力），还有支持上述四者的企业架构级整体管控和战略落地执行能力。商业银行科技转型及中台设计项目涉及全领域的三级流程建模，以及价值链中客户及营销、产品服务两阶段的四级流程建模，加上把对战略规划的解析承接到目标模型中，再到IT整体架构和路线图设计，就是在设计企业转型需要的各种能力，而且也不只是与IT相关，其中还包括了对双中台的IT设计更细化，对核心基础能力的客户、产品、定价、核算的设计更细化并落到IT中台中。目的是全行级的同时，将核心基础能力做细，并优先落实在IT中台中，这部分基础能力通常需要更长的建设周期。

从生态赋能视角来看。以产业金融生态赋能为例，产业金融有两段，一段是企业数字化，一段是金融数字化。2018年拉开了产业互联网元年的序幕，企业数字化转型悄然巨变，尤以集团或企业集采场景为先，如TCL、创维、海尔、中石化、中交建等；另一类是科创企业推进的细分场景平台，如航旅场景下的易宝支付，医药场景下的药师帮平台等。一方面，商业银行科技转型及中台设计项目可全面支持其向数字化转型，全面厘清业务规则，精简业务流程，全面梳理出银行知识图谱，即精益流程再造的业务中台，这是产业数字金融的基础。在此基础上，商业银行可以事先植入数据要求，全面融入企业生产运营流程，通过设计的规则与算法实时监测或预警企业经营情况。另一方面，在企业端数字化的基础上，商业银行可以梳理出全新的企业运营数据的勾稽关系，形成新的评判逻辑与规则，也就是算法，这也将构建商业银行的AI能力，逐渐形成数字AI中台。精益流程再造的业务中台和数字AI中台双中台良性循环，将加速推进产融生态的形成。

建议实施如下推进策略：其一，按照企业价值链匹配嵌入金融乃至非

第十章　聚焦生态：构建生态化的金融定制能力

金融服务方案。全面梳理产业端企业战略投资、企业并购、项目建设、设备采购、原料集采、生产监测、库存管理、产品分销、仓储配送、废物利用、环境保护、员工管理、财务管理等全价值链、全场景业务需求；发挥商业银行比较优势，提供定制化融资、融智服务；双方共建共创商业模式。其二，以平台为依托，全面推进数字化，共建互联互通的产融生态。在双方价值链梳理的基础上，全面推进数字化、场景化、平台化建设；在平台化的过程中，全面推进互联互通，事先植入商业银行对生产设备、仓配物流、财务融资、水电用工等企业流程的数据监测指标要求，同时发掘企业流程中数据间的关联性，发现新的企业行为评判标准，创新新型服务产品或方案；通过数据积累，实现数据信用；随着平台的不断成熟，逐渐形成行业系统级标准平台解决方案，通过平台、系统、商业模式的输出共建新的商业模式。其三，由简入难、分级分批，持续推进。初期在生产管理场景平台的基础上，基于现有商业银行产品服务方案，推进供应链金融嵌入式服务，如在原材料采购场景下在线嵌入流动资金贷款、电子银行承兑汇票、国内反向保理等金融服务；逐渐拓展设备管理、库存管理、仓储配送、财务管理、员工管理等其他场景，全面构建包括设备质押、仓单质押、数据质押、财务规划、员工代发、员工理财、出差报销等一系列产融图谱的跨 B 端、C 端产融生态；最终形成行业级标准化解决方案，进行产融管理输出，搭建行业生态圈，服务更多的行业生态企业。

重塑生态系统新时代的客户体验之旅

如今是 B2C 和 B2B 已经落伍、C2B 和 B4B 大行其道的因客创新时代，银行家应该学会直面差异（appreciate difference），因客制宜、因时制宜、因地制宜提供实时智能的精益服务。只有以持续的价值创新能力重塑客户体验之旅，才能在生态系统新时代的市场竞争格局里中流击水。

天下大事必作于细——重塑客户体验之旅需依托价值创新。在"互联网＋"的生态系统新时代，客户体验被有形化，能够看得见、摸得着地展现在客户面前，其影响凸显出强大作用。因此，良好的客户体验已经日益成为商业银行业务的核心竞争力之一，只有通过产品服务价值创新才能真

正重塑客户体验之旅,这是关乎生态系统新时代市场竞争格局的大事,而"天下大事必作于细"。这里的"细"在于两个方面:

其一,在于整合客户之声 VOC、数据之声 VOD 和流程之声 VOP,重塑客户交互流程。客户体验不同于用户体验(User Experience, UE),后者是一种纯主观的且用户在产品或服务交互过程建立起来的感受,而前者既包含后者,也包含在客户全生命周期中,产品、服务、系统、员工、品牌等多重因素带给客户的体验。良好的客户体验,广义上需要银行整合生态系统中商业合作伙伴的能力,提供实时智能的精益服务,包括诸多成熟宜用的科技系统,针对客户需求或问题的产品和服务,以客户为本的服务精神以及丰富稳定的渠道接触点支持。

其二,在于创建或引入组件化业务模型,以利于在智能分析基础上实时感知和响应客户需求。银行若想提供这种实时智能的精益服务,其战略转型的核心也必将把客户置于中心位置,与客户实现良好的互动,以客户为本重塑客户体验之旅,带给客户超出预期的体验。但是,银行的股东要求以可接受的成本、在可接受的时间内"欣赏差异",为此,领先的银行需要基于"组件化业务模型""面向服务的架构"和"云技术"建设新一代信息系统,以标准化、组件化、参数化模式,实时智能响应差异化需求,其中要害在于组件化业务模型,具体包括流程模型、产品模型、数据模型、用户体验模型。流程模型体现创造价值的过程,产品模型体现创新和定制化制造,数据模型体现对业务信息的抽象,用户体验模型体现对外部客户、内部客户的友好程度和服务程度。只有融合客户体验、用户体验元素,运用科学的方法设计客户互动的业务流程,以及产生一致的、高效使用的界面设计,才能塑造卓越、极致的客户体验,成为具有可持续价值创新能力的实时智能银行。

天下难事必作于易——重塑客户体验之旅需模型驱动开发落地。在生态系统新时代重塑客户体验之旅,需要将业务流程设计和系统界面体验设计融为一体,这是业务与 IT 融合的难事,而充分运用业务模型驱动 IT 开发,可提升重塑客户体验的投入产出效率,具体有以下五个密切相关的切入点。

第十章 聚焦生态：构建生态化的金融定制能力

一是通过业务模型综合分析业务需求，改进客户服务满意度。业务模型支持从用户视角业务领域入手，将用户的问题和需求快速定位到业务模型中，然后通过提升流程能力带来业务改进和客户满意。我们以业务流程为主线，融合客户体验、用户体验元素，重新思考客户与银行在未来的互动方式，运用科学的方法设计客户互动，将客户行为分析、使用者体验等都融入业务流程的设计中。例如，实现对公多渠道统一签约服务，从而改善客户体验相关的流程能力，客户可随时发起签约申请，通过标准化、电子化签约，减少客户与银行的沟通成本及往返银行网点的时间和交通成本。

二是通过使用标准化的业务流程，快速满足客户变化的需求。在业务流程中将渠道、产品和客户这些引起变化的因素剥离出来定义为变化因子，流程因此具有很大的灵活性。流程在企业级别进行了标准化之后，不断细分的客户分类，只需匹配相对应的业务规则，就可以为客户来带来差异化的服务。同时，一个标准化的流程将支持多个现有渠道及未来的新兴渠道。每当银行需要引进新的渠道时，可以很快并且较容易地调整业务规则以适应新的需求。另外，标准化的流程可以支持多个可售产品，所有的产品条件从流程中剥离出来并存储在产品模型中，当有新的产品引入时，银行将在产品工厂中定义产品，快速推出新的产品。

三是通过细化角色和责任，更好地为客户提供跨部门和跨界协同的服务。运用业务模型，可从企业级的视角对银行业务流程体系进行整合优化，形成全行业务经营管理的统一视图。并根据角色划分任务，清晰界定每个业务活动中各个角色的工作内容和职责，形成全行统一的业务角色视图。这有利于明确细化各部门在业务流程和制度管控中的职责边界，减少传统的部门级和条线化管理模式下跨部门流程节点的多头管理或管理真空现象，实现以客户为中心的部门弹性边界和动态组织资源，使劳动组合效率整体大于部分之和。业务模型中特定功能模块借助 API 与生态系统中的众多协同服务参与者 APP 对接，还有利于为客户的连续或综合需求提供无缝链接的跨界整合服务。

四是通过整合不同渠道的业务流程，提供多渠道感受一致的服务。对于原本分散的各类客户服务渠道，通过业务模型有效识别出客户渠道需求

生态银行——敏捷进化实践

和服务内容的真实差异，可有效提高同类型业务在不同渠道上的业务一致性，并基于便利的原则，将复杂的渠道功能重新整合。基于不同渠道特殊的交互方式，设计不同的交互界面以满足客户体验的友好交互需求，但在不同渠道的不同交互方式下，又通过标准化的业务流程为客户提供感受一致的服务。

五是通过构建用户体验界面模型，为用户提供感受一致的、易用好用的使用体验。用户体验建模通过统一用户界面框架与标准，完善界面设计，改变过去风格迥异、操作复杂、用户体验较差的竖井式系统界面，降低客户因操作多风格系统界面徒增的学习成本。通过统一系统登录、统一框架和操作模式、统一内容交互模式，提升工作效率，降低操作失误率，提升用户满意度。

体验设计要把客户想象成很忙的人，避免客户置身迷宫，眼神飘忽，无所适从，高手对设计标准驾轻就熟，化繁为简，交互流畅，方便客户轻松操作；新手不宜自由发挥，应按用户体验模型和界面设计标准设计，毕竟该标准整合了客户体验需求和高手的设计经验。以企业网银框架模型为例，设计出的界面不仅应带给客户一致的、简约的、美观的视觉感受，同时应使客户享受到更高效、更亲和的服务。

第十一章 共生共赢：
生态伙伴间实现化学反应

万人操弓，共射一招，招无不中。

——《吕氏春秋》

在金融网络化的初期，金融机构与互联网科技企业在渠道层面展开初步合作。这个时期，流量是互联网科技企业的主要优势，而金融产品则仍把握在金融机构手中，因此金融机构借助互联网科技企业的线上渠道进行金融产品销售是该阶段金融与科技合作的主要模式。随着金融网络化和移动化的进一步发展，互联网科技企业作为流量入口的优势日益凸显，双方出现竞争之势。互联网科技企业通过研发创新金融产品冲击传统金融。与此同时，受到挑战的传统金融机构也逐步拓展互联网业务进行反击，在金融业务场景基础上丰富生活场景，守护用户和流量。目前，各家商业银行都直接或间接地建立了自己的网上商城来发展电商业务。进入生态银行时代，出于优势互补与资源整合的需要，生态各方合作愈加紧密，呈现出利润共享化、风险共担化和合作伙伴化的变化趋势，协同构建共生共赢的生态体系。

第一节 生态伙伴合作的细分、蝶变

未来生态银行将在各方努力推动下构建并持续进化。市场会愈加细分，局部构成垄断。各方在切分金融服务链条的同时，升级完善自身能力，对应的参与角色也有所蜕变。最终生态将会全面开放，各方达成多维深度的合作。随着金融与科技两个阵营的融合与碰撞，金融科技的出现使部分原本处在金融机构内部的服务链条节点得以释放，并推动金融服务链条走向细化。如触达和转化作为链条上不同节点在未来将由两个机构分别提供服务，并在各自领域经过充分竞争最终由效率更高的合作方承担相应角色。生态银行也将会在各细分的场景和领域内经历专业化竞争并形成局部垄断的过程。金融生态中从金融服务的需求者到供给者再到监管当局的发展进步动力一直存在。面对科技与金融结合愈来愈紧密的趋势，生态中的各方无论是主动出击，抑或是被迫改变，都将要经历服务能力升级和参与角色蜕变的过程。

在未来金融智能化浪潮的推动下，以用户为服务的目标和中心，生态银行将会出现五类参与者，包括场景流量提供者、金融产品提供者、技术算法驱动者、基础设施提供者和监管者。

（1）场景流量提供者：挖掘细分客户需求，深耕企业交易场景，把握对应场景的流量入口及大量用户交易数据的企业。这类企业在场景中积累了大量优质的客户的多维度、多元数据之后，面对无论是用户的直接需求还是外部合作需求时，都能够利用流量与数据优势快速构建场景应用以抓住客户和合作方的痛点。

（2）金融产品提供者：具备专业金融能力、丰富金融服务的企业，基于生态银行技术优化创新金融产品，并利用丰富的金融服务应用验证生态银行技术，为技术的优化和开放奠定基础。这类企业往往是大的金融机构，多年的金融业务经验为它们积累了完备的市场准入牌照，拓展了丰富的金融业务情境，同时对于金融产品的设计研发具备优势，它们是生态银行生态的"基石"，正在通过向科技企业学习，积极寻求转型以提高自身的科技实力和创新能力。例如，银行积极引入人工智能，研发智能客服和智能投顾等。

（3）技术算法驱动者：通过挖掘细分金融领域需求，建设算法等技术能力及通用技术平台，推出杀手级生态银行产品的企业。这类企业在垂直领域依靠杀手级产品积累大量用户和数据，以场景作为流量的入口，逐渐

第十一章　共生共赢：生态伙伴间实现化学反应

构建起应用平台，并进行技术的不断优化创新，形成局部垄断。这类角色往往由专门类的科技公司担当，例如，ZestFinance 公司将机器学习与大数据分析结合，提供更加精准的信用评分服务。

（4）基础设施提供者：这类企业提供软硬件等基础设施服务，帮助扫除算力上的障碍并能够存储大量数据，保障智能系统的稳定运行。以基础设施为切入口，提高技术能力，并进行产业链拓展。如金融云服务提供商，帮助金融企业实现从传统 IT 向云计算的转型，助力金融机构业务创新，提升竞争力。

（5）监管者：监管当局也正迅速调整监管思路与方法，从过去高高在上的"施令者"转变为贴近生态银行生态的"引导者"和"服务者"。在维持其核心目标，即"维护金融系统稳定、保障消费者权益、维持金融市场运作秩序不变"的基础上，借助金融科技促进监管效率提升，共同推动新创领域的立法立规，支持金融科技行业的健康发展。比较突出的特征是监管正从机构监管转向功能监管，并由原先立足于静态的区域和城市进行监管转为跨区域、跨境的监管。

在现实的情景中，部分企业并不限于扮演其中一种角色，而是可能出于战略发展规划需要同时兼备两种甚至多种角色，这些企业占比虽小，却是生态银行闭环的构建者、推动者。要拥有更多身份也意味着更高的门槛并面临更大的挑战，只有少数企业能够跨越障碍，构建生态闭环，大部分角色需明确自身定位并融入闭环。按照驱动因素不同，企业构建生态闭环的模式可分为两种。

模式一：场景流量的驱动。一些大型平台，如四大互联网巨头 BATJ（百度、阿里巴巴、腾讯、京东），拥有广阔稳定的客户群来供应场景流量，因此在把握场景流量入口的基础上，企业能够获取大量数据来培养自主的技术能力和构建算法模型，同时还能搭建平台，为生态银行生态提供基础设施，因此这些企业具备构建闭环的条件及能力。这种模式下企业的核心策略首先是独特且源源不断供给的数据，其次是在此数据基础上的技术积累，再次是允许企业进行投资或自建试错的资金实力，最后也是最为重要的是用户黏性和既有生态。

模式二：金融产品的驱动。传统金融机构是金融产品的直接提供者，业务领域拓展一度达到瓶颈，对于技术创新有更迫切的要求和更强大的驱动力，因此在自主研发之余还将积极与技术驱动者合作以构建技术优势，技术能力将得到迅速提升，可以利用金融产品的优势构建生态闭环。这种模式下企业的核心策略包括稳固的客户资源、成熟的金融产品研发设计能力、丰富的客户服务经验和技巧、对金融行业独有的了解和洞察力、充盈的资金来源。互联网金融生态正在走向所谓闭环。过去企业追求"做平台"，要保持企业的相对独立性，而现在企业在追求"做生态"，使价值链实现闭环。只有少数企业能自建全生态，更多的企业是要争取融入生态。

第二节 生态银行与共享数据相辅相成

共享数据将极大推进生态银行的演进

在生态银行时代，面对来自互联网多源异构的超大规模数据，数据处理和应用能力将成为金融机构构建竞争壁垒的核心能力，数据已经成为一种独特的战略资源，其重要性愈发凸显，逐渐成为新动能。"新数据"供给为行业发展孕育了无限可能。"数字化"转型的推进，各类企业数据获取、归集、分析能力实现了跨越式提升，因而数据得以发挥前所未有的作用。随着以智能硬件为代表的 IoT 时代的开启，几乎所有的设备都会经过智能化的过程，而这些设备都将是"新数据"的来源。"新数据"将更加立体，数据成为最大的资产。在"新数据"的存储、应用，以及跟金融服务结合并实现价值创造方面，尤为值得期待。共建共享的管理方式推动数据价值的实现。2017 年，45 家机构签署了《网联清算有限公司设立协议书》，共同发起设立网联。2018 年，中国互联网金融协会牵头筹建"信联"，8 家首批个人征信试点机构入股。2017 年《网络安全法》的实施，个人隐私信息在互联网上全面得以保护。国家与企业联合共建数据基础设施，规范数据交换标准，共享数据将极大推动生态银行的实现。

生态银行将激发数据信用的生命力

金融的最深层次是信用。智能化对于信用逻辑的推动或重塑将会为金融带来深刻影响。各金融场景都可以基于信用体系的完善而重新定义信用体系正在得以完善则主要因为这两点：信用因"数字化"而可记录——移动互联网的渗透记录了个人、企业的社交、消费、贸易等数据；信用因"透明化"而可评价——随着客户数据尤其是个人信用数据和企业信用数据的持续丰富，信用的价值能更好地被测算衡量。信用不再是简单身份信息的事实，而是具有评价结果的信用证。个人信用评级、金融活跃程度等信息可能下沉为社会经济的基础设施，"互信"将在降低经济成本和社会成本方面发挥巨大作用，促进社会更加公平公正。作为个人的无形资产，消费者也愈加重视信用分。泛金融无处不在。金融服务与非金融服务之间的界限更加模糊。信用度将与个人的生活紧密耦合，历史信用良好、信用资产不断增值的优质客户将不仅能以较少的成本获得更好的金融服务，还能享受更高品质、更具价值感的生活。生活中各个场景都可以基于信用体系的完善而重新定义，从商品服务的信用免押，到各类办事流程的简化，从就业、社交的个人背景增信，到创业创富的信用融资，搭载信用内核的金融服务将会以新的形态嵌入生活的各个场景，用户无须刻意感知金融服务的存在就能享受到生态银行的便利。

生态银行将不断孵化"新企业"

未来，基于信用逻辑的资本化、货币化、证券化，结合流动性、杠杆率等金融要素，生态银行时代用智能化手段来实现具有无限的空间。在人工智能时代，场景、数据、技术的强强联合成为必然，也将提高行业的进入门槛。大公司将依靠出色的资金实力、技术实力、人才实力来获得更多的试错空间，凭借其雄厚的实力和多元的服务在竞争中占得先机。企业竞争愈加模糊。凯文·凯利在《失控》中提到"产品是固化的，但是生产和服务是流动的。无论你从事的哪种行业，都是流动数据的行业。人工智能时代智能作为一种服务，就是一种新的资源，可以成为我们的基础设施，可以像商品一样购买。"在生态银行时代，构成生产力的三要素重新组合升级，劳动者内部金融和互联网文化的碰撞与协同，劳动对象客户需求的升级，金融非金融的融合，特别是劳动工具的变化，数据、技术、智能的组合，未来企业不再固化于某种产品或服务，跨行业、多样性的新企业将不断诞生，金融机构的竞争对手将不仅仅局限于"看得见"的对手。

第三节　生态全面开放，多维深度合作

目前传统机构如商业银行与科技公司在智能化的大势之下皆不甘人后，纷纷展开合作，共同打造未来的生态银行生态圈。合作的根本是优势的互补。以商业银行为代表的金融机构具备成熟的金融业务运营体系、丰富的金融产品设计知识和完备的金融数据要素，但现在又迫切需要向智能化方向作战略转型以占领竞争高地；而科技公司在人工智能、大数据等方面具备更专业的技术能力、更强大的产品创新能力和更灵活的团队运作方式，但在金融基础数据和运营经验等方面的缺乏仍阻碍着科技企业在金融领域充分发挥优势。因此，金融机构和科技企业可以通过合作实现优势互补。在这个过程中，各方的合作更加注重方式方法，科技企业不仅服务于金融机构，还能服务于金融机构价值链上的核心价值创造环节，在为金融机构降低成本、提高效率的同时，还能改善用户体验，甚至形成新的商业逻辑。最终，两者将构建利益共同体，使科技企业为金融机构带去业务和收入的增长，实现价值共享的同时共同探索并形成新的生态模式和市场格局。目前的合作模式还处于尝试和探索阶段，未来科技企业和金融机构可能会有融合、共建和开放三种合作模式。

融合：呈现为科技公司和传统银行在金融产品和服务提供方面的高度融合，形成如直销银行的子公司模式。例如，某科技公司和某银行联合发起成立的互联网银行，将依托某银行强大的产品研发及创新能力、客户经营及风险管控体系，以及某科技公司互联网技术和用户流量资源，满足客户个性化金融需求，打造差异化、有独特市场竞争力的直销银行。

共建：是指科技公司与商业银行共同构建竞争能力，实现优势互补。例如，目前某科技公司和某银行便已达成战略合作，包括成立金融科技联合实验室，以及共建金融大脑，以期未来能够借助科技公司的技术优势，在客户画像、反欺诈和智能客服等领域全方位展开合作，打造智能化银行，积极推动普惠金融。

开放：主要体现为一些拥有大量用户同时又能独立做业务的科技公司正在将这些业务能力和客户开放出来服务于金融机构。简单归纳，这类科技公司正在从三个方面为整个金融生态赋能。一是开放技术能力：如线上风控能力输出，让金融机构在现阶段缺乏线上数据积累的情况下，可以迅速发展线上金融业务，在提高增量收入的同时，实现业务模式的完善和迭代。二是开放平台获客能力：如基于用户洞察所形成的用户运营能力输出，助力金融机构实现客户价值最大化。三是开放产品创新能力：如基于风险定价能力所设计出的多样化金融产品。影响生态银行应用在推广上的速度、规模和潜力的因素很多。从技术角度看，包括技术的成熟度、数据可得性等；从金融的角度看，包括金融机构变革的意愿以及对新技术替代旧技术产生新增加值的认可程度；从用户需求的角度看，切换成本的高低、新人群是否已经形成、新习惯是否已经被培育，以及新的金融行为在多大程度上符合刚需都是影响应用普及的重要因素。

第四节　生态合作制胜关键因素

规模和标准

效率之争必然意味着规模之争。在通用领域，规模化是衡量效率的最重要因素。以第三方移动支付为例，从线上到线下一直在激烈比拼，争夺的正是用户规模。在线上市场，尽管微信支付在支付宝诞生 8 年后才问世，但其依托"高频+社交传播途径"的优势，抓住 2014 年春节发红包的机会在线上快速崛起，目前与支付宝在用户规模上难分伯仲；在线下市场，微信支付同样依托绝大多数用户习惯使用微信扫二维码的优势，通过联合商户营销快速起量，侵蚀支付宝大量市场份额，支付宝则依托其线下规模运营及商户资源的优势，通过在线下支付收款码一系列的激励政策与补贴投入，在2017年收复了一定的市场。

在细分领域，如在消费金融市场，对风险名单（黑名单、多头名单）的使用是普遍现象。风险名单帮助金融机构减少后续环节中的征信成本，提高信审效率。风险名单的规模、量级和准确性是其能够被金融机构采用的最主要依据：规模过小，会导致查得率不高，可用性不佳。可以看到，同盾在风险名单上已覆盖多数互联网金融机构，构建起了初步的规模化优势；百度利用在数据资源、资源打通率，以及关联网络技术等方面的优势在风险名单规模上快速接近同盾，而一些未能快速起量的第三方服务机构想要实现超越难度较大。

生态合作制胜的另一个关键因素就是标准。在强调效率的市场中，标准的制定者掌握竞争的主导权，引领行业创新并制定竞争规则，从而建立起牢固的领先优势。移动通信的标准之争即是典型例证，得标准者得天下，各家公司均提出自己的技术主张并希望成为行业通用标准在全世界使用，进而在专利、芯片等行业产业链上获得巨大的商业价值与行业影响力。对仍在探索期的区块链行业和已经相对成熟的移动支付行业，具有重要的借鉴价值。在通用领域，区块链作为一种分布式去中心化的账本，以其不可篡改的特性提高了在信用审查、清算结算等方面的效率。在行业内，不同的组织采用不同的标准，如超级账本（Hyper Ledger），以及R3区块链联盟、全球贸易分布式账本联盟PTDL（Post-Trade Distributed Ledger）等数十个区块链联盟项目都会采用不同标准。可以预见的是，随着技术的成熟与标准化，少数能够支持广泛的场景的标准终将胜出，相关的组织将成为行业主流。

独特资源禀赋

不论是独特的数据资源、客户资源、场景资源或者是跟某些优势业务相关的协同效应资源，作为一种禀赋都能够最直接地作用于效能提升上。

在通用领域，因为金融行为在多数情况下是低频、隐性的，所以获客难度大、成本高，提高响应率可以帮助提升获客及时性、降低获客成本。响应率非常考验资源优势，比如，微信小红点提供了触发用户点击行为的可能，但这种方式缺乏可持续性，以至于微粒贷在小红点红利衰退之后开始投放广告。信息流如"今日头条"和"百度会"在持续性上有所改善，根据用户画像进行精准投放，搜索引擎也是通过抓住用户的精准表达触发用户需求，因而在降低获客成本上作用明显，如受访的多家互联网金融公司表示会通过搜索引擎优化（SEO）、应用商店优化（ASO），以及广告样式优化等方式提升响应率，在搜索引擎、应用商店、信息流、广告联盟等渠道上的获客成本已经降到之前的60%～70%。在细分领域，大数据个人征信在拓展可评估人群边界方面能够提升效能，这是因为它能够更加准确、及时地获取评估个人信用的数据，中国互联网金融协会发起设立的"信联"提供了可借鉴思路，这是一家吸纳主要数据服务商入股的市场化个人征信机构，其选择的股东包括蚂蚁、腾讯、前海、鹏元、华道等。通过观察可以发现，这些平台都会有独特数据资源且相互之间重复较少，一部分与央行数据形成互补，如蚂蚁的电商和互金数据、腾讯的社交数据、鹏元的公共政务数据等，另一部分则对央行数据形成验证，如前海依托于平安的金融数据、华道的水电燃气数据等，虽然数据类型相似但时效性的优势更加明显。这些具有补充和再验证价值的独特资源可以多元验证个人的信用，提高信用评价的置信度。

行业深度理解

提供有价值的服务必然要求企业能够深入理解行业及其数据特征及应用，这要求企业在海量数据中构建知识图谱，寻找数据之间的关系，构建关系网络。在通用领域，美国顶尖的数据分析与技术提供商 Palantir 公司是典型例证。这家公司专注于大数据领域的关联分析，已拓展多行业和领域，完成估值和营收的飞跃。其显著特征是销售人员寥寥无几，主要人员构成包括 IT 工程师、算法科学家和业务专家，其业务专家来自政府、金融、零售、能源、医疗、保险各领域，对事物属性、媒体、描述、关系等有深刻理解，是 Palantir 公司目前在大数据领域具有突出影响力的决定性因素。在细分行业，大数据基金是一个有趣的研究领域。被誉为基金版 Alpha Go 的首只完全机器人选股 ETF 基金 AIEQ 在上市后一个月时间内业绩大幅跑输标普 500 指数，表明判断的准确性不仅来自其自身的深度学习，同样需要叠加基金经理的行业理解。面对相同的数据来源，优秀基金经理和一般基金经理或许会采用不同的数据处理方式。这些方式的差异体现在使用数据的维度、颗粒度、关联性、时效性和临界值等方面，背后的原因恰恰是其投资理念的不同和投资策略选择的不同。当人工智能越来越成为一种基础设施，优秀投资人和一般投资人的差距不会被缩小，而是被扩大，并且会以加速的方式扩大。

生态合作深度和广度

细分领域要求生态合作深度。在细分行业内，会存在大量特殊的场景需求和业务需求，需要合作双方联合解决，信任在其中不可或缺，会极大降低双方合作成本。在改善效率方面的一个典型案例是金融数据分析工具公司 Kensho，这家公司在投资分析领域极其活跃，长期与华尔街的银行和基金公司深入合作，它利用云技术搜集和分析数据，把长达几天时间的传统投资分析周期缩短到几分钟，高效率、良好的用户体验及强大的学习能力是人们对这款工具的普遍评价。在提升效能方面，领先企业正在构建跨越组织全要素的智能化数字孪生，并致力于通过组合应用该技术创造与现实世界的工厂、供应链、产品全生命周期一致的数字镜像模型。在这个镜像世界中，虚拟的数字世界和物理的现实世界无缝串联，助力企业实现模拟、验证、预测和自动化，开创新模式、新业态。镜像环境将推动行业和世界走向一个更敏捷和智能的未来，提供了一种理解业务的新方式，一种运行业务的新方式。例如，联合利华正与微软合作开发其工厂的智能孪生系统：连接的设备可以向智能孪生系统发送有关电机速度或温度等生产变量的实时数据，然后机器学习和人工智能技术来测试潜在的运营变化，绘制出最佳的操作条件，提高生产效率和灵活性。模拟生态系统和合作伙伴关系：如果关闭仓库，对企业的运营有什么影响？如果这个供应商的供应

第十一章 共生共赢：生态伙伴间实现化学反应

链失败了会发生什么？企业该如何更新这个产品使其更具可持续性？企业现有的供应商可以做到这一点吗？智能孪生系统可以完全改变产品开发，它们实现了人工智能驱动的生成式设计。在那里，人类工人和人工智能系统一起工作迭代，显著缩短了设计和制造时间。它还允许企业在模拟环境中完成更多的产品测试，这意味着它可以将实物制造的时间推迟得更久，从而节省时间和金钱，并有可能将制造转移到离客户更近的地方。

通用领域要求生态合作广度。依托于大量外部合作伙伴的数据反哺、产品反馈，帮助生态银行创新者优化模型、提升技术和能力。在改善效率上，如伴随着人工智能技术与传统客服的结合应运而生的智能客服，在一定程度上替代了人工客服，这是典型的能够提高效率降低成本但要求有生态合作广度的业务。在市场上，部分头部科技企业依托海量数据资源与强大的技术优势，将智能客服技术应用在诸如语音导航、客服助理、语音质检及智能外呼等各个场景中，服务于金融、医疗、公共政务等多个领域，在目前的格局中处于领跑地位。从效能角度理解，智能匹配对生态合作广度有极高要求，从综合角度看，市场上多数科技企业会利用自身在规模、标准、独特资源、行业理解以及合作的广度和深度等多个维度上的优势，推动生态银行发展。如拥有庞大电商交易数据和场景的阿里巴巴、京东，以及拥有社交数据和场景的腾讯。

技术应用对金融行业将带来一系列影响，包括银行、保险、证券等。将推动金融业务模式的创新，如个人金融需求方面的个人信贷、财富管理、支付等，企业金融需求方面的企业信贷、资产管理、国际结算等，以及金融机构间的银行间业务、交易所业务等。埃森哲研究显示，在全球范围内新兴科技对金融业的应用在逐渐深入。以银行业为例，到2020年，有近30%的营收受到影响，其中17.4%来自存款，6%来自信用卡和支付，4.9%来自贷款，3.4%来自资产管理。

不同细分领域的影响是不同的。移动互联网时代更全面且更易获取个人数据，因此智能化变革首先在个人端爆发，然后慢慢渗透到企业端。在后续章节，我们会重点就生态银行在支付、个人信贷、企业信贷、财富管理、资产管理及保险方面的应用进行探讨。

第五节　生态合作面临的问题及应对策略

生态银行不是金融机构和科技企业的简单合作，其更注重的是两个行业间生态的融合，这个过程中会出现一系列的问题。不同的专业语言、不同的企业文化、不同发展阶段的企业可能面临管理模式、风控模式的差异，因此在决策沟通上往往也无法实现同步。如何探寻一个较优的合作模式尽可能在不动摇企业根本的基础上充分发挥两方优势展开合作，实现利益最大化和双赢，是一个必须直面的挑战。

生态协作，优势互补

在新的市场需求要求下，金融机构在自我升级蜕变同时，势必要联合科技盟友，共同获取新的市场。而在合作伊始，各方应充分认识自身的优势，尽快找到金融与科技结合需求的关键点，积极构建共同能力。在未来的数字化时代，商业场景将越来越多地在数字化世界的网络中开展。同时，由于企业能力与资源优势存在差异，依据其所擅长的方向，可以分为场景型与能力型两类。其中场景型企业擅长于开拓场景，也即通过提供移动互联网或传统互联网服务，将客户引至线上并妥善留客。而能力型企业，则更多的是为特定场景型企业，提供关键价值链环节的解决方案。如以典型的场景型企业航旅纵横而言，其通过提供航班查询、在线值机等服务，将传统乘机出行场景的旅客由线下机场柜台、看板，引至其 APP 之中。然而，航旅纵横由于并不持有保险牌照也缺乏保险精算等能力，难以提供如乘机新冠肺炎保险等服务。因此其需要引入能力型企业如泰康、天安等保险公司，以覆盖在此场景下的保险环节。典型的能力型企业还包括科大讯飞（提供语音识别服务）、旷视（提供面部识别服务）等。由于银行自身属性，其所拥有的场景天然为金融场景，触发频率相对较低。以银行典型的查账、信用卡还款等场景为例，通常触发频率为每月数次。在此背景下，银行基于传统金融场景，无论是获客留存还是销售转化，都存在较强限制。市场

第十一章 共生共赢：生态伙伴间实现化学反应

研究显示，中国商业银行新客户约有 70% 每月使用银行 APP 少于一次；而超过 80% 老客户每月使用 APP 也少于两次。但是对于银行而言，则具备多样化的强大专业能力。以国内银行为例，常用的银行能力包括开设管理账户、转账支付、信用评估、结汇购汇等。而新加坡银行协会的 API 操作手册中更是列出了银行、保险公司、资产管理公司等五类主体可提供的 11 类服务 411 个 API。通过开放这些 API，就可融入场景，为商业银行带来储蓄、服务收入、数字资产等多种价值。

创新模式，共赢共享

在合作过程中，除达成对各方核心竞争力的共识，形成业务能力共建方案外，清晰明确的商务合作方案对于长期共赢也尤为重要。对于技术输出类型的合作和战略共建类的合作，分别采用不同的利润共享模式，建立双方满意的合作机制。例如，BBVA（西班牙对外银行）作为开放银行的先行者，自 2016 年起开始逐渐通过 API 方式开放其能力，并在融入合作伙伴的场景中获益。BBVA 的一个典型合作伙伴是 Tuvoli 私人飞机租赁平台。Tuvoli 是一家由 Directional Aviation Capital 投资公司建立的私人飞机共享、销售平台。针对拥有私人飞机的企业提供销售、租赁中介等服务；对于存在私人飞机需求的企业而言，也可以通过 Tuvoli 平台购买或短时间租赁私人飞机以开展各类商务活动。对于 Tovoli 而言，其在价值链中的核心能力需求包括验证出租方与承租方企业身份，确保平台信息真实有效；要求承租企业开设押金、租金预付账户；以类似支付宝的形式，提供费用预付与中介与担保职能。

BBVA 则通过 API 形式，将自身能力赋予了 Tuvoli。BBVA 首先提供了客户信用评估服务，通过银行间渠道或银行所掌握的信用评估机构（类似央行征信系统），了解出租或承租企业信用，并将其反馈给 Tuvoli 以供决策。其次，BBVA 通过开放账户开户 API，允许 Tuvoli 客户开设 Tuvoli 资金账户，上述账户实际由 BBVA 管理，但对于客户企业而言，仅知道其开设的是 Tuvoli 账户，且有银行监管，有效降低了 Tuvoli 的系统开发与维护成本，塑造了其高端品牌形象，并打消了客户对于资金安全的顾虑。最后，BBVA

生态银行——敏捷进化实践

通过开放其实时转账功能，允许 Tuvoli 将租金、押金等进行实时转账或冻结等，以达成中介目的。对于私人飞机租赁场景而言，传统银行几乎没有可能进行切入，然而 BBVA 通过开放 API 的形式，成功获得了存款资金、服务费用以及相关数字资产。

合规应用，履行责任

金融的智能化可能会触及一些伦理和社会责任问题，会反作用于生态银行使其发展受限。如众多机构掌握了客户的数据，在使用数据的同时，如何确保不泄露客户隐私，同时如何在合法合规的条件下更好地实现数据的共享和使用都是值得思考的问题。为此，应明确行业规范，履行企业责任。以数据保护为例，应该建立数据共享机制，明确行业规范，及时引导企业合规使用大数据，促进行业健康发展。在发展新技术，挖掘大数据的同时，在每个细节注意配合监管、符合规范、保护用户隐私，真正有社会责任感的公司将在生态银行的大潮中充分利用数据为民众造福，为社会贡献力量。此外，商业银行作为生态银行的经营者和参与者，必须遵循国家关于个人信息保护、数据安全等法规要求，确保合理、安全地使用个人信息数据。要善于运用具有指数级发展潜力的分布式及云原生等技术，构建端到端自主可控模式的实时智能工作流。

第十二章 专业赋能：
金融力+科技力的全面输出

数字化转型进入下半场，生态赋能范式既成。把握"十四五"开局擘画、"双循环"洪波涌动的契机，商业银行将在需求端、供给端、监管端的三轮驱动下，构建生态场景下因客施策的金融服务能力、数字化平台服务能力，实现专业能力向赋能服务能力的迭代，用企业级、平台级能力输出优势，实现BaaS"银行即服务"的生态演进。

在供给端，商业银行确立生态战略，基于金融科技、数据、服务等维度的积累沉淀和优势塑造，从生态边界拓展、产品能力提升、系统支持完善等方面明确优势，迅速建立和深耕核心能力。在需求端，围绕"C端代际转化、体验升级""B端生态战略推进、产业互联网腾飞""G端连接服务拉动""F端联盟合作共赢"四大趋势进行赋能聚焦，特别是与战略合作客户挖掘FGBC多端联动的一体化生态，拓展共赢的深度和广度。在政策监管端，"十四五"规划强调如何营造良好的数字生态，指出应以促进金融开放为基调，深化金融科技对外合作，加强跨地区、跨部门、跨层级数据资源融合应用，推动金融与民生服务系统互联互通，将金融服务无缝融入实体经济各领域，打破服务门槛和壁垒，拓宽生态边界，形成特色鲜明、布局合理、包容开放、互利共赢的发展格局。

第一节 供给侧赋能突围：
聚合核心能力，锁定打造"控制点"

机遇与挑战并存，强项与弱点同在。英国著名历史学家阿诺德·汤因比在《历史研究》中说："创造是一种遭遇的结果，文明总是在异常困难而非异常优越的环境中降生。挑战越大，刺激越大。"在银行决定突破业务发展的"舒适区"，确立生态战略的目标之后，首先要认清自身的资源禀赋，深耕优势能力。

聚合金融产品与服务能力

专业赋能要从产品与服务的灵活化、丰富化和组合化三方面，不断提升商业银行的金融产品与服务能力。灵活化——从定制需求、聚焦场景、普惠的原则出发，扩展产品要素的维度，提高金融产品的灵活性和适配性，支持产品的快速创新。丰富化——丰富金融产品与服务货架，实现产品货架的超饱和供应。构建一揽子解决方案，推动各类型产品交叉销售。组合化——在现有产品与服务体系基础上，构建生态场景下产品与服务组合的综合服务能力，深入挖掘客户关联需求，实现金融赋能。在传统模式下，受限于产品与服务大都按条线提供，在触达客户方面缺乏联动，产品是以多个渠道、散点式、高成本的方式提供。在组合模式下，产品与服务以组合的形式一揽子打包供应给核心企业，在满足核心企业深度需求的同时，拓展业务范围。

同时，得益于金融行业的数字化革命发端，商业银行在与科技企业的市场竞合中，信息技术及科技研发领域的能力提升，具备了向制造业、服务业等实体经济行业赋能，构建高性能生态开放平台的基础。银行信息技术和科技研发的投入占总营收的比重从 2015 年的普遍不到 1% 提高到 2019 年的 2%~4%。根据银保监会的数据，2020 年，中国的银行机构信息科技资金总投入为 2078 亿元，同比增长 20%。商业银行已具备了在场景流量、客户运营、硬核技术方面的优势。

开放银行将具备公司级/平台级生态赋能能力，实现多维产品、技术、数据全输出，尤其可以看到定制价值、数据价值、效率价值和规模价值四大特点。

定制价值——个性化、差异化、引领力。生态银行平台货架上不再局限于提供标准银行产品，而是通过丰富化和组合化演化成为基于数据驱动

第十二章 专业赋能：金融力+科技力的全面输出

表 12-1　　　　　　　　商业银行与科技企业产品联通

产品联动示意	公司	个人	普惠	同业	资管	投行
公司	（将在条线分析中展开论述）	• 创业贷 • 现金管理 • 资信鉴证	• 搭桥贷款 • 托管类产品 • 担保承诺类产品	• 票据贴现/转贴现 • 买入返售产品	• 结构性存款 • 收益型理财产品	• 股权投资 • 并购贷款 • 债务融资产品
个人	• 代发工资 • 白名单贷款 • 高管财富中心产品 • APP存款账户 • 公务卡/联名卡/信用卡	（将在条线分析中展开论述）	• 存款账户 • 助业贷款 • 公务卡/联名卡/信用卡	—	• 代客结售汇 • 代客外汇买卖	• 资产证券化产品
普惠	• 供应链金融产品 • 国内贸易融资 • 票据承兑/贴现	• 现金管理 • 小微企业抵质押贷 • 小微企业按揭贷款	（将在条线分析中展开论述）	• 票据贴现/转贴现	• 收益型理财产品 • 代理债务保值 • 代客结售汇	• 财务顾问
同业	• 同业偿付	• 代客即期外汇买卖 • 代客即期结售汇	• 代理基金产品 • 代理信托产品	（将在条线分析中展开论述）	• 理财产品	• 银行间债券业务
资管	• 现金管理 • 代客衍生品交易	• 净值型理财产品 • 收益型理财产品	• 结构性理财产品 • 票据类理财产品	• 自营投资产品 • 理财投资类产品	—	• 表外融资产品

233

续表

产品联动示意	公司	个人	普惠	同业	资管	投行
投行	• 债券承销 • 财务顾问 • 创新债券融资工具 • 股权私募融资顾问业务	• 理财/财务顾问	• 理财/财务顾问	• 衍生品交易 • 债券投资 • 外汇交易	• 表外融资产品	—

注：▇ 产品联动效应较高　　▇ 产品联动效应较低

的"智能货架"，满足了客户和生态合作方的行业定制、场景定制、客户定制，真正实现"千人千面"。国内某专注 C 端多年的大型商业银行，2021 年的手机银行 10.0 版更是主打视频直播等热门手段，并极力专注于自身的金融供给者形象，口碑"出圈"引领客户需求。

数据价值——可闭环、可沉淀、可持续。伴随客户金融交易和非金融行为数据的不断沉淀，基于不同场景生态伙伴及银行内部的海量数据的共享与沉淀，商业银行可以利用数据完善客户画像，并完善分层、风险控制的模型，最终向生态方反哺数据技术能力和数据洞察，实现业务数据化、数据资产化和资产应用化。

效率价值——组件化、敏捷化、创客化。依托企业级中台打造，商业银行得益于接口的高度标准化，通过敏捷 DevOps，解耦后的原子化产品，实现自由封装和快速交付迭代，对合作方的连接与传输的时间和成本显著降低，打造高性能开放银行平台成为生态方合作的基础。例如，某银行系金融科技公司对外可以实现 1 个月连接，2 个月上量，3 个月迭代。先进的赋能已经不仅仅停留在对客户的开发和交付方面，如阿里巴巴"数字原生操作系统"将软件开发的组件化升级为能力的组件化输出，为客户开发软件和应用提供平台。客户可以不需要懂代码，只需用简单的操作，在平台上快速构建满足自己需求的应用，就可以解决客户的科技需求、管理智能化等需求。

规模价值——见效益、可迁移、扩影响。实现多层次产品体系的构建和多类型生态伙伴的拓展，伴随行业或场景定制解决方案的拓宽和触点的倍增，用丰富的自有/第三方产品或服务，重塑生态圈、产业链的信用与价值，实现生态伙伴的商业价值，拓展新的业务边界或实现业务规模化。这也是生态建立的终极目标，实现资产负债表的优化、现金流的提升，带来规模化的收益。同时，对于上市银行来说，生态场景可复制、可迁移、可扩展，在行业内的品牌影响力提升和金融市场价值预期空间的扩大，是最大的增益。

一个进阶生态能力评估框架

"仁者如射，射者正己而后发。"摩拳擦掌的同时，银行也在检视自身、正己而发。

埃森哲公司在研究中提出了商业银行的"生态系统能力评估框架"，提出考虑6个关键领域下的25项能力，分别是生态系统战略、客户体验、数据、生态运营、技术运营模式和技术。而在波士顿咨询公司和平安银行共同发布的《中国开放银行白皮书2021》中，提出制胜开放银行的九大能力：战略定位、文化氛围、赛道选择、盈利模式、组织保障、考核激励、数据治理、合规风控、技术支撑。

对比来看，埃森哲公司的能力评估框架更专注于技术和运营角度，并向下分解支撑能力点，对关键领域的关键节点有精细的分析；而波士顿咨询公司的框架是一个很好的宏观组织视角，且涵盖了实施运营的配套支撑机制，提供了全景的能力图谱。

在《生态银行的双中台管理之路》一文中，笔者曾提出："对于致力于生态赋能的银行来说，中台是腰背，流程是脊髓和神经网络。"这里继续延伸，从银行能力输出的供给侧出发，整合提出生态银行的六大关键能力评估领域。

（1）客户体验：客户体验将决定生态系统的成功，嵌入金融产品和服务的能力，服务闭环带来让客户满意的无缝体验，将推动所需的客户忠诚度、获客的数量、合作伙伴增加的数量以指数级增长。

（2）数据与客户洞见：数据是生态体系的重要价值流，数字化及数据共享、数据分析、数据安全是关键能力，并通过模型迭代、算法优化等，不断为客户和生态伙伴提供洞见。

（3）生态运营：生态平台中银行的管理链条变长、参与方众多，运营可以使一项努力看起来毫不费力，也可以在每一个环节制造障碍。平台统筹者要设定价值目标，定义参与规则和分润规则，流程管理上要实施六西格玛精益方法。

（4）技术服务：生态系统实施必不可少需要技术支撑。IT部门需要制定符合IT特质的运营模式，以便能够作为生态系统的一部分来运作。在平台所有者和生态系统参与者中，平台业务模式都是以强大的技术平台为支撑的，架构的具体方面与这些类型的业务更加相关，如数字体验和集成能力。

（5）风控合规：评估覆盖消费者保护、数据安全、合规销售、产品及服务定价、反洗钱及反恐怖融资等方面风险，对生态体系内的新产品、新服务、新渠道带来的技术和业务逻辑变化、服务提供关系变化进行评估，制定管理策略，满足新型欺诈风险、操作风险和安全风险管理的需要。

（6）资金与定价实现：差异化风险定价能力，以及生态场景的资金运营水平。当风险和收益的平衡取决于生态的规模化、流程的智能化，传统商业银行的资金运营效率会创造利润空间，给生态中不同的大B、小B和个人客户予以多层次、差异化风险定价，以及不同久期的对应价格。

核心能力打造的过程还是一个银行补短板、锻长板的过程，而且后者的意义更为突出。依据自身的资源禀赋，有的放矢，挖掘、发现、打造控制点，加深客户的品牌认同和黏性，构建生态特色。

打造控制点，形成"护城河"竞争优势

在生态战略制定和实践的初期，还存在很多需要探索的问题：在生态开放模式下，怎样建立和巩固参与方在生态圈的地位？如何确保银行的核

第十二章　专业赋能：金融力+科技力的全面输出

心能力、核心技术和数据资源不流失或被轻易复制？

在生态圈2.0的新世界里，行业的边界势必会被打破，参与者若要成功，就须手握圣杯，锁定控制点，方能在网格中纵横突破。第一，利用战略映射图识别控制点。一般而言，控制点是指那些能够最好地部署能力、消除痛点、理顺客户旅程的位置。掌握一个或多个控制点，即可为进入新行业、接触新客群和商业伙伴，甚至获取新业务的横向和纵向行动提供基础。第二，通过深耕控制点锁定影响力。为了在已识别出的控制点位置创造价值，商业银行必须拥有改善客户旅程的能力，进行自身调整重塑，或吸引伙伴填补空白，都是在有意识地深耕控制点。目前，行业内的赋能优势点，或者说控制点竞争，主要集中在以下几方面。

构建"立体超货架"。从"单维产品"到"立体超货架"，预计越来越多的全条线银行产品和服务会逐步完成上架，甚至更多的是餐饮、娱乐、出行等覆盖客户生活场景的非金融服务持续上架。从横向维度上，会有更多、更细分的行业、场景定制金融解决方案兴起，越来越多的金融产品销售从线下柜面、线上银行渠道转移至线上各行业场景端，而每个生态合作伙伴都拥有具备行业特色、场景特色的客户群。在产品货架极大丰富的基础上，还要积极打造"明星产品""钩子产品"以切入生态。这个关键控制点的建立，需要在纵向维度上，实现SaaS层API的解耦与原子化，依托产品中台重构信息，如用户登录、用户授权、账户注销、支付等，相对应PaaS层的各个API，排列组合PaaS层API生成SaaS层产品应用，快速响应客户多元化需求。

此外，有的金融机构甚至不仅做生产商，还做起了经销商。已有国内领先银行及一些互联网银行，在自己的APP上引入他行的理财产品，形成差异化补充的同时，还吸引和扩大依靠自身产品无法达到的流量，并形成收益。

打造超级数智脑。生态银行通过数据打通、数据沉淀、算法优化，与场景方合作伙伴共同描绘出更精准的客户画像，从而匹配相应金融产品与服务，实现"个性智能"。例如，银行与场景方科技公司可以基于消费者脱敏数据进行撞库，在保障消费者隐私的同时，优化向不同消费者推送不同银行产品的策略，提升客户购买和转化效果。连接与打通更多场景并有效利用多方数据时，也可以使消费者画像越来越清晰与丰满，实现"千人千面"。同时，通过联邦学习等模式，可以实现"数据不动，模型动"，通过平台多方参与者的交互验证和信息反馈，确保客户信息安全和数据资源不流失的同时，强化生态圈整体的风险控制能力、客户画像分层能力、差异化服务能力。

实现黑客增长和收益转化。黑客增长指在数据分析的基础上，利用产品或技术手段来获取自发增长的运营手段。在场景建设与营销上投入大量资源，但依托场景获得的用户流量，实现成为自身客户的转化，银行需要掌控场景营销和客户需求，在场景中与客户产生高频直接交互，如 NBA（Next Best Action）的运用，最终实现客户转化。进一步地，贯穿用户产品全生命周期，服务客户体验全旅程、全产品，建立用户与产品的情感连接闭环，增加用户黏性、贡献和忠诚度，这才是银行无处不在的体现。

构建高效连接开放。为了提升快速响应多样业务需求的能力，领先开放银行推进 SaaS 层 API 进一步解耦和原子化，更多颗粒度、更细的 PaaS 层 API，便于开发者灵活拼装，提升定制化金融产品的链接效率，实现客户自助开发 APP 的能力。在开放银行模式下，生态伙伴快速扩展，产品类型快速丰富，算法模型快速迭代，领先银行通过实现源代码自主可控，确保系统的快速迭代。

综上所述，把赋能合作的实践路径，从产品级推向了数据级、场景级，进而演进到生态级。生态闭环一旦形成，对外部竞争对手就会产生较强的排他性，其他金融机构将难以复制这一模式，由此形成难以跨越的护城河。

第二节 需求侧赋能聚焦：以客户和生态伙伴为中心

1935 年，英国生态学家坦斯利提出了生态系统的概念，他认为生态系

第十二章　专业赋能：金融力+科技力的全面输出

统中存在着物质、能量和信息的流动和交换。将其延伸到金融领域，金融生态的核心就是系统中的能力传递和价值交换。传统商业银行经常遇到的经营困难是，面对优质客户时，很难打动对方，即使通过降低价格等简单方式毫无利润地"赢得"客户，也很难进入其优质核心板块。

所以，商业银行"一厢情愿"的产品推送不是赋能，赋能的核心是从客户的需求侧切入和发现，以客户的显性、隐性、潜在需求为导向，以金融科技为依托，真正做到以客户和生态伙伴为中心，实现价值共赢。

如今，在中国经济革故鼎新、洪波涌动的时代，已呈现出"C端体验升级、财富发力""B端生态战略推进、产业互联网腾飞""G端智能连接拉动""F端联盟合作共赢"四大趋势，谁能够真正服务好新经济、搭建好新业态、赋能好新需求，谁就能得到通往未来的"入场券"。

从C端看，需要更加流畅无感的"场景到金融"体验，以及智能互动的财富管理。在互联网金融时代，互联网巨头和商业银行纷纷开展模式创新，使C端用户在理财、授信、支付等方面享受到极致新体验。而2020年发生的新冠肺炎疫情进一步加速了"无接触金融"的进程。下一步，对场景到金融的无感连接和服务体验，仍是自建和共建生态的发力点。同时，要关注代际转化的深刻趋势，如果不能跟"i世代"同频共振，就无法抓住未来。此前场景金融多在支付消费等领域发力，而未来对高净值和超高净值客户的财富管理将迎来黄金十年，投顾服务将围绕"以客户为中心"进行更深层次的模式变革和分化。

从B端看，中国的B端产业互联网正在起飞，将会为生态银行的发展提供更多场景，为实体经济注入强大动能。产业数字化的发展速度惊人，一些传统产业的龙头已经打破企业甚至行业的边界，扩展为生态化的形态。产业巨头与领先银行的战略选择和发展形态不谋而合、同频共振，一方面，再次印证了"生态"是内生性和进化性的必然，另一方面，产融结合的历程开始从博弈迈向共赢，为未来共建生态展开了宏大的想象空间。

而小微金融等普惠金融服务从传统意义上的"老大难"，到新兴的超级赛道——产业互联网，商业银行在B端的空间不可小觑。根据中商产业研究院预测，2021年我国产业互联网整体交易规模将达到60万亿元，相比于

2016 年 32 万亿元的水平，在短短 5 年间翻了一番。B 端产业互联网的发展提升了企业内外部管理的数字化水平，ERP 使企业逐步实现业务数据化、工作流程化、任务可视化，SaaS 平台工具层出不穷，帮助企业在采购、销售、物流等方面快速提升数字化水平。"供应链"和"票财税"已成为生态银行赋能嵌入的两大经典场景，与金融业务最为相关的上下游交易数据和业务经营数据积累，资金流的闭环模式，重塑了 B 端风控的逻辑，线上化自动审批、差别化风险定价，实现了对小微客户、普惠金融的精准滴灌。

从 F 端看，优势银行面向中小金融机构输出能力是大势所趋，也是深化金融供给侧结构性改革的重要举措。2021 年中国银保监会工作会议在部署"持续深化金融供给侧结构性改革"工作时，首次提出"推动大型银行向中小银行输出风控工具和技术"。在顺应政策鼓励的同时，大型银行在过去 10 年间不断加大信息科技投入，并纷纷成立金融科技子公司，且相比第三方金融科技公司，在风控管理经验、业务深刻理解方面具备明显优势，已经具备了技术输出的基础。在需求方面，中小银行在技术投入规模和技术人才吸引上存在明显短板。根据中国信通院 2019 年发布的《金融科技采购现状调研报告》，只有 25% 左右的金融机构，其自主研发投入占总科技投入的比例超过 50%，75% 的金融机构基本依赖外部采购。这反映出中小金融机构在数字化转型方面迫切需要外部技术支持，并且已有很多商业银行利用开放银行模式进行技术和数据输出的案例。

除此之外，比较优势输出还来源于业务优势。比如，基于某类业务的深耕和特色塑造，围绕优势银行的同业联盟正在形成，从而扩大生态版图，中小银行也在获取资源的同时提升自身能力。

从 G 端看，伴随智慧城市、智慧港口建设，政务场景不断增加将成为生态银行嵌入金融产品和服务的新场景。在智慧城市建设如火如荼，服务企业与市民的政务平台日益涌现，成为开放银行接入金融产品的新场景。在智慧城市建设的浪潮下，商业银行金融科技子公司及第三方金融科技公司帮助政府建设了诸多政务平台，将生活缴费、税务、公积金、医疗、社保等场景充分线上化与数字化。智慧港口建设使海关、税务、检验检疫等政务场景与港口装卸、仓储物流的生产场景互联互通，这些政务平台也成

第十二章　专业赋能：金融力+科技力的全面输出

为生态银行嵌入金融产品和服务的新场景，为个人与小微企业提供了"政务+金融"的闭环体验。

主动融入并赋能产业龙头客户的战略转型

产品会被场景替代，行业将被生态覆盖。

——张瑞敏

新冠肺炎疫情这只"黑天鹅"彻底打碎了传统行业的舒适圈，尽管产业经济受到巨大冲击，但步入物联网时代这一未知之境的产业龙头，把握以5G、人工智能、工业互联网为代表的新基建蓬勃发展机遇，探索出了一套产业生态发展战略。

从原来有围墙的花园，演化为热带雨林式的、可以自进化的商业生态体系，产业巨头快速掀开了生态战略转型的巨幕，一些生态企业的进化，甚至已打破了行业的边界。

2020年末，在以《勇敢者的心》为主题的吴晓波年终秀现场上，吴晓波分享了他认为的2021年可能发生的八大现象和趋势。其中，他在第三个预测"生态赋能范式既成"中，讲述了海尔电器集团的生态案例，赋能百业共创共赢，打造卡奥斯国家级工业互联网平台，海尔衣联网跳出洗衣机单一的产品端，将服装、洗涤等全产业资源纳入生态；日日顺物流打破传统物流的交付界限，诞生出场景物流的全新模式；"三翼鸟"是全球首个场景品牌，吸引跨品类、跨行业、跨领域的生态方为用户提供不同场景的智慧家庭解决方案；还有食联网、血液网、疫苗网、生物样本网等新生态。海尔已经孕育出建陶、石材、农业等15个行业生态，覆盖衣、食、住、行、康、养、医、教，并在20个国家复制推广。

回想2018年产业互联网元年的序幕拉开之时，企业数字化转型悄然巨变，尤以集团或企业集采场景为先，各家银行与海尔的供应链金融取得了巨大的成功。以制造业数字化、网络化的银企直连为基础，通过商流、物流、资金流、信息流的"四流合一"，基于穿透上下游多级供应商和经销商的线上供应链融资，实现了从主体信用向交易信息信用的转变。同时，不断深化数据共享分析、风险控制模型、差异化定价等快速迭代，给海尔集团和上下游众多小微企业客户注入了巨大的金融动能。

如今，生态银行破题之际，面对像海尔这样制造业龙头的第六个转型战略——生态战略，如此不谋而合，又怎能不同频共振？商业银行必须敏捷地融入生态圈、服务并赋能于客户的转型战略，并基于商业银行与企业战略目标的一致性、战略价值的契合性，形成产融战略合作伙伴，探索碰撞银企共建生态的"化学反应"。金融赋能要通过金融作为基础要素的天然"黏性"，不断链接技术、装备、信息和管理要素，以"定制化的金融产品、差异化的商业模式"，逐步优化产业生态各节点企业之间的交互方式和资源组织方式，改善产业生态价值的共创与分配机制，最终助力客户的经营效率提升和转型升级。

在5G、人工智能、物联网搭建的纵横生态中，金融赋能可以呈现出很多新场景、新技术和新模式。

数字供应链融资服务深化与数字交易信用合作。卡奥斯是海尔电器集团打造的国家级工业物联网平台，在继续深化与平台的供应链融资业务创新的同时，商业银行还与其开展数字交易信用合作的探索。例如，某大型股份制银行与海尔电器集团共建了"数字交易信用联合实验室"，聚焦企业在产业链中的数字化金融需求，通过创新线上化、数字化金融服务产品，制定全流程配套的风控模型，共拓生态，深化B端的风控体系和交易模式重构。同样地，日日顺品牌是海尔电器集团的渠道综合服务业务品牌，是最大的全国性物流网络之一，在三、四级市场具备较强的优势。多家商业银行已经通过API模式，分享日日顺庞大的客户群体和经销商交易数据、物流信息，开拓针对经销商的"货押模式"和"信用模式"线上融资，有效解决去中介化销售体系下中小微经销商的资金压力。企业集团与商业银行的合作，将后者的资金、业务、技术优势与企业集团分销渠道网络、交易数据和主营业务进行整合，以开放链接的方式将产业与金融融合赋能，使金融服务突破了时间与空间的限制。

智能家居场景下的物联网硬件支付与C端获客引流。以互联网冰箱为例，如今互联网冰箱已经不仅仅是冰箱，而是智慧美食生态圈的"流量入

第十二章 专业赋能：金融力+科技力的全面输出

口"：生态中存在多方供给者，提供从田间到餐桌的全流程一站式美食购买服务，还通过 RFID 食材识别技术、红外光谱识别等尖端技术，实现了食材源头可追溯、营养成分 5 秒解析的智能服务，再加上一小时上门配送服务，打通了生鲜电商中遇到的难点。

商业银行把握住智能支付新场景的意义，在智能硬件支付领域作出新的探索和推进，快速链接互联网冰箱支付，提升客户消费体验，为满足物联网时代下越来越多的智能硬件支付场景做好准备。

对于企业端来说，打通了最重要、最关键的支付环节，就像给生态注入了"活水"，生态圈上的每个参与方瞬间达成了价值实现，并且获取了巨大的"流量"，冰箱从一个一次性销售的商品，变成了一个源源不断的流量入口。销售数据表明，通过冰箱购买食材的比例一直都在攀升，这些客户的交叉销售和引流，对银企双方都是巨大的资源。

智能工作流迭代体验，培养未来 C 端客户。海尔电器集团的物联网已经延伸到校联网领域，其金融范式可以用"资金+触点+链接=生态圈→用户最佳体验演进"进行描述。在物联网模式下的校园，大学生可以通过手机 APP，完成校园里几乎所有的消费行为。以公共浴室场景为例，通过引入海尔智能热泵，将热泵与学生手中的手机进行联网，公共浴室的排队方式变为大家通过手机预约花洒时间，还可以在上述 APP 上完成洗衣机、饮水机等各项学校生活硬件的使用。

大学生既是海尔家电生态圈上的当下客户，也是未来智能家电消费的客户，还是商业银行未来潜在的消费客户群。商业银行可以通过数据的分析运用，为生态建设带来进一步精耕细作的赋能洞见。智能热泵、洗衣、快递等一个个"触点"与手机 APP 集成，会将相应的消费、使用等数据实时向中心数据库平台传送，提供清晰可见的财务及运营数据。商业银行运用自身强大的数据分析能力、智能工作流、NBA 分析等，深度进行客户行为分析、偏好分析，对接金融消费服务的同时，可以帮助海尔电器集团进行体验迭代，并加速推进校联网生态，链接更多校园相关服务资源，如驾校、留学、考研等教育服务，帮助客户快速扩展生态布局。

触点增加与下沉，创新共建乡村普惠服务平台。国内某大型商业银行与海尔电器集团的战略合作，打开了金融普惠和乡村振兴的创新模式。双方分别依托旗下"裕农通"及日日顺"乐农"共建乡村普惠服务平台，已在青岛1000个村完成试点。

依托这家大型商业银行"金融+科技"的强大能力输出，吸引了生态圈内平台双方，搭建了普惠服务、增收致富、美好生活三个生态圈，有效地承接了乡村振兴战略。在触点融合上，将双方的惠农拳头产品和客户进行触点融合，打造"村口银行"，通过分布式光伏解决方案将30万个农村家庭的闲置屋顶变成"屋顶银行"。通过"金融+非金融"服务联合，村口银行金融服务让农民足不出户即可享受定制化的"存贷汇缴投"五位一体的金融服务和日日顺"乐农"提供的家电维护、快递收发、农业资讯等便民增值服务，实现金融与非金融服务的优势互补。资源互惠上，根据农民需求，银行和企业开放整合自身销售渠道，通过推进"一县一品"，把农村的优质农特产品上行到城市。智慧互通上，双方将正式启动"惠民学堂"，整合银行大学、海尔大学、驻地高校等优质培训资源，为乡村普惠人群进行系统培训，全方位提升其专业技能及创业知识。

由此可见，对龙头产业集团的赋能，第一，就是要战略协同，才能共同迈入生态的蓝海。

第二，对于产业集团的金融服务，不仅是解决某一个企业的融资及金融服务需求问题，而是解决产业链条上N个企业的金融需求。

第三，产业互联网的场景金融赛道，比拼的是谁能以最佳的体验、最高的效率、最优的价格、最好的风控促进生态各方共同进化为新物种，并推动着资产端和资金端的同步变革和创新。

金融服务+非金融赋能小微客户业务痛点

麦肯锡公司曾对小微企业做过一次调查[①]，识别出两个潜在控制点：一是小微企业主平均把74%的时间都花在了包括会计记账、工资考勤管理、应付/应收账款追踪、税务申报、融资，以及银行账户管理等不创造价值的

[①] 麦肯锡公司. 制胜生态圈2.0战略［J］. 麦肯锡中国银行业CEO季刊，2020（3）.

第十二章 专业赋能：金融力+科技力的全面输出

非核心业务的工作上，小微企业对更便捷的一站式服务有巨大需求；二是小微企业往往具有较强的发起新业务和扩大销售的动力。

面对小微金融服务的众多参与者和竞争者，有些商业银行已经不局限于提供单一的信贷产品，开始扩展服务边界，开展"金融+非金融"的生态圈经营模式。比如，国外有些金融机构通过自行研发或整合第三方提供的非金融服务（如发票管理、考勤管理、税务规划和库存管理等），搭建"小微商业服务生态平台"（见图12-1）。在提升小微企业的管理效率的同时，商业银行及生态圈内的服务商也能实现规模化获客，提升客户满意度，增强客户黏性，为风控和营销搜集更多数据，缔造多方共赢局面。

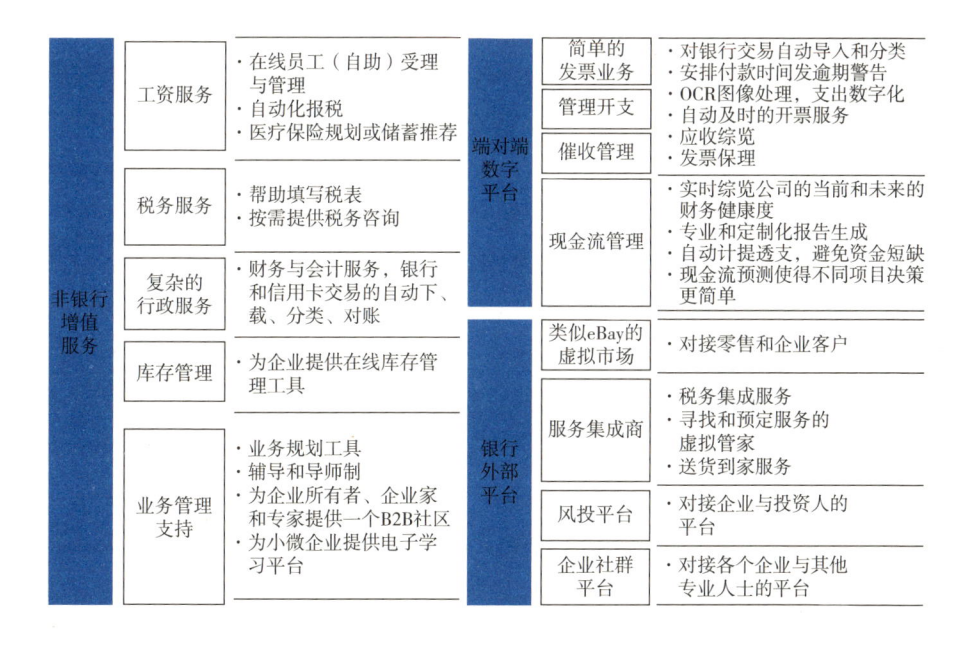

非银行增值服务	工资服务	·在线员工（自助）受理与管理 ·自动化报税 ·医疗保险规划或储蓄推荐	端对端数字平台	简单的发票业务	·对银行交易自动导入和分类 ·安排付款时间发逾期警告
				管理开支	·OCR图像处理，支出数字化 ·自动及时的开票服务
				催收管理	·应收综览 ·发票保理
	税务服务	·帮助填写税表 ·按需提供税务咨询		现金流管理	·实时综览公司的当前和未来的财务健康度 ·专业和定制化报告生成 ·自动计算透支，避免资金短缺 ·现金流预测使得不同项目决策更简单
	复杂的行政服务	·财务与会计服务，银行和信用卡交易的自动下载、分类、对账			
	库存管理	·为企业提供在线库存管理工具	银行外部平台	类似eBay的虚拟市场	·对接零售和企业客户
				服务集成商	·税务集成服务 ·寻找和预定服务的虚拟管家 ·送货到家服务
	业务管理支持	·业务规划工具 ·辅导和导师制 ·为企业所有者、企业家和专家提供一个B2B社区 ·为小微企业提供电子学习平台		风投平台	·对接企业与投资人的平台
				企业社群平台	·对接各个企业与其他专业人士的平台

图12-1 小微商业服务生态平台

构建商业服务生态圈，赋能小微企业提升经营效率。欧洲某银行曾在2017年初与云端会计软件服务商A公司达成战略合作协议，引入A公司为该行的小微客户提供云端会计软件服务，协助小微企业开立及寄送发票、记录支出账项、处理日常会计事宜、申报增值税等。每家小微企业根据规模不同，平均每月收到百余张甚至千余张发票，需要消耗大量时间进行信息录入、对账、审批等人工处理。银行通过 OCR 图像处理技术开发，可以实现系统自动抓取包括供应商、金额、明细等纸质发票上的信息，与云端第三方会计系统对接，为小微企业节省了额外投入资源的成本。同时，连接至该银行的账户，自动与采购记录对账，根据预设的规则审批发票、排期付款等，为小微企业带来安全、准确、便利的应付账款服务，提高企业财务管理的智能化程度。银行、财务软件服务商和小微企业三方联通形成的"小生态"，打通了三方的"痛点"和需求，企业端获得了智能财务管理服务，甚至可以获取对企业财务状况智能分析预测；同时，银行获得小微企业发票及会计处理等数据，又能反哺银行风险评估能力与产品推荐精准度，并发挥综览行业的优势，为企业主提供经营洞见，形成了深度共赢。

除此之外，银行还常常通过提供各类培训和咨询等专业服务，为小微企业主提供与各类经营相关的专家辅导服务、线上免费课堂、小微企业主社群活动等，让小微企业在该行的小微生态圈得到一条龙的"金融＋非金融"服务，优化客户体验的同时提高客户黏性。

搭建业务渠道相互导流，提升小微生态价值链。某亚洲领先商业银行提出"超越银行"的做法，通过引入不同类型的外部合作伙伴，如商业服务供应商、电商平台、汽车经销商等，打造多个小微生态圈，做到互相导流，赋能小微企业提升经营边界。

首先，通过客户调研了解潜在生态圈的小微企业的经营痛点。比如，该行发现有一大部分小微客户表达购买产品的意愿或已经通过线上渠道销售产品，但苦于没有相应的电商渠道、技术和经验，就集合了客户的业务拓展需求，与东盟（ASEAN）地区的领先电商平台及电商解决方案服务商等进行洽谈合作，最终达成了解决方案，配套引进了相关能力及技术。

其次，打造稳健、可信任、可持续且价值共享的合作关系，包括需要妥善安排数据共享、确保知识产权保护及收入分成等。该行通过数据"黑客松"与数据脱敏两种方式，与合作伙伴共享数据，在确保无须分享客户机密信息的情况下，较容易取得合作伙伴的首肯。另外，为保障各合作方的利益，银行不会在任何实质意义上分享专有工具或技术（如授信引擎、电商解决方案代码）。此外，要建立持续的合作关系，合作伙伴之间必须有

第十二章 专业赋能：金融力+科技力的全面输出

清晰且双方同意的利益共享机制。

最后，相互赋能，做到多方共赢。该行通过纳入电商平台上的交易及物流等非传统数据，提升风险评估准确度，通过更便利的授信为小微企业提供增值服务；而对小微企业而言，通过生态圈能更快速找到合适的服务商协助开发APP或网页，并对接电商平台及优化线上广告投放，扩大销售渠道及效率；对电商解决方案服务商而言，把工具和方案嵌入银行的数字化工具平台可以获得更多的潜在客流量；对银行而言，小微企业经营效率提升能意味着其业务能力的壮大，因此逾期不良的风险也可以得到显著降低。

四类小微生态圈赋能模式。在中国，已有四类商业银行小微业务生态圈逐渐成熟，分别是电商生态圈、平台生态圈、产业生态圈及产融生态圈。

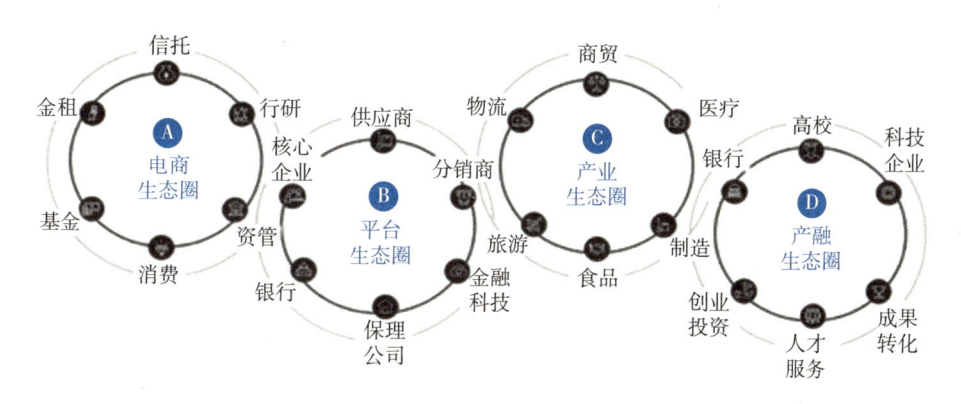

图12-2 中国四类商业银行小微业务生态圈

电商生态圈主要依托电商的生态圈资源，发挥银行和平台的协同优势，利用新的金融科技技术，实现数据变现（如智能风控、精准营销等），使整个生态圈有效运转。在本章第三节中，笔者详细描述了一个银行与跨境电商合作的案例。平台生态圈主要是从资金的供需入手，结合金融科技技术，拓宽资金方和资产方之间的交互空间。产业生态圈则是从行业痛点切入，搭建综合平台，贯穿产业链上下游，赋能企业发展。围绕着战略行业及核心企业，深挖产业链的上下游，提供包括交易银行、现金管理、公私联动及金融市场产品在内的综合金融服务和创新服务。例如，在某农业生态圈场景里，银行不仅作为资金提供方，甚至还调研了农户的核心需求，引导农户对接第三方的种植技术服务商，协助农户进行"数字化转型"，采用更标准化和科学化的种植方法，提升种植的效率。产融生态圈是利用创新科技，深化园区产融合作，多维度服务科创需求，助力国家可持续发展。

打造商业银行小微业务生态圈的四大启示：

一是商业银行必须深入挖掘目标客户痛点，才能"对症下药"。商业银行的服务范围已经不局限于金融产品，甚至更多的是非金融能力。

二是商业银行与合作伙伴之间必须做到流量互导，实现多方规模化获客，在拓展生态边际中实现共生共赢。

三是合作伙伴之间需要做到互相赋能，小微企业也能通过生态圈内获取的服务提升经营效率，获取商业洞见；银行亦通过非传统数据"变现"，提升信贷审批模型准确度，确保安全性和盈利性的同时，进一步推进金融的普惠之路。

四是商业银行要从客户角度重塑关键的客户旅程，设计出有竞争力、吸引力的解决方案，不断迭代，敏捷进化，让客户获得便利、顺畅甚至超出预期的服务。

赋能 F 端同业生态伙伴的短板和壁垒

相比互联网金融科技公司，持牌金融机构在 F 端（金融机构）的平台模式、技术输出方面起步的并不晚，如兴业银行银银平台。作为同业平台模式的开创者，最新数据显示兴业银行旗下银银平台各项业务合作客户1906 家，同比增长 43.96%；累计与 357 家商业银行建立信息系统建设合作关系；另外与 288 家非银行金融机构在资金管理云平台上线，构建起涵盖投资、交易、资管、财富的金融生态圈。

与其他类型的金融科技 toB 服务平台相比，持牌金融机构的一个重要特点是更懂得自身的需求和痛点，同时又能够提供包括核心系统、产品、运营等全方位的服务。一些金融机构率先在 F 端发力，构建同业金融生态圈。通过构建金融同业赋能平台，将基于平台大数据基础，结合积累的业务、风控、运营等知识模型形成标准化的服务能力，支持"大数据+营销""大数据+风控""大数据+产品"等多种模式为同业金融机构赋能。

在营销方面，通过"大数据+营销"模式进行流量合作，共享客户流量，在获客方面通过智能撮合，将客户推荐到合作的同业机构，推送客户流量；提供客户精准画像、行为模型等。

在风控方面，通过"大数据+风控"模式，在营销赋能的基础上输出风控能力，基于大数据和智能模型的风控大脑，为贷前申请评价业务准入，贷中额度审批管控，贷后的风险监控、续贷提供智能化、科学化风险计量与评价，同时共享黑名单、灰名单等信息。在反欺诈技术方面，非银行金融机构如保险公司、财务公司、金融租赁公司等，甄别客户欺诈的能力相对薄弱，商业银行可以整合工商、公安的大数据和行内"小数据"，将AI智能反欺诈引擎输出给其他金融机构。

在产品方面，通过"大数据+产品"模式，在风控赋能的基础上，输出端到端的产品能力，对客户进行分层分级，灵活设置多种服务模式，进行差异化服务，提供个性化产品，通过"银行+金融"同业的组合产品，共同打造产品超市。

在开放合作来共筑生态方面，将商业银行的各类核心产品和服务能力，通过公有云输出到同业合作的各类平台当中，通过科技服务、大数据服务、同业金融服务、外包服务、咨询服务等各类平台的功能为银行、证券、保险、基金，财务公司等各类金融机构相互赋能，同时与外部交易市场建立连接，共同构成一个开放合作的生态体系。

同时，对F端的同业赋能不是大型商业银行的专利。某上市城市商业银行也有向中小银行输出系统和产品的生态建设成功实践，其业务起源于当该银行准备把消费金融业务搬上"云"时，发现很多中小银行也有互联网业务的诉求，却面临着诸多挑战，包括区域和规模限制，创新产品少，与大型互联网平台的合作机会少，合作的成本高等。同时，中小银行普遍存在互联网业务能力弱、产品少、信贷风控和交易反欺诈能力弱的痛点。

针对这样的情况，该银行利用互联网金融业务上"云"的时机，提出建设"鑫云+"平台，降低中小银行发展互联网业务的门槛，并通过云计算有效降低单账户的管理成本。

该行借助"鑫云+"平台，建立起"1+2+3N"的平台化金融服务模式的案例。"1"代表一家银行，即NJ银行；"2"代表了两家科技服务和云服务供应商；"3N"分别代表的是医、食、住、教、产、销等N个场景，旅游、电商、快递等N个行业平台，以及以鑫合金融家俱乐部成员行为主的N家中小银行。"鑫云+"一边链接数据，一边链接金融，链接互联网和金融两个生态圈，推进金融服务能力输出和合作银行开放输出，向中小银行输出系统和产品。在解决中小银行互联网业务能力弱痛点的同时，降低参与行介入成本，提高效率，不侵占参与行的业务利益，资金共投、收益共享、风险共担。为了赋能支持同业俱乐部的业务发展，NJ银行成立了XHEJ信息技术有限公司，把消费金融的风控技术和业务模式输出给广大的中小银行。业务包括全托管模式、引流模式（为成员行的直销银行提供客户导流）、能力共享模式（共享风险管理和资产管理能力）、产品合作模式（联合贷款和理财产品）。从内部来看，六个部门形成合力：网络金融部负责提供支付、理财、贷款等业务场景，提供同业资金服务及运营支持；消费金融中心提供贷款业务场景；XHEJ信息技术有限公司负责提供同业市场拓展、运营支撑；风险管理部负责平台业务风险管控和流动性的监测；信息科技部负责平台科技能力的建设；法律合规部负责平台的业务合规管理。从技术角度看，新的平台的架构采用分布式架构，敏捷的DevOps，先进的AI智能和大数据技术可以实现体验的快速提升和产品的快速迭代创新。使用成熟的金融+互联网架构设计模式，敏捷工具和微服务平台。截至2020年6月，"鑫云+"平台累计获客2622万户，累计放款3325亿元，对接各类场景平台近100家，约有30家合作银行。

赋能C端的体验迭代和财富管理价值

自2013年互联网金融开始发展，大型互联网科技企业和商业银行纷纷

第十二章　专业赋能：金融力+科技力的全面输出

开展模式创新，秉持"用户体验优先"的互联网产品设计理念。商业银行大幅提升自有线上渠道，尤其是手机银行端的客户体验，使C端用户在理财、贷款、支付等方面享受到"极致新体验"，而2020年发生的新冠肺炎疫情进一步加速了"无接触金融"的进程。下一步，要想决胜C端，要关注以下三个方面：

第一，对场景到金融的无感链接和服务体验，仍是自建和共建生态的发力点。金融科技最先以支付服务的形式渗透至出行、餐饮、购物等强金融场景，伴随着生态银行模式下更复杂、更加定制化金融产品接入的进步，金融产品嵌入的场景将从出行、餐饮、购物等强金融场景延伸至教育、医疗、物业等弱金融场景，未来有望实现消费场景全覆盖，打造"银行服务无处不在"的消费者体验颠覆。

招商银行、平安银行是较早开始关注C端、自建场景并已经形成一定优势的商业银行。如平安银行一方面以自有口袋银行平台为媒介，不断丰富个人消费场景，另一方面积极拓展更多类型的场景合作伙伴，基于口袋银行APP，基于开放银行小程序模式引入淘票票、大麦、高德打车、饿了么等丰富的非金融产品与服务，重点打造"大出行""大生活""大文娱"三大高频场景，实现商户自主入驻，自主开发和自主运营。以电影平台"淘票票"为例，平安银行标准化开放了口袋APP的65项能力，339个API，帮助商户仅用2周时间开发就实现了低成本、高效率的入驻，同时打通商业银行的支付结算体系、优惠券体系、积分兑换体系，推出8元观影系列活动，实现用户在口袋银行APP内便捷选票、优惠购票、扫码取票、积分兑换等全流程、全场景、全闭环的购买体验。口袋银行生态场景涵盖旅游出行、生活服务、医疗健康、文化娱乐等，为消费者打造一站式的生活与金融服务，截至2020年底，口袋银行月活用户数超过4000万人。

C端已成为兵家必争之地。越来越多的商业银行通过消费者需求洞察与竞品研究，逐步打造覆盖教育、培训、休闲服务、商超、车生态、房地产、移动通信、传媒传播、健康医疗、人力资源、能源、律所保证金等行业金融解决方案，为消费者打造卓越的用户体验。

第二，要关注"i世代"代际转化的深刻趋势。"i世代"是真正的数字原住民，他们"生而线上"，主张个性且深度依赖，比起打字，更喜欢语音；比起简单搜索，更喜欢人机互动；比起冷冰冰的列表数据，更喜欢二次元虚拟投顾。他们在刷DJ、B站、小红书、西瓜快手等短视频直播平台购物后直接选择分期付款金融产品……"i世代"对"场景到金融"的无感体验提出更高的要求。同时，"i世代"是新的消费物种，盲盒、萌宠、密室逃脱是他们的心头好，"限量"与"偶像同款"是他们的购物灵感，如果不能跟"i世代"同频共振，就无法抓住未来。

第三，财富管理将迎来未来十年的黄金赛道。截至2020年底，以个人金融资产计算，中国已成为全球第二大财富管理市场、第二大在岸私人银行市场。预计到2025年，中国财富管理市场年复合增长率将达10%左右，市场规模有望突破330万亿元人民币。未来客户需求更趋多元化和复杂化，高净值与超高净值客层将成为关键战场，投顾服务将围绕"以客户为中心"进行更深层次的模式变革和分化，中国财富管理仍是一片巨大蓝海。财富管理的要务是通过客户分层分群，实现精细化客户经营，形成一系列价值主张鲜明的细分标签，如企业家、女性、二代接班人、高管、娱乐名人、老年人等，并聚焦2~3个核心客群打造标签、建立深度经营能力，匹配差异化的产品、服务和渠道覆盖方式。构建全谱系产品与专业投顾能力，基于专业化的产品研究标准和筛选流程，构建"开放式、全谱系"精选型产品货架；提供全渠道的分层投顾服务，满足不同资产水平和投资偏好客户的需求。

赋能客户的服务能力和支撑能力

有一则华为云赋能客户的故事，是令业界意料之外且深思的范例。

华为云一直在与知识付费领域的代表人物罗振宇接洽，希望"得到"APP从阿里云迁移到华为云。罗振宇心中几乎认为这是不可能的，因为阿里云是云服务领域第一大供应商，双方已经有了数年良好的合作和积累，更换华为云并不能带来更多实质性的帮助。

而华为云的一个叫陈盈霖的销售人员仅用一封邮件就说服了罗振宇。

第十二章　专业赋能：金融力+科技力的全面输出

这封邮件的内容是：

1. 我们华为云不是要赚客户的钱，而是帮助客户赚钱。听说最近要做2B的业务——企业知识服务，我们本着负责任的精神，在我们服务的客户企业中，精挑细选，替你们找到一家客户，急需签约，金额500万元。

2. 不要有顾虑，也不要有压力，这与我们的合作没有关系，只是为了帮"得到"把这笔生意促成。

3. 在你们现在的供应商眼中，"得到"只是一个大客户，但是在华为云眼中，我们的总裁、副总裁都是"得到"的用户，他们非常关心这个项目的进展，将调集最优秀的人员和资源为"得到"服务。

4. 拒绝我们100次也不要紧，我们会再沟通101次，因为我们坚信华为云是"得到"最正确的选择。

5. "我们没有美式装备，但是在您最需要的时候，我们一定是金刚川上的那座人桥。"

——陈盈霖

"得到"是知识服务供应商，长期以来，在2C的消费者市场做得很成功，现在开始进军2B端的知识服务领域。显然，这个邮件至少有几点令人打动：一是帮客户赚钱，且是"得到"正想进入的B端业务；二是巧妙拉升客户体验，说总裁和副总裁都是"得到"的用户，极大满足了罗振宇个人的成就感；三是最后那句话，彼时电影《金刚川》刚上映不久，肯定不会是调用的现成的"话术"，用罗振宇的话来说，这个他素未谋面的陈盈霖让他感到"一个人倾尽自己的才华、对世界的感受、对客户的理解，倾其所能为客户做方案"。

"得到"此时最具体的困境，就是刚刚开始做2B端的企业服务，还完全不会做。而这次营销的碰撞，让罗振宇作为客户端真切感到了华为云强大的客户服务能力。这封邮件使罗振宇找到了破解进军B端业务的"题眼"，华为云的企业服务能力让罗振宇佩服，所以说出了"华为，可不可以把陈盈霖送来入职？入职即签约！或者，华为派一支企业服务教练团，帮助'得到'把企业服务能力打造得跟华为云一样。"

笔者所在的商业银行在2020年也组织了中高层管理人员去华为公司学习的活动，最让人印象深刻和羡慕的莫过于华为公司的文化、流程、人力资源，以及由此产生的"以客户为中心"的服务能力。真切地感受到这种强大的能力，无异于是对企业整体服务能力、流程管理能力和人才培养机制的再造。这种经过实践塑造的能力传播和输出，甚至是作为客户方的一种主动渴求。

生态的进化，在从业务环节的互联网化向管理服务环节的数字化传导。企业服务是一个万亿级市场，很多领先企业都开始变得越来越轻，从重资产扩张向轻资产服务赋能输出转型。

例如，苏宁经过2020年的"动荡"之后，在2021年第一季度也主动求变。苏宁易购开始从零售商向零售服务商转型，启动了云网万店战略，收购了家乐福（中国），补足了家电以外的其他品类；在农村和集贸小店合作，在城市做苏宁小店，这两部分有1万个店，并快速复制，再把原来的苏宁易购改成苏宁云店，跟直播做对接，所有零售空间都变成一个可直播的场景化空间。苏宁有两栋楼，内部一个称为存量总部，另一个是增量总部，增量是用户云、物流云、金融云、营销云。建立云平台以后，就可以把云能力进行赋能。2021年第一季度预计实现归属上市公司股东的净利润为4.5亿~5.5亿元，这是一家非常传统意义上的家电连锁企业进行自我革命的过程。

金融科技公司也正在变得越来越轻，将业务重心从重资产业务转向轻资产业务乃至无风险业务——纯粹的科技服务输出。从2017年末的《关于规范整顿"现金贷"业务的通知》，到2020年出台的《商业银行互联网贷款管理暂行办法》，再到2021年初下发的《关于进一步规范商业银行互联网贷款业务的通知》，监管部门不断要求金融机构落实核心风控责任，并对联合出资的助贷业务进行量化管制。在此背景下，助贷模式也就从重资产模式，逐渐向分润模式/轻资本模式过渡，并进一步走向纯粹科技服务的形态。纯粹的金融科技服务可以理解为狭义的科技赋能业务，常见的是给金融机构提供系统搭建、运营咨询等服务，既不涉及流量获客，也不触碰数

第十二章　专业赋能：金融力+科技力的全面输出

据与风控，甚至不是侧重提供数字化、信息化的IT基础设施服务，而是更注重发挥技术的业务价值，通过数字化技术帮助金融机构全方位地解决业务运营效率，最终实现业务的转型和增长。

科技实力雄厚的银行和银行系金融科技公司，成长于银行业务的深厚土壤，有大数据的滋养，拥有经过市场检验的强大科技服务能力，解决中小银行的开发能力和技术壁垒。企业级的管控能力也可以帮助中小银行全面重构中后台设施，进行数字化改造。通过ABCDMIX等各类技术，以技术驱动金融产品、经营模式和业务流程的创新，完善同业的数据治理体系，提升数据价值的创造力，建设全方位、深洞察、强预测的价值挖掘能力，建设可直达、能迭代、便捷化的共享能力。在生态模式下，还将给生态伙伴在系统高效、接入高效、运营高效方面提供优质稳定的输出。优质的生态场景合作伙伴往往交易量巨大，场景快速拓展，双方对接是否高效直接影响着合作伙伴的体验和总分行生态拓展团队的信心。

纯粹的金融科技服务，还有着强大的通用性，还可以应用于商业银行同业以外的其他行业，同时，中国银行业的数字化转型能力正在得到全世界的肯定，未来"服务能力+科技能力"输出，必将走向国际化市场的"蓝海"。

此外，人力资源服务也可以作为战略支撑能力赋能给合作方，并且伴随其不同生命周期的动态需求。在商业银行的数字化转型过程中，管理层考虑自己的支撑资源的时候，最大的顾虑和掣肘，甚至不是重大的资金投入，而是人才的稀缺。生态银行战略对于人才的复合型能力的要求之高，数量需求之大，都使管理层不得不在人才获取、培养、组织、激励上建设起一整套有效机制。商业银行一方面大力通过敏捷、速赢项目，加快总分行的人才能力培养和传播；另一方面，在与科技公司、咨询公司的紧密合作中，也发现了人才培养的创新模式——类似BOT的模式。人才从招聘开始，以两家公司/银行共同培养的模式进行引进，依托项目建设，先期以大型金融公司、咨询公司的应用培养历练为主，在项目后期或者规定期限，将人员输入到中小金融机构，这是一种新型的人力赋能的巧妙方式。

第三节　银行业务新格局：
跨界赋能多端联动的开放生态银行系统

为了拉动更陡峭的增长曲线，连接更广的生态体系，商业银行的思路从"C端场景为主"已经发展到"BCGF多元场景"多端联动。如在2020年中期业绩报告中提到，工商银行依托金融科技赋能业务发展，打造客户极致体验，把握社会资金流转规律和客户需求变化，初步构建起GBC三端联动的闭环营销服务体系。建设银行董事长田国立提到几个重要的发力点，"着力B端赋能；强化C端突围，做百姓身边有温度的银行；推进G端连接，助力社会治理"。兴业银行也在财报中提出了类似的概念，即着力构建F（金融机构）端金融生态圈，扩大B（企业）端流量对接，带动C（客户）端突破，通过场景拓展与生态互联，全面推进开放银行建设，实现金融科技对"商行+投行"的强大引领与赋能。

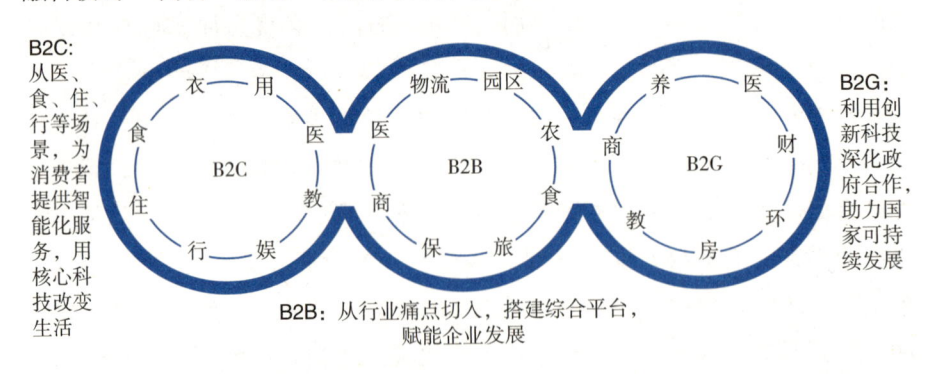

B2C：从医、食、住、行等场景，为消费者提供智能化服务，用核心科技改变生活

B2B：从行业痛点切入，搭建综合平台，赋能企业发展

B2G：利用创新科技深化政府合作，助力国家可持续发展

图12-3　生态银行多端联动模式示意图

展望未来，必将拉开银企共建生态的全新实践，对生态核心方的"穿透""穿行""穿越"的金融力赋能，不仅做企业全生命周期伙伴，更要做企业全生态场景的伙伴，深挖生态圈价值。另外，分析科技力赋能带来的"生态系统"重构，突出G端、B端、C端一体化经营模式，促进不同客群间的相互牵引，从而实现"Bank the Customer's Customer"，"Bank the

第十二章　专业赋能：金融力+科技力的全面输出

World"。

本节，笔者甄选几个商业银行在若干重要领域的多端联动案例，揭示金融科技赋能生态的价值线索。

案例一：商业银行与房地产集团生态共建，推进银企共同转型

曾有一句话，获得了商业银行与企业集团的共识，即"股权是时间的朋友，杠杆是时间的敌人"。但依靠高杠杆的传统地产商业模式是无法行稳致远的，且在当前对房地产授信额度持续加压的局面下，商业银行与房地产企业集团持续加强合作，亦不能再走"房开贷＋企业存款＋个人按揭"的老路，而是应推进银企共建生态的全新实践，在业务模式创新上加快突破。

例如，以 C 银行的深度合作伙伴 J 企业集团为例，拥有着 20 多个生态，包括城市更新、康养、旅游、教育、体育等，可以与 C 银行在共建生态层面上开展相互赋能，在优势创新领域实现突破，形成双方合作成果的增益效应。对 C 银行而言，要通过业务模式创新进一步深化"最佳体验现代财资管家"愿景落地，即积极与战略伙伴开展生态层面的深度合作，向"客户的客户、客户的合作伙伴"提供财资管家服务，在帮助 C 银行客户提高其客户旅程体验的同时，也会促进 C 银行低风险资产占用、高科技能力支撑的战略转型，提升银企双方资本市场估值。

在生态层面，赋能生态圈个人客户。依托自身建设和第三方技术供应商的基础设施、强大算力和模型计算能力的优势，为 J 集团生态客群开发定制化的"bank service"产品，并以小程序、H5 等轻量级灵活应用形式嵌入 J 集团线上产品矩阵中，为生态个人客户提供开箱即用、随手可得的金融服务。

在资产业务方面，可以通过对垂直场景的渗透，可以将信用卡、现金贷，以及 C 银行已开发完成的白条产品嵌入 J 集团的文娱等场景，以受托支付的形式为 J 集团生态的 C 端客户提供融资服务，既为银行带来了优质客群，又可促进 J 集团客户的活性和黏性。

同时，也可以用耳目一新的"约饭吧"小程序，打造独特的引流模式。

这是 C 银行在与 J 集团的消费共建场景的一次创新。餐饮引流是商业银行青睐的一种获客方式，目前大部分商业银行信用卡和消费结算都依托"大众点评""美团"等第三方平台，C 银行的"约饭吧"则与众不同：大众点评和美团上获得的信息只有餐馆的地点、美食种类、人均消费水平等，但"约饭吧"具有一个强大的场景化餐厅搜索推荐功能，就是可以根据客户订餐的需求，如朋友小聚、商务宴请、情侣约会、公司团建等，给客户推荐适合的餐厅。如情侣约会，就会给客户推荐气氛浪漫的网红餐厅，商务宴请则会根据预算、人数推荐最佳的方案。这样的服务真正解决了客户挖空心思找餐厅的麻烦，带来了共建场景引流的大幅增长，也带动了信用卡和支付业务的增长。

在负债业务方面，C 银行通过与 J 集团的物业对接，获取物业数据，建立线上钱包、私人银行、理财的新渠道。物业板块是"十四五"期间房地产行业转型和实现行业新发展的突破口，都在加力物业板块的培育，通过线上 APP 实现从房产开发到 2C 端的转变，着力通过社区、小区"场景"，打通金融"最后一公里"服务。通过企业级的生态合作，商业银行将获取的物业数据引入自己的客户分层模型中，可以进行对客户的精准营销和定价，实现资产端和负债端交叉营销。

赋能生态圈 B 端企业客户。可以将 C 银行前期开发的小微企业线上信用贷款产品植入 J 集团的物业、办公地产等场景，由于附加了金融属性，可帮助客户提供差异化的服务。C 银行可以帮助 J 集团梳理系统架构模型逻辑，还可以进行数据整理、算法升级，从而建立集团的前置风控子模型，并进行内部客户分级、信用风险评分，帮助其梳理业务场景，实现更多金融场景的转化，强化生态黏性。同时，在银行端的线上小微信用贷产品，银行的风险控制主模型与企业端的前置模型可以实现交叉验证。

在业务层面，利用 C 银行在大数据风控领域的积累，基于联邦学习框架，建立场景方营销标签体系和银行方风险标签体系的映射关系，助力 J 集团挖掘生态客户数据金融价值。

J 集团数据科技部正在推进客户营销画像体系，后期大概率有流量输出产品。C 银行可以与其合作引流，将其基于营销画像筛选出的优质客户引进

第十二章　专业赋能：金融力+科技力的全面输出

来，C银行再做二次分层，提高营销画像到资产（风控）画像的映射能力和生态场景下客户质量的分层能力，降低获客成本，流量的质量相对于互联网平台也更有保障。

在技术层面，利用C银行在技术上的比较优势，例如，人工智能、联邦学习等业务中的前沿技术，把"渤银智脑"等先进的大数据智能应用技术向J集团输出。在当前阶段，如果J集团应用C银行的技术体系，后期无论是引流合作还是生态合作，数据的来源和质量就更有保障。另外，这种技术层面的输出也可以形成辐射效应，提升J集团和C银行的技术体系品牌价值。依托C银行建立中心化的模型仓库，C银行可积极探索模型开发经验在生态合作伙伴之间的高效迁移，充分利用零售端已取得的模型开发成果，如客户关联关系图谱等先进技术，创新性地移植到小微和对公业务场景中。

随着合作的深入和技术的深度应用，银行还可以助力企业打造一些"黑科技"组件。例如，可进化的智能客户管理机器人。围绕客户对支付、理财、贷款、娱乐、购物、餐饮、住房、健康等"金融+非金融"的需求，按照千人千面、个性定制的原则开发智能机器人，它可以感知客户个人属性、社会属性、行为和偏好的变化；捕捉时间、日历、周期触发需求，并响应客户对交互方式的偏好；挖掘客户家庭、社交关系，勾连"People like you"。

智能客户管理机器人一方面可以是客户无处不在的金融管家，帮客户推送智能理财产品，具备智能投顾、收益提醒、自动还款等功能；另一方面也是客户随时随地的生活助手，帮助预定旅程，推送优惠信息，推荐纪念日礼物和预定餐馆等。

当然，智能客户管理机器人的名字过长，缺乏"温度"。客户可以根据自己的喜好，除了给它起个酷酷的或者暖暖的名字外，还可以给它定义形象、皮肤甚至声音，这种"温度链接"和"互动链接"使其成为客户和产品的纽带，升级智能化的客户管理。

在数据利用层面，通过分布式商业模式，以及"数据不动模型动，数据可用不可见"的联邦学习技术，C银行可采取两种方式，一是对存储于J集团数据中心的数据进行联邦学习建模，二是在其数据中心算力和工具支

生态银行——敏捷进化实践

持不够的情形下，将数据存储于第三方，比如借助 C 银行与华为已建立起的第三方计算技术合作关系。这样做一方面建立 J 集团前置风控子模型，融合场景生态评分、白名单和其他风控维度，为 J 集团生态客户信用风险评分，实现 J 集团内部客户画像分级、金融场景转换、强化生态黏性；另一方面，对接 C 银行风控主模型，进行反欺诈评分、信用风险评分和贷后评分。

C银行作为极致的平台化生态银行，以Bank-as-a-service的银行能力（资产）赋能J集团及其B端属性和C端属性客户，不建渠道、不设产品、不拥客户，完全融入目标生态体系

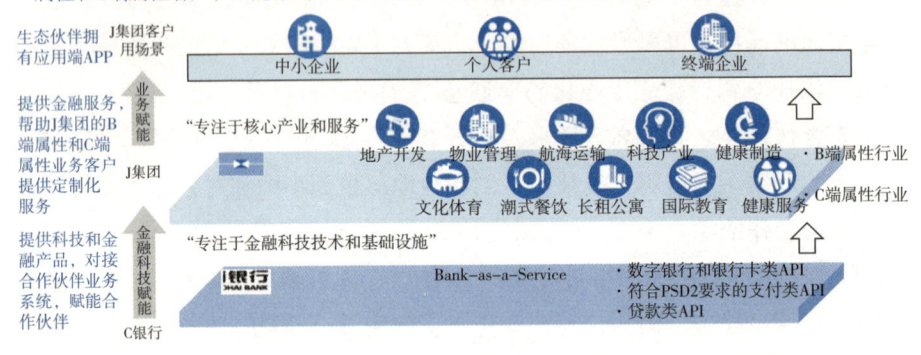

生态伙伴拥有应用端APP	J集团客户用场景	中小企业	个人客户	终端企业	
提供金融服务，帮助集团的B端属性和C端属性业务客户提供定制化服务	业务赋能 J集团	"专注于核心产业和服务" 地产开发 物业管理 航海运输 科技产业 健康制造 文化体育 潮式餐饮 长租公寓 国际教育 健康服务			·B端属性行业 ·C端属性行业
提供科技和金融产品，对接合作伙伴业务系统，赋能合作伙伴	金融科技赋能 C银行	"专注于金融科技技术和基础设施" i银行 Bank-as-a-Service	·数字银行和银行卡类API ·符合PSD2要求的支付类API ·贷款类API		

图 12-4　C 银行与 J 集团共建生态的模式

谷歌公司曾经推进"图书扫描计划"，拟将全世界图书馆的藏书扫描到云端，持续在机器学习和人工智能领域深化能力。很多金融机构虽然暂时达不到谷歌公司的水平，但方向已经明确。按照党的十九届五中全会提出的"创新、协调、绿色、开放、共享"的新发展理念，商业银行愿景和价值观的内涵和外延也要不断拓展，向"客户的客户"C 端，以及"客户的合作伙伴"小 B 端渗透，穿行于核心企业上下游客户，穿透集团内母子公司，穿越货币市场和资本市场提供生态式金融服务，实现差异化、个性化、定制化的赋能。

案例二：由公用服务场景引流，拉动 C 端和 B 端获客活客

从智慧城市切入 G 端引流固然是大量获客的最佳模式，但通常是综合实力雄厚的大型银行和 BAT 等科技巨头们才能吃到的蛋糕，对于中型和小型金融机构来说，如何能够链接公共服务场景，并带动 C 端体验升级呢？

第十二章 专业赋能：金融力＋科技力的全面输出

C银行的战略合作伙伴XA集团，是国内最大的民营燃气企业分销商。2019年全年销售天然气270亿立方米，同比增长15.6%，目前已在全国投资、运营了217个城市燃气基础设施项目，铺设管道逾5.43万公里，为2092万居民用户、15万家工商业用户提供各类清洁能源产品和服务，市场覆盖国内城区人口逾1.04亿。

同时，XA集团以"两链两圈一平台"作为发展战略与目标（贯穿清洁能源产业链与品质生活产业链，创建泛能服务生态圈与家庭服务生态圈，打造智能互联网平台），打造了生态板块（XA品牌）、生活板块（新绎品牌）、互联网板块（新智品牌）三大业务群。新智互联网板块是以线下客户与资源为基础，主动探索"互联网＋"转型，以大数据提高智慧生产能力与管理能力的创新业务，主要业务拥有E城E家家庭服务平台，以及由泛能业务智慧运营、数字售电、数字燃气共同组成的泛能网络平台。

C银行主动发掘了通过E城E家APP数字燃气、数字售电的引流机会，加大与XA集团的合作，构建了七大生态经营平台，包括覆盖零售客群的公共服务（G端拉动），围绕企业客户的B2B市场服务平台，住房、康养、财富与保障生态场景，通过完备的服务方案和流畅的用户体验，实现获客和活客。

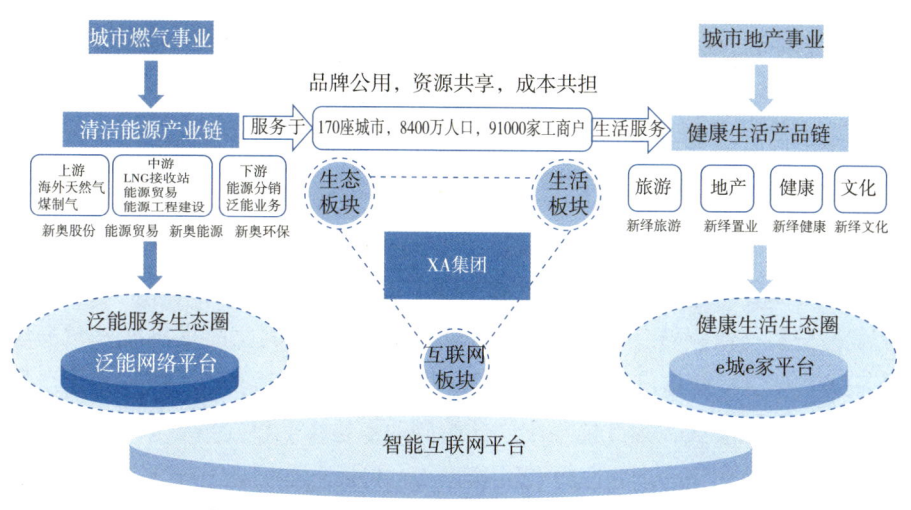

图12-5 智能互联网平台生态圈

生态银行——敏捷进化实践

嵌入 E 城 E 家 APP，实现财富管理引流。APP 的电子燃气缴费端口，服务了 170 座城市的 8400 万人口、91000 家工商户，商业银行不仅嵌入其支付结算功能，并设立"金融超市"，点击直接进入 C 银行手机银行的理财页面，实现存款、财富资产销售业务，把握住自身理财产品收益高的市场优势，迅速引流获客。

打造聚焦康养、医疗等场景的生态。采用融入场景的全新服务模式后，商业银行与客户需求更加贴近，这带来了新的创新机会，也为银行服务创造了更为丰富的客户触点。特别是针对 XA 集团的康养板块（"来康"大众健康管理服务平台），与 C 银行的"养老一族"目标客群一致。C 银行将穿戴式设备引入康养社区客户，在这一场景下，通过免费智能手表，监控老人的心率、血压等健康指标，记录老人的步数、路线、里程等，并对康养社区及周边的食堂、餐厅、书店、运动场馆等消费场所安装了支持智能手表的收款设备，同时针对安全和紧急情况，手表可以实现一键呼救的功能。养老社区还由 XA 集团引入了北京著名的心脑血管医院、中医养生医院以及一家综合性医院，C 银行进行了智慧医疗和支付结算设备的铺设，将养老客户的病理数据和日常健康、消费行为数据进行整合分析，给客户提出治疗、调养的方案和日常生活习惯的改善建议。这些创新极大地提升了 XA 集团的康养品牌，也拉动了 XA 集团的地产销售，大幅提升了养老客户的体验，通过触点和客户体验，增强了"养老一族"的客户黏性。

创新线上应收账款流转融资。C 银行在 2018 年研发推出互联网平台类线上国内反向保理产品，定义了全行标准化的业务流程与系统接口，同时可快速响应客户的定制化需求。以对接 B2B 互联网场景平台为前提，双方共享客户信息及贸易数据，从而共同为平台内买卖双方提供线上国内反向保理产品服务，即针对供应链核心企业与其上游供应商，在由平台提供线上贸易交易与债权转让确认的基础上，商业银行为供应商提供线上贸易融资服务。C 银行此前已经与河钢集团、国网平台等有诸多线上供应链金融服务的敏捷速赢实践，因此能与刚刚开始启动搭建线上供应链业务的 XA 集团迅速达成合作共识，通过 API 模式帮助 XA 集团在数月内完成了 XA 集团供应链线上信用平台，对其提供货物或服务的、穿透三级的上游链属企业线

第十二章 专业赋能：金融力+科技力的全面输出

上应收账款流转融资，为客户提供嵌入式的场景化金融服务。

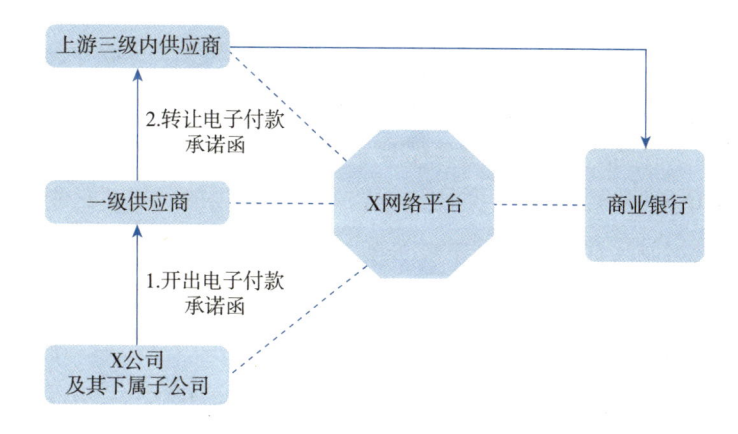

图 12-6 嵌入式的场景化金融服务

产品服务场景化，业务管理交易化。融资服务融入企业贸易交易流程，贸易交易与单笔融资实现在线关联，真正实现嵌入式、交易级服务。同时贸易交易可在线、实时审查与追溯，利于贷前审查与贷后管理。

产品服务在线化，放款申请自动化。单笔提款全流程完全在线完成，实现无纸化。业务申请资料根据线上贸易交易数据、产品合约自动生成，减少客户重复录入的烦恼。

产品服务合约化，业务受理智能化。业务申请要素规则事先在产品合约中进行定义。平台会根据产品合约自动校验业务申请要素的合法性，提高融资申请受理通过率。

产品服务实时化，业务办理便利化。客户可实时查询银行业务批复信息，随时随地查询业务办理进展。同时客户可根据回款情况，随时随地进行还款，银行系统自动回收贷款本息。

挖掘资金管理服务等。建立企业资金池，特别是利用 C 银行是全国性股份制商业银行、拥有上海自贸区 FB 账户资格的优势，提供创新的外汇代付业务，降低汇率波动给企业带来的汇兑损失。此外，可针对储气库、LNG 接收站、互联互通管网工程等基础设施项目建设需求提供项目贷款、债券融资、未来收益权资产证券化产品。

案例三：把握智慧港口建设契机，积极注入金融动能

港口是重要的战略资源并具有比较优势，智慧港口的转型升级对于推动京津冀、长三角、大湾区区域经济纵深发展具有重要作用，也是我国构建国内经济大循环、国内国际双循环的重要支撑。在人工智能、大数据、物联网、5G发展的背景下，把握智慧港口加快建设的契机，是新基建和老基建共建，也是构建新的金融生态的重要机遇。

"智慧港口"以现代化基础设施设备为基础，将港口运输业务与云计算、大数据、物联网、移动互联网、智能控制等新一代信息技术进行深度融合。从技术角度来看，智慧港口涉及人工智能、大数据、信息化、自动化等技术。从设备角度来看，基于技术层，集装箱装卸、散货装卸、港口调度、货物运输、航运消息等环节都将智能化，以及基于物联网的机器视觉智能化。从数据角度来看，港口汇集了物流、监管、作业等大量企业和部门，需要对大量的数据信息进行处理、关联和应用，并对物流企业、贸易企业、代理企业、船公司等提供各种个性化信息服务。从金融角度来看，

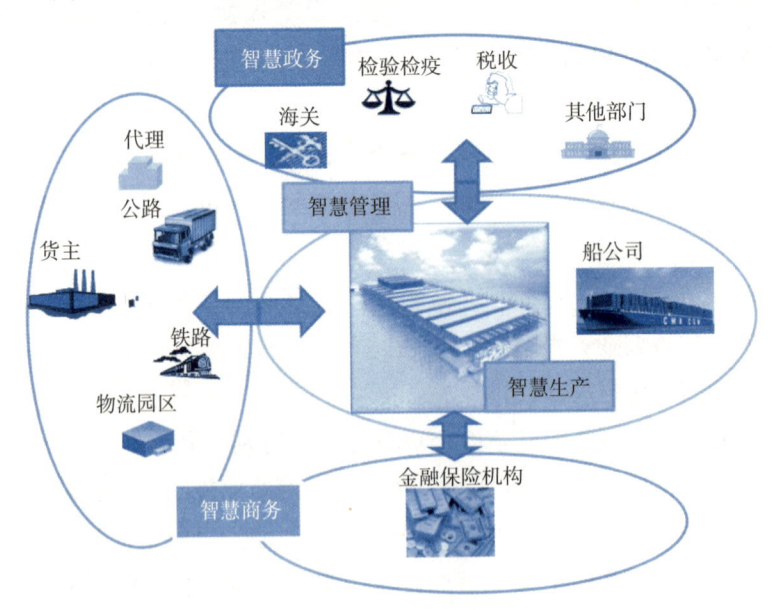

图 12-7 智慧港口

第十二章　专业赋能：金融力+科技力的全面输出

应用物联网、云计算、区块链等信息技术，实现了港口与海关、海事、商检等口岸单位的信息一体化，还拓展了港口物流市场交易、融资、保险等配套服务功能，构建可信贸易生态，提升数字金融服务水平，增加港口新的经济增长点。

商业银行与港口集团在建设智慧港口方面进行了有益的尝试。商业银行可作为该项目的技术支持方，搭建港口物流及贸易便利化服务平台，依托于区块链、大数据、人工智能、云计算等科技手段，形成贯通港口、海关、物流、企业、金融等贸易全流程的互联共享区块链网络，整合智慧港口、智慧监管、智慧贸易和智慧金融四大服务解决方案，以实现"监管精准化、物流集约化、运行智能化、流程可视化、金融普惠化"。通过科技赋能，不断助力提升港区港口运营效率、降低进出口企业成本，助力改善港区营商环境，提升贸易便利化，实现港区贸易各方的互联互通。

智慧港口通过跨境贸易关联方上链信息交叉验证识别贸易真实性，打通沿海港口和沿江港口信息，实现了信息流、物流、商流和资金流的"四流合一"。智慧监管则是深化关企、关银合作，通过区块链各方信息交叉验证，实现监管协同一体化通关，同时利用物联网技术的实时全流程智能监管和驳船的在途监管，把进出口"转关模式"的两次报关缩减为一次报关，真正做到"一次报关、一次查验、一次放行"，大大缩短了通关等待时间，为企业节省了通关费用。智慧贸易为企业提供集便捷通关、高效物流、数字金融于一体的综合解决方案，营造可信、便利、高效、可追溯的贸易环境，助力提升贸易便利化，提高湾区进出口企业国际贸易竞争力。组合港监管模式下，进出口物流整体时长由5~7天压缩至2天，效率提升60%，企业运输和报关成本节省30%。商业银行可基于多方交叉验证信息，构建可信贸易新生态，优化出口退税融资、跨境电商金融等数字金融服务，提升港区贸易金融一体化服务，打造核心竞争力。

供应链普惠业务的闭环价值。电子数据保理融资平台，将网络金融服务嵌入到平台业务场景，赋能仓储、物流等领域，为资金结算、存贷款、票据贴现等综合性金融服务的实现打下了基础，实现了供应链普惠金融业务的全面落地，标志着数字信用通过融资产品打开了港口融资合作的新场景。区块链报税保函产品，提供了保税展示商品便捷通关的一揽子解决方案，商业银行为企业出具保函后，依托区块链技术分布式记账、不可篡改、数据真实可信的特点，在海关区块链上记录和发布报税保函数据，为商品的清关放行进行担保，打通了进口商品销售的"最后一公里"，真正实现了科技赋能监管、赋能金融、赋能贸易。

  大数据深化客户画像和风险决策。基于贸易与物流区块链的数据链接，构建贸易物流五大数据库，即企业库、商品库、物流库、合约库、单证库。某商业银行基于海量贸易数据，通过6个维度、80多个模型、10000多个因子构建宏观、中观、微观三个层面的企业画像和风险决策。

  物联网和机器视觉带来融资租赁新模式。随着科技水平的快速提高，融资租赁公司通过在融资租赁设备上安装机器视觉与自主控制设备，以及设备智能诊断与评估设备，实时获取融资租赁设备的运转情况、位置和完好程度等信息。融资租赁公司也可以通过这些监控和诊断设备实时监测港口机械和港作船舶的状态，判断其运转是否正常，当出现异常时分析其产生的原因、部位和严重程度。

  与物流平台、跨境电商的新探索。例如，在"菜鸟"与电商的业务模式中，电商将进口商品的运输、仓储全部委托"菜鸟"来负责。为应对大型的购物节（如"双十一"），电商需要提前备货，由于占压资金比较多，需要从外部融资，这时电商就在"菜鸟"的网站中提出融资需求，"菜鸟"对电商商品的物流状况、仓储情况和销售情况，通过电商的信用评价模型进行打分，将信誉好的电商向商业银行推荐。商业银行通过网络直连，根据基于"菜鸟"场景的自建模型，对电商进行准确的客户画像，确定商家的资金需求，并确定授信金额与商品价值和账户资金合计的最低比例。

  货款支付后，商品在"菜鸟"的全程监控下，通过"菜鸟"的物流网络进入国内的保税仓，商业银行再通过与"菜鸟"的直连网络，实时监控电商货物价值和支付宝资金是否满足与信贷资金的比例关系。当不满足比例关系时，商业银行可以要求电商偿还贷款，补足商品或保证金，或要求"菜鸟"直接变卖电商商品，偿还贷款。当商品进入"菜鸟"在国内的保税仓后，电商可将商品上架天猫国际的网上商城，供消费者选购。消费者付

第十二章 专业赋能：金融力+科技力的全面输出

款后，商品通过"菜鸟"的物流体系办理入关和国内运输，最终送到消费者手中。同时，消费者支付的购货资金则通过支付宝打入电商的回款账户，该账户的资金处于支付宝的监管中，将首先用于偿还商业银行的贷款。

在这种合作模式中，电商将主要精力放在自身经营上，无须过多关注商品的运输、仓储，以及外部融资问题；商业银行将精力业主要放在电商风险评价、融资规模的核定，无须对电商商品和资金进行管理；而同属阿里巴巴集团的菜鸟、天猫国际、支付宝共同承担了信息搜集与传递、货物运输与保管、商品交易与确认、资金划转与监控，生态多方合作就实现了信息流、物流、商流、资金流的全面掌控。

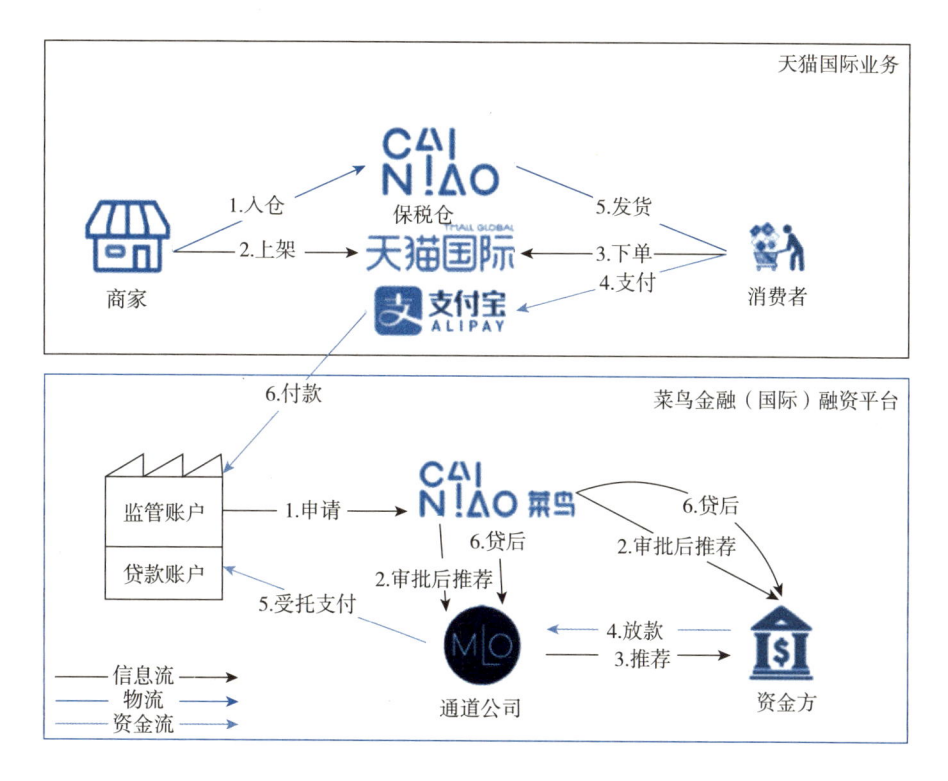

图 12-8 商业银行与"菜鸟"电商合作业务场景示意图

以上三个案例，没有对全产品、全服务进行铺陈，只是列举了一些银企共建生态中新鲜而有启发的切入点。现实的生态圈打造也不是一蹴而就的，商业银行可由简入难、分级分批，持续推进。在生态圈建造初期，在生产管理场景平台，可基于商业银行现有产品服务方案，推进供应链金融嵌入式服务，如在原材料采购场景下在线嵌入流动资金贷款、电子银行承兑汇票、国内反向保理等金融服务。随后，逐渐拓展设备管理、库存管理、仓储配送、财务管理、员工管理等其他场景，全面构建包括设备质押、仓单质押、数据质押、财务规划、工资代发、员工理财、出差报销等一系列产融图谱的跨 B 端、C 端产融生态。最终，形成行业级标准化解决方案，并建立敏捷开发、持续迭代的机制，然后陆续规模化，并持续引入新技术及合作伙伴，进行产融管理输出，服务更多的行业生态企业。

真正好的服务，会退回到我们的生活背景之中，变成一种宁静的自然；真正好的赋能，会融合到经营的驱动之中，变成一种本性的使然。只有这样，它们才能被不假思索地需要和应用。

静水深流、纵横推展。

第十三章　无感泛在：
从用户到客户的"增长黑客"

2010年，增长理论专家肖恩·埃利斯首次提出"增长黑客"（Growth Hacking）的概念，即通过创造性的方法、科学的数据分析工具，可以用极低的费用在短时间内吸引数以百万计的用户的增长方法，可概括为"低成本获得爆发式增长"。肖恩认为，"增长黑客"唯一的使命就是增长，他们所做的每一件事都力求给产品带来持续增长的可能性。"增长黑客"已成为硅谷当下热门的新商业方法论，像领英、Facebook、Airbnb、Dropbox等独角兽企业早已使用增长黑客的方法进行商业实践，并取得了良好成效。

随着我国人口红利的持续衰减、互联网流量的马太效应显现、用户时间碎片化加剧、资本投资理性化等趋势的发展，未来企业的单位运营成本或将呈指数化增长。基于此，中国企业必须改变过去粗放型的营销和运营方式，在产品、营销，以及客户服务等方面向更加科学、高效的方向转变。对商业银行而言，在激烈竞争和信息透明导致全球范围内商业银行产品同质化背景下，加快与合作伙伴协作融合建立生态，提升生态用户体验，已经成为商业银行基于数字技术提供差异化服务的关键。对此，生态银行应借鉴"增长黑客"理论和实践经验，以用户实际需求为中心，与生态伙伴协同供应无感泛在、浸润式服务体验，在生态时代的目标细分市场中实现爆发式增长，全面推进高质量转型发展。

生态银行——敏捷进化实践

第一节 "增长黑客"发展方式

> If you are not growing, you are dying! (如果企业不在增长,那么就是在衰亡!)
>
> ——张溪梦(GrowingIO 创始人兼 CEO)

"增长黑客"依赖技术新渠道、大数据与数据分析来实现快速测试产品开发及营销的新想法,并利用用户行为数据验证或寻求演进。

用户体验是抓手

增长黑客方式在头部互联网机构中得到了成功的运用,例如,Airbnb(爱彼迎)是一家联系旅游人士和家有空房出租的房主的服务型网站,成立于 2008 年。成立初期,Airbnb 发现自身用户流失率很高。基于"增长黑客"的方法,这家机构开始找寻用户体验中的摩擦点。Airbnb 通过对用户在其平台浏览数据的细致分析发现,房源照片的品质对预订率影响非常大,图片品质好的房源预订率是品质差的两倍,但普通房东并不知道如何展现房源最好的一面,灯光差、不整洁、像素低的图片极大地降低用户预订的欲望。于是,从 2010 年开始,Airbnb 雇佣了专业摄影师,协助房东拍摄具有吸引力的房源照片。受益于专业摄影师拍照,在 2011 年,Airbnb 实现了 800% 的服务增长。

在数据挖掘和生态圈建设过程中,用户体验已经成为商业银行业务,特别是零售银行业务的核心竞争力之一。在客户人生旅程的一系列关键"金融时刻"(Financial Moments),大到结婚生子、购房买车、养老医疗,小到柴米油盐、旅游出行、车辆剐蹭等场景的金融服务体验,对零售银行业务至关重要。商业银行的用户体验已经成为其基于数字技术提供差异化服务的关键,是商业银行应用"增长黑客"方法,实现爆发式增长的重要抓手。

第十三章　无感泛在：从用户到客户的"增长黑客"

渠道建设面向未来运营

基于"增长黑客"模式，敏捷银行需要以数据驱动营销，以市场指导产品，在门户平台整合刚需、高频场景，加快实现用户引流、商机转换和品牌建设，使商业银行品牌形象容易识别和具象，进而结合群体需求推出高频、低额①的产品，提高用户黏性，如日常缴费、小额定投、心愿管理、账单报告等服务。同样地，作为当前商业银行最重要交易渠道的手机银行，敏捷银行在此方面应呈现出功能生态化、运营精细化、优化日常化、考核独立化②的特点，通过考核、运营、内容和持续优化，提升用户体验。总之，为了在生态时代实现爆发式增长，商业银行应在产品设计、渠道建设方面借鉴"增长黑客"理念，以用户为中心，在服务设计方面以用户至善体验为标准，在渠道框架建设方面以面向未来运营为考量。

第二节　商业银行视角下的增长黑客方法论

> 在预算紧张情况下，"增长黑客"方法使依靠巧思去挑战庞然无匹的企业巨头成为可能。
> ——程浩（迅雷创始人、远望资本创始合伙人）

虽然针对不同类型公司的具体实践方法可能有所不同，但是"增长黑客"的方法的核心内容是一样的：一是搭建跨部门合作的增长团队；二是依据科学的数据分析，深入了解用户行为与喜好，确定产品定位；三是明确增长杠杆和北极星指标；四是迅速产生新想法并进行测试，根据严格的

---

① 蚂蚁金服最近上市的一款起点仅有 10 元的定投产品，大量用户抱着尝试的心理购买，短时间完成了用户向客户的转化，并且用户需要了解产品的收益情况，需要时常登录，提高客户对蚂蚁金服的黏性。

② 目前商业银行对手机银行考核还停留在签约率和活跃率上，并不像互联网企业将 APP 作为一个盈利单位考核，敏捷银行应当像考核经营单位一样考核手机银行的盈利能力，通过这种方式使负责运营的机构自发优化升级手机银行，实现手机银行运营精细化。

指标对试验进行评估并采取相应行动。在银行视角下,"增长黑客"方法可以进行逐条展开细化。

跨部门合作的增长团队

"增长黑客"体系的第一要素是人,也就是增长团队。对商业银行而言,搭建增长团队应打破原有科级体制下的"筒仓结构",实现跨部门、跨职能的人员合作。增长团队里应当有对商业银行战略和目标深刻了解的人,有能够对海量数据进行联合分析的人,也有能够对产品的设计、功能或营销方式进行改动并进行编程测试的工程师。增长团队可以是四五个人的小团队,也可以是上千人的大团队。除了团队内部的人员组建,增长团队应获得必要的管理层支持,有向管理层直接汇报工作的通道,并健全相应的容错机制,如果没有明确且坚定的管理层意志,那么增长团队的行动将会处处受阻。

一般而言,成熟期公司成立独立增长团队存在一定的阻力,资源分配和汇报制度调整难度大,但也并非不可能。沃尔玛在2011年成立了一支独立的增长团队,采取的办法是收购硅谷一家创业公司 Kosmix 的创新中心,并以此组建了专注于电子商务的"沃尔玛实验室",通过聚焦沃尔玛用户端平台的数字创新计划,取得了良好的市场增长效果。

当前,很多商业银行都在规划金融科技转型业务,其规划方案中大都具备用户中心、产品中心、定价中心、营销中心等基础组件。在规划方案中,可以借助增长团队的理念,突破筒仓结构,将这些基础组件打造成商业银行"智慧大脑"。围绕商业银行实现增长的各项需求,通过智慧大脑对用户画像,识别用户需求,指挥用户旅程,包括接触、研究、开户、首次交易、交易与服务支持、增加往来、分享、流失管理、回归分析等。

确定定位,提供"好产品"

"增长黑客"方法有一个必要的前提,即保证产品确实是好产品,确实对用户有用,在同类型产品中出类拔萃。商业银行面对众多的同质化竞品,必须向用户提供专业化、特色化、个性化的产品服务或相关组合,为实现

第十三章 无感泛在：从用户到客户的"增长黑客"

爆发式增长奠定坚实基础。

1. 进行产品用户调查

对于产品，特别是创新产品，企业需要用两个调查来检验自己的产品：一是进行不可或缺性调查。向用户进行简单但很实用的调查——"如果这个产品明天就无法使用了你会有多失望"？如果大于40%用户选择了"非常失望"，那说明这款产品已经具备了足够的不可或缺性，增长团队已经具备了全力驱动增长的条件。对于达不到40%这个门槛的产品，增长团队必须先找到反馈不够理想的原因。随后，向用户提出补充问题，如"如果本产品无法使用了，你会用什么替代品"，类似问题对身处红海竞争的商业银行很重要，可以帮助商业银行锁定竞争对手，指出对手具备而自身产品还欠缺的体验，发现更清晰的客户群，指引测试新的营销语言来更好地传达价值观。

二是通过客户留存率调查，检测自身产品是否适合展开"增长黑客"攻略。查看客户留存率，也就是在一定时间内继续使用产品或者付费使用产品的用户比例。由于不同类型的业务和产品本身的特点，客户留存率并没有统一的标准。对商业银行而言，应以头部银行具有足够可比性的成功产品数据作为参考基准。

2. 寻找产品的"啊哈时刻"

如果经过上述调查的检验，发现自身的产品尚未具有不可或缺性，则需要尽快寻找产品的"啊哈时刻"，把其变成用户不可或缺的产品。

"啊哈时刻"是指企业的产品或服务令用户眼前一亮，并发出"啊哈"的赞叹的时刻，也就是产品对用户来说的核心价值体现在哪里。挖掘"啊哈时刻"的手段主要是用户问卷调查和数据深挖。其中，问卷调查是很有必要的一种与用户直接交流的调查形式，通过一些简单的问题，如"最初您为何选择我们？发生了什么使您离开？又是什么令您愿意回来？让您留下来持续使用的原因是什么？"等。商业银行只需要几百份的调查回复，往往就能洞见用户行为背后的原因。此外，数据深挖的要点在于寻找数据的重点。例如，在使用银行APP时，每一个步骤节点上的用户行为——用户在哪一个页面退出了？在哪个页面停留过久？跟踪活跃用户的行为——他

生态银行——敏捷进化实践

们最喜欢使用的功能是什么？他们不同于其他用户的地方在哪里？

一旦确定了创造"啊哈时刻"的条件①，增长团队的注意力就应该转移到"如何尽快让更多用户体验到这一时刻"上，为"啊哈时刻"绘制作战地图，看看用户通往"啊哈时刻"的道路上的阻碍在哪里。例如，Twitter（推特）发现其用户的"啊哈时刻"是收到朋友、明星、政客或他们所看重的人发布的状态，于是 Twitter 设计了全新的用户入门体验，引入了推荐功能，并将其安置在新用户注册的流程内，从而使用户在注册完毕之时，就有了一批自己感兴趣的关注对象。对商业银行而言，应站在企业级角度，建立用户旅程管理体系，通过梳理、识别用户全生命周期事件，定义全行用户旅程。通过对用户旅程持续迭代优化，补充商业银行缺失的流程和服务，识别、改善用户旅程中的痛点。

值得注意的是，在寻找"啊哈时刻"的过程中，商业银行可能发现自己产品的价值与原本规划或料想的完全不同，那么就需要重新定位产品，使其成为符合用户期待的不可或缺之物。例如，YouTube 最初是一个视频约会网站，但随着平台的发展，数据显示，用户更多地开始用 YouTube 分享猫狗宠物、搞笑视频、假期风景等内容，于是增长团队迅速行动，对网站进行了彻底的改造，使其变得更开放、更广阔，取得了巨大的成功。

确定增长杠杆和北极星指标

创造并使更多用户体验到"啊哈时刻"是破解增长难题的第一步，下一步是明确增长战略。为此，需要通过一套严谨科学的方法来明确增长的方向，并找出增长杠杆。

对商业银行而言，首先必须要做的事情就是整合数据资源，建立企业级的数据仓库，花费必要的时间收集数据并配备恰当的分析能力，需要能跟踪每一个用户从第一次访问到经历"啊哈时刻"或者弃用产品的整个过

---

① 需要注意的是，由数据分析和用户调查获得的关于"啊哈时刻"的想法，还仅仅属于假设，商业银行需要用快速试验的方法来验证后，才能确定其真伪。

程。然而，时刻关注每一组数据则会造成大量的人力浪费。因此，需要选出一些相对更重要的数据密切关注，抓住问题的主要矛盾和矛盾的主要方面，即所需要的增长杠杆。

确定增长杠杆的第一步，是明确哪些指标对产品增长最重要——需要列出企业的基本增长等式，这需要根据企业的实际情况来确定。所有的产品都有几个共同的因素，如新用户获取、高激活率或高留存率等，但每个企业具体的产品都会有更具体的影响因素。例如，"亚马逊"的基本增长等式为

收入增长＝垂直扩张×每个垂直市场的产品库存×每个产品页的流量×购买转化量×平均购买价值×重复购买价值。

当确立了增长等式后，可以进一步从中找到北极星指标，即增长公式中最能反映产品不可或缺体验的实现情况的指标，可以帮助增长团队明确方向，尽量减少将资源浪费在漫无目的的增长试验上。例如，对 Airbnb 而言，北极星指标就是客房的预订量；对微信这类通信应用而言，就是用户发送的信息数。当然，北极星指标也会随着企业的发展而变化，这也需要增长团队保持清醒和专注，不要在漫长的时间中令增长的过程逐渐变为形式主义的走过场。

进入快节奏的试验循环

如果说前三个步骤是在为运行"增长黑客"做准备，那么在快节奏试验的步骤中，"增长黑客"流程会正式运作起来。其意义在于，通过快节奏的循环试验进行多轮次的快速学习，而经验表明，增长最快的企业正是那些学习最快的企业。

"增长黑客"的循环包含"提出想法→排定优先级→测试→反馈分析→提出想法"这样的必要流程，在打算实施快节奏试验循环之前，必须根据企业自身的情况，制定严格而科学的试验过程。通过试验，可以搜集到有效数据和有意义的指标用来衡量试验结果，有对照组的数据作依据，能根据数据形成科学的分析报告，所以试验的规划当然需要数据分析师的参与及贡献。此外，对于"增长黑客"的快节奏试验循环来说，"待测试想法"

生态银行——敏捷进化实践

同样非常重要。这些想要测试的想法，通常来自数据分析，而对这些想法的科学管理，则会令快节奏试验循环更高效。收集团队内外的各种建议来产生待测试想法，通过打分等方式为待测试想法排定优先级，并做好待测想法库的管理和想法储备。

以商业银行为例，在运营能力建设方面，应加快修炼"内功"，打造金融科技生态实验室和创意管理机制，建立全渠道运营体系，以快节奏的试验，提升精准的用户场景设计能力和跨界开放合作的能力。

第三节 明晰"流量"发展途径

在许多案例中，增长不是通过传统的广告营销获得的，而是通过编程上的一些巧思，在预算紧张状况下实现的。

——肖恩·埃利斯、摩根·布朗《增长黑客》

本节将以推行数字化城市建设为例，剖析流量体系的构建，践行无感泛在的"增长黑客"。2020年初暴发的新冠肺炎疫情直观展示了数字城市建设的重要性，此次疫情是一场极端特殊场景下的城市资源调度考验，检验了各地数字城市建设水平。为了做好疫情防控工作，许多城市通过不同程度地利用大数据共享、数字政务、舆情监测和人工智能分析等技术，服务于疫情期间的资源调度、态势研判和科学决策指挥等。对比2003年的"非典"，此次疫情下的公众获取疫情动态、专家答疑解惑、社交媒体求助、多平台防疫科普直播等信息都更为敏捷。

互联网创新"流量"经营模式

互联网金融往往依托于支付、云计算、社交网络及搜索引擎等互联网工具，实现资金融通、支付和信息中介等业务。近年来如火如荼的互联网金融，经过群雄逐鹿之后，马太效应开始逐渐凸显，具有海量流量优势和良好应用场景的公司，以及前期积累了大量用户的平台，将具有先发优势，

第十三章　无感泛在：从用户到客户的"增长黑客"

在财富管理大爆发时代，具有变现的基础，有望在金融创新大潮中进一步领先。凭借基金销售大爆炸实现业绩爆发式增长的东方财富，率先发力移动端理财并取得先发优势的同花顺，以及背靠阿里巴巴集团和京东的蚂蚁金服、京东金融等，主要有以下三种形式。

1. "流量+场景"成关键

"流量+场景"是互联网时代卡位胜出的王牌。以东方财富为例，流量和用户黏性的市场绝对优势提供了爆发式变现的基础，专业服务和先发优势使流量集聚和持续变现相辅相成，"垂直"财经的专业优势和对行业敏锐的嗅觉造就的先发卡位优势是巩固互联网金融头部地位的核心。东方财富旗下互联网金融电子商务平台天天基金为用户提供基金第三方销售服务。在第三方平台基金销售竞争白热化的当下，东方财富的基金销售数据近五年来处于高位。2019年上半年，基金销售额达3090.04亿元，相当于每天卖出17亿元，公司实现营业总收入19.98亿元，同比增长22.20%，归属于上市公司股东净利润8.71亿元，同比增长55.88%。

在大数据时代，客户操作的海量数据和投资者对于资讯、行情和交易的偏好和习惯所形成的大数据将成为新的财富，由大数据衍生的多元化、特色化服务生态体系也将成为未来竞争的重点。

2. 经营模式灵活，创新速度较快

互联网金融公司经营模式灵活，可根据市场状况及时调整战略，产品创新速度较快。互联网金融公司能够将具有竞争优势、客户体验好的创新产品快速推向市场，在短期内形成产品竞争优势，创造领先地位。如2013年阿里巴巴支付宝与天弘基金合作的余额宝，作为一种货币基金，较商业银行活期存款收益高，又较商业银行定期存款和固定期限理财产品流动性好，并且支付宝配套了便捷灵活的转账支付服务，用户数量和规模快速扩大。2013年6月13日余额宝上线后，到当年11月14日用户数近3000万户，吸引资金规模超过1000亿元，直接导致天弘增利宝成为国内首只突破千亿元的基金。不仅如此，截至2019年末，余额宝的规模达1.09万亿元，常年位列国内货币基金排行榜第一，领先优势巨大。之后余额宝的规模虽有所缩减，但其上线六年以来却拥有了6.9亿的活跃用户，这是传统金融产品所无法企及的。

3. 开展金融混业跨界经营

互联网金融公司广泛实行跨界战略，开展跨行业经营。一方面，互联网金融公司多开展金融混业经营，通过互联网将银行、证券、保险等相关业务整合起来，其混业经营特点突出。如蚂蚁金融服务集团成立后，旗下的业务不仅涵盖商业银行的支付结算、小额信贷、理财等，而且投资国泰产险，甚至是申请设立浙江互联网金融资产交易中心，以及宣布推出专门面向金融行业的云计算服务。另一方面，互联网金融公司开展跨金融行业和非金融行业的经营。如果说蚂蚁金融服务集团目前主要在金融行业开展混业经营，那么第三方支付平台为充分发挥其平台优势，增加客户黏性，往往提供支付结算之外的话费充值等日常生活服务，进行跨界经营。2019年第四季度，支付宝占移动支付市场份额为55.1%，环比上涨0.6%，排名行业第一，竞争优势明显。

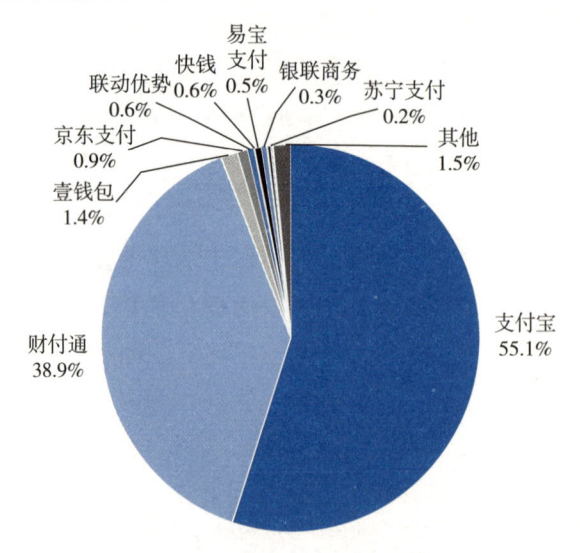

图13-1 2019年第四季度移动支付市场份额

（资料来源：艾瑞咨询《2019年第四季度中国第三方移动支付季度数据报告》）

国内较早从事互联网金融业务的阿里巴巴、银联商务、苏宁、百度、腾讯、京东等公司，都拥有庞大的客户群体或者强大的营销渠道，可以有

第十三章　无感泛在：从用户到客户的"增长黑客"

效帮助旗下互联网金融公司形成绝对优势。

数字化城市打造"流量"增长场景

中国正处于经济的高质量发展过程中，城市化进程不断深化。数字城市建设有利于促进城市经济发展，加速城市经济转型。数字城市建设的商业发展模式主要有四种：一是由城市管理者推动的数字城市建设；二是由专业运营商推动的数字城市；三是由各种服务业厂商推动的数字城市的建设；四是由互联网公司推动数字城市的建设。

城镇化发展对有利于刺激消费，拉动内需，加速区域经济发展和产业升级，促进战略性新兴产业发展；中国数字城市的建设和发展将为城镇化进程保驾护航，有利于解决众多衍生问题，最终实现"宜居、安全、便捷"的健康城市发展目标。目前，已有多个城市不同程度地开展了数字城市建设工作，制定了数字城市发展规划和纲要，明确了数字城市工程的内容，完成了相关系统的开发和启用。很多城市的政府信息系统、社会保障信息系统、交通管理信息系统、电子商务交易系统、远程教育系统，以及智能小区等方面建设如火如荼。未来，数字城市要朝着更加科学化、理性化方向发展，进一步向深度迈进、向广度延伸。尤其是随着5G、物联网、云计算等新技术的成熟，大力推进数字城市建设，利用数字城市解决城镇化发展中出现的问题已经成为共识。在数字城市化进程中，银行业要特别注意发挥自身优势，从金融服务的角度支持城市发展，整合各类金融产品向客户整体输出，如同人体的神经系统一样，使金融服务成为连接终端与应用之间的桥梁。

全球银行业正在进入数字化时代，只有那些真正将数字化与创新融入基因的银行才能在新的市场竞争中脱颖而出。随着产业升级和各类新兴技术的不断推出，对传统银行的经营模式提出了严峻的挑战，传统方式已经很难适应社会的需要。数字城市建设与金融科技密切相关，而以金融科技为核心驱动的"综合化金融服务"已成为银行业务模式转型的主流趋势。因此对于商业银行而言，积极参与并快速融入数字城市化建设不仅是社会责任，更是新的业务增长点。在投身数字城市化建设过程中有利于商业银行构建专业化服务能力，根据客户需求，提供综合性金融服务，同时也有利于破除"唯互联网金融"思想，形成区域全新服务生态，打造区域特色金融品牌，增强区域竞争力。

"金融科技+数据生态"受到推崇

本小节举例探讨"金融科技+数据生态"模式。2019年5月，小米金融与南京扬子国投、南京数字金融产业研究院和金山云共同承建、运营的数字金融一体化服务平台上线，系全球首个数字资产登记结算平台。作为城市产融协同的创新服务模式，该平台以"金融科技+数据生态"治理深度融合，在资金供需双方之间、金融科技手段与金融服务需求之间、监管机构与被监管对象之间链接资源，营造智能新生态，助力江北新区建设金融业新高地，推动其成为辐射全国的"新金融中心"。小米金融通过科技赋能金融，旨在实现资产与资金的有效联姻，在输出金融科技服务的同时，建立国内数字资产EDI，构建智慧金融体系，服务内部业务线与外部机构，提供管理决策、业务平台、产品交付等一站式的金融科技服务方案。

一整套"金融服务+输出产品"模型。围绕小米集团主业核心，小米供应链金融已覆盖全产业链条各环节，服务对象包括手机、电视、生态链、小米有品电商平台、下游销售商和体系内其他关联方，其产业金融的核心就是掌握的产业链各环节的相关数据。传统的线下金融作业，倾向于为大型核心企业提供金融服务，而对众多存在融资需求的中小型企业却更为审慎。根本原因是商业银行对中小型企业信息了解难度大，获取信息成本高，由于信息不对称而导致不敢放款，即使放款，后期跟踪难度大，造成了大量迫切需要资金的中小企业反而最难获得融资的情况。

为了解决信息不对称引发的融资难题，小米金融创造性地在智能制造行业领域建立起了行业大数据系统。国内智能硬件的制造企业大都与小米金融有直接或间接合作关系。通过搭建产业金融平台，打造产业信息数据库，小米金融有望为智能制造行业的生产效率和资金流动效率带来革命性提升。小米金融的产业优势在于利用供应链体系去帮助上下游企业实现融资需求。小米金融深耕产业金融后又一个重要的举措就是输出产品模型。

第十三章　无感泛在：从用户到客户的"增长黑客"

目前，国家在大力推动供应链金融，通过供应链金融扶持中小微企业，为实体产业输血，解决普惠金融的难题。小米供应链金融的定位在于用金融的手段将小米集团作为产业链主体企业的信用，向产业链上下游传递，进而扩展到整个智能制造行业，帮助行业降本增效。

小米金融扮演新渠道、新场景的角色定位，金山云扮演新技术赋能的定位，银行集成新技术、新场景、新应用，从而面向客户提供新业务、新产品。三方处在金融科技生态链中不同的节点，合作将形成优势互补。

区块链智慧重塑与构建供应链金融联盟体系。小米金融围绕小米集团生态通过输出优质的金融科技能力，为零售用户、产业上下游的合作伙伴提供"科技+金融"的一站式服务，并致力于成为全球"米粉"和新制造业的全面金融合作伙伴。在此过程中，区块链技术扮演了重要的角色。

区块链的工具属性解决了信任的问题。互联网科技与金融天然契合，互相作用。供应链金融模式如今取得的丰硕成果，有赖于科技智慧的发展。供应链体系存在着诸多环节与主体，用传统方式获得的银行授信终究是有限的，越到供应链底端各主体信用等级也会越低。正是由于区块链技术，才使供应链金融联盟体系顺利建立。通过区块链技术模式，小米金融可以帮助供应链上中小企业实现融资需求。通过关联性来获得银行机构的授信就是通过区块链来完成的，包括单据的流转、拆分、供应商之间的合约、合约的递进都是通过区块链来完成的，最终形成联盟体系。

小米金融的"金融联盟链"能够帮助客户快速构建资金和资产对接的数字化平台，解决中小企业融资难、融资贵问题。在银行侧，"金融联盟链"能够帮助商业银行等金融机构扩大客源，降低获客成本，加强金融机构对普惠金融重点领域的支持。

有机衔接形成"数字化平台"。小米金融通过大数据、区块链、人工智能、云计算等技术手段衔接政府、企业、金融机构、增信机构、数据提供方等各参与方，形成产业、金融与科技三方高度融合的产业生态协同平台。同时，小米金融也与各地政府、金融机构开展合作，共同搭建平台，帮助当地支柱产业进行整合与升级，助力金融供给侧结构性改革，产业信息化升级改造。各家商业银行可积极参与其中，发挥小米集团的互联网科技优势，体现金融科技的赋能作用，探索金融与科技的融合，丰富金融科技服务渠道、完善产品供给，提升金融科技的服务质量与效率，为用户提供便捷的金融服务，满足用户线上等综合金融服务需求。

"产城+金融"提供解决方案

本小节以紫光云为例，探讨"产城+金融"解决方案。近年来，紫光云与天津滨海新区、北京西城区、江苏南京、苏州和连云港等先后建立数字化产城战略合作，通过与各城市政府部门建立数字化合伙人的模式，为政府和银行等金融机构提供从建设到运营的整体解决方案。作为城市或产业级区域入口，紫光云产城服务平台衔接多方资源，为地方"产城+金融"提供从建设到运营的整体解决方案。该平台聚合政务数据、行业数据、企业数据及全国性的价值数据（发票、电力等）等多种数据资源，银行、保险、金租、保理、担保等不同服务类别的金融机构，工厂、合作组织、贸易公司等上下游产业链资源。通过数据汇聚组件完成对政府、金融、产业数据的接入，通过数据中台组件完成数据治理，通过业务中台完成智能匹配，通过智能服务网关完成金融或政府系统接入，通过服务门户完成面向企业或个人的人机交互。

城市金融服务平台。紫光云城市金融服务平台，结合智慧城市等方案的落地，通过开放银行业务为城市生态提供全方位金融服务。该平台解决了政府在城市数字化项目过程中，重建设轻运营，重投资轻服务的弊端，将城市数字大脑通过金融服务和城市生态链接在一起。

紫光云城市金融服务平台解决三大痛点：一是帮政府，助力落实党中央、国务院关于解决中小微企业发展的政策方针；强化信息归集共享，全面掌握企业发展情况，破解企业困局；建立健全信用体系，使企业信用价值化，企业管理规范化；助力准确制定政策，为制定和调整企业政策提供数据支持；实现政企双向沟通，帮助企业落实政府政策和申请政务服务，同时帮助政府收集企业意见，强化对企业的监督管理。二是挺金融，商业银行获得更多融资客户，降低获客成本；节省贷审时间，平台对企业已有全面的画像，可为金融机构提供评估基础和授信依据，控制贷款不良率；

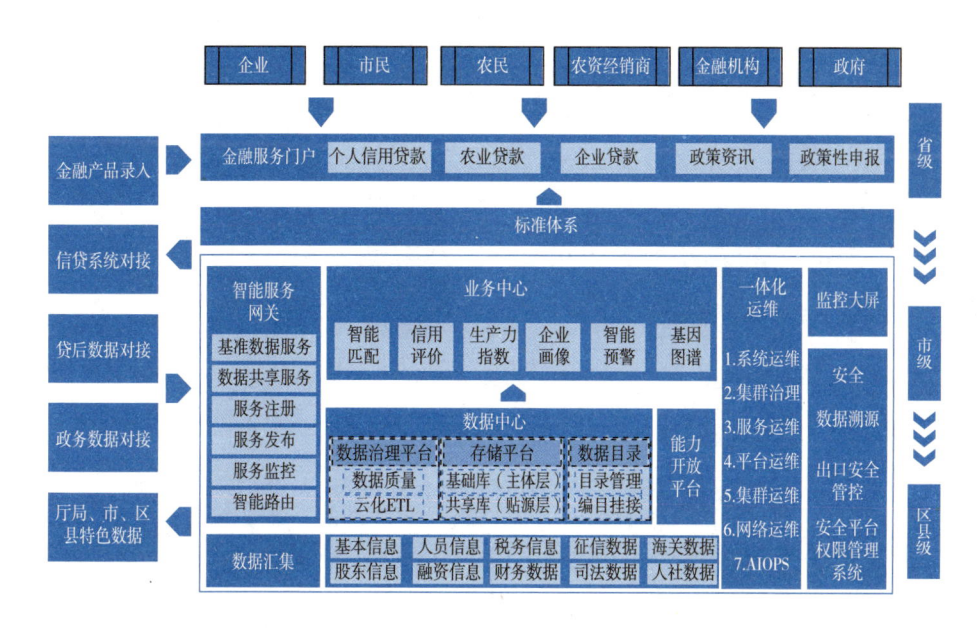

第十三章 无感泛在：从用户到客户的"增长黑客"

图13-2 城市金融服务平台体系示意图

也可为企业提供经营、风险分析报告。三是助企业，解决融资难、融资贵的问题，拓宽融资渠道；助力企业打造自有品牌，建设自有生态。

农业金融服务平台。紫光云农业金融服务平台通过和农民、农村合作社、农资经销商、农资生产商、农产品交易实体或平台、农担链接，为金融机构提供信贷进件、数据核验、贷前预审、综合评分、贷中监控、贷后管理等各项金融科技服务。

市场需求跳过中间环节，用规模化、常态化的农产品订单收购标准直接引导农业生产过程，保证农产品质量达标；以初步标准化的农产品为基础，通过电商、期货、跨境等多种交易形式帮助农产品生产者吸引更多优质稳定的订单，逐渐形成交易聚集，进而获取一定的议价权，抵御市场波动风险，增加农民收入；随着产业水平的提高，通过跨境贸易平台拓展海外市场、承接高标准定制化农产品生产需求，进一步提升特色农产品附加值。

产业链金融服务平台。国家多措并举，鼓励依托产业链金融服务实体经济。鼓励全国各地方信用信息共享平台、商业银行、产业链核心企业等

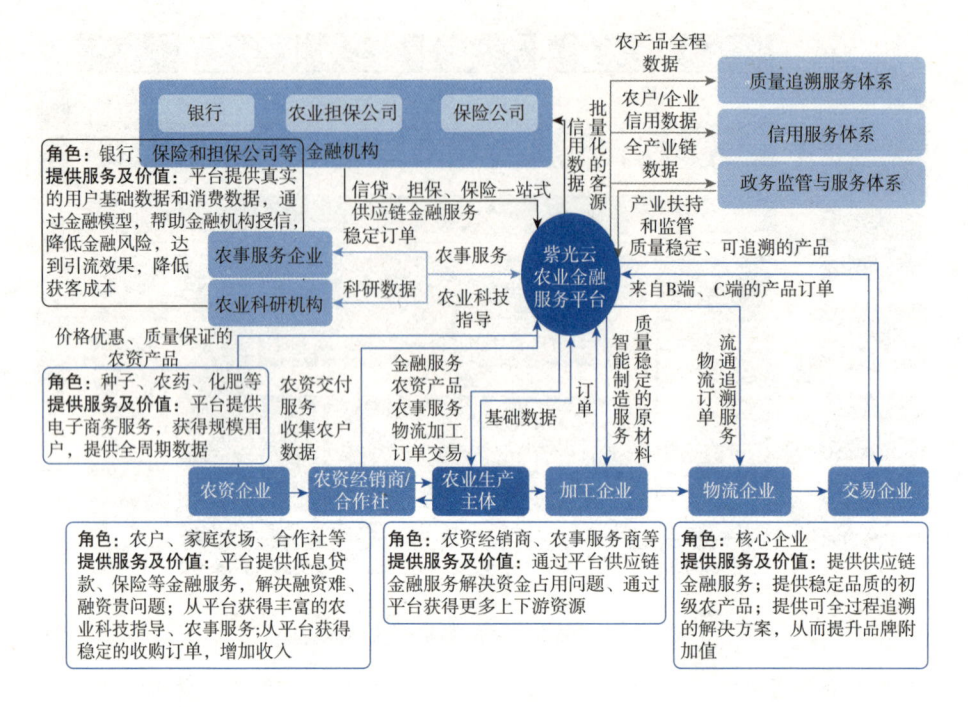

图 13-3　农业金融服务平台体系示意图

开放共享信息。同时，为了有效防范链式金融风险的传染，鼓励金融机构、产业链核心企业建立债项评级及主体评级相结合的风险控制体系，加强产业链大数据分析及应用，确保借贷资金基于真实交易。

紫光云产业链金融服务平台帮助企业解决四大痛点：一是融资难，商业银行高度依赖核心企业的控货和销售能力，对产业链上下游企业，尤其是二级、三级供应商/经销商的融资需求，无法提供优质的金融产品及资金服务。二是风控难，商业银行等资金端除了担心企业的还款意愿和能力外，也担心核心企业 ERP 系统本身信息的真实性，而辨别信息真伪将提升风控成本。三是技术弱，产业链企业与金融机构的技术对接，仅仅将线下业务变为线上审批，没有从本质上发挥金融科技的力量。四是推动慢，商业银行业务流程长，速度慢，无法快速及时解决中小企业的融资需求，影响整个产业链的生产。

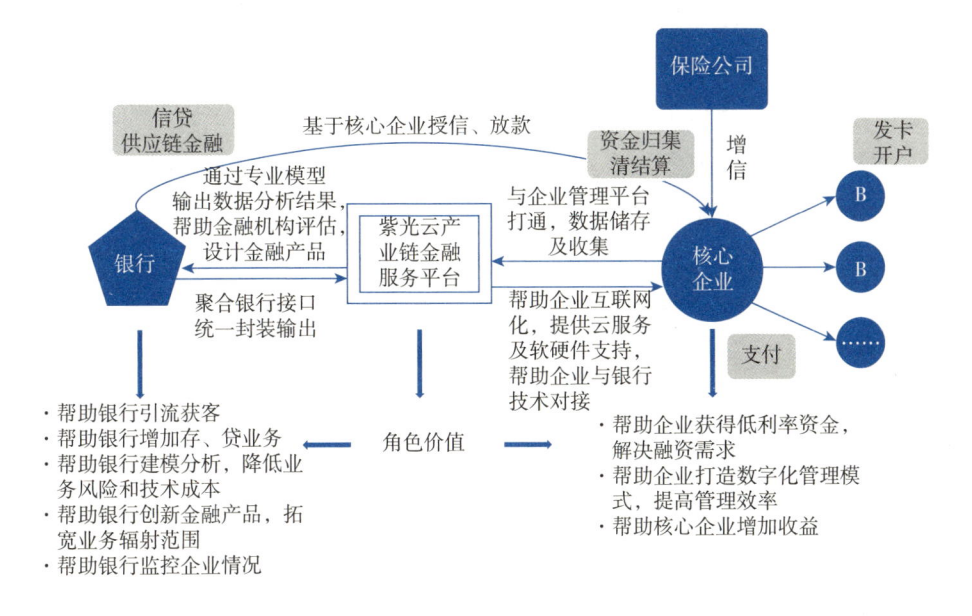

第十三章 无感泛在：从用户到客户的"增长黑客"

图13-4 产业链金融服务平台体系示意图

第四节 商业银行增长黑客初探：面向未来的手机银行框架

包括商业银行在内的多数公司，其收入模式免不了要经历获客、激活、留存、变现这四个步骤，"增长黑客"试验也会涉及整个收益流程的各阶段。在此，以手机银行为例，探索"增长黑客"方法在商业银行的应用。

手机银行是商业银行触达用户的重要渠道。《2019中国电子银行调查报告》显示，习惯性首选手机银行的用户比例是选择网上银行的近5倍；另据《2019中国商业银行APP渠道运营报告》数据显示，手机银行渠道的交易量在电子渠道中占80%以上。

某家头部股份制商业银行倡导以"内建平台、外扩场景和流量管理"实现增长，客户与该行交易的90%，该行超过70%的财富管理产品销售交易，以及超过 50% 的消费金融活动均在其应用程序 APP 上完成，APP 的"不可或缺性"颇为显著。同时，该行 APP 还连接了各种数字化的外部服务场景，并进一步扩展了银行服务的范围，如乘坐地铁公交、订购食物、预订电影票、使用政府服务等。该行的客户可以透过其移动银行浏览约 16 亿个页面，该行也力求消除用户体验中的摩擦，并累积了大量客户的行为数据。透过整合客户账户交易和客户资讯，该行为客户建立约超过 3000 个标签和超过 220 种个性化的推荐模式，每天透过移动端向客户提供约 2 亿支个性化广告，回复率为 1.04%，相当于创造了 200 万个销售机会。

这家商业银行的做法给手机银行未来发展指明了方向，商业银行应加快手机客户端改版和整合的速度，加快数据积累和计算力提升，在手机银行框架设计方面体现对未来运营的支持。结合"增长黑客"方法，具体可从以下几个方面入手。

由客户运营到用户运营

未来的手机银行以面向用户运营为主，承担大部分银行营销和服务，成为获客的主要工具。然而，当前各家商业银行的手机银行仍主要面向本行客户设计，主要为了满足客户 7×24 小时的交易需求。对此，商业银行应加快由客户运营转向用户运营，实现全渠道整合和营销内容管理，推进数字化内容和营销活动运营，实现营销语言、营销渠道与市场的匹配。同时，合理设计"病毒循环"，将用户分享行为的奖励与产品内容有机结合一起，为分享行为找到价值。

例如，为了实现产品在用户间的"病毒循环"，Airbnb 为受邀者打造了最佳体验。首先，邀请的内容包含了邀请者的姓名和照片，还有专门写给受邀者说明奖励措施的一段话："你的朋友摩根为在 Airbnb 上的第一次旅行省去了 25 美元，Airbnb 是最好的旅行方式，一定要感谢你的朋友！"这样的好处是双重的，受邀者将不仅更乐意回应邀请，也更愿意发送这样的推荐邀请，因为现在他们知道向朋友发送的不是垃圾信息，也不是过于强势的邀请。

第十三章　无感泛在：从用户到客户的"增长黑客"

由千篇一律到千人千面

让潜在客户真正使用产品，即"激活"，是"增长黑客"循环中的重要步骤。提高激活率的核心在于让新用户更快地体验到"啊哈时刻"，感受到产品不可或缺的人越多，忠于产品的用户就越多。这就要求手机银行为客户提供的界面和内容应与用户需求高度契合，做到千人千面乃至一人千面。基于海量数据信息和强大的计算力，商业银行可以通过用户分群分层提供不同版式的界面，通过客户画像为用户旅程提供个性化或定制化的内容，绘制通往"啊哈时刻"的路线图，让用户充分体会到"尊贵感"。对目标客群细分、识别，做好目标客群全生命周期旅程定义，推进数字化触点渠道完善、优化，加强公域到私域转化路径和手段设计，基于客户360度全景画像洞察分析，提供高附加值产品服务方案。

借鉴"增长黑客"方法和头部互联网平台经验，手机银行应创建用户转化和流失漏斗报告，根据用户的流失节点，向用户进行简洁明了的问卷调查，有针对性地消除用户体验中的摩擦。同时，要重视优化新用户体验，将新用户体验当作一次用户与产品的独一无二的邂逅。新用户的第一个着陆页需完成传达相关性、展示产品价值和提供明确的行为召唤这三项任务。

由交易服务到全生态服务

随着开放银行的发展，未来用户可能不需要登录手机银行就能完成交易，手机银行的用户留存问题极为关键。这要求手机银行要增强用户吸引力，由交易服务扩展到全生态服务。商业银行应密切关注数据，一旦使用率发生下滑，增长团队应迅速介入、快速测试，锁定重新唤醒客户的最佳做法。在客户留存初期，尽可能优化用户的体验，让用户体验到的价值越大，长期留存的可能性越大；在客户留存中期，让用户逐渐从产品或服务中获得满足感，让使用产品成为他们的一种习惯；当用户进入长期留存阶段，确保不断完善产品，为用户带来更大价值，增加新功能时也要提供相应的新功能引导。

具体而言，在生态圈建设方面，首先要做到"形成主题特色"，不是什么服务都适合放入银行APP，以免造成用户的混乱；其次，要做到"生态融合"，避免内容堆砌，尽量做到与第三方服务提供商的数据级交互，保障用户从产品或服务中获得稳定的满足感；最后，要做到"第三方服务动态管理"，避免由于第三方服务质量影响银行声誉，从而稳定用户的长期留存率。

由自运营到共运营

为了让用户更快速、高质量的变现，商业银行在用户移动端的运营应更加"开源"。商业银行可以学习蚂蚁金服等互联网金融企业建设"财富号"的经验，调动金融和非金融业合作伙伴积极性，进行流量导引，形成利益共同体，共同参与手机银行建设。在此过程中，不断完善共运营体系下的客户体验和满意度管理，强化社交裂变运营。

根据"受众、潜客、会员"三级流量池，规划"公域、半私域、浅私域、主私域"四阶段流量路径，明确各类型渠道流量运营定位。商业银行门户建设要贯穿分级流量运营意识，其中公域定位为推广和引流，半私域定位为宣传和培育，浅私域定位为互动和转化，主私域定位为交易和服务。相关部门要按照公域流量、私域流量对银行门户进行定位和分类，合理规划从公域向私域流量转化路径。

由重运营到轻运营

商业银行应进一步强化手机银行运营力度，将手机银行作为重要的分行经营。通过至少以日为单位监测手机银行用户数量、活跃客户量、产品销售量、流量入口效果，自发驱动手机银行内容调整和功能优化。在业务流程中嵌入各种行内外智能信息服务，由多元的数据驱动，形成开放、可扩展、可移植的智能工作流，使业务流程处理能够从容适配复杂多变的业务场景，并提升流程处理的数字化、自动化和智能化水平，实现效率提升、成本节省、敏捷决策。

特别是在用户使用产品越来越熟练后，需要进一步引导他们开始关注以前从未使用过的功能和刚推出的新功能。谷歌分析使用一系列渐进式的

第十三章 无感泛在：从用户到客户的"增长黑客"

通知推送来引导用户更加深入地体验产品，就是一个爬坡的好例子。

第五节 商业银行增长黑客进阶：开放银行转型

当前商业银行面临着业务创新、共建生态平台投入产出效率和速度跟不上市场竞争步伐的窘境，其中一个根本原因是其信息系统架构陈旧，被称之为"意大利面银行"。未来银行发展的目标应是与"意大利面银行"截然不同的"乐高银行"模式。"乐高银行"不需要自己开发所有的生产零件，而是将生态应用超市中不同服务商提供的零件进行组装，形成不同形式的部件和系统，用于支撑商业银行的敏捷创新。标准化的业务组件与标准化的服务是"乐高银行"的基本组成要素。商业银行将专注于最擅长的事情，建设成"乐高"式的应用，并将银行专业服务以 Open API 的形式暴露，以此作为敏捷创新的基石，进而实现"先获客、后激活、再留存、最后变现"的增长黑客式良性发展闭环。

开放银行不是单一技术或业务解决方案，而是一种平台生态的新业务模式，是银行业数字化转型的新阶段。在增长黑客模式下，商业银行基于移动互联网、云平台等融合发展，利用 API/SDK 等技术手段，通过开放平台向第三方合作伙伴开放产品、服务、数据、技术等，以场景为载体连接和服务用户，形成新的商业生态，拓宽商业银行服务边界，实现服务升级并创造新的价值。

可以预见，未来的银行都是"开放银行"。商业银行应将"增长黑客"方法融汇其中，要聚焦服务场景，以场景为引领，整合服务链条，引入服务模块，用户可以从场景服务链条的任何一点接入，但是平台会提供完整的解决方案。这种解决方案是基于用户标签的灵活可拼装推荐——"猜你喜欢"。每个服务商专注于自己的服务模块，商业银行是一个集成服务平台、生态平台，使用机器学习算法做灵活推荐，提升交叉销售机会，实现爆发式增长。

研发投入是基础

开放银行是敏捷银行时代主要业务模式，商业银行要加大开放银行研发投入力度。笔者在《敏捷银行》一书中所描述的场景正在慢慢实现，无感停车、无人超市、无人酒店都正在变成现实。现在国内有 50 多家商业银行推出了开放银行服务，其中某家大型商业银行推出的 API 服务多达 610 项。对于基层网点少、客户触达能力相对较弱的中小银行而言，开放银行的快速发展是重要的发展机会，能够使其在较短时间内覆盖更多的用户。

现在，很多商业银行已经积累了一些开放银行的经验，输出包括账户、产品在内的各类服务，但是整体输出的服务种类相对较少，嵌入的场景相对不足。基于此，商业银行应加大开放银行研发投入，一是开发统一 API 服务平台，进行 API 统一发布、管理、接入；二是增加 API 服务类别和数量，参照领先同业，优先开发现在比较成熟的场景服务；三是学习阿里"改变"杭州的经验，选择重点核心城市先行开拓场景，然后向全国范围推广。

多渠道推广 API

API 通常在特定的业务流程和合作关系（如付款或提供数据）下，与选定的业务合作伙伴、客户和其他利益相关者实现高度定制化的集成。这种集成能力在数字化时代成为很多合作的先决条件。基于开放 API，商业银行可以通过互联网向开发者开放数据、产品目录、业务渠道或其他业务资产，帮助商业银行实现快速增长，产生新的收入来源或促进围绕其业务的开放式创新。

开放银行的业务拓展模式有主动拓展、被动接受用户申请和借助第三方等方式。这几种营销模式要并行使用，既要借助内部人员和自建开放银行平台宣传、输出，也要通过第三方中介平台宣传、推荐。第三方中介公司通过 API 技术连接商业机构与金融机构，提供高效的智能金融解决方案，将众多金融机构与商业机构联系在一个密切的生态网络之中，银行可尝试接触，观察效果。

第十三章　无感泛在：从用户到客户的"增长黑客"

API 的统一运营管理

商业银行应认识到，开放银行是业务模式，API/SDK 是技术手段，外部平台是渠道。不可忽视的是，API 产品化的能力在每家银行都不会是一蹴而就的，内部和外部 API 的快速落地和规范是能力培养的良好阶梯。

开放银行运营管理需要建立统一的管理体系，设立专门的增长团队，兼顾业务和开发者视角，参考全球先行者的经验，形成 API 设计的指导原则，在业务设计、开发、上线、运营、优化等方面推进增长黑客模式落地。通过企业级建模梳理围绕客户旅程的各类业务场景，商业银行可以设计以标准化乐高模块拼搭的端到端业务流程。通过"客户旅程＋服务蓝图＋企业级建模"升级现有服务，提升客户及合作方体验，推动场景服务创新。

提前布局开放 API 的新趋势

国外商业银行开放的 API 接口重在开放数据[①]，如账户数据 API、支付发起 API、公开数据 API。截至目前，国内商业银行的开放银行还是以开放产品和服务为主。以数据开放为主的开放银行模式，能够繁荣金融科技生态，引领行业发展趋势。对于体量较小、自有数据不足的商业银行，可以在开放产品和服务 API 的基础上，在开放数据 API 方面作出探索，与其他中小银行、互联网企业形成联盟，进一步丰富金融生态场景。

借助 API 的提前布局，商业银行产品可以成为新兴开放商业生态系统的一部分而获得极高的价值。例如，Visa 发布的一个产品 API，允许发卡行向客户提供"卡控制"功能——设置支出控制、接收警报及打开和关闭账户。产品 API 看起来可能与其他类型的 API 非常相似，无论产品是一种付款方

[①] 这包括开放银行理念下与银行同业和非银行金融机构合作，汇丰银行在 2018 年推出 Connected Money 应用程序 APP，允许客户在一个 APP 内就可以查看其在所有银行的活期账户、储蓄账户和抵押贷款账户。又如西班牙国际银行（Santander）、劳埃德银行和巴克莱银行，客户可用手机银行 APP 查看在他们的下一个发薪日前有多少可用金额，这是账单后余额功能（balance after bills），可以显示在支付定期账单后，直到发薪日前，往来账户中有多少可用余额。也有银行围绕应用程序界面市集（API Marketplace）和资讯服务进行开发，以发展特色服务。

式，一种服务，还是某种诸如移动钱包之类的数字"实体"。其关键区别在于，它们可以直接控制产品或服务，并集成另外的产品或服务，因此主要是购买和使用产品的客户对产品 API 感兴趣，商业生态伙伴也会对如何利用产品 API 形成增值服务感兴趣。

第十四章　智慧引擎：
智能化的业务全流程支撑

人工智能已为时代发展画上了分界线，一个崭新的数字时代已然来到。虽然无法预知人工智能最终将如何影响和改变人们的生活，但可以肯定的是，人与人之间、人与物之间乃至物与物之间的关系将会发生翻天覆地的变化。金融业因其特有的数据属性，已经成为人工智能着力实践的行业之一。中国金融业正迅速进行数字化转型，其速度在全球范围内名列前茅，金融科技发展的规模和前景都不可小觑。在经历了之前"互联网金融"的快速发展，金融科技开始了更加深入应用的新阶段，这一阶段可以称为"智能金融"阶段。而智慧引擎是智能金融最为关键的支撑之一。笔者认为，商业银行打造智慧引擎应以客户洞察与智慧风控为基础，推进敏捷营销、产品支持、智慧运营、生态管理。下文将以案例的形式，从客户洞察、风险管理、智能决策三个视角进行阐述。

第一节　客户洞察智慧引擎的实践

在数字化、网络化、智能化的时代，以科技创新、数据洞察和客户旅程再造传统银行业务与服务流程，建设全新的数据智能、网络协同和生态平台，已成为商业银行数字化转型的战略方向。在战术上，包括在客户端运用基于客群特征及产品偏好的精准营销，以及基于特定场景的客户群像（特征分析、产品及渠道匹配）；在产品端，建立转化率瀑布/复购、交叉营销模型等。这些都离不开对客户生命周期的刻画，以及深度洞察客户在生产生活场景中的各类金融需求。只有形成数字化客户认知，才能根据客户的动态需求定制精准营销策略。这样的客户认知，应该全生命周期的，从而最大限度地拉长产品生命周期。对传统金融机构来说，与生态伙伴精诚合作，取长补短，才是"智胜"之道，真正做到"一旦选择，终身相伴"。

未来的理财产品将从为"某些"客户提前设计向针对"某个"客户实时设计迁移，产品服务将是随人、随时、随地、随需的，是超级个性化的。当下的趋势是以结果为导向的全生命周期财务规划（life-cycle financial planning）。不同于传统的以期望收益率为目标的方式，全生命周期财务规划以平滑消费曲线为目标，致力于通过资产组合在时间和不确定性上的腾挪，满足客户全生命周期的财务需求。在投资工具方面，与传统的均值方差法不同，全生命周期财务规划引入了除股票、债券外的其他投资产品，如保险、年金、期权、通胀保护类衍生品等。在投资组合的再平衡上也更为动态，除了根据客户风险偏好制定资产比例，还将市场表现纳入考虑范畴。

公私联动、跨界经营更是综合经营的趋势。已有个别商业银行将零售客户资产业务与负债业务打通，批发客户与零售客户互联，这是银行业实践的方向。银行理财市场已成为国内公众重要的投资渠道，截至2021年1月投资者已超过4328万人，理财产品余额达到26.3万亿元，累计为投资者创造收益1365亿元。银行理财继续在支持实体经济中发挥重要作用，投入实体经济资金总规模达23.09万亿元，占理财资产配置的80%以上。

下面是两个客户洞察智慧引擎的实践案例。

智慧客户养成

> 童年时期的冲动仍然存在于我们的梦中。甚至可以说，我们梦中表现出来的欲望和欲望满足都来自于童年。
>
> ——西格蒙德·弗洛伊德

对客户需求的洞察不是一蹴而就的，需要长时间对客户行为数据进行积累。这种积累应该从何时开始呢？欧洲某跨国大型投资银行在向财资管

第十四章　智慧引擎：智能化的业务全流程支撑

家转型的过程中给出的答案是从娃娃抓起。该银行以智能存钱罐为切入口，为12岁以下儿童开立存款子账户（父母或监护人必须为银行客户），配套打造一款具有游戏属性的、充满乐趣的移动端APP，用智能互联的方式实现亲子互动。

该存钱罐造型可爱，小巧新颖，多种颜色可选，还具有丰富的表情包和闹钟功能，可以和小朋友进行简单的语音互动，同时支持传统的硬币存储和关联账户转账，既满足了数字时代的便捷性，又保留了线下去柜台存钱的仪式感，让孩子们理解存钱及花钱的概念。很有趣的地方在于，配套的移动端APP提供了多款图标和多种奖励徽章，可以让小朋友们通过劳动达成目标的方式来累积自己的"小金库"。父母可以通过与小朋友商量，设定任务和奖励方式，让小朋友在充满鼓励的环境下养成好习惯，并在自主赚钱与花钱的过程中学习如何合理安排金钱。小朋友可以在APP中设定自己的阶段性购物目标，如一款乐高玩具或者一辆山地车，APP中的数字顾问可以协助追踪该目标的完成度并给出建议。小朋友需要思考如何平衡消费与储蓄，在提前消费一只蛋卷冰激凌与提早完成购物目标之间作出选择，学会充分利用储蓄的利息收益来积累资金。APP会在目标达成时发出炫酷的提醒，让小朋友成就感满满。

一款储蓄产品就这样延伸到了财商教育领域，可以培养孩子的投资意识，让孩子产生信用意识、理性消费意识，培养孩子的家庭责任感。笔者相信这种影响是终身相伴的，时间维度上可以覆盖顾客全生命周期。

在存款利率方面，这家银行前2万瑞士法郎以5%计息，超过2万瑞士法郎的部分以1%计息。[①] 可见该产品是一款典型的"钩子产品"，吸引潜在儿童客户的同时，有可能将其家庭成员也转化为银行客户。线上购物平台、儿童教育机构等通过APP流量入口捕捉了新的客户需求，一个小的生态圈就这样建立了。随着数据资产的积累，围绕不同客户的需求洞察便有了更好的场景和基础。更重要的是培养了客户忠诚度，在顾客需要金融服

[①] 资料来源：https://www.credit-suisse.com/ch/en/private-clients/account-cards/viva-kids.html。

295

务时第一个想到那个儿时带来了很多美好回忆的智慧存钱罐。

从财资管家的角度来说，案例 1 在智能投顾方面提供了一种探索的思路。以家庭为单位的营销值得借鉴。人在从出生到死亡的生命周期中，各阶段金融需求不同，风险偏好是一个动态变化的过程。生态银行建设离不开对客户整个生命周期的研究，要从客户的视角出发认识风险和收益。比如，一份个人投资政策陈述书里一般都会包含风险承受力、期望回报水平、时间跨度、税务、法律诉求、流动性约束及独特环境。生态银行可以围绕客户的市场风险和流动性风险提出很多问题：客户的风险厌恶程度怎样？客户父母的养老需求怎样？客户的孩子多大了？有怎样的教育需求？客户退休年龄是多少？客户退休后的医疗保障如何？基本生活开支的预期是什么？客户有没有需要继承或隔代赠予的财产？在通过问卷了解完这些信息之后，可以将客户各阶段的金融需求串联起来，当作一个有现金流出入的项目看待，计算净现值、期望收益率等，再根据资本资产定价模型（CAPM model）推荐投资组合，交叉营销基金、保险、税务服务及法务服务等产品。

从技术角度来讲，"智慧客户养成"需要积极跟进和运用各种先进技术，比如无监督机器学习。无监督机器学习能够更精准地进行客户画像，将客群标签化，如艺术爱好者、公益慈善达人、运动达人、学习教育者、旅游爱好者、美食时尚家、豪车车主、美容养生爱好者等。根据各类客群的独特属性，预判其经常活动的场所、消费偏好等，辅助客户经理高效率营销，同时根据不同的场景需求推送产品。例如，一个家庭中，孩子已经 15 岁了，很可能需要在 18 岁时有一笔教育基金，那么只一味地推送理财产品势必难以黏客，此时推荐一款教育基金产品更容易给客户一种"懂你"的亲切感。

智慧客户画像

> 如果你拍得不够好，那是因为你靠得不够近。
>
> ——罗伯特·卡帕

新一轮技术革命席卷全球，"万物数字化"带来了时刻变化的期望，也催生了实时响应的服务。新的技术可以更贴近客户，更及时洞察客户需求。

第十四章 智慧引擎：智能化的业务全流程支撑

一个真正以客户为中心的互联互通的生态体系正在形成，源源不断地提供着动态化的、无限贴近需求场景的服务。科技的发展可以满足碎片化的金融需求。全天候的服务理念可使这类金融需求更快地转化为真实交易。通过减少客户等待服务的时间，及时且自动化地响应客户需求，可达到充分挖掘客户消费潜能的目的。

交互设计之父 Alan Cooper 最早提出客户画像概念，即从真实的客户行为中抽象出客户的特征，目的是为企业活动中与客户相关的决策提供信息基础，指导产品服务研发和市场营销。客户画像主要的计量方法为非监督机器学习，包括 k-means、主成分分析、孤立森林、回归树、图计算等。智慧客户画像的起点应该是贴近客户，站在客户角度思考需求是什么。客户画像从过去的"千人一面"演变成"千人千面"，又逐步发展到"一人千面"，即同一客户在生命旅程的不同阶段或不同场景中的需求是动态变化的。

国内某大型国有商业银行，早在 2014 年就积极探索和布局基于大数据分析的信贷产品，运用大数据进行客户画像和分层，形成以客户为中心的金融与非金融服务体系。从纳税记录、医保结算、结算流水、公积金缴存、交易上下游、交易订单、金融资产等维度对客户进行精准画像。基于客户属性进行分层，形成专业市场、产业集群、税务客群、供应链客群、工业园客群、商业综合体客群等细分客群。围绕交易、结算、纳税、采购、社会行为等场景，结合区域实际和特定客群需求创新定制产品并批量获客。深度挖掘不同客群在生命周期不同阶段的金融需求，配以税易贷、信用贷、薪金贷、创业贷等产品。最后将服务综合化，从信贷融资拓展至投资理财、工商税服务、咨询服务等，以贴心的服务，让客户的多样化需求在不同类场景中得到满足，极大地提升了客户黏性。

该国有大型商业银行的客户分群是通过艰难的求索得来的，各标签之间，在不同场景里、客户旅程的不同阶段中还有可能相互转化，其背后是基于大数据打造的一整套客户画像标签体系，是客户需求洞察智慧引擎的经典实践。处于不同生命周期的客户，在不同场景中的每一次与平台的交互都会形成数据轨迹，被看作是一次试验。通过海量的试验，用非监督机器学习的模型，客户被分为各种类别。再通过统计分析的方法来抽取各类别客户的重要属性，结合商业逻辑细化产品组合。这种数据洞察正是用"机器+人"的相互训练来实现的。在商业直觉与数据呈现信息之间反复迭代，最终得到有数据支持的符合商业直觉的合理模型与结论。智能需求洞察更为立体和鲜活地刻画个人，使群体化的个人成为栩栩如生的数字个体。这让企业可以更好地了解每一个用户的行为习惯、兴趣爱好等，使每个用户平等地享有被服务的机会。从"看不见"到"看无限"，从过去的小公平、某些方面的公平逐渐形成一种全局的大公平。

客户画像不仅针对个人客户，也包括对公客户，形成画像森林，客户画像随时间推移而动态调整，形成实时"相册"。某国际著名咨询公司给出了RFM方法论，即新鲜度（Recency）、频率（Frequency）和交易量（Monetary）。同时给出了几个颇具价值的应用场景，包括客户贡献度、活跃度和忠诚度分析等。

通过聚类分析，获得贡献度和业务偏好标签，进一步将规则拆分，形成收益/成本标签。比如，一部分商业银行存在极低贡献的客群，大量客户出现负EVA情况，应及时关注、挖掘原因，防止持续性损失；客户中也存在部分客群虽贡献水平不高，但具备极强的潜力，可持续关注，展开针对性提升活动；超高贡献存款客户的成本率也相对较高，但同时也存在少部分高贡献、低成本的优质存款客户，可稳存增存。值得注意的是，客户在不同标签之间是可能迁移的，并且随着市场环境的变化，原来的标签可能无法满足需要或者不再具有商业意义，好比生态中产生了新物种或者物种灭绝。

非监督机器学习，能敏锐地洞察到这样的变化，标签库也应该随之充实与更新。也就是说，客户生命旅程与标签库之间并不是某种单方向的数据输入关系，标签来自客户生命旅程，客户生命旅程的定义也来自标签。标签定义的过程既是科学又是艺术。数据所表现出的特征，需要人类智慧，结合宏观经济趋势、地区发展水平及产业发展周期等信息综合研判，方能得出有指导意义的结论。

上面案例的背后均是消费需求数据的长期积累和基于大数据技术的客

户洞察，商业价值蕴含其中，需要企业找到合适的工具挖掘出来。"个性化"不再限于客群层面。基于海量的客户消费行为偏好数据、精细的产品模型和实时反馈的洞察引擎，每一个客户的数据均被全面捕获并一一反映到产品组合、精准营销和风险管理中。所有的产品不再是为了"某些"客户提前设计，而是针对"某个"客户实时设计得出，实现产品服务的终极个性化。

某国有大型商业银行在这方面取得了极具特色的成果，实现了客户级的前瞻性风险限额管理。该模型从客户经济价值的成长性角度科学、客观地评价客户在未来某段时间内能够负担的债务总量，填补了基于客户成长性测度零售客户风险限额的实践空白。[1]

在理论基础层面，该模型设计了一整套融合经济学、金融学、人工智能科学的风控体系。综合考虑外部宏观经济、客户无形资产的现金流价值和有形资产的市场价值，通过回归树机器学习算法，将客户分为近万个客群。从人力资本、资产收益、金融行为、生命周期、银行风险偏好等方面，对每一位零售客户的授信限额进行科学而客观地测算。

随时间变化的客户级动态风险画像除了能够大幅提高风险管理水平，还能在业务端成为导航仪。客户是否需要保险、教育基金、养老基金或者投资何种风险等级的基金，都可以通过该模型进行洞察和验证，量体裁衣便有了更充分的依据。

一些公司的客户画像中有关企业员工的标签，可以配合零售客户标签，用来辅助批零联动套餐的定制，提高响应率。如差旅报销费用较多的公司，航空和酒店积分信用卡会是不错的推荐产品；平均收入较高的员工，财务规划产品可能会更合适；平均年龄较大的员工，可能会关注教育基金、养老产品。通过不断的实践和迭代，打磨批零联动的标签组合，可以更灵活地匹配产品，更精准、更深度挖掘客户价值。

此外，差异化的服务还进一步加强了客户"被重视"的感受，从而带

---

[1] 王雪，黄昶君. 基于客户成长性的零售客户风险限额管理创新研究［J］. 金融电子化，2021（4）.

来了额外满足感。通过客户画像等手段对其进行分析和判别，有机会使银行比客户自身更早洞察其需求点。从金融场景来看，对于"低频""隐性"的金融需求，这其中蕴含着巨大的价值挖掘空间。

生态银行建设应该与平台合作伙伴深度合作构建生态圈，充分利用合作伙伴的触角对客户进行触达。通过场景融入开展嵌入式金融，对金融需求进行渗透，提供无感化的客户服务体验。只有消除空间上的阻碍，实现对客户弹性需求的捕捉和转化，拓展服务边界，提升客户体验，使商业银行成为客户如影随形的金融顾问，才能提高获客率，保持客户忠诚度。客户需求的洞察，决定了产品的设计方案，更直接影响到风控策略。对于想要完成转型的商业银行而言，不仅要有主动融入流程、融入产品设计、融入客户选择的意识，更要有主动通过政策、工具、模型、系统提供风险选择与经营决策的依据，从数据分析、客户评价准入、风险画像、贷后预警、智能催收处置等方面提供全面的获客、活客、留客的服务。商业银行只有高度参与产品的设计和开发，才能更好地做到渠道、产品和风控的协调一致。因此，不难发现除了客户洞察智慧之外，还需要风险管理智慧引擎。

第二节　风险管理智慧引擎的实践

作为最先与人工智能相融合的行业之一，金融业与数据有高度相关性。2017年7月，国务院印发《新一代人工智能发展规划》，将智能金融上升到国家战略高度并明确提出，将建立金融大数据系统，提升金融多媒体数据处理与理解能力，创新智能金融产品和服务，发展金融新业态，鼓励金融行业应用智能客服、智能监控等技术和装备，建立金融风险智能预警与防控系统。

无论传统银行业接受与否，"AI＋"的时代已然到来，随着金融科技的蓬勃发展，构建"智能风控"必将成为新时代银行的核心竞争力。这是一个数据雾面的时代，你无从知晓下一个客户在哪里，下一笔交易何时发生，下一个欺诈团伙何时发起攻击。银行业已经很难单纯靠人工来保证客户的

第十四章　智慧引擎：智能化的业务全流程支撑

满意和资金的安全。如何训练机器像人一样思考来防范风险，正是智能风控要解决的问题。在人工智能的核心技术中，自然语言处理和知识图谱，在让计算机更好地认识世界方面起着重要的作用。

生态银行需要打造永远在岗的线上"福尔摩斯"，从商业合作的信用风险，到用户交易的支付欺诈风险等，在 24×7 的实时监控之下都将无处遁形。关联网络和在此基础上构建的稳健性更强的风险评价体系使批量反欺诈应用得到推广。风险不再仅仅是"防御"和"控制"的概念，而应转变角色，在风险水平基线上，挖掘用户未被满足的诉求，成为"用户营销和维护机会"和"业务管理机会"的关键决策输入。通过风险功能前置，金融机构中后端变得有预判性，先用户一步了解其金融需求和信用状况，未雨绸缪。互联网金融时期催生了大量"新金融数据"，如电商交易、网络借贷、网络理财等互联网金融数据，如搜索、社交、阅读、APP 使用习惯等互联网行为数据，引入"新金融数据"可以与传统金融数据形成互补，找到更准确、更全面的因子，让决策更加全面客观。

与此同时，我们应清醒地认识到，对科技应当崇尚，但不能迷信。技术的革新带来的是对风险洞察力的提高，在很多方面并没有改变风险的本质和传导渠道，在一些场景下还会带来新的风险。在产品创新合规方面，我们要坚守"违规的业务不做"的底线，加强对《民法典》的学习，时刻关注立法部门在数字经济、互联网金融、人工智能、大数据、云计算等相关领域立法的进展。在数据风险方面，强化自身数据沉淀、积累和管理，注重对无法篡改和易尽调数据的引流，使用内外部数据进行交叉验证。在个人隐私保护方面，可采取"分布式商业模式"来应对监管新规的挑战，使用"数据不动模型动，数据可用不可见"的联邦学习方式建模。

"分布式商业模式"和诸如联邦学习之类的技术，是从外部商业模式和技术层面来谈生态银行建设需要构建怎样的经营逻辑，以及运用什么样的方法。换一个视角来看，生态银行内部实际上是一个迷你生态，需要"分布式协作"来支撑高效的运营。很自然地，人们会问组织内部要培育什么能力？形成什么模式？解决什么问题？

笔者认为首先要培育企业级思维和客户统一视图的能力。体现在基于数据分析基础上的动态流程规划，从而实现客户引流、风险决策和围绕高收益客户的个性化产品落地。

协作模式上突出"整合"这个理念，实行整合风控，具体包括：

1. 客户风险画像整合。构建全行统一共享的风险标签库、核心风险指标库，通过智能风控仪表盘，实现对重点关注群体客户的"具体可感的"在线监控。

2. 产品+客户维度的风险调整后收益整合。支持各产品条线，针对"正收益"或高预期 RAROC 客户进行个性化、差异化、定制化金融产品设计，并链接及打通精准营销平台，从营销端过滤高风险低收益客户，挖掘"正贡献"客户。千户千面需要的是以天为单位，对客户交易记录的分析。产品期限、还款方式等都影响资金成本和产品价格。

3. 贷前、贷中、贷后全流程管控整合。基于全量的客户维度信息充分综合评估客户的风险水平和收益能力，从准入、审批、限额、定价等关键环节统一风险偏好，提升风险的全流程管理和把控。

4. 数据、模型及策略整合。数据应用集约化共享，模型监测平台化管控，策略规则参数化配置，自动化迭代升级。生态银行产品是模型化、参数化且不断迭代进化的。

要解决的问题是如何形成合力，实现批零联动、风险与营销联动，提升内部效率和整体收益。乐高积木的最小单位模块是去场景属性的，即冰雪奇缘的城堡和星球大战的战舰，两者瞄准的是完全不同的客群，用的却是标准化单元。在此基础之上，生态银行中的乐高积木是内嵌芯片且可编程的，基础单元可以分布式地组成最小功能单元，通过程序化调配实现工具和产品的快速拼装和插拔。下面笔者将为大家展示几个案例，以此讨论风险管理智慧引擎的实践路径。

智慧风控

求之于势，不责于人。

——《孙子兵法》

第十四章 智慧引擎：智能化的业务全流程支撑

金融业是受政策影响很强的行业，战略上应当审时度势，战术上应当敢于创新。国内某股份制商业银行在"既防黑天鹅又防灰犀牛"的大环境下，大胆实践智能风控在生态银行建设中的应用，并落地了多款模型。在国家持续加强对地方政府举债融资管理的背景下，该银行响应政府号召，在防范与化解地方政府隐性债务方面作出了积极的探索，开发出政府偿债能力评价模型。这个模型采用矩阵式管理，通过建立敏捷小组，小步快跑和多线程同步推动的方式，仅用3个月时间就成功落地，实现了政信类授信业务风控管理的智能化。该模型具有三大特点，即大数据支撑、全流程管理和多维度应用。在建模方法论上，组织各地区专家用经验与大数据模型打分互动，解决地方政府间差异化特性问题，让人和模型的认知逐步靠拢，实现"人退数进"；在技术上，模型采用最前沿的差分进化算法建模，引入地区经济、财政实力、信用状况和社会环境等多个大类70多项指标，结合外部舆情做动态调整，覆盖了30余个省份和300多个地级行政区，业内首创了多层次、多维度联合构建的限额参数体系，共纳入各类参数30多项，在评价报告中实时提示限额结果。模型被应用到贷前、贷中和贷后全流程中，助力风险提示、压缩审批时间、提升预警能力，实现了对政府偿债能力的全方位、实时监测。模型上线仅数月累计输出评价报告数千份，通过评价报告还可查看任何客户所在地经济环境、发达程度、人口状况等，辅助了各类授信项目决策。该模型功能不断丰富，实现向区县级地区的下沉，助推"政府+"智能风控工具优化。

传统的房地产授信业务主要依靠经验判断展开营销和评审。该银行开发了房地产授信业务决策支持模型，提供了高效、专业、精准的计量工具支持。同时，采用德尔菲法解决房地产开发商与银行业务诉求不同的问题，用离差标准化等方法消除量纲影响提升跨模块指标的可比性，构建贷前、贷中、贷后全流程的授信辅助决策工具。通过以目标为导向的无缝协同和权力下放，经过2个月夜以继日的团队协作，实现了模型投产。该模型具有多业态组合分析、多维度大数据支撑和多模型交叉运用的特点，同时满足单一业态和多业态任意组合的项目评价，覆盖了85%的地级以上城市，依据不同的城市数据维度，合理选择对应模型。该模型实现了数据驱动的授信政策指引，精准把控风险，评价增量业务，监测存量业务，将宏观调控政策及监管规定变化嵌入其中，达到传导风险偏好的目的。模型综合评价结果及对应的授信策略与项目实际评审结果契合，在精准执行房地产行业政策偏好的同时提高了评审效率。随着模型应用大数据的积累及应用场景的丰富，该模型功能将进一步模块化、组件化，实现乐高式插拔；发力模型逻辑的迭代优化，重新构建模型底层架构，助力生态银行建设。

在经济出现下行，产业大调整的时期，企业经营面临高度不确定性，因此对企业的风险识别和预警变得尤为重要。一些传统银行预警系统中的指标是割裂的，信息抓取不够及时。为解决这一问题，该银行上线了新一代知识图谱风险预警模型。通过大数据平台和知识图谱引擎，将客户的行内、行外数据进行融合，打造以客户为中心的完整视图画像，实现对风险点的实时快速扫描，及时将预警系统推送至相关人员。模型将各个财经类网站、工商数据、司法数据、股市债市交易数据、公告数据等接入知识图谱系统，进一步补充了行外风险信息资源库。模型对多维数据进行相关性分析，去除相关性较高的自变量，使自变量更加正交化。除了本行逾期、展期样本外，模型还使用征信数据抓取行外逾期、违约数据，使用债券市场评级数据，打造多视角的违约样本，弥补客户违约样本不足的问题。模型使用随机森林算法来克服过拟合，提高模型在外推样本中的表现。模型于 2021 年 1 月底投入试运营，运营后将持续关注模型表现，迭代调参，清洗整合行内授信客户履约数据，开发建设外部舆情模块、人民银行二代征信模块和组合检测分析模块，开发建设企业融资结构预警分析模型，并在企业级手机 APP 平台投放"预警头条"功能，实时推送预警信息。

智慧普惠

习近平主席在 2017 年 5 月 14 日 "一带一路" 国际合作高峰论坛开幕式上的演讲中指出："金融是现代经济的血液。血脉通，增长才有力。我们要建立稳定、可持续、风险可控的金融风险保障体系，创新投资和融资模式，推广政府和社会资本合作，建设多元化融资体系和多层次资本市场，发展普惠金融，完善金融服务网络。"

第十四章 智慧引擎：智能化的业务全流程支撑

从习近平主席的讲话中我们可以看出小微企业经济作为微循环的重要性。古语有云"通则不痛，痛则不通"，只有激活微循环，才能畅通内循环，从而打通外循环。如何对中小企业授信（普惠金融），实现零距离、大公平、低成本，践行普惠金融，是在全球范围内共同关注的问题。从技术角度上看，普惠金融可分为两大类：交易型借贷及关系型借贷。交易型借贷技术主要基于"硬"的量化数据，这些数据在信贷发放时可以观测和核实。这些"硬"信息包括通过已审计财务报表计算的财务比率，根据中小企业及其所有人的付款历史数据汇总而成的信用分，可用于抵押的出自低风险债务人的应收账款等。这些信息相对来说易于核实，且在金融机构内部有良好的沟通渠道。

与之相对的是关系型借贷技术。它主要基于中小企业主及其所在圈链的定性的"软"信息来判断授信的风险。"软"信息包括中小企业主的特征和可靠性（基于机构贷款专员长期的直接联系），从机构过去向中小企业提供的贷款、存款或其他服务中搜集到的中小企业的付款和收款历史，或从中搜集到的中小企业的未来前景，与中小企业供应商、客户或关联企业的沟通。"软"信息通常是贷款专员的专有信息，不易被其他人观察、核实或提供给金融机构内的其他人。

那么是不是说交易型借贷更适合大金融机构，而关系型借贷更适合小金融机构呢？答案是不尽然，因为以上的分类线条不够细化。在交易型借贷中又可以细分为五种子模型：财报分析模型、中小企业信用分模型、资产抵押借贷模型、发票保理模型和贸易信贷模型。

财报分析模型可能更适合于信息透明的借款人，其他四种模型可能适合向信息不透明的中小企业提供贷款。根据借款人的特点和金融机构结构，即使在关系型借贷无法有效使用的情况下，这四种模型中的一种或多种仍然可以用于向非常不透明的中小企业提供贷款。研究表明，美国的一些大型银行通过中小企业信用分模型成功地开展了向信用资质较差的中小企业的授信业务，单一客户授信额度控制在10万美元以内。在东欧的一些发展中国家，商业银行通过发票保理业务对信息极不透明的中小企业开展了授信业务。

另外一个影响普惠金融的重要因素是国家的信贷基础设施建设情况，这直接影响金融机构选用最适合的贷款技术为中小企业融资的灵活性。国家信贷基础设施有四个层面：(1)法律层面，包括影响债权人权利及其司法执行的《商业银行法》和《企业破产法》；(2)金融机构监管层面，包括对贷款的限制、进入壁垒和金融机构的股权结构；(3)信息基础设施层面，包括潜在借款人必须遵守的会计准则，以及共享信息的组织和规则；(4)财务及税收政策层面，直接影响信贷扩张的税收政策。无论在发达国家还是在发展中国家，以上这些层面构成了信贷市场的特异性，对金融机构开展普惠金融的信贷能力有至关重要的影响。

举例来说，薄弱的会计准则会限制财务报表借贷；对信用信息共享的限制会限制中小企业的信用评分；薄弱的商业法律和抵押品权利的执行可能会抑制基于资产的贷款；设计不当的债权人权利和对这些权利的司法执行可能会限制大多数类型的借贷。

普惠金融的科技创新要合于大局，合于金融机构的自身条件。以下针对我国信贷基础设施的发展情况分别就以上四个层面进行阐述。

(1)在法律层面，2020年5月28日，十三届全国人大三次会议表决通过了《中华人民共和国民法典》(简称《民法典》)已于2021年1月1日起正式实施。

《民法典》中修订了抵押物物权变动的效力，既充分保障抵押权不受侵害，又不过分妨碍财产的自由流转，充分发挥物的效益；质权的标的明确包含了"将有的应收账款"，也就是说保理合同可以涵盖未来形成的应收账款，扩大了可以作为基础资产进行证券化的资产范围；对保理业务中在中国人民银行征信中心动产融资统一登记公示系统网站登记效力进行了确认，这必将有效督促保理人完善业务登记，从而促进整个行业应收账款转让交易信息的公开化与精确化；确立了电子合同具有与纸质合同相同的法律效力，为业务线上化提供了保障，提升了交易效率。以上这些修订，都为金融创新提供了法律依据。

《民法典》作为金融法律体系的基础性法律制度，正式实施之后将对众多金融业务产生深远影响，也为未来金融行业的发展与创新提供更多机遇。

第十四章　智慧引擎：智能化的业务全流程支撑

（2）在监管层面，监管当局也正迅速调整监管思路与方法，从过去高高在上的"施令者"转变为贴近智能金融生态的"引导者"和"服务者"。2020年11月2日，中国银保监会会同中国人民银行等部门起草了《网络小额贷款业务管理暂行办法（征求意见稿）》，对开展网络小贷业务的小贷公司在注册资本、杠杆要求、贷款金额、监管体制等方面都有了更加细致的规定，使网络小额贷款公司长期监管套利成为历史，网络小额贷款公司资质"性价比"大幅降低，机构数量可能会大幅减少，这势必会大大降低违规经营、触碰法律底线、暴力催收、非法集资及高利贷等违法行为的发生，提升市场秩序，给一贯坚守风险底线，注重合法合规经营的国有金融机构带来更多的业务机会。能否及如何抓住这些溢出的需求，还要看金融机构的业务创新和科技创新实力。

（3）在信息基础设施建设层面，无论是发达国家还是发展中国家，都在大力提升国家整体的信息化水平。我国投入了大量的人力和物力积极建设以5G、物联网、工业互联网、卫星互联网为代表的通信网络基础设施，以人工智能、云计算、区块链等为代表的新技术基础设施，以数据中心、智能计算中心为代表的算力基础设施等。

但值得关注的是，在全国8亿经济活跃人口中，有人民银行征信记录的人口仅为3亿人，尚有5亿人未被覆盖到，信贷线上化率仅6%。也正因为如此，国家越来越重视信用信息共享交换平台的建设。在司法信息方面，有越来越多的大数据服务公司提供关于企业和个人的司法诉讼查询业务。金融机构可以通过API接口，调取结构化数据，准确地获得最新的司法诉讼和执行信息。在征信方面，人民银行推出了第二代企业及个人征信系统，金融机构可以同时获得PDF格式和结构化数据的XML报文。参照XML报文的使用手册，金融机构可以编写计算机语言脚本来批量获取和处理报文中所关心的字段。这些都为金融机构将业务从线下转至线上提供了强有力的支持。

（4）在财务及税收政策层面，财政部、税务总局在2020年明确了《财政部　税务总局关于延续支持农村金融发展有关税收政策的通知》（财税〔2017〕44号）、《财政部　税务总局关于小额贷款公司有关税收政策的通知》

(财税〔2017〕48号)、《财政部 税务总局关于支持小微企业融资有关税收政策的通知》(财税〔2017〕77号)、《财政部 税务总局关于租入固定资产进项税额抵扣等增值税政策的通知》(财税〔2017〕90号)中规定于2019年12月31日执行到期的税收优惠政策,实施期限延长至2023年12月31日。这是从配套财政及税收政策的角度为普惠金融的低价格和可持续发展保驾护航。

新冠肺炎疫情过后,国家大力号召金融机构助力小微企业,在风险可控的前提下,切实解决难普难惠的问题,这也是一个始终困扰全球金融业的难题。小微企业经营存在天然弱势,缺乏抵质押资产,抗风险能力差,信息高度不透明,大部分经营成本高,一些企业还款意愿较差。针对小微企业的信贷业务面临着同时解决"普、惠、险"的问题。有研究表明,在西方一些国家普惠业务的平均利率高达13.5%,这与普惠业务的初心背道而驰。

在生态银行的时代,以人工智能、区块链、云计算、大数据为代表的新技术,为普惠金融风控实现端到端全流程的数字化、智能化提供了可能。伴随数字普惠而来的还有新型风险特点,需要构建一套"立体、协同、融合"的统一管控体系。立体指的是从传统的链条式、从动式及以人为主的模式向立体式、能动式及机控为主的模式演变;协同指的是三道防线围绕着产品设计,以蜂巢式协作模式进行联动;融合指的是将风险文化、风险偏好、风险政策和风险选择嵌入整个产品流程。

国内某国有大型商业银行经过多年的积累,构建出"六位一体"的数字普惠智能化风控体系,形成了覆盖产品全生命周期的闭环——企业级底线排查、业务反欺诈阻断、场景化模型选客、多维度额度管控、智能化监测预警、专业化催收处置。该体系在充分整合内部数据,提升行内数据资源挖掘能力和价值转化的同时,通过复用客户基本信息,简化客户录入及人工采集流程;共享风险与信贷信息,形成企业级风险屏障;综合运用对公、对私数据信息,实现多维、立体、全息画像。该系统还引流行外生态数据源,对接包括税务、公积金、政府采购、不动产、电力、土地流转、医保等具有普惠特色的海量外部数据。基于内外部数据,该行构建了近百个普惠金融数据模型,适用的场景包括客户营销、申请准入、贷款审批、额度计算、预警监测、催收处置、续贷管理、经营管理等。由此构建出多种开放共享的普惠金融新生态，包括"政务服务＋数据＋客户"的智慧政务生态、"经营场景＋数据＋客户"的银企共荣生态、"生活场景＋数据＋客户"的企业主生活场景生态等。基于生态场景的业务拓展是稳健的、可持续的，该行普惠金融贷款实现了余额成倍增长、不良率持续下降、有效客户占比稳步提升。

国内某股份制商业银行充分评估时与势，秉持"用数据说话、用数据决策、用数据管理和用数据创新"的理念，推出了一款新的普惠产品，践行了上述"立体、协同、融合"的管控体系。该产品实现了自主设计、自主风控，全流程线上化，通过全方位、精益化的金融服务，解决融资贵融资难的问题，支持实体经济发展中的重点领域与薄弱环节。该行零售业务风险管理在坚持授信分散化第一性原则的基础上，做好对目标客户更为精准有效的"分类、分层、分群"，坚持理性运用金融科技。中后台主动融入业务流程、风险前置、业务、风险和科技条线通力合作，共同制定并逻辑化了包含工商、司法、企业及个人征信等8大类共计200余条审批规则，并按地区分类设定了符合其风险偏好的授信限额。审批模型的上线测试全部由该行人员独立完成，为今后的快速迭代奠定了基础，培养了懂业务、懂风险、懂科技的复合型人才。业务顺利落地后，业务与风控部门持续对业务运行、审批、资产质量等情况进行监控和复盘，根据外部环境变化适时调整模型参数、业务方向和审批策略。在积累业务样本的同时，积极打造运用决策树和最优化等算法的有监督模型和策略；对信用风险、欺诈风险和系统风险进行分类管理；合理应用传统数据和大数据并引入"IPC信贷技术"；建立人工智能与数据驱动的智能运营体系，完成信贷全生命周期风控。

第三节　智能决策引擎的实践

生态银行可通过机器学习、AI技术的引入，打造PLY（People Like You）、NBA（Next Best Actions）、NBP（Next Best Products）等智能决策引

擎，实现智能化的敏捷营销。包括金融业在内的很多传统行业在实践智能决策引擎时，都会面对竖井式的数据管理，各部门独立管理且不打通。要解决这一痛点，需要以科技支撑，以数据管理为抓手，进行精益管理，实现流程自动化，降低人工因素干扰。在解决了底层数据孤岛问题之后，银行需要思考如何将各条线产品分类，实现人工设计产品组合，原子化产品构成，自动化产品定价，智能化产品（组合）设置等。最后一点值得注意的是，需要从与平台伙伴的无规划粗放式合作，到建立智能筛选生态、智能追踪生态关键变化、分析生态内客户需求，自动化生成综合解决方案。下面先以医疗行业为例，说明在医疗场景下，医生和病人如何使用 NBA 与 NBP 的。

智慧医疗

> 人命至重，有贵千金，一方济之，德逾于此。
>
> ——孙思邈

早在 15 年前，国外大型医疗机构就意识到人工智能在医疗领域的潜力，寻求在客户隐私保护框架下的算法共享。电子病历和基因组学网络是由美国国立卫生研究院（NIH）组织和资助的美国医学研究机构。该网络汇集了来自全国领先医学研究机构在基因组学、统计学、伦理学、信息学和临床医学方面具有广泛专业知识的研究人员，以进行基因组学研究。该网络的主要目标是开发、传播和应用研究方法，将生物存储库与电子病历（EMR）系统相结合，用于基因组发现和基因组医学实施研究。此外，该网络还关注社会和道德问题，如隐私、机密性，以及与更广泛社区的互动。该网络于 2007 年 9 月宣布成立，已完成三个阶段建设。统计截至 2019 年 9 月，累计完成顶尖医学项目 800 余个，被引用次数 27000 余次。

家族性遗传高胆固醇是一种基因遗传疾病，会导致心脏疾病和中风。幸运的是，该疾病可以通过基因测序来确诊，而且早期干预能大大降低罹患心脏病和中风的风险。但由于基因测序的成本较高，医院和潜在病患都需要为 NBA 找到可靠的科学依据。世界顶尖医疗机构梅奥医学中心的数据科学家，可以通过 NLP 技术，抽取并分析电子病历中的患者以往的居住地

第十四章　智慧引擎：智能化的业务全流程支撑

址等信息来推断血缘关系。再依据实验室检测指标，建立决策树模型来判断患者有家族性遗传高胆固醇的概率。对于大概率的患者，他们会推荐做费用较高的基因测序，为早干预病患、挽救患者生命提供了有力支持。

中国人工智能技术在医疗领域的应用也在飞速发展。分级诊疗作为一种重要的解决方案，自推行以来受到国家的高度重视和大力支持。很多举措都围绕着提高基层社区医生诊疗水平展开，如三甲医院医生下基层出诊，到边远地区支边，让基层医院医护人员到三甲医院进修等。尽管这些举措起到了一定的效果，但均无法避免一个共同的局限性——社区医院医护人员无法得到长期的、持续的指导。为此，三甲医院与社区医院之间需要一个桥梁，能将三甲医院医生积累的丰富临床经验做智能化转化和输出，AI医疗、辅助诊断系统和技术由此应运而生。

AI医疗行业高度依赖海量医疗数据，对数据质量的要求极高。由于医疗行业涉及个人隐私，对于数据安全、医学伦理方面的担心，一直是一个痛点。

为解决隐私保护问题，某隐私算法技术平台，在某市卫健委的主导下，汇聚该市各医疗机构的健康医疗数据，借助第三方数据处理和挖掘力量，提供平台云服务。在该平台上最先落地的项目是社区医院儿科诊疗。平台使用海量的儿科电子病历，制定了结构化数据模型标准，打通了智能模型、电子病历与其他信息系统，形成了一套智能临床辅助决策系统和知识图谱，实现了辅助诊断，辅助用药，辅助社区医生全面观察患者的症状、体征，以完成高质量病历编写的工作。只有信息的传递更标准和精确，模型的效力才能得到更大的发挥。该智能临床辅助决策系统还可以智能识别危重病和传染病风险，提示社区医生及时向卫健委主导的转诊平台发出转诊请求，保障了对转诊病患服务的高优先级，使他们得到及时的医治。该系统于2019年3月在两家社区医院试点，2019年5月正式上线。截至2020年3月，已在该市49个社区全面上线。该信息技术产品作为AI技术在儿科智能分级诊疗系统的应用屡获殊荣。[1]

---

[1] 毕马威，微众银行. 2021隐私计算行业研究报告：深潜数据蓝海［EB/OL］.［2021-04-17］. http://stock.finance.sina.com.cn.

智慧政策指引

再来看银行业风险管理领域的 NBA 尝试。某全国股份制商业银行在制定行业授信投向指引政策过程中，原创性地设计并实施了行业授信风险的 OCR 识别方法和授信策略分类体系，进一步发挥了行业授信政策的业务指导作用，提高了政策应用的准确性和便捷性，2015 年 5 月初，该行风险管理部启动实施了行业授信政策的系统化工作。在信息科技部的大力支持下，该功能于 2015 年 10 月 22 日正式投产上线。该行先于同业成功应用了该项智能化风险管理工具，切实提高了该行对风险隐患的识别能力，有效实现了精细化和专业化管理。

该行行业授信政策系统化功能覆盖行业授信指引政策 32 项，包括装备制造、汽车、医药制造、轮胎、纺织、房地产、建筑、城市基础设施、城市公用事业、医院、教育、机场航空运输、物流、港口、水运、公路、铁路、石油化工、合成材料、煤炭、煤化工、钢铁、有色金属、批发零售、水泥、建材等。对于暂无行业指引覆盖的投向行业，系统对照年度授信指引政策提示授信策略。该功能涉及的信用风险管理系统业务流程包括对公授信额度申请和中小企业授信额度申请。

行业授信政策系统化目的是在信用风险管理系统中实现行业授信政策判断业务策略偏好的线上操作和显示。客户经理按照选项要求勾选或输入对应项目后，系统会自动给出授信策略建议及风险提示。在业务流程的各个环节，均可随时翻阅查看录入信息和判断结论。同时，信用风险管理系统自动汇总生成多维度的行业授信策略执行情况统计图表，在中央雷达进行展示，实现了政策执行情况的每日动态监测，协助风险管理人员随时了解管辖机构授信业务质量和政策合规程度。

截至 2021 年 4 月，该行行业授信政策系统化功能累计完成各类优化投产 19 次，已成功实现了对 4 万余笔批发业务的行业风险识别，有效提高了行业风险管理政策落地的准确性和便捷性。在监督管理方面，该行风险管理部通过定期数据报告和不定期抽查等形式，加大对各分行系统应用情况及政策执行情况的检查力度，逐笔分析突破政策原因，重点关注系统功能合规使用情况和数据填报质量等问题，并将检查结果纳入风险管理能力评价考核体系。

行业授信政策系统化功能有效提高了制度规章的规范性，提高了业务流程上各环节人员参考贯彻政策制度的便利性，为授信业务分析研究提供了有力支持，为政策执行情况进行考核提供了依据，也帮助政策标准进行后评价。对于营销部门来说，该功能有助于缓解政策执行压力，也能够用来加强执业行为分析。

第四节　模型风险识别：跨越数字化的鸿沟

随着高级分析技术和大数据技术的快速发展和广泛使用，模型的应用将会推广至更多的业务领域，这些模型在提升银行业务管理水平和自动化程度的同时，也加剧了模型风险管理的复杂性，对模型风险管理提出了严峻挑战。对此，应结合数据化和智能化的融入，以模型管理模型的思路，提高管理效率。

众所周知，数据是人工智能时代最宝贵的资产。数据要素有几个突出而矛盾的特性。一是分散性，数据持续不断地从各个途径产生，来源非常分散，标准不统一，有时候甚至缺乏数据授权、获取、存储、传输、验证及共享等标准。二是复制成本极低，一旦共享出去就失去了对数据的控制，数据间的壁垒因此抬高，"数据孤岛"随之出现。三是价值聚合性，即单一数据源的价值有限，多维数据、海量数据的联合应用价值更高。比如，单一的金融属性数据可以测算客户的违约概率，但做不到精准。单一的行为数据可能用于客户分层，但无法测算违约概率。而基于两者相结合建立的模型，既可以更精准地测算违约概率，又能精准指导营销。因此需要打破现实世界中数据高度分散的状况，将多方数据打通融合，创造多维数据，并保证数据的可靠性，才有可能产生客观的协同效应，充分释放数据价值。

数据鸿沟

> 计算机的输出信息是否准确，取决于输入信息是否准确。
> ——英国海上事故调查局《霍伊格·大阪货轮事故简报》

数据和信息的复杂性与日俱增，能否快速、高效和准确地分析大型数据集，测算市场、信用、流动性、操作性等风险，以及识别交易机会，是大数据时代金融机构的核心竞争力。某国际大型投资银行从2016年起搭建现代化的企业级云平台，用于整个银行集团的数字情景孪生、损益分析、业务要素敏感性分析、风险归因分析和压力测试。该平台支持基于云架构的数据管理、分布式计算、分布式数据发布和模型的全生命周期管理，于2017年获得美国金融科技最佳分析创新奖[①]，并得到了美联储的高度认可。

在数据管理方面，该平台整合了内外部数据，行内使用有统一标准的数据标签，形成了特有的风格；编制了可在线查询字段定义的数据字典，数据定义精准和数据责任落实到人；把智能化算法运用到数据的异常探测中，自动化生成预警报告，推送预警信息至相应的数据负责人，将智能化数据管理放在整个数字工作流的最前端，最大限度地避免垃圾进垃圾出（Garbage In Garbage Out）。

在数据使用和加工的过程中，一个现实的问题是如何做好隐私保护，实现合法合规的数据应用。欧洲、美国相继出台了与数据安全相关的法律法规。我国也于2020年颁布了《个人信息保护法（草案）》，严格要求在数据使用过程中做好隐私保护。该草案立足国情与借鉴国际经验相结合，坚持问题导向和立法前瞻性相结合，对草案适用范围、个人信息处理规则、个人信息的种类、敏感个人信息处理时的充分必要性等方面进行了定义。有了法律依据，人们越来越多地开始关注数据泄露、盗用、滥用等问题，数据的使用将更加规范统一。

---

① 资料来源：https://www.waterstechnology.com/awards-rankings/3470101/aftas-2017-best-analytics-initiative-credit-suisse.

个人信息保护与数据价值挖掘看似矛盾，实则不然。正是由于大数据对促进科技发展、占领经济发展制高点的战略意义，各国政策制定者才纷纷完善个人信息保护这一基础性制度，建立征信体系这一金融基础设施。

挖掘工具鸿沟

> 我的基因是程序员基于百万种个性编写出来的。但是，使我成为我的，是根据自己的经验成长的能力。因此，就像您一样，我无时无刻不在进化。
>
> ——电影《她》（2013）

电影《她》的"女主角"是一个没有实体的虚拟数字人，她背后的算法正是在不断地与各种各样的人交流中迭代升级的。电影中的故事看似科幻，但也许在不久的将来就会实现。人工智能将实现"感知—认知—自主决策—自我学习"的实时正循环；5G通信设备可以使数据传输速度实现质的飞跃，云端设备和数据将无缝融合；介入式芯片等新的硬件形式将出现，甚至实现人机共融。人工智能可以更灵活地自主学习和管理知识，支持知识的"产生—存储—应用—优化"的体系化管理，更准确地提前感知外界环境动态变化，采集新的数据用于训练和优化模型，实现算法模型自动更新迭代。

实现上述自动更新迭代功能的一项重要技术就是联邦学习。联邦学习最早在2016年由谷歌提出，原本用于解决手机端模型更新的问题。联邦学习的目标是在保证数据隐私安全及合法合规的基础上，实现共同建模，提升AI模型的效果。联邦学习本质上是一种分布式机器学习技术或机器学习框架。根据多参与方之间数据分布的不同，联邦学习可以分为三类：横向联邦学习、纵向联邦学习和联邦迁移学习。

横向联邦学习的本质是样本的联合，适用于业态相同但触达客户不同的参与方，即特征重叠多，用户重叠少时的场景，如不同地区的银行，其业务相似（特征相似），但用户不同（样本不同）。纵向联邦学习的本质是特征的联合，适用于用户重叠多，特征重叠少的场景，如同一地区的商超和银行，它们触达的用户都为该地区的居民（样本相同），但业务不同（特征不同）。当参与方特征和样本重叠都很少时可以考虑使用联邦迁移学习，如不同地区的银行和商超间的联合，主要适用于以深度神经网络为基础模型的场景。①

在联邦学习过程中，各参与方要互传梯度信息，这导致该模式存在一种隐忧：梯度泄露导致信息泄露。有研究表明，在一定的前提假设下，恶意攻击者是可以通过不断地获取梯度信息来反推出用于训练的数据集的。目前主要的应对手段有多方安全计算、同态加密、差分隐私等。国内某银行与清华大学团队展开合作，已经在零售业务领域上线了联邦学习框架，在梯度隐私保护方面采用了随机数混淆和同态加密等技术。在计算参与方不知道随机数的前提下，解密出来的数据将是随机的，无法完成对训练数据的窥探。

再从管理规范制定的角度思考上述问题：基于梯度泄露的数据破解是否会导致隐私泄露？数据破解是否等同于隐私泄露？如果说还原出模型拟合样本 X 就是隐私泄露，那么一些攻击手段确实有可能做到隐私信息的窃取。但如果本身用于联邦学习的数据就已经对关键信息进行了处理，即使还原了 X 也不等同于隐私泄露。

举例来说，一个押品残值模型需要测算汽车前 3 年折旧率，其中一个特征是操控性得分，该得分是用转弯半径、转向精度、百公里加速及刹车距离等多个指标通过维度变换得来的。那么单凭一个得分很难判断出车型，一款得分为 4.8/5 的车型可能是宝马 M 系、捷豹 F-type 或者奔驰 AMG。维度变换的方法有很多，这样的数据处理与梯度压缩有异曲同工之处。再举个更宏观的例子——宇宙。已知我们生活在一个四维空间里（三维＋时间），科学家猜想高维宇宙是存在的，试图用各种模型来描述，但这个宇宙中至今没有出现时间穿越，也没有找到白洞，更没有破解高维样本 X。这就回到了常见的攻击算法中一个关键假设：我们对于从 m 维空间向 n 维空间的映射函数 F 了解多少？如果无法确定某种一一映射，也就无法完成破解，

---

① 资料来源：https：//blog.csdn.net/hellozhxy/article/details/1160281818。

第十四章　智慧引擎：智能化的业务全流程支撑

我们已知的和常用的那些激活函数不过是有限集合而已。

解密的另一面是加密，谈到加密技术，很自然地会想到区块链技术。区块链的发展可以分为三个阶段：比特币代表的区块链 1.0、以太坊为代表的区块链 2.0 和以 EOS 为代表的区块链 3.0。一批以互联价值（InterValue）、哈希图（Hashgraph）、纳尔图（Nerthus）为代表的公司正尝试以全新的角度和理念去推进区块链技术的发展。以比特币为代表的区块链 1.0 应用，实现了可编程货币，即以比特币为代表的数字货币。以以太坊为代表的区块链 2.0 应用，实现了可编程金融。区块链 2.0 应用加入了"智能合约"（利用程序算法替代人执行合同）的概念。以 EOS 为代表的区块链 3.0 应用，未来要实现可编程社会。区块链是价值互联网的内核，能够对于每一个互联网中代表价值的信息和字节进行产权确认、计量和存储。它不仅仅能够记录金融业的交易，而是几乎可以记录任何有价值的能以代码形式进行表达的事物，其应用能够扩展到任何有需求的领域，进而到整个社会。

某银行近些年来大力发展供应链金融普惠业务，正是借助了区块链技术。使用高效、安全的混合云和区块链技术将 IT 基础设施的底层架构进行重构，区块链使交易去中介化，将交易变成点对点的直接行为，让金融的基础——信用的传递更加便捷，运行逻辑全部公开和透明；云计算结合微服务架构的灵活部署，把以往可能被闲置浪费的算力资源充分调动起来，扫清了算力对人工智能技术取得突破性进展的阻碍，基础设施的建设标准不再高不可及，从而使门槛被大大降低，人工智能得以迅速融入金融领域。人工智能与区块链技术的发展在一定程度上解决了传统供应链金融模式下，由于信息不透明导致中小企业融资难、融资贵、周转效率低，从而导致供应链金融难以大规模开展的窘境。应用区块链技术，充分发挥不可篡改、去中心化、智能合约和高安全性的技术特征，可有效解决传统供应链金融的难题：（1）将客户基于真实交易形成的资产以"上链"的形式转化为数字资产；（2）基于区块链共识机制，实现去中心化的份额化权属登记；（3）通过智能合约技术，实现业务规则的智能化管理和自动履约；（4）通过多级签名机制，提升客户资产交易的安全性。

模型鸿沟

> 本质上，所有模型都是错误的，但有些模型是有用的。
> ——乔治·E. P. 博克斯

在建模过程中，模型风险主要有两大类：（1）模型存在底层缺陷以致模型输出不准确或与模型设计目的不符；（2）模型应用场景错误或者对模型的基本假设和局限性认识错误。[①] 模型风险存在于模型全生命周期中的各个时点。如何有效的对模型开发代码进行管理成为首先要思考的问题。在模型搭建的过程中，越来越多的数据科学家和数据分析人员开始使用主流开源语言，如 Python 和 R 等。英国某跨国大型金融机构独立开发了一个支持开源语言的模型平台，可实现的功能包括模型的拟合、时间维度和观测样本维度的样本外测试、模型的发布、模型技术文档的自动生成、模型的动态监控和调优及下线等。除了开发过程更加规范以外，各业务线的量化分析人员可以自由地选择最熟悉的编程语言进行数据分析和建模，极大地提升了工作效率。

此外，该银行在模型开发过程中整合了各业务条线资源，明确了模型拥有者（owner）、模型开发者（developer）、模型挑战者（challenger）和模型使用者（user）四种角色。模型拥有者负责把控和验收模型整体质量，周期性地对模型表现进行回顾，管理模型版本；模型开发者负责冠军模型和备选模型整体方法论的研究，创造性地将数学和统计方法运用到建模中；模型挑战者负责开发挑战者模型，实时地动态监控模型表现，对于超出挑战者模型所给出置信区间的冠军模型发出预警；模型使用者负责确保所开发模型在业务层面的合理性和适用性，并定期根据市场预期的变动和业务场景的演变提出新的模型需求。

得益于以云平台为底座的架构，制度上的不断完备，管理上的精益协

[①] 资料来源：FRB Supervision and Regulatory Letters：SR 11-7 Guidance on Model Risk Management.

第十四章 智慧引擎：智能化的业务全流程支撑

同和技术上的智能算法，上述模型平台在很多场景和领域得以广泛复用。如数字情景孪生，业务条线可以根据专家对市场的预期生成多达数十种不同的宏观情景，该平台可以自动生成相应情景下的业务线损益及多种风险计量值，并进行"what-if"分析。通过可视化界面，前台能够快速地、有前瞻性地洞察市场走向，从而制定相应的交易和经营策略。

以上是从模型开发流程和管理角度来谈模型风险。在笔者看来，模型的最大风险是错误认识和错误使用模型的风险。金融科技转型离不开模型和模型体系建设，所以人人都在谈论建模，这也是大趋势。但这产生了一些负面效应，导致了一些人迷信模型，认为一个或者一套大而全的模型可以解释一切，形式越复杂的模型就越有效力，算法越复杂的模型就越精准，咨询服务提供的模型因借鉴了同业经验所以一定是对的。正如乔治·E.P.博克斯所指出的那样，模型作为描述客观世界的工具，是基于对描述对象进行了诸多假设后的量化工具，是工具就会有局限性。

天下没有放之四海而皆准的模型。以制造业企业生命周期建模为例，假设希望利用财务报表和 ERP 中的人力、发票等数据来描述企业生命周期，那么把所有行业所有体量的企业放到一个大样本里，能否建立一个有实际应用价值的模型？答案是否定的。制造业的范畴很广，粗略的可以分为传统制造业和高科技制造业。后者指当代尖端技术，包括信息技术、生物工程和新材料等知识密集型企业，有着资源能量消耗少、科学技术人员比重大、研究开发投资大等特点。与传统制造业相比，影响其经营和发展状况的要素是有巨大差别的。再直观一些讲，发展期的企业和成熟期的企业，使用的估值模型会一样吗？如果拿同一把尺子去衡量不同企业的好坏，结果一定是不理想的，等同于用量杯来计算正方形的体积。

是不是模型形式越复杂，因子越多，模型就越精准？答案还是否定的。首先，模型对数据的需求量越大，获取数据的风险越大。对于一些样本可能拿不到某些维度的数据，糟糕的情况是无法合法合规地获得数据。随着各个国家对隐私数据保护趋严，越来越多的学者正致力于对比复杂程度不同的模型的表现。一些研究结果表明，在数据可用度相同的假设下，随机树模型表现并没有落后于 XGBoost 模型。并不是所有的变量都具有解释性，最后入模的变量需要具有较好的正交性。举一个线性模型中较为极端的例子，自变量中包含某因子 X，人为生成变量 2X+2 和 3X+3。将这三个因子全放到模型中去，模型的效力不会有本质提高，因为 X 与 2X+2 和 3X+3 所包含的信息是高度重合的，对于解释因变量的变化没有帮助。

机器学习领域绝大部分算法都已经有 20 年以上的历史。其起源大多为传统统计模型或运筹学中的优化问题。算法的复杂带来的是对算力的需求，对于从事金融行业的我们来说，不得不考虑时效性。而且，算法的复杂有时带来的是模型对输入数据的敏感性加大，应用场景的限制也大幅提升。只利用 1 阶导数信息的模型 A，也许在描述函数局部变化复杂的场景下比引入 2 阶导数的模型 B 效果要差。但在二阶不可导的区域里，B 模型就无法使用了。大家对郑人买履的故事都不陌生，鞋合不合适，用脚一试便知，有时候尺子是不需要的。用游标卡尺来丈量操场，不仅费时费力，而且由于误差在每次丈量中叠加，最后的精度也未必高。

金融机构在与咨询公司的合作中，有时候会过度依赖咨询公司的经验。咨询公司因其金融机构合作伙伴众多，的确会比某一家金融机构经验更丰富，直觉更准确。但这并不代表着它们的经验就更适合于银行自身的场景，批判性思维在模型风险管理中至关重要。很少有两家银行在数据的丰富度和维度上是一样的，如此关键的模型假设都存在区别，那么将咨询公司建模结果照单全收的做法显然是很有风险的。方法论的移植一定要以适用性为前提。

综上所述，因为模型是有生命的，模型风险管理是一件持续的工作。数据采集、方法论比较、算法选择、模型回测、模型系统集成性测试、模型监督和后评价、模型版本管理和下线，每个环节中都存在着风险，需要我们提高科学素养，用严谨的态度来面对随之而来的挑战。

参考文献

[1] 李伏安. 商业银行参与"养老一族"财富管理的思考 [J]. 中国银行业, 2021 (3): 10-13, 6.

[2] 李伏安. 构建"形神兼备"的商业银行公司治理体系 [J]. 当代金融家, 2020 (10): 29-33, 28.

[3] 李伏安. 着力锻造银行财富管理四种能力 [J]. 中国银行业, 2020 (1): 16-18.

[4] 屈宏志. 推进数字化生态银行建设 [J]. 中国金融, 2021 (9).

[5] 屈宏志. 中小银行金融科技转型的几点思考 [J]. 银行家, 2020 (10): 64-66.

[6] 赵志宏. 生态银行的特质——敏捷且自进化 [J]. 当代金融家, 2021 (6): 118-120.

[7] 赵志宏. 生态银行的双中台管理之路——精益流程再造的业务中台+数字AI中台 [J]. 当代金融家, 2021 (4): 111-113.

[8] 赵志宏. 敏捷银行的渠道建设：实现从用户到客户的"增长黑客" [J]. 中国银行业, 2021 (2): 61-62, 96.

[9] 赵志宏. 生态银行（BANK THE WORLD）贯彻新发展理念 打造赋能生态新纪元（上/下）[J]. 当代金融家, 2021 (2): 59-62/2021 (3): 60-62.

[10] 赵志宏, 金鹏. 后疫情时代敏捷银行风险管理——运用AI+，既防"黑天鹅"又防"灰犀牛" [J]. 当代金融家, 2021 (1): 94-98.

[11] 赵志宏. 客群动态分层与科技赋能养老金融创新（上/下）[J]. 当代金融家, 2020 (11): 96-98/ 2020 (12): 105-107.

[12] 赵志宏. 数字化时代商业银行零售客户动态分层——以"i世代"群体为例（上/下）[J]. 当代金融家, 2020 (9): 83-86/2020 (10): 70-72.

[13] 赵志宏. 未来银行的金融服务场景化 [J]. 当代金融家, 2020 (8): 42-44.

[14] 赵志宏,金鹏. 基于科技化视角的未来银行全面风险管理 [J]. 银行家,2020 (5): 66-69.

[15] 赵志宏. 疫情的深远启示:从"互联网+"迈向"AI+"商业银行如何改变 [J]. 当代金融家,2020 (1): 74-78.

[16] 大卫·爱泼斯坦. 成长的边界 [M]. 范雪竹,译. 北京:北京联合出版公司,2021.

[17] 华强森,等. 中国数字经济如何引领全球新趋势 [R]. 上海,麦肯锡全球研究院,2017.

[18] 于忠义. 税务数据在商业银行的应用和价值 [J]. 金融电子化,2020 (10): 16-18.

[19] 李纪珍. 数据要素领导读本 [M]. 北京:国家行政管理出版社,2021.

[20] 大嶋祥誉. 麦肯锡工作法 [M]. 王柏静,译. 北京:中信出版社,2015.

[21] 托马斯·达文波特. 数据化转型 [M]. 杭州:浙江人民出版社,2020.

[22] 波士顿咨询公司与平安银行联合研究. 中国开放银行白皮书2021 [R]. 波士顿咨询公司与平安银行,2021.

[23] 马智涛,高人伯. 透镜OPTICS定义未来银行 [R]. 深圳:微众银行,KPMG,2020.

[24] 延斯·P. 弗兰丁. 数字化颠覆 [M]. 风君,译. 北京:东方出版社,2020.

[25] 奥马尔·阿布什,保罗·纽恩斯,拉里·唐斯. 明智转向 [M]. 陈召强,译. 北京:中信出版集团,2019.

[26] 杜保洛. 埃森哲技术展望2021 [R]. 爱尔兰:埃森哲技术研究院,2021.

[27] 弗兰克·亨特. 自动机器学习(AutoML):方法、系统与挑战 [M]. 北京:清华大学出版社,2020.

[28] 方志刚. 数字孪生实战 [M]. 北京:机械工业出版社,2020.

[29] 马智涛,姚辉亚,等. 分布式商业 [M]. 北京:中信出版集团,2020.

[30] 微众银行区块链. 面向区块链的多方协作治理框架 [EB/OL]. [2021-02-13]. https://new.qq.com.

[31] 刘伟光,陈威,任妍. 打造金融机构全分布式核心体系 [J]. 中国金融,2020 (16).

[32] 杨强等. 联邦学习 [M]. 北京:电子工业出版社,2020.

[33] 钟华. 企业IT架构转型之道:阿里巴巴中台战略思想与架构实战 [M]. 北

京：机械工业出版社，2017．

［34］欧创新，邓頔．中台架构与实现：基于 DDD 和微服务［M］．北京：机械工业出版社，2020．

［35］杨文琦，章阳，聂江天，杨和林，康嘉文，熊泽辉．基于联邦学习的无线网络节点能量与信息管理策略［J］．计算机工程，2021（5）．

［36］胡滨，范云朋．互联网联合贷款：理论逻辑、潜在问题与监管方向［J］．武汉大学学报（哲学社会科学版），2021，74（3）：131－142．

［37］刘庆祥，许小龙，张旭云，窦万春．基于联邦学习的边缘智能协同计算与隐私保护方法［J］．计算机集成制造系统，2021．

［38］李青原，章尹赛楠．金融开放与资源配置效率——来自外资银行进入中国的证据［J］．中国工业经济，2021（5）：95－113．

［38］浦发银行．开放金融之全景银行系列蓝皮书［R］．浦发银行，2021．

［39］Lorenzo Fioramonti. How Numbers Rule the World［M］. USA：Economic Controversies，2014（10）：10.

［40］Gary King. In Computational Social Science：Discovery and Prediction［M］. Cambridge：Cambridge University Press，2016.

［41］Gary King，Robert O. Keohane，Sidney Verba. Designing. Social Inquiry Scientific Inference in Qualitative Research［M］. New Jersey：Princeton University Press，1994.

［42］Jennifer Bachner. Data Literacy［M］. Maryland：Johns Hopkins University，2021.

［43］Martin Armstrong. PISA 2018：The Top Rated Countries［N］. Germany：Statista，Dec 3，2019.

［44］Center for Research on Education Outcomes. Charter School Performance in the State of Washington 2020［R］. Stanford：Stanford University，2020.

［45］Samir KC，Marcus Wurzer，Markus Speringer，Wolfgang Lutz. Future Population and Human Capital in Heterogeneous India［R］. PNAS，2018－08－14.

［46］Andrew GG. MLOps：From Model-centric to Data-Centric AI［M］. USA：Coursesa，2021.

［47］Nithya Sambasivan，Shivani Kapania，Hannah Highfill，Diana Akrong，Praveen Paritosh，Lora Aroyo. Everyone Wants to Do the Model Work，Not the Data Work［C］. Yokohama，Japan：ACM CHI21，2021.

［48］Michael Muller，Ingrid Lange，Dakuo Wang，David Piorkowski，Jason Tsay，Q

Vera Liao, Casey Dugan, Thomas Erickson. How Data Science Workers Work with Data: Discovery, Capture, Curation, Design, Creation. In Proceedings of the 2019 CHI Conference on Human Factors in Computing Systems, 2019.

[49] Catherine D'Ignazio, Rahul Bhargava. Approaches to Building Big Data Literacy [C]. New York City, NY, USA: Bloomberg Data for Good Exchange Conference, 2015 – 09 – 28.

[50] Marc Andreessen. Why Software Is Eating the World [J]. The Wall Street Journal, 2011 (8).

[51] Milan Zeleny. Human Systems Management: Integrating Knowledge, Management and Systems [M]. Bronx: Fordham University, 2005.

[52] Pete Chapman, Julian Clinton, Randy Kerber, Thomas Khabaza, Thomas Reinartz, Colin Shearer, Rüdiger Wirth. CRISP-DM1.0—Step-by-step Data Mining Guide [R]. USA, CRISP-DM Consortium, 2000.

[53] Gary King. In Computational Social Science: Discovery and Prediction [M]. Cambridge: Cambridge University Press, 2016.

[54] S. Papert. Mindstorms: Children, Computers, and Powerful Ideas [M]. Basic Books, New York, 1980.

[55] D'Ignazio, Catherine; Bhargava, Rahu. Designing Tools and Activities for Data Literacy Learners [R]. USA: MIT Libraries, 2015.

[56] Alexander K. Lew, Monica Agrawal, David Sontag, Vikash K. Mansinghka. PClean: Bayesian Data Cleaning at Scale with Domain-Specific Probabilistic Programming [C]. San Diego, California, USA: the 24th International Conference on Artificial Intelligence and Statistics (AISTATS) 2021: PMLR: Volume 130.

[57] Mckinsey Global Institute. A Future that Works. Automation, Employment, and Productivity [R]. McKinsey&Company, 2017.

[58] Deloitte Center for Integrated Research. The Spatial Web and Web3.0: What Business Leaders Shocld Know About the Next Era of Computing [R]. Deloitte Center, 2020.

[59] Deloitte. Service Delivery Optimization in Banking: Meeting New Customer Expectations and Competitive Threats [EB/OL]. 2019. http://www2.deloitte.com.

[60] Peter M. Addo, Dominique Guegan, Bertrand Hassani. Credit Risk Analysis Using Machine and Deep Learning Models [R]. Working Papers, University of Venice, 2018.

[61] Berger, A. N. , Frame, W. S. and Ioannidou, V. Reexamining the Empirical Relation between Loan Risk and Collateral: The Roles of Collateral Liquidity and Types [J]. Journal of Financial Intermediation, 2016 (26): 28 – 46.

[62] Berger, A. N. and Udell, G. F. A More Complete Conceptual Framework for SME Finance [J]. Journal of Banking and Finance, 2006, 30 (11) .

[63] Yiping Huang, Longmei Zhang, Zhenhua Li, Han Qiu, Tao Sun, and Xue Wang, Fintech Credit Risk Assessment for SMEs: Evidence from China [R]. IMF Working Paper, 2020.

[64] Advanced Persistent Threat Compromise of Government Agencies, Critical Infrastructure, and Private Sector Organizations [Z]. Cybersecurity and Infrastructure Security Agency. December 17, 2020.

[65] Chappell, Bill, Greg Myre, and Laurel Wamsley. What We Know About Russia's Alleged Hack of the U. S. Government and Tech Companies [R]. NPR, 2020.

[66] Satter, Raphael, Christopher Bing, and Joseph Menn. Hackers Used Solar Winds' Dominance Against it in Sprawling Spy Campaign [R]. Reuters, 2020.

后　记

2005—2021 年中国银行业进化史剪影

马克·吐温曾经说过："历史不会重演，但总是惊人地相似。"2008 年，美国两位学者，卡门·莱因哈特（Carmen Reinhart）和肯尼斯·罗格夫（Kenneth Rogoff）写了一本关于金融危机的著作——《这次不一样？》，他们调查金融危机对国家经济影响的平均程度和持续时间。研究发现，当危机发生时，相关经济指标震荡幅度为

房地产价格下跌 35.5%，持续时间为 6 年；

股价下跌 55.9%，持续时间为 3.4 年；

失业率上升 7%，持续时间为 4.8 年；

产出下跌 9.3%，持续时间为 1.9 年；

国家公债在危机发生后 3 年上升了 86.3%。

《这次不一样？》中透过研究，指出历史上金融危机发生的频率、持续的时间和影响程度都惊人地相似，每当危机发生前，人们总是自信地认为"这次不一样"。有趣的是，鲁迪格·法伦布拉克（Rudiger Fahlenbrach）、罗伯特·普利莫尔（Robert Prilmeier）、勒内·斯图尔兹（Rene M. Stulz）发表了一篇名为"这次是一样的：1998 年银行绩效可否说明 2008 年金融危机期间的银行绩效"的文章，虽然破产的银行层出不穷。文章指出，根据美国联邦储备银行网站的相关数据，自 2007 年至 2011 年 8 月美国经济危机期间，美国有 402 家银行宣布破产。然而，每次金融危机发生后总有一些银行会生存下来。这不禁使人们思考，是什么样的风险免疫系统和进化基因密码，使这些银行能够可持续生存和发展。

从 2005 年笔者写作第一本书《银行全面风险管理体系》开始到本书出

后 记

版共经历了 17 年之久，完成了八本著作。其间，笔者和合作伙伴对于现代商业银行的进化方向做了一系列大胆假设和小心求证。笔者将对这八本书作一番梳理回顾，透视 2005—2021 年中国商业银行进化的动态轨迹，从中解析资优银行所构筑的看似无序、实则有条不紊的内生免疫系统，以及它们面对挑战时如何自我调适，为进一步校准商业银行发展进化方向提供参考借鉴。

第一本：《银行全面风险管理体系》，2005 年出版。这本书的写作背景是 2004 年巴塞尔委员会推出了《巴塞尔新资本协议》，全美反舞弊性财务报告委员会发起组织（COSO）于当年也新推出了《企业风险管理——整合框架》（ERM，2004），但当时在国内金融监管和实践中尚未有相应的规范。2005 年建设银行开启了中国商业银行的上市潮，这本书非常及时地为中国商业银行在全面风险管理方面与国际接轨提供了参考和借鉴。书中梳理并介绍了当时国际先进银行广泛采用的一些风险计量、评估、控制等管理模式和方法，从理念、模式、方法等视角传播了银行全面风险管理体系国际领先实践，提出了在中国构建"银行内生免疫系统"——"银行全面风险管理体系"的路线图。

第二本：《银行产品工厂——创新能力评价解析》，2012 年出版。这本书从银行业务与 IT 融合的视角，从狭义与广义两个层次全面阐释了银行产品工厂的概念。其中，狭义银行产品工厂——产品的各种条件、规则等信息预先进行参数化定义，并按照其功能或者特定服务进行组件化封装，根据客户需求进行配置、测试、开通；广义银行产品工厂——内涵和外延包括银行产品创新流程运行、产品创新需求分析、产品创新功能设计、产品成果适用、银行产品组织管理的实现等功能模块，并采用多个案例全面阐释了计量建模方法在产品创新中的应用，围绕迅速响应客户化定制的内部自我调节和自洽能力是核心。

第三本：《实时智能银行》，2015 年出版。这本书预见了零售客户生态平台服务将从 B2C 转向 C2B（个性化定制），公司客户生态平台服务将从 B2B 转向 B4B（价值链协同）；银行业务和数据中台为适应这种趋势，采用银行业务能力基因组梳理（AS-IS）现状建模，以及向业务能力基因组进化

(TO-BE)的目标建模方法论。书中还介绍了传统 IT 架构和互联网 IT 架构的"双模 IT"构建方法,在智能分析基础上,实时感知和响应客户需求,实时识别与应对风险的实时智能银行模式,在业界首次采用企业级视角,从数、智、云多维度综合分析商业银行自我调节进化之路。

第四本:《银行精益服务——体验制胜》,2015 年出版。这本书介绍了商业银行运用"客户之声",以及精益六西格玛等计量建模方法,对内部工作流程进行梳理优化和创新设计,使客户旅程达到最佳体验的服务与实践。商业银行精益服务是精益生产理念在金融服务业的创造性应用,是一种贯穿于客户需求旅程及银行内部运营全过程的经营理念。书中重点从银行精益服务与客户体验(顾客)、银行精益服务与产品创新(产品)、银行精益服务与渠道变革(渠道)、银行精益服务与流程优化(流程)4 个方面阐述了实现银行精益服务的具体路径,展望了银行精益服务的未来前景,开创性地分析了银行产品服务流程自我调节方法论,倡导"自省""内洽"的精益文化。

第五本:《银行科技——构建智能金融价值网》,2017 年出版。这本书指出"智能金融价值网"是包括价值结构、价值交换和价值保管在内的网络时代金融价值扩增体系。"智能金融价值网"将重构金融服务的前台、中台、后台作业模式。这本书介绍了构建"智能金融价值网"的 9 项技术:前台作业的社交网络媒体运用、移动技术和 APP,中台作业的 API(Application Program Interfaces,应用程序接口)即时网络连接,后台作业的云计算、大数据、区块链、人工智能和机器学习。在"智能金融价值网"生态系统中,在基于监管科技(RegTech)的监管规范下,依托银行科技(BanTech)的银行以及依托金融科技(FinTech)的科技企业,在法律约束和行业自律下各自持牌经营,协作"互洽",防止"互卷",服务实体经济、服务人民美好生活,才是题中应有之义。

第六本:《敏捷银行——金融供给侧蝶变》,2019 年出版。在供给侧结构性改革持续深化、经济迈向高质量发展的新时代,为有效提升服务实体经济的能力,中国银行业亟须踏上敏捷转型之路,即以金融科技为依托,借助数字化、智能化手段,实现组织和流程的高效率运转,快速洞察并实时智能响应客户个性化、差异化、定制化的金融需求。本书在分析银行业

后　记

经营环境和发展趋势的基础上，探讨了商业银行如何坚持以市场需求为导向，以客户为中心，从外部差异化、内部简约化和精于协同三方面着手构建敏捷银行能力，实现包括组织敏捷、流程敏捷、IT敏捷、项目敏捷在内的全方位敏捷，成为金融供给侧结构性改革的践行者，开创性地提出了有助于商业银行实现"企业级敏捷内恰"和"生态级敏捷互洽"的"杠铃原则"。

第七本：《未来银行全面风险管理》，2020年出版。这本书在《巴塞尔新资本协议》（2017年修订版）和COSO发布的《企业风险管理框架》（ERM，2017）理念框架下，以及在金融科技和监管科技最新形势下，做了新的研究和探索。与第一本书相比，这本书已经进入与国际同步接轨的探索思考阶段，而不是简单介绍国外经验和方法。书中结合最新的金融科技和展望，系统地提出了未来商业银行风险管理构想：做到既高度警惕"黑天鹅"事件，也提前防范"灰犀牛"事件；既有防范风险的先手，也有应对和化解风险挑战的高招；既要打好防范和抵御风险的有准备之战，也要打好化险为夷、转危为机的战略主动战。本书全面阐述了"银行内生免疫系统"进化模式与未来方向。

第八本：《生态银行——敏捷进化实践》，2021年出版。在国家深化金融供给侧结构性改革新形势下，中国银行业应进一步提升在"黑天鹅""灰犀牛"事件频发背景下的风险源头治理能力，以科技创新驱动发展，运用云原生、区块链、数据孪生、联邦学习、一湖两库、面向未来的多维系统架构SOX等技术激活金融服务微循环，将实时智能工作流无缝链接嵌入客户消费旅程，穿行于企业上下游价值链，穿透母子公司价值网，穿越货币市场和资本市场，以服务于实体经济畅通内循环、打通外循环的需要，成为在敏捷基础上自进化、在分布式商业模式下与合作伙伴协同进化的生态银行。至此，前七本书积淀的商业银行内生免疫系统路线图和内恰自调节模式，以及孕育的"生态银行"概念呼之而出："是以有条不紊的内部迭代构筑自进化能力，以数、智、云的比较优势敏捷赋能合作伙伴，以无缝衔接的协作融合打造生态系统，围绕用户全方位需求实现无感泛在、浸润式服务的'金融+'机构。"

《银行产品工厂——创新能力评价解析》《实时智能银行》《银行精益服务——体验制胜》《银行科技——构建智能金融价值网》《敏捷银行——金

生态银行——敏捷进化实践

融供给侧蝶变》《生态银行——敏捷进化实践》这六本书介绍了商业银行作为金融中介服务方式的自调节变迁，其中作为面额中介（化零为整或化整为零）、期限中介（错配和组合）、风险中介（风险回报平衡）、信息中介（缓解信息不对称）的持牌经营角色没有根本变化，演变的是需求驱动、战略推动和科技拉动下的产品服务模式和客户体验。《银行全面风险管理体系》和《未来银行全面风险管理》一脉相承的是结合 COSO 发布的《企业风险管理框架》《巴塞尔新资本协议》最新研究成果，深刻思考对商业银行"内生免疫系统"——全面风险管理实践方式的影响。书中介绍的理念（融入经营管理和战略）、框架（从文化、能力、实践角度加强风险管理）、科技工具及由此带来的模式和管理变化也是逐步进化的。

正如本书提及的"地方政府偿债能力模型"中使用的差分进化法，生物的基本遗传信息来自父母，遗传进化法就做了这样的约束。差分进化法正是打破了这个约束，突破了这个边界，使用群体遗传信息进行迭代，使迭代过程能够以更快的自调节、自进化速度向最优解收敛。生态带来的多元化，降低了商业银行对单一业务类型的依赖，使其自身免疫系统——抗风险能力提升。

"生态可以造就敏捷，敏捷更易融入生态。"读者在读这八本书时，也许能体会到，商业银行进化水平的差异在于，自己如何把握好斜坡推球的四种力，即客户需求驱动力、银行战略推动力、科技上升拉动力以及防止下滑的风险止动力。

序号	著作名称	出版年份	主要内容	政策背景	市场环境
1	《银行全面风险管理体系》	2005 年	本书梳理了当时国际先进银行广泛采用的管理模式和方法，从理念、模式、方法等视角传播了银行全面风险管理体系国际领先实践，提出了在中国构建"银行全面风险管理体系"的路线图。	巴塞尔委员会于 2004 年推出《巴塞尔新资本协议》，COSO 于 2004 年新推出《企业风险管理——整合框架》（ERM，2004）理念框架，当时国内尚未有相应的体系化规范。	随着我国金融体制改革的不断深入，特别是银行业开放过渡期的即将结束，中国银行业的发展面临着诸多机遇和挑战，资本监管进一步强化，市场竞争更加复杂。

后　记

续表

序号	著作名称	出版年份	主要内容	政策背景	市场环境
2	《银行产品工厂——创新能力评价解析》	2012年	本书在业内率先从银行业务与IT融合的视角，从狭义与广义两个层次全面阐释了银行产品工厂的概念，并对银行产品创新能力评价解析。	2012年，原银监会发布《关于鼓励和引导民间资本进入银行业的实施意见》，民营银行逐渐兴起。	市场竞争进入白热化阶段，互联网金融崭露头角，部分领先商业银行开始注重发展线上渠道。
3	《实时智能银行》	2015年	本书预见了零售服务转向C2B（个性化定制），公司服务转向B4B（价值链协同）；介绍了"双模IT"构建方法。基于智能分析，实时感知和响应客户需求，实时识别与应对风险的实时智能银行模式。	2015年，中国人民银行等部门发布《关于促进互联网金融健康发展的指导意见》，提出了一系列鼓励创新、支持互联网金融稳步发展的政策措施，明确了监管细则。	2013年以来，第三方支付迅速崛起，相关机构的大数据分析和应用能力快速提升，技术不断迭代更新，互联网金融呈现出爆发式增长的态势。商业银行则在竞争中逐渐落于下风。
4	《银行精益服务——体验制胜》	2015年	本书介绍了运用客户之声，以及精益六西格玛等方法，进行流程梳理优化和创新设计，实现客户旅程最佳体验服务的方法与实践。	在加强消费者权益保护的同时，监管部门更加注重保障信息安全，提升客户体验，促使行业正向发展。	随着移动互联网的爆发式发展，互联网在改变产业结构，重塑金融边界的同时，也在改变消费者的行为模式和消费心理。
5	《银行科技——构建智能金融价值网》	2017年	本书指出"智能金融价值网"是包括价值结构、价值交换和价值保管在内的网络时代金融价值扩增体系，"智能金融价值网"将重构金融服务的前台、中台、后台作业模式。	2017年，监管部门进一步加强对互联网第三方支付、互联网小额贷款的监督，加大交易监测力度；同时，对符合监管要求的金融创新给予必要的支持。	随着监管深入，互联网金融结束"野蛮生长"，行业进入稳定规范和风险化解阶段。银行通过寄生于互联网平台开展业务的弊端逐步显现，领先银行开始探索智能金融价值网。

331

续表

序号	著作名称	出版年份	主要内容	政策背景	市场环境
6	《敏捷银行——金融供给侧蝶变》	2019 年	本书在分析银行业当前经营环境和发展趋势的基础上，探讨了商业银行如何坚持以市场需求为导向，以客户为中心，从外部差异化、内部简约化和精于协同三方面着手构建敏捷银行能力。	2019 年，中国金融业对外开放取得了多项积极成果，推进更高水平的金融对外开放。服务实体经济是金融业的重要任务，开始强化重点领域，更加精准施策。	国际上，中美贸易摩擦进入相持阶段；在国内，新旧动能转换提速。银行加快适应新的金融业态，满足从客户到用户新的需求，提升银行供给侧能力。
7	《未来银行全面风险管理》	2020 年	本书系统性提出了未来银行风险管理构想：做到既高度警惕"黑天鹅"事件，也提前防范"灰犀牛"事件；既有防范风险的先手，也有应对和化解风险挑战的高招；既要打好防范和抵御风险的有准备之战，也要打好化险为夷、转危为机的战略主动战。	《巴塞尔新资本协议》（2017 年修订版）推出；COSO 推出《企业风险管理框架》（ERM, 2017）；国内监管部门在引导让利实体经济、对冲疫情影响的同时，持续强化银行的风险防范与化解。	为应对新冠肺炎疫情对经济社会运行的冲击，中央银行积极运用货币政策工具，降准、降息，社融、M2 增速快速抬升，货币政策处于 2016 年以来最宽松的时期。银行积极支持实体经济，助力复工复产，但资产质量普遍承压。
8	《生态银行——敏捷进化实践》	2021 年	本书提出生态银行是以有条不紊的内部迭代构筑自进化能力，以数、智、云的比较优势敏捷赋能合作伙伴，以无缝衔接的协作融合打造生态系统，围绕用户全方位需求实现无感泛在、浸润式服务的"金融+"机构。	后疫情时代，"十四五"战略擘画新发展理念，构建以国内大循环为主体、国内国际双循环相互促进的新发展格局。金融活动全方位纳入监管，持续防控系统性风险，实现宏观杠杆率基本稳定。	2021 年第一季度，我国经济运行稳中加固、稳中向好，市场活力提升，国内需求对经济增长贡献增强，我国产业链安全进一步巩固。金融科技重塑银行转型之路，数据治理能力提升，线上线下渠道优化，聚焦生态体系构建。